Le Siècle.

EUGÈNE SUE.

ŒUVRES CHOISIES

ARTHUR

JOURNAL D'UN INCONNU

PARIS

BUREAUX DU SIÈCLE

RUE CHAUCHAT, 44.

A. VIALON DEL.   J. GUILLAUME SC.

Publication du journal LE SIÈCLE

OEUVRES CHOISIES

DE M. EUGENE SUE

ARTHUR

JOURNAL D'UN INCONNU

PRÉFACE.

. . . . . Surtout le bon génie...
A. D. P. C. M. B. D. V.

Vers le milieu de l'année 1837, l'obscure gazette d'un département du midi de la France raconta la mort tragique d'une femme, d'un homme et d'un enfant.

Imparfaitement renseignée, cette feuille donna plusieurs versions sur ce fatal événement, tour à tour attribué à l'imprudence, au suicide et à la vengeance; mais, par l'intervention d'une famille puissante qui avait un grave intérêt à étouffer le retentissement de cette déplorable aventure, ce journal démentit ces faits en les donnant pour une fable, qu'on oublia bientôt.

Celui qui écrit ces lignes dut néanmoins à de certaines circonstances d'être instruit des véritables détails de cette tragédie, qui sert à la fois d'exposition et de dénoûment au livre que voici.

Le personnage d'Arthur n'est donc pas une fiction.... son caractère une invention d'écrivain; les principaux événemens de sa vie sont racontés naïvement; presque toutes les particularités en sont vraies.

Attiré vers lui par un attrait aussi inexplicable qu'irrésistible, mais souvent forcé de l'abandonner, tantôt avec une sorte d'horreur, tantôt avec un sentiment de piiié douloureuse, j'ai longtemps connu, quelquefois consolé, mais toujours profondément plaint cet homme singulier et malheureux.

Si, afin de rassembler ces souvenirs d'hier et presque stéréotypés dans ma mémoire, j'ai choisi ce cadre : — *Journal d'un inconnu,* — c'est que j'ai cru que ce mode d'affirmation pour ainsi dire personnelle donnerait encore plus d'autorité, d'individualité au caractère neuf et bizarre d'ARTHUR, dont ces pages sont le plus intime, le plus fidèle reflet.

En effet, *une puissance rare,* L'ATTRACTION; — un penchant peu vulgaire, LA DÉFIANCE DE SOI, — servent de double pivot à cette nature excentrique, qui emprunte

toute son originalité de la combinaison étroite, et pourtant anormale, de ces deux contrastes.

En d'autres termes : — qu'un homme doué d'un très grand attrait soit sinon présomptueux, du moins confiant en lui, rien de plus simple; — qu'un homme sans intelligence ou sans dehors soit défiant de lui , rien de plus naturel.

Qu'au contraire, un homme réunissant par hasard les dons de l'esprit, de la nature et de la fortune, plaise, séduise, mais qu'il ne croie pas au charme qu'il inspire; et cela, parce qu'ayant la conscience de sa misère et de son égoïsme, et que, jugeant les autres d'après lui, il se défie de tous, parce qu'il doute de son propre cœur; que, doué pourtant de penchans généreux et élevés, auxquels il se laisse parfois entraîner, bientôt il les refoule impitoyablement en lui, de crainte d'en être dupe, parce qu'il juge ainsi le monde; qu'il les croit sinon ridicules, du moins funestes à celui qui s'y livre; ces contrastesne semblentils pas un curieux sujet d'étude?

Qu'on joigne enfin, à ces deux bases primordiales du caractère, — des instincts charmans de tendresse, de confiance, d'amour et de dévoument, sans cesse contrariés par une défiance incurable, ou flétris dans leur germe par une connaissance fatale et précoce dés plaies morales de l'espèce humaine; — un esprit souvent accablé, inquiet , chagrin, analytique, mais d'autres fois vif, ironique et brillant ; — une fierté, ou plutôt une susceptibilité à la fois si irritable, si ombrageuse et si délicate, qu'elle s'exalte jusqu'à une froide et implacable méchanceté si elle se croit blessée, ou qu'elle s'éplore en regrets touchans et désespérés lorsqu'elle a reconnu l'injustice de ses soupçons ; — et on aura les principaux traits de cette organisation.

Quant aux accessoires de la figure principale de ce récit, quant aux scènes de la vie du monde parmi lesquelles on la voit agir, l'auteur de ce livre en reconnaît d'avance la pauvreté stérile; mais il pense que les mœurs et la société d'aujourd'hui n'en présentent pas d'autres, ou du moins il avoue n'avoir pas su les découvrir.

EUGÈNE SUE.

Châtenay, 15 octobre 1838.

INTRODUCTION.

I

LA ROUTE DE POSTE.

Un hasard étrange mit ce journal en ma possession. Établi durant quelques mois dans une ville centrale d'un de nos départemens du Midi, dont le littoral est baigné par la Méditerranée, je cherchais à acquérir une propriété dans ce pays, merveilleusement pittoresque et accidenté; j'avais déjà examiné plusieurs terres, lorsqu'un jour, le notaire qui me donnait les renseignemens nécessaires à cette exploration me dit:

— Je viens de recevoir avis qu'à huit lieues d'ici, dans la plus belle position du monde, ni trop près ni trop loin de la mer, il y a un BIEN DE CAMPAGNE à vendre. Je ne sais pas ce que c'est; mais si vous désirez le voir, monsieur, voici les indications précises à ce sujet: c'est avec le curé du village de *** que vous aurez à traiter.

— Comment! — lui dis-je, — avec le curé? Mais ce n'est pas sans doute un presbytère qui est à vendre, j'imagine?

— Je n'en sais rien, — me dit l'homme de loi; — mais, d'après le prix assez élevé qu'on demande, je ne pense pas que ce soit un presbytère... Du reste, — ajouta-t-il d'un air fin et entendu, — il paraît qu'il y aura mille moyens de s'arranger à l'amiable et avantageusement; car c'est une vente par suite de départ précipité ou de mort subite, je ne sais pas au juste... d'autant plus qu'il a couru des bruits si absurdes et si bêtes à ce sujet, que je craindrais de tomber dans un roman ridicule et en vous entretenant de ces billevesées; mais ce qu'il y a de sûr, monsieur, c'est que ces occasions-là sont toujours les meilleures, d'autant plus qu'on a fait, me dit mon correspondant, des folies... de véritables folies dans cette propriété.

— Un départ précipité! une mort subite!... Et qui donc habitait ce lieu? — lui demandai-je.

— Je n'en sais rien, absolument rien... Mon correspondant ne m'en a pas appris plus long... et c'est par le plus grand hasard du monde qu'il a eu vent de cette bonne affaire; car sur cent personnes du département, il n'y en a pas dix qui connaissent le village de ***.

Je ne sais pourquoi ces renseignemens, bien que fort vagues, piquèrent ma curiosité; je me décidai à partir sur-le-champ, et j'envoyai commander des chevaux.

— Oh! — me dit le notaire, — je ne vous conseille pas de vous engager en voiture dans ces chemins-là... la poste y mène bien, mais c'est le plus proche de *** en est encore éloigné de cinq lieues, et pour y arriver, on dit que ce sont de vraies sablonnières de traverse, dont vous aurez mille peines à vous arracher; si vous m'en croyez, monsieur, vous irez là à cheval.

Je crus le garde-note; je fis mettre un portemanteau sur une selle de courrier, et, précédé d'un postillon, je partis pour le village de ***, distant de huit lieues de la ville où je me trouvais.

Je fis mes trois premières lieues en une heure, je changeai de chevaux au relais, et j'entrai en pleine traverse.

C'était vers le milieu du mois de mai, par une matinée délicieuse, rafraîchie par une faible brise du nord; ces routes mouvantes, remplies d'un sable jaune comme de l'ocre, quoique détestables pour les voitures, qui s'y enfonçaient jusqu'aux moyeux, étaient assez bonnes pour les chevaux. Plus je m'avançais dans l'intérieur de ce pays inculte et sauvage, plus la nature se développait large et majestueuse, bien qu'un peu monotone: devant moi,

d'immenses plaines de bruyères roses; à l'horizon, de hautes montagnes bleuâtres; à gauche, de nombreuses collines couvertes de bois; et à droite, un continuel rideau de verdure, formé par les saules et les peupliers qui bordaient une rivière très basse et très limpide, partout guéable, mais fort rapide, et qu'il fallait plusieurs fois traverser, car elle coupait çà et là le chemin, qui tantôt s'encaissait entre de hauts escarpemens couverts d'aubépines, de mûriers et de rosiers sauvages, et tantôt, au contraire, sortait de ces cavées, pour remonter en plaine, droit et uni comme un jeu de mail.

— Es-tu déjà allé à ***? — demandai-je à mon guide, dont la figure mâle, la tenue nette et propre, la démarche aisée sentaient fort leur cavalier libéré du service militaire; j'avais d'ailleurs entendu ses camarades de la poste l'appeler le *hussard*, et tout dans cet homme contrastait avec l'air négligé et la bruyante familiarité des autres méridionaux. — Es-tu déjà allé à ***? — demandai-je donc à mon guide.

— Oui, monsieur, deux fois dans ma vie, — me répondit-il en arrêtant son cheval et se plaçant un peu en arrière de moi; — une fois il y a deux ans, et l'autre fois il y a trois mois; mais, dame! les deux fois ne se ressemblent guère!!!

— Que veux-tu dire?

— Oh! la première fois, — ajouta-t-il encore exalté sans doute par un souvenir d'admiration et de gratitude, — c'est ça qui était crâne! cent sous de guides! un courrier! six chevaux de berline!

Et pour péroraison imitative sans doute, mon guide fit claquer son fouet de façon à m'étourdir.

Ne me contentant pas de cette manière d'apprécier et de désigner la qualité des voyageurs, je lui demandai:

— Mais qui était dans cette voiture? à qui appartenait ce courrier?

— Je ne sais pas, monsieur, les stores de la berline étaient baissés; sur le siège de derrière, il y avait un homme et une femme âgés, qui avaient l'air de domestiques de confiance.

— Et le courrier, n'a-t-il rien dit?

— Le courrier? ah! ben oui! un vrai muet, et l'air d'un féroce! Tout ce que j'ai entendu, ç'a été quand il est venu commander les chevaux; ça n'a pas été long, allez, monsieur! Il est descendu de cheval, a mis deux louis d'or dans la main du maître de poste, en disant: « Six chevaux de berline et de suite, les guides à cent sous, quarante sous de payés. » Et puis il est reparti au galop.

— Et il n'a pas dit le nom de son maître?

— Non, monsieur.

— Et quelle livrée portait ce courrier?

— Attendez donc, monsieur, que je me souvienne... oui... une veste verte, galonnée d'argent sur toutes les coutures, une casquette pareille, ceinture de soie rouge, plaque armoriée, couteau de chasse... des moustaches..... enfin, tout le tremblement... un fameux genre!... mais l'air trop féroce, parole d'honneur!

— Et... depuis... tu n'as pas su qui tu avais conduit à ***?

— Non, monsieur.

— Et cette même voiture, quand a-t-elle donc repassé?

— Mais elle n'a pas repassé, monsieur.

— Comment! — dis-je fort étonné, — mais il y a donc plusieurs maisons de campagne à ***?

— Non, monsieur; on dit qu'il n'y en a qu'une en tout: le reste, c'est tout des vraies cassines à paysans.

— Il y a donc une autre route pour venir de *** que celle-ci?

— Oh! non, monsieur; il faut absolument revenir par ici.

— Et personne n'est revenu par ici?

— Non, monsieur.

— C'est extraordinaire! Et il y a longtemps que cette berline est passée?

—Deux ans bientôt, monsieur...

— Et ton autre voyage à ""? — dis-je à mon guide, espérant trouver l'explication de ce mystère.

— Oh! quant à cette conduite-là, je m'en souviendrai longtemps, monsieur! Ah! le vieux scélérat! le vieux brigand! le vieux roué!

— Voyons, conte-moi cela, mon garçon; tu as de la rancune, ce me semble!

— De la rancune!... je crois bien que j'en ai... et il y a de quoi en avoir. Ce n'est pas pour la chose, mais c'est pour la rouerie... et puis parce qu'il m'a appelé son bon ami, le vieux monstre! son bon ami!!! D'ailleurs, vous allez voir, monsieur. Ce voyage-là c'était donc il y a trois mois : ça se trouvait à mon tour de marcher, je me chauffais dans l'écurie, entre mes chevaux, car le froid pinçait encore dur; sur les onze heures du matin, j'entends claquer, claquer, mais claquer comme à cent sous de guides, et puis la voix essoufflée de Jean-Pierre, qui crie : « Deux chevaux de calèche! » Bon! je me dis, c'est du chenu et ça me revient. Je sors pour voir le voyageur : c'était une mauvaise calèche à rideaux de cuir; une espèce de berlingot dont on ne voyait pas la couleur, tant il était couvert de boue. Je me dis en moi-même : « Bon! c'est sans doute un médecin qui vient voir un malade qui se meurt. » Mais, sarpejeu! voilà que j'entends une voix qui avait tout l'air d'orner un mourant lui-même, c'était celle qui criait du fond du berlingot, autant qu'elle pouvait crier, moitié toussant, moitié renâclant :

— «Ah! gueux de postillon! ah! misérable! tu veux donc me tuer en me faisant aller ce train-là?»

« Le fait est que Jean-Pierre vous avait mené ça, que les moyeux en fumaient.

— » En voilà pour votre argent, j'espère, not'bourgeois, — dit Jean-Pierre d'un air furieux au berlingot.

— » C'est au moins à quatre francs de guides, n'est-ce pas? — que je dis à Jean-Pierre qui dételait en jurant comme un païen.

— » A quatre francs! — qu'il me fait; —oui... pas mal! le monstre paye à vingt-cinq sous!

— » A vingt-cinq sous? au tarif? et tu le mènes ce train-là, un train de prince?

— » Oui, et tout ce que je regrette, c'est de n'avoir pu le mener encore plus vite.

— » T'es joliment bête, — que je dis à Jean-Pierre.

— » Tu verras que tu vas faire comme moi.

— » Le plus souvent! — que je réponds à Jean-Pierre. Enfin on m'amène mon porteur, que j'avais appelé Délinquant, parce qu'il faisait continuellement des délits sur la peau des autres; c'était son idée, à cette bête... hommes ou chevaux, ça lui était égal, pourvu qu'il morde ou qu'il frappe du devant, du derrière, de partout enfin. Ce pauvre Délinquant—ajouta mon guide avec un douloureux soupir. Puis il reprit :

— On m'amène donc mon porteur, et avant de monter à cheval je vois une grande main sèche, décharnée et couleur de bois, qui sort du rideau de cuir du berlingot, et paye Jean-Pierre à vingt-cinq sous. Voyant payer Jean-Pierre à vingt-cinq sous... je frémis... et je me dis à moi-même : « Bon, vieil époumoné, tu vas faire une fameuse promenade au pas pour tes vingt-cinq sous!

— » Où allons-nous, monsieur? —demandai-je au berlingot; car je ne voyais personne, et la grande main sèche et jaune s'était retirée.

— » Nous allons à ""',—me dit une voix, mais si faible, mais si éteinte qu'elle avait l'air d'une agonie; et puis la voix ajouta, toujours moitié toussant, moitié renâclant :

— Mais je te préviens d'une chose, mon bon ami,... son bon ami! répéta mon guide avec rage... — je te préviens que le moindre cahot me fait un mal affreux; je suis à moitié mort des horribles soubresauts que ton misérable camarade m'a fait faire. Je veux aller très doucement, très doucement, au tout petit trot, entends-tu?... car... —et il toussa comme s'il allait rendre l'âme, — car la plus petite secousse me tuerait... et je ne paye que le tarif...

vingt-cinq sous de guides, mon bon ami... — Et là-dessus il retoussa comme s'il allait expirer, le vieux poussif!

— »Ah! tu ne payes que vingt-cinq sous et tu m'appelles ton bon ami! ah! ça te fait du mal d'aller vite! Attends! attends! vieux fesse-mathieu,—que je dis en enfourchant Délinquant;—je vais t'en donner, moi, du tout petit trot!—Et v'lan... je vous pars à triple mors, et je vous trimballe le berlingot à tout briser, mais d'un train, mais d'un train, que le vieux roué aurait payé à mille francs de guides, comme on dit que payait le grand Napoléon, qu'il n'aurait pas été plus vite; sans compter que, pour mieux orner ma course, je ne coupais pas un ruisseau, pas une saignée... J'arrivais là-dessus au galop... et v'lan! Il fallait voir les sauts de côté que faisait le berlingot en fringalant : seulement, on doit être juste pour tout le monde, mais faut qu'il ait été fameusement solide, le berlingot, pour ne s'être pas rompu mille fois!

— Mais, malheureux, — dis-je à mon guide, — tu risquais de tuer ce malade!

— Le tuer! ah! ben oui... le tuer! le vieux brigand! je n'ai pas eu assez de bonheur pour ça. Enfin nous avons été un tel train, monsieur, que, malgré les sables où nous sommes, car seulement au cheval de renfort, je l'ai mené à "", et il y a deux postes et trois bons quarts, en une heure et demie!

— Diable! — lui dis-je; — en effet, c'est bien aller.

— Mais attendez la fin, monsieur. La voix du berlingot m'avait dit de ne pas entrer dans le village; nous arrivons à une hauteur qui est à deux cents pas de "". Je dételle... pour la dernière fois Délinquant, car il en a été fourbu et en est mort, monsieur, de cette course-là, et si mort que mon maître m'en a mis à pied pour quinze jours, de façon que cette équipée-là m'a coûté plus de cent écus, à moi, pauvre diable! Mais vous avouerez aussi, monsieur, que quand on se voit payé à vingt-cinq sous et qu'on s'entend appeler son bon ami par un pareil scélérat, c'est à ne plus se connaître.

— Continue, — lui dis-je.

— Enfin, monsieur, je dételle et j'ouvre la portière, croyant trouver mon homme évanoui, ou au moins mort, car depuis une heure il ne soufflait pas mot; mais, mille tonnerres! qu'est-que je vois? Un gaillard qui faisait claquer sa langue contre son palais, comme un coup de fouet, en rebouchant une bouteille de rhum, et qui me dit alors, d'une grosse voix de poitrine, mais d'un creux qui aurait fait envie à un chantre de cathédrale :

— « Mon fiston, voilà le moyen d'aller un train de prince et à bon marché! Depuis Paris, j'ai toujours fait trois lieues et demie à l'heure, sans courrier, et je n'ai jamais payé qu'à vingt-cinq sous.

« Et il sauta de la calèche, leste et dégourdi comme un cerf, le monstre qu'il était.

Je ne pus m'empêcher de rire de ce singulier moyen d'aller vite et à bon marché, et mon guide exaspéré continua :

— Vous comprenez, n'est-ce pas, monsieur, comme on était furieux de n'être payé qu'à vingt-cinq sous et d'être appelé son bon ami! Tant plus le vieux roué recommandait d'aller doucement, tant plus, pour se venger et le faire souffrir, on allait un train d'enfer; mais, au contraire, tant plus on allait vite, tant plus il jouissait, le vieux misérable! Hein! monsieur, en voilà un vrai bandit! Faut-il être sans cœur pour faire ainsi le malade, quand on est vigoureux, sec et cogné comme un vieux bidet de poste!... Mais ce n'est pas toute l'histoire; je lui demande où il va, il me répond :

— « Attends-moi là; si je ne suis pas revenu dans une heure, va-t'en.

— » Et la voiture? — lui dis-je.

— » Si je ne reviens pas, tu la ramèneras à la poste, on ira la reprendre.

— » Et votre bagage?

— » Je l'ai.

» Et il me montra une boîte longue, plate, carrée et

assez lourde, qu'il tenait sous son bras, et puis il disparut à travers le bois, qui est assez épais à cet endroit-là.

» Dans ce maudit village il n'y a pas d'auberge. Je donne l'avoine à mes chevaux, et j'attends : mais ce pauvre *Délinquant* était si époufflé qu'il ne mangeait pas ; moi, je fais le contraire, je mange un morceau, et au bout d'une heure mon vieux roué n'était pas encore revenu ; au bout de deux heures, pas davantage... Alors je m'en vais au village qui est dans le fond... pensant qu'il ne pouvait être que dans la maison de campagne des personnes des six chevaux de berline et du courrier. Je sonne à une petite porte, puis à une grande, car on ne pouvait voir la maison du dehors : personne... Je frappe à tout briser : personne. Enfin je me lasse et je m'en reviens, j'attends encore une demi-heure : personne ; ma foi alors je m'en retourne à la poste. On place le berlingot sous une remise, et depuis ce temps-là on n'est pas encore venu le réclamer. Or, probablement que ce vieux brigand se trouve bien là où il est, et où vous allez aussi, monsieur. Mais c'est tout de même un drôle de village que *** : on y va... mais on n'en revient pas !

Comme mon guide, je fus frappé de cette étrangeté, et ma curiosité augmenta de plus en plus.

— Mais cet homme, — lui dis-je, — le dernier que tu as mené, était-il bien vieux ?

— Comme ça... dans les cinquante ans, sec comme du bois ; les cheveux tout blancs, mais les yeux et les sourcils noirs comme du charbon. Et puis je me rappelle que quand je lui ai demandé son bagage, et qu'il m'a montré la grande boîte, il a ri, mais tout de même d'un drôle de rire, car il avait comme de l'écume aux lèvres ; et puis j'ai remarqué qu'il avait les dents très pointues et très écartées, et on dit que c'est signe de méchanceté... ce qui ne m'étonnerait pas, vu qu'il a l'infamie de ne payer qu'à vingt-cinq sous, et encore d'appeler les autres son bon ami !

— Et comment était-il vêtu ? — demandai-je, malgré moi de plus en plus intéressé à ce récit.

— Oh ! bien couvert : une grande redingote foncée, une cravate noire avec la croix d'honneur ; avec ça le visage couleur de cuivre et une taille désossée, dans les modèles de celle de feu le commandant Calebasse, mon ancien chef d'escadron du neuvième hussards... un grand dur à cuire, tout nerfs et tout os.

— Et tu n'en as pas entendu parler depuis ?

— Non, monsieur... Ah ! j'oubliais de vous dire que, pendant que j'étais à l'attendre, j'ai entendu comme deux ou trois coups de fusil. Voilà tout ; probablement qu'on s'amusait par là à tirer des grives dans les vignes...

Cette boîte lourde et carrée me revint à l'esprit, et je frissonnai, pensant que peut-être un duel sans témoins et acharné avait ensanglanté cette solitude ; mais l'espèce de ruse bouffonne employée par ce personnage pour aller vite et à bon marché me semblait contredire cette pensée de combat : une telle combinaison me paraissait peu naturelle dans un moment aussi sérieux. Ce qui me frappait pourtant extrêmement, c'est que personne n'était revenu de ce singulier village, où on allait, comme disait naïvement mon guide, et dont on ne revenait pas. Pourtant, le notaire m'avait assuré que la seule habitation convenable qu'il y eût dans cet endroit était à vendre... Qu'étaient donc devenus les voyageurs de la première voiture ? Et celui de la seconde ? Ma tête s'y perdait, et je brûlais d'arriver à *** pour éclaircir ce singulier mystère.

Lorsque mon guide m'avait parlé de cette voiture à stores baissés, j'avais aussi pensé à un enlèvement ; mais ce courrier, ce train, s'accordaient assez peu avec le mystère voulu pour ces sortes d'entreprises. Pourtant ce pâle vieillard, qui arrive deux ans après que les premiers voyageurs sont passés, son air étrange, ces coups de pistolet, et puis la subite disparition de tout ce monde.... encore une fois, tant de circonstances extraordinaires portaient ma curiosité à son comble.

— Enfin, nous voici à ***, monsieur, — me dit mon guide. — J'espère que voilà une fameuse vue ? Mais tenez, monsieur, c'est ici, près de ce platane mort, que j'ai déposé le vieux roué du berlingot.

En effet, nous étions arrivés sur les hauteurs qui dominent le village de ***.

II

LE COTTAGE.

Vu de cette hauteur, le petit village de *** offrait un délicieux coup d'œil ; le peu de maisons qui le composaient, presque toutes situées à mi-côte, étaient bâties de pierres jaunâtres sur lesquelles grimpaient des ceps de vigne ; quelques-unes de ces habitations étaient recouvertes de tuiles rouges chaudement colorées ; d'autres n'avaient que de simples toits de chaume, sur lesquels semblaient s'épanouir, par compensation, une multitude de mousses vertes et veloutées, mêlées de touffes de joubarbe à fleurs rouges ; puis, toute cette pittoresque rusticité se perdait parmi de grands massifs de platanes, de chênes verts et de peupliers d'Italie, au milieu desquels s'élevait un modeste clocher à aiguille de pierre grise.

Je descendis une rampe sinueuse assez rapide, et bientôt j'arrivai sur la petite place du village : à gauche, je vis la porte du cimetière ; à droite, le porche de l'église, et avisant tout près une maison un peu plus grande que les autres, et remarquable seulement par une certaine recherche de propreté, je crus reconnaître le presbytère ; je descendis de cheval et je frappai... Je ne m'étais pas trompé.

Une femme, jeune encore, vêtue de noir, horriblement contrefaite, et d'une grande laideur, mais dont la figure me parut avoir une grande expression de bonté, vint m'ouvrir, et me demanda avec un accent méridional très prononcé ce que je désirais.

— Je viens, madame, — lui dis-je, — voir la propriété qui est à vendre dans le village. Monsieur V... notaire, m'a engagé à voir monsieur le curé, qui, m'a-t-il dit, est chargé de cette vente.

— Mon frère va revenir tout à l'heure, — répondit cette femme en soupirant ; — et si vous voulez vous reposer en l'attendant, monsieur, veuillez me suivre dans le presbytère.

J'acceptai cette offre, et, laissant mon guide et ses chevaux, j'entrai dans la maison.

Rien de plus simple, de plus propre, et pourtant de plus pauvre, que l'intérieur de cette humble habitation ; mais partout on y retrouvait les traces d'une prévoyance attentive pour son hôte principal. J'accompagnai la sœur du curé dans une salle basse, dont les deux fenêtres à rideaux blancs s'ouvraient sur un petit jardin tout verdoyant ; les meubles modestes de cette chambre reluisaient de propreté ; un seul fauteuil de vieille tapisserie, placé près d'une petite table surmontée d'une bibliothèque de bois noir et d'un christ en ivoire, semblait la place habituelle du prêtre ; la chaise de sa sœur et son rouet étaient proche de l'autre fenêtre : cette femme s'y assit et se mit à filer sans mot dire.

Craignant qu'elle ne gardât le silence par réserve ou par mesure, et voulant d'ailleurs satisfaire ma curiosité, vivement excitée par le récit de mon guide, je demandai à cette femme s'il y avait longtemps que la propriété était à vendre.

La sœur du prêtre me répondit avec un nouveau soupir :

— Elle est à vendre depuis trois mois, monsieur.

— Mais, madame, les propriétaires ne l'habitent plus ?

— Les propriétaires, — me dit-elle avec une grande expression de tristesse, — non, monsieur, ils ne l'habitent plus.

Et voyant sans doute que j'allais lui adresser une autre question, elle ajouta les larmes aux yeux :

— Excusez-moi, monsieur, mais mon frère vous entretiendra à ce sujet.

De plus en plus étonné, mais n'osant pas insister, je me rejetai sur quelques banalités, sur la vue, la beauté des sites, etc.

Au bout d'une demi-heure on frappa : c'était le curé ; sa sœur alla lui ouvrir, et l'informa sans doute du sujet de ma visite.

Ce prêtre, qui pouvait avoir trente ans, portait le costume sévère de sa condition ; il n'était pas contrefait, mais il ressemblait extrêmement à sa sœur : même laideur, même expression de douceur et de bonté, jointe à une apparence chétive et souffrante, car il était petit, frêle et très pâle : il avait un accent méridional beaucoup moins prononcé que sa sœur, et ses formes étaient réservées mais polies.

L'abbé m'accueillit avec une sorte de froideur que j'attribuai à sa crainte de ne trouver en moi qu'un importun attiré seulement par une indiscrète curiosité ; car d'après le peu de mots dits par sa sœur, je comprenais qu'il s'était passé quelque fatal événement dans cette maison, et le curé pouvait supposer que, vaguement instruit à ce sujet, je venais seulement chercher des détails plus circonstanciés.

Désirant le mettre en confiance avec moi, je lui dis franchement que je désirais trouver une propriété très isolée, très calme, très solitaire ; qu'on m'avait parlé de celle qu'on voulait vendre comme remplissant presque toutes ces conditions, et que je venais à lui pour en être sérieusement informé.

La froideur glaciale de l'abbé ne fondit pas à cette ouverture, et, après l'échange de quelques mots insignifians, il me demanda si je voulais voir la maison.

Je lui répondis que j'étais absolument à ses ordres, et nous nous levâmes pour sortir.

Alors sa sœur prit un paquet de clefs dans une armoire, et les lui remit en lui disant les larmes aux yeux :

— Mon Dieu ! mon Dieu ! Joseph... cela va vous faire bien du mal, car vous n'y êtes pas entré depuis...

Le jeune prêtre lui serra tendrement la main, et répondit avec résignation :

— Que voulez-vous, Jeanne !... Il fallait bien que cela arrivât... un jour ou l'autre...

Nous sortîmes.

Le silence opiniâtre que semblait vouloir garder le curé, à propos d'événemens qui irritaient de plus en plus ma curiosité, me fut fort désagréable ; mais sentant que la moindre question sur un sujet qui paraissait affecter si profondément ces deux pauvres créatures serait peut-être cruel et probablement inutile, je me décidai à demeurer dans toute la rigueur de mon rôle de visiteur et d'acheteur.

Nous sortîmes du presbytère, et, gravissant une rue assez escarpée, nous arrivâmes devant une petite porte, de chaque côté de laquelle s'étendait un long mur très élevé.

Cette apparence était plus que simple : cette muraille de pierres brutes, seulement jointes par un ciment très solide, il est vrai, paraissait ruinée, par la porte semblait vermoulue ; mais lorsque, l'abbé l'ayant ouverte, j'entrai dans le paradis caché par ce grand mur, en vérité je compris et admirai plus que jamais le goût si sage, si égoïste et si bien entendu des Orientaux, qui tâchent à rendre les dehors de leurs habitations les plus insignifians, et souvent même les plus délabrés du monde, tandis qu'au contraire ils en ornent l'intérieur avec le luxe le plus éblouissant et le plus recherché.

Cette habitude m'a toujours semblé charmante, comme contraste d'abord, et puis parce que j'avoue n'avoir jamais bien pénétré le but de ce déploiement extérieur de peintures et de sculptures si généreusement étalés pour les passans, qui répondent d'ordinaire à cette attention délicate en couvrant d'immondices ces beautées architecturales et monumentales, comme on dit. C'est bien un contraste, si l'on veut ;

mais celui-là ne me plaît pas. En un mot, n'est-il pas de meilleur goût de cacher au contraire une délicieuse retraite, et de jouir ainsi d'un bonheur ignoré, au lieu de s'en pavaner pompeusement aux yeux de chacun, pour exciter l'envie ou la haine de tous ?

Mais, pour en revenir au paradis dont j'ai parlé, une fois la petite porte ouverte, j'entrai avec le curé ; il la referma soigneusement, et dit :

— Ceci, monsieur, est la maison.

Puis, sans doute absorbé dans ses souvenirs et voulant me donner le loisir de tout examiner, il croisa ses bras sur sa poitrine et il demeura silencieux.

Je l'ai dit, je restai frappée d'étonnement, et le spectacle que j'avais devant les yeux était si ravissant qu'il me fit oublier tout autre préoccupation.

On ne voyait plus une pierre de la muraille de clôture dont j'ai parlé ; elle était à l'intérieur absolument cachée par une charmille touffue et par une haute futaie de chênes immenses.

Ensuite, qu'on se figure, situé au centre d'une vaste pelouse de gazon, fin, ras, épais et miroité comme un tapis de velours vert, une maison de médiocre grandeur et de la construction la plus irrégulière : au milieu, un corps de logis composé d'un seul rez-de-chaussée ; à droite une galerie de bois rustique formant serre-chaude, et aboutissant à une sorte de pavillon qui ne paraissait recevoir du jour que par le haut ; à gauche, en retour du corps du logis du milieu, un plus élevé que lui, une galerie à quatre ogives garnies de vitraux coloriés, et aboutissant à une tourelle très haute, qui dominait de beaucoup le reste de l'habitation.

Rien de plus simple apparemment que l'ordonnance de ce cottage ; mais ces bâtimens n'en étaient pour ainsi dire que la charpente, que le corps ; car tout son luxe, toute son indicible élégance, tout son éclat, venait de l'innombrable quantité de plantes grimpantes qui, à part l'ouverture des fenêtres, qu'elles envahissaient encore çà et là par une brusque invasion de jasmins et de chèvrefeuilles, couvraient d'un manteau de verdure et de fleurs de mille nuances toutes les murailles treillagées de cette délicieuse demeure, depuis le rez-de-chaussée jusqu'au sommet de la tourelle, qui semblait un immense tronc d'arbre revêtu de lianes.

Puis une épaisse et large corbeille de géraniums rouges, d'héliotropes d'un lilas tendre et de lauriers roses régnait autour de la base des murs, et cachait, sous ses grosses touffes de verdure émaillées de vives couleurs, les tiges toujours grêles, les plantes grimpantes qui épanouissaient plus haut leurs trésors diaprés.

Le lierre d'Écosse, les rosiers, la vigne vierge, les cobéas à clochettes bleues, la clématite à étoiles blanches, entouraient de leurs épais réseaux les piliers de bois rustique qui formaient les montans de la serre chaude, et les supports de l'auvent d'un perron, aussi de bois à dix marches recouvertes d'une fine nappe de Lima ; sur chacune de ces marches était un immense vase de porcelaine du Japon, blanc, rouge et or, renfermant de ces grands cactus à larges pétales pourpres et au calice d'azur ; puis, comme le pied de ces plantes est nu et rugueux, de charmans petits convolvulus de Smyrne, à campanules roses, les cachaient sous leur broderie verte et or ; enfin ce perron aboutissait à une porte de chêne fort simple, de chaque côté de laquelle étaient deux larges et profonds divans de Chine, faits de joncs et de bambous.

Tel était de ce côté l'aspect véritablement enchanteur de ce cottage, de cette oasis fraîche et parfumée, qui s'épanouissait comme une fleur magnifique et ignorée au fond des solitudes de cette province. Il est impossible d'exprimer par la froide ressource des mots toute la splendeur de ce tableau, qui empruntait à la seule nature son indicible somptuosité. Qui peindra les mille caprices de l'ardente lumière du Midi se jouant sur le vif émail de tant de couleurs ? Qui rendra le bruissement harmonieux de la brise qui semblait faire onduler sous ses baisers caressans toutes ces corolles épanouies? et ce parfum sans nom, mélange frais et embaumé de toutes ces senteurs, et cette bonne odeur de mousse et de verdure jointe à l'arome pénétrant et aromatique du laurier, du thym et des arbres verts, qui pourra l'exprimer?...

Mais ce qui est peut-être plus difficile encore, c'est de retracer les mille pensées diverses et accablantes qui me vinrent à l'esprit en contemplant la plus adorable retraite que l'homme rassasié des joies du monde ait jamais pu rêver; car je songeais que, malgré tant de soleil, de verdure et de fleurs, ce délicieux séjour était à cette heure triste, désert, abandonné; qu'un seul malheur avait sans doute surpris et écrasé ceux qui s'étaient si doucement reposés dans l'avenir. Le choix même d'un endroit si écarté, aussi loin de toute grande ville, ce luxe, cette recherche de bon goût, témoignaient assez que l'habitant de cette demeure espérait y passer peut-être de longues et paisibles années, dans la sérénité méditative de la solitude, seulement chère aux esprits malheureux, désabusés ou pensifs.

Ces idées m'avaient attristé et longtemps absorbé; sortant de cette rêverie, je regardai le curé; il me parut encore plus pâle que de coutume, et semblait profondément réfléchir.

— Rien de plus charmant que cette maison, monsieur! — lui dis-je.

Il tressaillit brusquement, et me répondit avec politesse, mais toujours avec froideur:

— *Cela est charmant*, en effet, monsieur. — Et poussant un navrant soupir: — Voulez-vous à cette heure visiter l'intérieur de la maison? — ajouta-t-il.

— La maison est-elle meublée, monsieur?

— Oui, monsieur, elle est à vendre ainsi que vous l'allez voir, à part quelques portraits qui seront retirés. — Et il soupira de nouveau.

Nous entrâmes par le perron de verdure dont j'ai parlé.

Cette première pièce était un salon d'attente, éclairé par le haut et rempli de tableaux qui paraissaient d'excellentes copies des meilleurs maîtres italiens; quelques bas-reliefs et quelques statues de marbre d'un goût pur et antique garnissaient les angles de cette salle, et quatre admirables vases grecs étaient remplis de fleurs, hélas! desséchées... car il y avait des fleurs partout, et là elles avaient dû se mêler merveilleusement à ces trésors de l'art.

— Ceci est l'antichambre, monsieur — me dit le curé.

Nous passâmes, et entrâmes dans une pièce garnie de meubles en bois de noyer, merveilleusement sculptés dans le goût de la renaissance; quatre grands tableaux de l'école espagnole cachaient la tenture, et des fleurs avaient dû remplir de vastes jardinières placées devant les fenêtres.

Toutes ces pièces étaient petites, mais leurs accessoires étaient du goût le plus élégant.

— Ceci est la salle à manger, — me dit le curé en continuant sa nomenclature glaciale.

Puis nous arrivâmes, par une porte ouverte et seulement garnie de portières, dans un salon, dont les trois fenêtres s'ouvraient sur la partie du parc que je n'avais pas vue. Le salon, à frises dorées, était tendu de damas ponceau; les meubles, qui paraissaient être de la belle époque du siècle de Louis XIV, étaient aussi dorés; et plusieurs consoles de marqueterie, comblées de magnifiques porcelaines de toutes sortes, complétaient l'ornement de cette pièce. Mais ce qui me plut surtout, c'est que la splendeur de ce luxe, ordinaire dans une ville, contrastait là délicieusement avec la solitude presque sauvage de l'habitation, et surtout avec la nature riante et grandiose qu'on découvrait des fenêtres du salon.

C'était une immense prairie de ce gazon si frais et si vert que j'avais tant admiré; à travers cette pelouse serpentait sans doute la rivière limpide et courante que j'avais plusieurs fois traversée en arrivant à ***; de chaque côté de cette plaine de verdure s'étendait un grand rideau de chênes et de tilleuls branchus jusqu'à leurs pieds, et deux ou trois bouquets de bouleaux à écorce d'argent étaient jetés çà et là dans cette énorme prairie, où paissaient plusieurs vaches suisses de la plus grande beauté; enfin, à l'horizon, dominant plusieurs collines étagées, on voyait se découper hardiment la crête brumeuse et bleuâtre des dernières montagnes qui terminent la chaîne des Pyrénées orientales.

Cette vue était d'une haute magnificence, et, je le répète, cette nature si grandiose, encadrée dans l'or et la soie de ce joli salon, avait un singulier caractère.

— Ceci est le salon, — me dit le curé.

Nous entrâmes ensuite dans la serre chaude, bâtie en bois rustique. On y voyait un grand nombre de plantes exotiques, profondément encaissées, de sorte que, l'hiver, cette serre devait avoir l'aspect d'une délicieuse allée de jardin. Devant une porte qui la terminait, le curé s'arrêta; et, au lieu de l'ouvrir, il revint sur ses pas...

Mais lui montrant cette porte de bois, d'un charmant travail gothique, flamand sans doute, et léger comme une dentelle, je dis à l'abbé:

— Où mène cette porte, monsieur? ne peut-on pas voir cet appartement?

— On peut le voir, monsieur, si... vous le désirez absolument, — me dit le curé avec une sorte d'impatience douloureuse.

— Sans doute, monsieur, — répondis-je; car plus j'avançais dans l'examen de cette demeure, plus mon intérêt augmentait. Tout jusqu'alors me révélant, non-seulement l'élégance la plus choisie, mais de nobles habitudes d'art et de poésie, je pensais que jamais un esprit vulgaire n'aurait ni choisi ni embelli sa résidence de la sorte.

— Veuillez donc, monsieur, entrer là sans moi, — me dit l'abbé en me donnant une clef. — *C'était son...* — Puis il reprit: — C'est un salon de travail.

J'y entrai.

Cette pièce, évidemment occupée d'ordinaire par une femme, était demeurée absolument dans l'état où celle qui l'habitait l'avait laissée: sur un métier à tapisserie, on voyait une broderie commencée; plus loin, une harpe devant un pupitre chargé de musique; sur une table, un flacon et un mouchoir déployé; un livre ouvert était près d'un panier à ouvrage: je regardai, c'était le deuxième volume d'*Obermann*.

Profondément ému en songeant qu'un malheur affreux et subit avait tranché sans doute une existence qui semblait si poétique et si heureusement occupée, je continuai d'observer avec une dévorante attention tout ce qui m'entourait... Je vis encore une assez grande bibliothèque remplie des meilleurs poëtes français, allemands et italiens; à côté... un chevalet sur lequel était la plus délicieuse ébauche de portrait d'enfant qui se pût voir, une adorable petite figure d'ange de trois ou quatre ans, aux yeux bleus et aux longs cheveux bruns... Je ne sais pourquoi il me sembla follement qu'une mère seule pouvait ainsi peindre... et qu'elle ne pouvait ainsi peindre que son enfant. Toutes ces découvertes, en m'attristant, irritaient de plus en plus mon intérêt et ma curiosité; aussi, je me résolus à tout employer pour pénétrer le secret si opiniâtrement gardé par le curé.

Ce portrait d'enfant, dont j'ai parlé, était placé près d'une des fenêtres qui éclairaient cette pièce; machinalement j'en écartai le rideau. Que vis-je? A une lieue au plus... la mer!... la Méditerranée!... qui étincelait comme un immense miroir d'azur dans lequel le soleil se serait ardemment réflété... la mer, qu'on voyait entre le versant de deux collines qui s'abaissaient doucement...

Cette vue était magnifique, et je pensais qu'elle devait surtout se révéler dans toutes ses splendeurs à l'âme poétique qui avait laissé dans cette demeure tant de traces touchantes de sa nature noble et élevée.

Un instant je détournai ma vue de ce majestueux spectacle pour la reposer un moment et l'y attacher encore;

j'aperçus alors un objet que je n'avais pas encore remarqué : c'était un portrait d'homme posé sur un chevalet recouvert de velours bleu. Dans l'espèce d'ovale que formaient à leur sommet les deux branches du chevalet en se recourbant, je vis un chiffre composé d'un A et d'un R, surmonté d'une couronne de comte. Ce portrait était dessiné au pastel... Ayant quelques connaissances en peinture, j'y reconnus facilement la même main qui avait ébauché la figure d'enfant.

La tête, attachée à un col svelte et élégant, se détachait, pâle et éclatante, et sortait d'un fond rouge brun très sombre, et des vêtemens entièrement noirs, coupés par fantaisie sans doute à la mode de van Dyck.

Cette figure, jeune et hardie, avait un caractère frappant de haute intelligence, de résolution et de grâce que je n'oublierai de ma vie. L'ovale en était allongé, le front haut, proéminent, très découvert, très uni, sauf un pli extrêmement prononcé qui séparait les sourcils, dont l'arc, non plus que celui des orbites, semblait presque insensible, tant il était droit ; les cheveux châtain clair, rares, fins et soyeux, et rejetés en arrière, ondoyaient légèrement sur les tempes ; les yeux forts grands, fort beaux, d'un brun de velours, à l'iris orangé, semblaient peut-être trop ronds ; mais leur regard fier, profond, méditatif, chargé de pensées, semblait annoncer un esprit de premier ordre ; enfin un nez aquilin et un menton à fossette, saillant et bien carrément dessiné, auraient donné à cette physionomie une expression hautaine et presque dure, si, contournant des lèvres minces et purpurines, un fin et imperceptible sourire, rempli de charme, n'eût adouci, éclairé pour ainsi dire, ce que quelques parties du visage avaient de trop énergique et de trop accusé.

Depuis quelques minutes, je contemplais cette tête si belle et si expressive, en me demandant si cet homme était le héros de la mystérieuse aventure que je cherchais à pénétrer... Puis je remarquai, à la différence extrême des yeux, qui, chez l'enfant, étaient bleus et longuement fendus, beaucoup de points de ressemblance entre le portrait de cet inconnu et la délicieuse ébauche de figure d'ange qui était auprès.

Mais bientôt j'entendis la voix émue de l'abbé, qui, sans entrer, me demandait si j'avais *tout vu et assez vu...*

Je le rejoignis. Il ferma la porte, et nous traversâmes de nouveau la galerie. J'y aperçus une chose puérile peut-être, mais qui me serra cruellement le cœur : en un mot, près du salon, était une volière à grillages dorés, dans laquelle je vis morts... plusieurs pauvres petits bengalis et bouvreuils.

Douloureusement oppressé, et de plus en plus intéressé, je voulus mettre le prêtre en confiance, en lui exprimant combien j'étais touché de ce que je voyais, moi qui ne connaissais même pas ceux qui avaient habité ce séjour ; mais, soit qu'il ne pût surmonter son émotion, soit qu'il craignît de profaner son chagrin en en confiant la cause à la légèreté d'un étranger, il éluda de nouveau toute ouverture à ce sujet, et me dit avec effort :

— Il ne reste maintenant à voir, monsieur, que la galerie, et la tour, qui forme un autre cabinet d'étude.

Nous repassâmes dans le salon d'entrée, nous traversâmes une bibliothèque, une longue galerie à vitraux coloriés, remplie de tableaux, de sculptures, de curiosités de toute espèce, et nous arrivâmes à la tour, qui communiquait à cette galerie par quelques marches.

J'entrai ; cette fois l'abbé m'accompagna résolûment, bien que je m'aperçusse que de temps à autre il essuyait de sa main ses yeux humides de larmes.

Dans cette vaste salle ronde, tout révélait des goûts studieux et réfléchis : c'était un ameublement sévère, beaucoup d'armes de prix, quatre grands portraits de famille, qui paraissaient embrasser un intervalle de cinq siècles, bien que séparés par une lacune de près de cent cinquante ans ; car le plus ancien des portraits rappelait le costume de guerre de la fin du quatorzième siècle, tandis que les costumes des autres appartenaient seulement aux dix-sep-

tième, dix-huitième et dix-neuvième siècles ; le portrait le plus récent représentait un homme qui portait l'habit d'officier général du temps de l'Empire et un cordon rouge en sautoir.

Je remarquai encore beaucoup de cartes et de plans topographiques, chargés de notes abrégées et pour ainsi dire hiéroglyphiques ; mais ce qui me frappa vivement, ce fut un portrait de femme posé sur un chevalet tout pareil à celui que j'avais déjà remarqué ; seulement, il ne portait pas de couronne à son sommet, on n'y voyait qu'un chiffre composé d'un M et d'un V entrelacés.

Par une savante combinaison du peintre, ce portrait, peint sur un fond d'or, rappelait, par son caractère magnifiquement naïf, quelques-unes de ces adorables figures de Vierges de l'école italienne de la fin du seizième siècle ; joignez à cela que tout ce que Raphaël a jamais rêvé de plus candide, de plus pur et de plus suave dans l'expression de ses madones, rayonnait doucement sur cette divine physionomie : ses cheveux bruns, lisses et brillans, se collaient sur son front charmant, ceint d'une petite férronnière d'or... puis, suivant la ligne des tempes, d'une blancheur si éblouissantes qu'on semblait y voir le réseau bleu des veines, descendaient jusqu'au bas de ses joues, délicatement rosées ; ses grands yeux bleus, d'une sérénité pensive et presque mélancolique, semblaient me suivre de leur long regard ; à la fois calme, noble et bon ; ses lèvres, d'un pâle incarnat, ne souriaient pas, mais elles avaient une expression de grâce sérieuse, réfléchie, impossible à rendre, et leur coupe, ainsi que celle du nez droit et mince, était d'une beauté exquise et d'une pureté antique ; enfin, une sorte de tunique d'un bleu très tendre, qui, laissant à peine voir la neige de ses épaules, se nouait autour d'une taille de la plus rare élégance par un cercle d'or bruni, complétait ce portrait, on le répète, d'une naïveté pleine d'élévation, de tendresse et de poésie.

A force d'examiner curieusement ces traits d'une perfection si idéale, je trouvai dans le regard une expression qui me rappela la figure d'enfant ; car je me souvins que les yeux de cet ange étaient aussi très grands et d'un bleu limpide et profond, mais que le bas de son visage et son vaste front rappelaient davantage le portrait d'homme qui m'avait tant frappé.

Je ne sais pourquoi je m'imaginais que cet enfant appartenait à ces deux personnes ; mais où était-il ? où étaient à cette heure son père et sa mère : son père d'une beauté si fière et si résolue ; sa mère, d'une beauté si douce et si pure ?

Etait-ce lui ? était-ce elle ? étaient-ce tous deux, tous trois, qu'un épouvantable malheur avait frappés ?

— Oh ! me disais-je, si les dehors tant expressifs de la physionomie ne trompent pas, dans quel Éden enivrant devaient vivre ces deux nobles créatures ! Pouvoir vivre ainsi avec un enfant adoré, au milieu de cette délicieuse et profonde solitude, embellie par les trésors de la nature et de l'art !

Avoir assez la conscience du bonheur et du beau pour s'isoler au milieu d'un monde de génies de toutes sortes ! Pouvoir, quand la voix du cœur se tait, jouir en silence de cette extase recueillie, et se distraire de ces délices par d'autres délices ; se parler encore d'amour par la voix sublime des divins poëtes de tous les âges, ou par l'harmonie céleste des grands maîtres, mélodie ravissante qu'une main chérie fait vibrer à votre oreille ; comparer enfin l'exquise beauté qu'on idolâtre, l'expression inimitable de ses traits, à tous les prodiges de l'art, et se dire avec orgueil : elle est plus belle ! Pouvoir, en un mot, puiser sans cesse à cette triple source de poésie, et voir son amour, fécondé par cette divine rosée, fleurir chaque jour plus radieux et plus épanoui ! glorifier enfin le Créateur de toutes choses, dans la félicité que nous sentons, dans la femme que nous aimons ! dans les magnificences dont nos yeux et notre âme sont éblouis, oh ! voilà sans doute, me disais-je, voilà la magnifique existence que menaient ces deux êtres !

Mais la voix brève et triste de l'abbé me rappela de ces idéalités.

Je tressaillis, et je le suivis, bien décidé à pénétrer ce secret.

Bientôt le soleil s'obscurcit ; la matinée, qui avait été fort belle, s'assombrit ; le ciel se chargea de nuages, quelques gouttes d'eau tombèrent.

— Il n'y a pas d'auberge ici, — me dit le curé ; — vous êtes à cheval, monsieur, le temps menace d'un orage de montagne, et, si l'ouragan est fort, la petite rivière que vous avez trouvée guéable deviendra, pendant quelques heures, un torrent rapide ; veuillez donc accepter une pauvre hospitalité dans le presbytère, jusqu'à ce que la tourmente soit apaisée : votre guide et ses chevaux trouveront place dans la grange.

J'acceptai, ravi de cette offre qui pouvait servir ma curiosité : nous rentrâmes.

— Eh bien ! Joseph ? — dit Jeanne au curé d'un air profondément ému.

— Hélas ! Jeanne, que la volonté de Dieu soit faite ! mais j'ai bien souffert, et je n'ai pas eu le courage d'entrer *chez elle...*

Jeanne essuya une larme, et alla s'occuper des moyens de me recevoir aussi bien que possible dans cette modeste demeure.

Bientôt l'orage éclata avec tant de violence, que je me décidai à passer la nuit au presbytère de ***.

III

LE RÉCIT.

Après trois jours passés au presbytère de ***, j'avais fait assez de progrès dans la confiance du curé pour qu'il s'ouvrît entièrement à moi sur ce qu'il savait de l'histoire des hôtes qui m'intéressaient si singulièrement ; je tâche de rendre ici son grave et simple langage.

— Il y avait quatre ans, monsieur, — me dit-il, — que je desservais cette petite paroisse, lorsque l'habitation que nous avons visitée fut achetée par procuration de monsieur le comte Arthur de ***, dont vous avez vu le portrait ; quant à son nom de famille, je l'ignore : tout ce que je puis présumer, c'est que le comte était d'une noble et ancienne maison, à en juger du moins par son titre et le culte presque religieux que je lui ai souvent vu professer pour les antiques portraits qui garnissaient son cabinet.

Avant que le comte Arthur (car je ne l'ai jamais entendu nommer autrement) n'arrivât dans ce village, il y fut précédé par un homme de confiance, accompagné d'un architecte et de plusieurs ouvriers de Paris, qui firent de la demeure commune et sans élégance qui existait la charmante habitation que vous avez admirée. Ces travaux terminés, les ouvriers partirent, et l'homme de confiance resta seul en attendant son maître. Bien que fort éloigné par position et par caractère de m'informer des gens qui venaient demeurer dans ce pauvre village, je ne pus m'empêcher de saisir certaines rumeurs, répandues sans doute par les ouvriers du dehors, d'arriver jusqu'à moi. Selon ces bruits, le comte, qui était fort riche, venait habiter parmi nous avec une femme... qui n'était pas la sienne... D'ailleurs, l'existence de ce gentilhomme avait été, disait-on, d'une immoralité si scandaleuse et si effrénée, que, sans être positivement obligé de se séquestrer du monde, la sorte de répulsion qu'il inspirait, à cause de certaines aventures, avait été telle qu'il s'était cru obligé de vivre désormais dans la solitude.

Vous concevez sans doute, monsieur, que ma première impression dut être, sinon hostile, du moins extrêmement défavorable à cet étranger, que je ne connaissais pas, il

est vrai, mais qui allait, dans la supposition où ces bruits avaient quelques fondemens, qui allait, dis-je, donner ici un exemple funeste, parce qu'aux yeux de nos pauvres montagnards, le rang et la fortune de ces nouveaux venus devaient sembler autoriser leur conduite coupable.

Ces pensées me mirent donc en grande défiance contre le comte, et je me promis bien, si par un hasard peu probable ce dernier me faisait quelques avances personnelles, de protester du moins, par ma sévère et inexorable froideur, contre l'immoralité d'une existence aussi condamnable.

Ce fut donc il y a deux ans passés que le comte s'établit ici, avec une jeune femme et un enfant dont vous avez vu les portraits. Quelques jours après, je reçus un billet de lui, dans lequel il me demandait la grâce d'un moment d'entretien. Je ne pouvais refuser, et le comte se présenta chez moi. Bien que ma résolution, mes habitudes, mon caractère, mes principes, et une sorte de façon d'envisager certaines choses et certains hommes, dussent me prévenir extrêmement contre ce dernier, je ne pus m'empêcher d'être frappé d'abord de son extérieur remarquable, car c'est son portrait que vous avez vu, monsieur ; puis aussi de ses manières graves, polies et élevées, et surtout de l'étendue et de la noblesse de son esprit, qui se révéla dans la longue conversation que nous eûmes ensemble ce premier jour.

Il commença par me dire que, venant habiter le village de ***, il considérait comme un devoir et un plaisir pour lui de me venir visiter, et qu'il m'aurait la plus grande obligation de vouloir bien régler l'emploi d'une somme de vingt-cinq louis par mois qu'il mettait à ma disposition, pour subvenir, soit à l'assistance des pauvres de cette paroisse, soit aux améliorations que je pouvais juger nécessaires, me priant aussi de m'entendre avec le médecin du village, qui souvent, ajouta-t-il, connaissait des misères et des souffrances que nous autres ministres ignorions ; il me suppliait enfin de croire que toute demande destinée à alléger quelques peines ou à prévenir quelque malheur serait accueillie et accordée par lui avec le plus vif empressement.

Que vous dirai-je, monsieur ! Le comte montra une philanthropie si sage, si haute, si profondément éclairée, que malgré mes préventions je ne pus m'empêcher d'être frappé d'étonnement et presque d'admiration en voyant qu'un homme si jeune encore, et qui avait, dit-on, cruellement abusé de toutes les voluptés des riches et des heureux de la terre, eût une connaissance si triste et si vraie des douleurs et des misères obscures, et de ce qu'on devait faire ou tenter pour les soulager ou les consoler sûrement,

Mais, hélas ! à la fin de cette conversation qui m'avait tenu sous un charme inexplicable et contre lequel, je l'avoue, j'avais longtemps lutté, mes préventions revinrent plus fortes que jamais ; et je ne sais à cette heure si je dois m'en glorifier ou en rougir, car le comte m'avoua sans honte, comme sans jactance impie, *qu'il n'était pas de* NOS RELIGIONS, mais qu'il les respectait néanmoins trop pour s'en jouer et que c'est à cette raison seule que je devais attribuer le motif qui l'empêchait de se rendre jamais à l'église.

Que voulait dire le comte par ces mots, qu'il *n'était pas de* NOS RELIGIONS ? Je l'ignore encore. Voulait-il parler des religions d'Europe ? entendait-il par là qu'il n'était ni catholique ni protestant, ni d'aucune des autres sectes dissidentes qui, divergeant du catholicisme, y tiennent toujours par une racine chrétienne ? Je l'ignore encore à cette heure, bien que, hélas ! j'aie vu le comte à une épouvantable épreuve !...

Mais, ainsi que je vous le disais, monsieur, cette résolution de ne jamais assister ni prendre part à nos saints mystères m'indignait. Je n'y vis d'abord qu'un dédaigneux prétexte, destiné à voiler une indifférence ou un éloignement coupable ; comme aussi je ne vis plus qu'une commisération presque sans mérite dans la fastueuse aumône que sa brillante position de fortune le mettait à même de faire sans s'imposer de privations.

J'eus tort, car il ne s'était pas borné à me donner sèchement de l'or : il m'avait longuement entretenu des misères du pauvre, et cherché avec moi le meilleur moyen de lui être utile ; mais, je vous le répète, son manque de foi à notre religion me rendit injuste.... oh ! bien injuste, comme vous l'allez voir, car je fis retomber le coup de ma sainte indignation sur une personne complètement innocente.

Le dimanche qui suivit mon entretien avec le comte, je vis agenouillé dans l'église la jeune femme qui habitait avec lui, et qui ne portait pas, disait-on, son nom. Ceci était vrai d'ailleurs, je l'ai su depuis. Cette liaison était coupable aux yeux de Dieu et des hommes ; mais, hélas ! si le crime de ces infortunés fut grand, leur châtiment fut terrible !

Pardonnez-moi si je m'attendris à ce souvenir. Je vous disais donc, — reprit l'abbé en essuyant ses larmes, — que je vis, un dimanche, cette dame agenouillée dans l'église : je montai en chaire, et j'allai jusqu'à faire des allusions directes, cruelles même, dans le sermon que je prononçai, contre la détestable immoralité des grands et des riches de la terre, qui pensaient, ajoutai-je, atténuer leurs fautes en jetant aux pauvres une dédaigneuse aumône ; j'exaltai le malheureux qui prie, croit, et partage le pain dont il a faim avec un plus misérable que lui ; et je trouvai à peine un froid éloge à donner au riche, pour qui la bienfaisance n'est qu'une superfluité facile. Je fis plus, j'exaltai de nouveau la paisible et vertueuse existence du pauvre qui cherche l'oubli de ses maux dans la douceur d'un lien béni par Dieu, et je m'élevai violemment contre les riches qui semblent fouler aux pieds toute morale reçue, et trouver une sorte de méchant plaisir à braver ainsi les devoirs qu'ils regardent dans leur orgueil impie comme indignes d'eux, et bons, disent-ils, pour les misérables !...

Ah ! monsieur, je ne puis me reprocher l'amertume de ces paroles, car elles exprimaient mon horreur contre une conduite que je trouve à cette heure aussi criminelle qu'alors ; et pourtant, depuis, j'ai eu la faiblesse de m'en repentir... Enfin, ce jour-là, en entendant ces mots, auxquels mon indignation prêtait une grande énergie, tous les yeux de nos montagnards se tournèrent aussitôt vers cette malheureuse femme humblement agenouillée parmi eux : sa tête se courba davantage ; elle ramena les plis de son voile sur son visage, et il me parut, à quelques mouvemens saccadés de ses épaules, qu'elle pleurait beaucoup... Je triomphai, car je pensais avoir éveillé le remords, peut-être endormi jusqu'alors, dans une âme coupable. Le service divin terminé, je rentrai au presbytère.

Sans rien redouter de la colère du comte, qui pouvait se croire offensé de ces allusions, j'étais néanmoins préoccupé malgré moi de ce qu'il en pouvait penser. Le lendemain, il me vint voir. Quand ma sœur m'annonça sa visite, je ne pus me défendre d'une certaine émotion ; mais je trouvai son accueil aussi bienveillant que d'habitude : il ne me dit pas un mot du sermon de la veille, causa longuement avec moi des besoins de nos pauvres, et me parla d'un projet qu'il avait d'établir une école pour les enfans, sous ma direction, me communiqua ses idées à ce sujet, établit une sage et remarquable distinction entre l'éducation qu'on doit donner aux gens voués aux travaux physiques et celle que doivent recevoir les gens destinés aux professions libérales ; et déployant, dans cette conversation qui me tint de nouveau sous le charme, les vues les plus hautes et les plus étendues, il me montra l'esprit le plus mûr et le plus droit, puis me quitta.

Hélas ! monsieur, les misères et les faiblesses de notre nature sont tellement inexplicables, que je fus presque blessé de l'indifférence apparente du comte au sujet de mon sermon, au lieu de voir dans sa conduite mesurée une respectueuse soumission aux devoirs que m'imposaient mes convictions et mon caractère.

Peu de temps après, une des grandes fêtes de l'église approchait ; je m'y rendais un jour pour y entendre la confession de nos montagnards, lorsque, en allant à mon confessionnal, je vis parmi les paysans cette même femme

humblement agenouillée comme eux sur la pierre humide et dure : elle attendit là longtemps, et vint à son tour au tribunal de la pénitence. J'étais loin d'être indulgent pour nos paysans, mais je ne sais pourquoi je me sentis disposé à être plus sévère encore pour une personne que son rang paraissait mettre au-dessus d'eux. La voix de cette dame était tremblante, émue, son accent timide et doux ; et, sans trahir ici un de nos plus grands, un de nos plus sacrés mystères, puisque, hélas ! monsieur, je ne vous apprends que des faits maintenant publics et mis en évidence par un effroyable événement, je reconnus, dès ce jour et dans la suite des temps, l'âme la plus noble et la plus repentante, mais aussi la plus faible et la plus criminelle sous le rapport de son attachement coupable pour le comte... attachement qui me parut tenir d'une exaltation que j'oserais appeler sainte et religieuse si je ne craignais de profaner ces mots.

Que vous dire de plus, monsieur ! Au bout de six mois de séjour dans nos contrées, le comte et cette dame, que nos montagnards appelèrent bientôt dans la naïveté de leur reconnaissance l'*ange Marie* (car personne ne l'entendit jamais appeler autrement que Marie), le comte et cette dame avaient été si charitables, que nous ne comptions plus les malheureux dans cette paroisse ; et, bien plus, telle était l'étrange confiance que la bienfaisance inépuisable et éclairée de cette âme si belle avait donnée à nos montagnards, que si quelquefois je leur représentais la dangereuse témérité de leurs chasses périlleuses, en leur rappelant quel serait le triste avenir de leur famille s'ils venaient à périr, ils me répondaient : *Mon père, l'ange Marie y pourvoira !* En un mot, cette dame était devenue la Providence de ce village, et l'on y comptait comme sur celle de Dieu. Au bout d'un an, cette personne si aimée, si bénie, tomba gravement malade ; à cette nouvelle, je ne vous dirai pas, monsieur, les craintes, le désespoir de nos paysans, les prières, les *ex-voto* qu'ils firent pour elle, la désolation qui régna dans ce village.

Craignant de compromettre la rigoureuse sévérité de mon caractère, bien que le comte fût venu presque chaque jour me voir, je n'étais jamais allé chez lui ; mais lorsque cette dame fut très malade, elle me demanda, et le comte vint me supplier de me rendre auprès d'elle. Je ne pus m'en dispenser. Je la trouvai presque mourante.

Ce fut un moment terrible ; jamais sa piété ne se révéla plus fervente et plus profonde à mon âme attendrie. Je la consolai, je l'exhortai ; pendant huit jours elle donna les plus cruelles inquiétudes ; enfin sa jeunesse la sauva.

Je ne vous parle pas non plus, monsieur, de l'affreuse anxiété du comte pendant cette maladie. Une nuit surtout, qu'on désespérait de cette dame, il m'épouvanta... car, par quelques mots qui lui échappèrent... je compris que cette mort qu'il redoutait aurait pu le précipiter de nouveau de la sphère des plus généreux sentimens... dans l'abîme de la plus grande perversité, et dans ce moment je crus à la réalité de tous les bruits qui avaient couru sur le comte.

Enfin, l'ange Marie revint à la santé ; peu à peu, la beauté refleurit sur ce noble et charmant visage, où luttaient sans cesse le remords d'une grande faute et la conscience d'un bonheur assez grand pour lutter incessamment contre ce remords... Hélas ! monsieur, j'avais pris la résolution de ne pas retourner dans cette maison, craignant, je vous l'ai dit, de compromettre la gravité de mon caractère ; et pourtant j'y retournai... Sans doute je fus coupable, mais peut-être trouverai-je une excuse aux yeux de Dieu, car cette femme et le comte étaient si charitables aux malheureux ! Grâce à lui, grâce à elle, je pouvais secourir tant de misères, que Dieu me pardonnera, je l'espère, de n'avoir pas repoussé la main qui répandait ses aumônes avec tant de discernement et de bonté !... Et puis encore, moi, pauvre prêtre, j'aimais la science, l'étude, et il n'y avait personne dans ce village avec qui je pusse m'entretenir, tandis que je trouvais dans le comte des plus hautes intelligences que j'aie, je ne dirai pas connues, car j'ai bien peu expérimenté les hommes et la vie, mais que j'aie, si cela se peut dire, rencontrées dans les livres. Ses connaissances étaient vastes, profondes, presque universelles ; il paraissait avoir beaucoup vu et voyagé, et ne pas être demeuré étranger aux affaires publiques, car il résumait les rares questions politiques que le hasard amenait dans nos conversations avec une puissante et énergique concision ; son jugement était clair, perçant, allant droit au fond des choses, mais étrange et singulier en cela qu'il paraissait dégagé, soit par réflexion, soit par indifférence, soit par mépris, de tout préjugé, de toute sympathie de cause ou de caste : cela était quelquefois bien effrayant d'impartialité, je vous l'assure, monsieur... Mais ce qui m'épouvantait toujours pour le comte, c'est que jamais je ne lui entendis prononcer un seul mot qui annonçât la moindre foi religieuse. Bien qu'il fût convenu tacitement entre nous de ne jamais aborder ces formidables questions, si dans le cours de l'entretien il lui échappait quelques paroles à ce sujet, elles semblaient si froidement désintéressées, que j'eusse peut-être préféré, pour mon salut, une attaque ou une négation à propos de ces éternelles vérités ; car sa conversion à des principes religieux m'eût peut-être semblé possible un jour, tandis que cette indifférence de glace semblait ne laisser aucun espoir.

Et pourtant sa conduite pratique était la plus ample et la plus magnifique application des principes du christianisme ; c'en était l'esprit sans la lettre. Jamais non plus je n'entendis entre lui et *l'ange Marie* aucune conversation religieuse, bien que leur enfant fût pieusement élevé par sa mère dans notre croyance. Souvent, néanmoins, j'ai vu le comte les yeux mouillés de larmes, lorsque celle qu'il aimait, joignant les mains de ce petit ange, lui faisait prier Dieu ; mais le comte était, je pense, monsieur, plus touché de la délicieuse figure de cet enfant, et des accens ingénus de sa voix, que des pensées religieuses qu'elle exprimait.

Cette dame avait aussi une instruction solide et variée, un esprit remarquable, et surtout une sorte d'ineffable indulgence qui s'étendait à tous. Si le comte, avec sa parole souvent acerbe et mordante, attaquait quelque caractère ou quelque fait historique ou contemporain... elle cherchait toujours à trouver dans le caractère le plus noir, dans le fait le plus triste, un bon instinct ou un sentiment généreux qui les excusât un peu... Alors les larmes me venaient aux yeux, en songeant que c'était sans doute un cruel retour sur elle-même, un remords incessant, qui rendait cette pauvre femme si bienveillante à tous, comme si elle eût, hélas ! senti qu'étant bien coupable elle-même, il ne lui était permis d'accuser personne.

Et le comte, monsieur, si vous saviez avec quelle profonde et presque respectueuse tendresse il lui parlait ! comme il l'écoutait ! avec quelque délicate fierté il savait apprécier et faire ressortir tout ce qu'il y avait de noble et de grand dans l'esprit et dans le cœur de celle qu'il aimait tant ! combien son visage devenait radieux en la contemplant ! Que de fois je l'ai vu la regarder ainsi longtemps en silence, et tout à coup, comme si les mots lui eussent manqué pour peindre ce qu'il ressentait, lever les yeux au ciel en joignant les mains avec un geste, avec une expression de bonheur et d'admiration impossible à rendre.

Ah ! monsieur, que de longues et douces soirées j'ai ainsi passé dans l'intimité de ces deux personnes à la fois si coupables et si vertueuses !... Que de fois ce fatal et bizarre contraste a confondu ma raison ! Que de fois, l'été, le soir, en les quittant, au lieu de rentrer au presbytère, j'allai me promener sur nos montagnes, pour méditer plus en silence, plus sous l'œil de Dieu, si cela peut se dire ! ! « O Seigneur !... m'écriais-je, tes vues sont impénétrables !... Cette femme est adultère et criminelle ; elle a la conscience de sa faute puisqu'elle pleure incessamment sa faute ; elle est bien coupable sans doute à tes yeux et à ceux des hommes ; et pourtant quelle vie plus exemplaire, plus bienfaisante, plus pratiquement touchante et vertueuse que la sienne ! Combien de fois aussi l'ai-je entendue chanter des hymnes en ton nom ! sa voix annonçait une foi si profonde et si religieuse que cette foi ne pouvait être feinte !... O mon Dieu ! qu'est-ce donc que le vice et le crime quand ils revêtent ces dangereuses apparences ? faut-il les haïr davantage ? faut-il les plaindre ? faut-il plutôt leur pardonner ? Et lui, cet homme étrange, qui, dit-il, *n'est pas de nos religions*, quelle est donc la sienne, à lui ? quelle est donc cette religion ignorée qui lui impose une vie si généreuse et si bienfaisante ? qui le rend si bon, qui le fait chérir et bénir de tous ? A quelle source inconnue a-t-il donc puisé ces principes d'une charité si intelligente et si élevée ? Et pourtant on dit qu'il n'a rien respecté de ce qui était saint ou sacré aux yeux des hommes, qu'il l'a foulé aux pieds et méprisé... Et cela est... car son amour d'aujourd'hui est criminel... et autrefois il a été bien plus terriblement coupable encore... je le crois ; car, de même que la lueur de la foudre fait quelquefois entrevoir toute l'immensité d'un abîme, de même aussi à ce moment terrible où il tremblait de perdre cette femme... j'ai un instant pu pénétrer les profondeurs de son âme, et j'ai pâli de terreur... et pourtant la noblesse de ses sentiments ne s'est jamais démentie. « O mon Dieu ! que tes vues sont impénétrables ! » répétais-je plus indécis que jamais, en m'humiliant toujours devant les mystérieux desseins de la Divinité, car bientôt je devais avoir une terrible preuve que sa formidable justice sait atteindre inexorablement les coupables.

Hélas ! monsieur, mon récit approche de sa fin, et cette fin est épouvantable... C'était, il y a trois mois, un soir ; je causais avec ma sœur d'un fait qui me semblait très inquiétant : deux paysans assuraient avoir vu un vieillard à cheveux blancs et à sourcils noirs, au teint cuivré, mais d'une vigueur rare pour son âge, escalader le mur du parc de la maison du comte ; puis que, peu de temps après, ils avaient entendu deux coups de feu. Je me disposais à aller m'informer moi-même de ce qui en était, lorsqu'on vint me chercher à la hâte pour me rendre chez le comte. Ah ! monsieur, jugez de ma terreur !... je trouvai lui et elle, chacun percé d'une balle... Un des deux coups de feu avait atteint leur pauvre petit enfant, qui était mort et paraissait endormi dans son berceau.

Le comte n'avait pas deux minutes à vivre ; ses derniers mots furent ceux-ci : « Marie vous dira tout... Donnez-lui vos soins... » Puis il se retourna vers elle et dit : « Adieu... Marie !... hélas !... c'est pour toujours !... Ah ! c'est ma faute ; SI JE VOUS AVAIS CRUE... POURTANT ! ! ! » Et il mourut.

Elle lui survécut à peine un quart d'heure ; et avant d'expirer, elle me confia le secret de cette terrible aventure, afin d'éclairer la justice et d'empêcher d'accuser ou d'inquiéter des innocens.

En un mot, ainsi que vous l'avez peut-être déjà pénétré, monsieur, le vieillard était le mari de cette infortunée : usant du terrible droit que lui donne la loi, trouvant sa femme et le comte assis près du berceau de leur fils, il les avait tirés tous deux à bout portant, une balle avait du même coup tué la mère et le malheureux enfant...

— Mais ce vieillard, qu'est-il devenu ? demandai-je au curé, dont la narration m'avait si douloureusement impressionné.

— Je l'ignore, monsieur ; tout ce que j'ai su, c'est qu'un petit bâtiment génois, mouillé depuis huit jours proche de la côte, à une lieue d'ici, avait, le soir même de ce triple meurtre, mis à la voile.

On conçoit l'intérêt que fit naître en moi cette narration, et on comprendra peut-être aussi qu'instruit de ce terrible événement, je ne pus me résoudre à acquérir cette demeure, où devaient toujours vivre d'aussi affreux souvenirs, et qui alors me sembla maudite.

Je restai au presbytère jusqu'au moment où, le délai de la vente à l'amiable étant passé, cette habitation fatale fut adjugée à un négociant retiré, qui, trouvant le mobilier *gothique*, le vendit à l'encan.

Pour souvenir de cette triste aventure, j'achetai à cette vente la harpe de Marie, un meuble en marqueterie provenant du cabinet du comte, et quelques objets de peu de valeur, que je priai le curé d'accepter; car, selon la volonté du comte, qu'on trouva consignée dans son testament, à l'exception de tous les portraits, qui furent brûlés, le prix de la maison et de ses dépendances devait appartenir à la commune de *** et être employé à secourir les pauvres.

Je quittai ce village, bien préoccupé de ce récit; j'avais envoyé chez moi le meuble de marqueterie que j'avais acheté à ***.

Un jour que je l'examinais avec une triste curiosité, j'y découvris un double fond; dans ce secret, je trouvai un assez volumineux manuscrit : c'était le journal du comte...

Ces fragmens m'ont paru remarquables par leur esprit d'analyse et par une succession d'aventures d'une donnée fort simple, fort naturelle, et digne peut-être d'intérêt et d'étude, en cela qu'elles retracent des faits communs à la vie de presque tous les hommes.

Ce sont ces fragmens qui vont suivre, et que je donne dans toute la naïveté de l'étrange scepticisme qu'ils dévoilent.

Ces sortes de mémoires embrassent une période de douze années.

Bien qu'ils racontent la vie de cet inconnu depuis l'âge de vingt ans, et qu'ils semblent par la date se continuer jusqu'au jour qui précéda sa fin, on voit par une note que le récit des sept premières années fut écrit par le comte, seulement environ cinq ans avant sa mort, tandis que les cinq dernières années sont au contraire écrites comme un journal, presque jour par jour, et selon les événemens.

L'écriture de ce journal était fine, correcte, souvent courante et hâtée, comme si la main et la pensée eussent été souvent emportées par l'entraînement des souvenirs. D'autres fois elle était pour ainsi dire calme et acérée, comme si une main de fer l'eût tracée. Sur les marges de ce manuscrit on voyait une infinité de portraits, de silhouettes, esquissés à la plume avec autant de facilité que de grâce, et qui devaient être d'une ressemblance frappante; enfin, intercalées dans le récit, on trouve çà et là un assez grand nombre de lettres d'écritures différentes, qui étaient pour ainsi dire les pièces justificatives de ce singulier manuscrit.

JOURNAL D'UN INCONNU.

—

HÉLÈNE.

I

LE DEUIL.

J'avais vingt ans; je revenais d'un long voyage en Espagne et en Angleterre, entrepris sous la direction de mon précepteur, homme sage, modeste, ferme et éclairé. A mon retour à Serval, terre dans laquelle mon père s'était retiré depuis longues années, je trouvai ce dernier gravement malade; je n'oublierai de ma vie le spectacle qui me frappa lors de mon arrivée.

Ce château, extrêmement retiré et dominant un chétif village, s'élevait solitairement sur la lisière d'une grande forêt; c'était un vaste et gothique édifice de briques noircies par le temps; son intérieur se composait de grands appartemens sonores, et peu éclairés par leurs longues fenêtres à petits carreaux; nos gens portaient le deuil de ma mère, que j'avais perdue pendant mon voyage; presque tous étaient de vieux domestiques de la maison, et rien de plus lugubre que de les voir vêtus de noir, marchant silencieusement dans ces pièces sombres et immenses, se détacher à peine de leur fond rouge ou vert foncé, couleur de toutes les tentures de cette antique habitation.

En descendant de voiture, je fus reçu par le valet de chambre de mon père; il ne me dit pas un mot, mais ses yeux étaient baignés de larmes. Je le suivis; je traversai une longue galerie, la terreur de mes nuits d'enfance, comme elle en était la joie durant le jour. Je trouvai mon père dans son cabinet; il voulut se lever pour m'embrasser; mais, ses forces lui manquant, il ne put que me tendre les bras.

Il me parut affreusement changé : je l'avais quitté encore alerte et vigoureux; je le trouvai faible et abattu : sa grande taille s'était voûtée, son embonpoint avait disparu; il était pâle, défait, et une sorte de sourire convulsif et nerveux, causé par la continuité de ses douleurs, donnait à sa physionomie haute et sévère une indicible expression de souffrance habituelle.

J'avais toujours beaucoup redouté mon père. Son esprit était vaste, sérieux, réfléchi, concentré, et çà et là, par accès, froidement ironique; son savoir prodigieux en toutes sortes de matières, son caractère absolu, ses habitudes graves, pensives et taciturnes, son abord glacial, ses principes d'une rare solidité, sa bonté pour moi extrême en fait, mais nullement démonstrative : aussi m'inspirait-il plutôt une vénération profonde et craintive, une gratitude respectueuse, qu'une affection confiante et expansive comme celle que je ressentais pour ma mère.

Ayant quitté le service de bonne heure, malgré les instances de Napoléon, qui aimait sa volonté de fer et son infatigable activité, mon père avait presque toujours vécu dans ses terres, mais, chose étrange! sans jamais recevoir personne. La terreur de 93 avait tellement diminué notre famille, qu'excepté une sœur de mon père, nous n'avions plus de parens, mais seulement des alliés fort éloignés, que nous ne voyions pas.

Maintenant que l'âge et l'expérience me permettent d'apprécier et de comparer mes souvenirs, mon père reste à mes yeux le seul homme véritablement misanthrope que j'aie jamais rencontré; car il n'était pas de ces misanthropes qui recherchent les hommes pour leur dire chaque jour qu'ils les détestent et qu'ils veulent les fuir, mais un misanthrope qui avait rompu absolument avec eux. Aussi, j'ai beau interroger mes souvenirs d'enfance et de jeunesse, je ne me souviens pas d'avoir vu à mon père un ami, ou même ce qu'on appelle une simple connaissance. Ma mère, ma tante et ma cousine Hélène, plus jeune que moi de trois années, étaient les seules personnes qui, de temps à autre, nous vinssent visiter : cela n'est jamais une exagération, ma mère me l'a dit, pendant près de trente années que mon père vécut à Serval... pas un étranger n'y parut.

Mon père chassait beaucoup, mais seul; il aimait passionnément les chevaux et aussi la grande agriculture. Ces occupations et celles de mon éducation, qu'il fit lui-même jusqu'à ce qu'il m'eût mis entre les mains d'un précepteur pour voyager, employaient presque tous ses instans; puis ses biens étant considérables, et n'ayant jamais voulu d'intendant, secondé par ma mère, dont l'esprit d'ordre était extrême, il s'occupait d'administrer sa fortune lui-même; enfin la lecture, des expériences scientifiques, et surtout de longues promenades solitaires, complétaient ces journées.

Lorsque je partis pour ce funeste voyage pendant lequel je devais la perdre, ma mère, ayant eu en songe comme un pressentiment de cette fatalité, me le dit; mais nous le cachâmes à mon père : non qu'elle le craignît, mais il lui avait toujours beaucoup imposé par la gravité de son esprit, et elle redoutait surtout son ironie sévère, qui n'épargnait jamais les sentimens poétiques, exagérés ou romanesques.

Je ne pus donc embrasser ma mère une dernière fois : je ne parle pas de mes regrets ; c'était la seule personne au monde à laquelle j'osasse tout dire et tout confier. Ma tante et sa fille Hélène étaient venues habiter Serval depuis la mort de ma mère, et cela presque malgré mon père ; car, bien que sa santé parût s'altérer de plus en plus, son besoin habituel de solitude et de silence avait encore augmenté.

Je menais alors une vie bien triste et bien déchirante pour mon cœur : le matin, mon père me faisait venir auprès de son lit ; son valet de chambre lui apportait un grand coffre, où étaient renfermés les registres qui contenaient l'administration de nos biens, et chaque jour il me mettait au courant de toutes ses affaires, et avec une clarté froide qui me glaçait ; plus tard, il me fit lire son testament avec la même apparence d'insensibilité ; les sanglots me suffoquaient, il ne semblait pas s'en apercevoir ; il terminait d'ordinaire cette sorte d'initiation au gouvernement futur de la fortune qu'il me laissait, par quelques enseignemens faits d'une voix brève, et interrompus par de longs silences.

Ces enseignemens révélaient le jugement le plus droit, le plus sûr, et aussi la connaissance la plus réelle et la plus approfondie des misères, ou plutôt de ce qu'il appelait les *nécessités morales* de la condition humaine ; car un trait bien frappant du caractère de mon père était une manière de voir étrangement calme et désintéressée à propos des faiblesses, inhérentes à notre espèce selon lui, puisqu'on était obligé d'admettre comme conséquens à notre organisation morale certains faits, certains instincts bas ou égoïstes, auxquels les nobles caractères ne pouvaient échapper ; il trouvait aussi inutile de cacher ou de nier cette plaie que de blâmer les hommes d'en être atteints.

Ainsi, lui demandait-on un service, il déduisait à soi ou à son obligé les raisons qui généralement amènent l'ingratitude, puis néanmoins rendait le service avec une bienveillance toute parfaite.

En résumé, le sens moral des entretiens que j'avais avec lui, et qui de sa part se composaient de phrases courtes, concises et nerveuses, affirmait : « Que le pivot de tout étant l'OR, puisque les plus beaux caractères une fois aux prises avec le besoin s'avilissaient quelquefois jusqu'à l'infamie, il fallait rester riche pour être sûr de rester honnête homme ; que tout dévouement avait son arrière-pensée ; que toute amitié était corruptible, mais que le taux, le moment ou la *monnaie* de la corruption de chacun variait selon les caractères individuels ; que toute amitié devant absolument avoir son heure négative, il était inutile de compter sur un sentiment qui un jour vous manquerait ; enfin je devais, selon ces terribles maximes, m'estimer heureux de n'avoir ni frère, ni sœur, et d'être ainsi pur de tout *fratricide véniel*, l'homme étant fait de la sorte qu'il ne voit presque toujours dans la fraternité qu'une diminution d'héritage ; car, ajoutait mon père, bien peu, parmi les plus purs, peuvent nier avoir pensé au moins une fois dans leur vie, en supputant la fortune qu'ils partageaient : *Si j'étais seul !* »

Je ne saurais dire combien ces axiomes, d'un sens peut-être rigoureusement vrai, mais d'une affirmation si désolante et si exagérée, ainsi froidement énoncés par mon père mourant, m'épouvantaient !

Mon précepteur, homme d'un sens droit, mais d'un esprit médiocre, n'avait de sa vie soulevé devant moi aucune question philosophique. Sur ces matières, mon intelligence était demeurée jusque-là comme inerte et endormie ; mais mon esprit, heureusement préparé par une éducation féconde et par une précoce habitude de réflexion due à ma vie solitaire et à l'expérience des voyages, était prêt à recevoir le germe de toutes pensées, bonnes ou fatales, que l'ardeur de mon imagination devait rapidement développer.

Aussi, ces tristes et amers enseignemens demeurèrent-

ils l'unique et profonde racine de toutes mes pensées ! Plus tard, je pus les modifier, y enter pour ainsi dire d'autres idées, mais elles participèrent toujours de l'âcreté de la première sève.

Après ces tristes entretiens avec mon père, qui duraient ordinairement deux heures, on l'habillait, ou plutôt on l'enveloppait de couvertures chaudes et légères ; car, ses anciennes blessures s'étant rouvertes, il souffrait si cruellement qu'il ne pouvait rien supporter de lourd ; puis on l'asseyait dans un fauteuil roulant, et on le promenait au soleil dans le parc.

Par une étrange singularité, mon père, qui avait toujours mis à grand luxe et à grand plaisir de tenir merveilleusement ce parc, du moment qu'il se sentit sérieusement malade, défendit absolument d'y faire les travaux même les plus ordinaires et les plus indispensables.

On ne pourrait dire l'aspect désolé de ces immenses allées, qui restaient envahies par l'herbe et par les ronces ; de ces charmilles autrefois symétriquement taillées, mais alors abandonnées et poussant au hasard ; de ces massifs de fleurs mortes de l'été, qu'on arrache à l'automne (car nous étions à la fin de cette saison), et qui étaient partout leurs tiges noires et flétries. Je le répète, rien de plus lugubre que ce spectacle d'incurie et de ruine dans une maison habitée ; car mon père avait étendu les mêmes défenses à propos des moindres réparations journalières : un volet décroché, une cheminée abattue par un ouragan restaient ainsi que le vent les avait dégradés.

Après cette promenade, que mon père faisait en silence, la tête baissée sur sa poitrine, ayant ordinairement à côté de lui, moi, Hélène ou ma tante, on le rentrait au château, dans son cabinet, que je vois encore éclairé par trois fenêtres qui donnaient sur le parc, encombré de portraits de familles, de tableaux et de curiosité de prix. Une grande bibliothèque noire occupait tout un côté ; au plafond pendait un grand lustre de cristal de roche. Mais ce qui donnait aussi à cet appartement un caractère d'indéfinissable tristesse, c'était ce même abandon qui désolait le parc : car les tableaux, les meubles, étaient couverts de poussière ; un valet de chambre ayant une fois, malgré ses ordres, épousseté un peu, mon père se mit dans un tel emportement que depuis on laissa la poussière s'accumuler et les toiles d'araignées tout envahir.

Mon père voulait rester ainsi seul pendant deux ou trois heures, après lesquelles on le revenait chercher pour une seconde promenade, qui seule semblait le sortir un peu de sa morne apathie.

Le but était d'aller voir dans un vaste palis des chevaux en liberté : il y en avait, je crois, sept ou huit, dont trois chevaux de chasse, que mon père avait montés de préférence pendant fort longtemps ; les autres étaient des chevaux de harnais, aussi fort vieux. Dès que mon père s'était vu dans l'impossibilité de monter à cheval ou de sortir en voiture, il avait fait mettre ces chevaux en liberté dans cette enceinte ; une clause de son testament ordonnait expressément que ces animaux demeurassent là sans travailler jusqu'à leur mort.

Je le répète, à cette heure seulement, mon père disait quelques rares paroles, rappelait brièvement une chasse où tel cheval avait brillé, une route parcourue par un autre avec une vitesse surprenante ; puis, ensuite de cette promenade, on le rentrait pour dîner.

Bien que depuis longtemps il ne se soutînt plus que par des substances très légères, il voulait que sa table, à laquelle il avait toujours tenu, fût servie avec la même recherche que lorsqu'il était en santé, bien qu'il ne mangeât pas. Ma tante et Hélène prenaient part à ces repas silencieux, servis par de vieux domestiques en noir et à cheveux blancs. Mon père ne disait pas un mot, et, comme nous avions remarqué que le bruit lui était insupportable, c'est à peine si nous échangions à voix basse quelques rares paroles.

Après le dîner, qui durait peu, nous rentrions au salon ; on approchait un échiquier, et je m'y asseyais avec mon père. Je rangeais les pièces, et nous commencions le simulacre d'une partie ; car mon père, toujours profondément absorbé, ne jouait plus; seulement, à de longs intervalles, il poussait au hasard une des pièces sur le damier, j'en avançais une autre, pour la forme... et le silence continuait ; car c'était une sorte de contenance machinale, bien plus qu'une distraction, que mon père cherchait dans cette apparence de jeu.

Durant ce temps-là, ma tante lisait, et Hélène se mettait au piano pendant environ une heure.

Cette heure de musique était, avec sa promenade au parc des chevaux, les deux seuls accidens de la journée qui parussent faire quelque impression sur mon père ; car, tout en continuant de mouvoir au hasard les échecs, il disait à Hélène, de sa voix grave et pénétrante : « Jouez tel air, je vous prie, Hélène. »

Quelquefois, mais bien rarement, il lui faisait répéter deux ou trois fois le même morceau ; alors il s'accoudait sur l'échiquier, cachait sa tête dans ses deux mains, et semblait profondément recueilli...

Un jour seulement, après avoir redemandé le même chant, je vis ses yeux baignés de larmes lorsqu'il leva son visage vénérable, si cruellement creusé par les souffrances.

Les airs qu'il faisait ainsi répéter à Hélène étaient en très petit nombre et fort anciens; il y avait entre autres *Pauvre Jacques*, la cavatine de *Don Juan* de Mozart, une symphonie de Beethoven, et deux ou trois romances de *Paësiello*; une surtout, intitulée la *Mort d'Elvire*, mélodie simple, douce et triste, semblait l'affecter plus profondément que les autres : aussi quelquefois, poussant un profond soupir, il disait : « Assez... Hélène... Je vous remer- » cie, mon enfant... » Aussitôt le piano se taisait, et tout retombait dans un profond silence.

Je ne saurais dire quelle indéfinissable mélancolie éveillait en moi cette scène qui se passait ainsi presque chaque jour, avec quelle sorte d'extase recueillie j'écoutais ces anciens airs d'un rhythme si naïf, chantés à demi-voix par Hélène, dont le timbre était d'une fraîcheur et d'une pureté remarquables.

Le salon où nous nous rassemblions le soir s'appelait le *salon du Croisé*, parce qu'un de nos ancêtres, portant la croix sainte, s'y trouvait représenté au-dessus d'une immense cheminée de pierre sculptée; cette pièce était vaste, toute tendue de damas rouge sombre. Comme la vue de mon père était très affaiblie, on posait sur le piano deux lampes recouvertes d'abat-jour de soie verte, relevés seulement du côté du pupitre : aussi toute la pièce restait presque dans l'obscurité, tandis qu'Hélène, assise au piano, était seule vivement éclairée.

Je vois encore ses beaux cheveux blonds, si bien attachés à son joli col, qui se détachait si blanc de sa large pèlerine noire. Puis, mon père, assis devant notre échiquier, la tête baissée sur la poitrine, dans l'attitude de la méditation, seulement reflété, ainsi que moi, par la lueur rouge et vacillante du foyer. . . . .

Environ sur les dix heures, mon père sonnait; ses gens le transportaient dans son appartement, où je l'accompagnais, et on le mettait au lit.

Je couchais dans une chambre voisine de la sienne, et bien souvent, la nuit, inquiet et agité, me relevant pour écouter sa respiration, je m'avançais doucement jusqu'auprès de lui, mais je rencontrais toujours son regard fixe, clair et perçant, car il ne dormait jamais.

Cette épouvantable insomnie, que les médecins attribuaient aux suites de l'abus de l'opium, et qu'ils avaient vainement combattue de tous leurs moyens, cette insomnie continue était ce qui le faisait le plus souffrir; les larmes me viennent encore aux yeux quand je me rappelle l'accent calme et résigné avec lequel il me disait : « Je ne dors pas, je n'ai besoin de rien... allez vous reposer, mon enfant... »

J'ai quelquefois frissonné en songeant que, pendant plus de sept mois, mon père n'a pas dormi une minute! Chaque jour et chaque nuit il pensait à sa fin prochaine, qu'il voyait et sentait lentement venir. J'ai dit que son instruction était véritablement encyclopédique ; aussi, sans avoir des connaissances pratiques en médecine, il en avait malheureusement d'assez grandes pour connaître et juger sûrement de son état...

Huit mois avant de mourir, il stupéfia ses médecins par l'assurance raisonnée avec laquelle il leur développa les conséquences inévitablement mortelles de sa maladie, et le temps probable qu'il avait encore à vivre ! Et pourtant, avec cette conviction terrible que chaque jour l'approchait de sa tombe, jamais un moment de faiblesse ou de regret apparent! jamais une plainte! jamais un mot qui fît allusion à ce sort fatal ! Du silence, toujours du silence ! et sa vie de chaque jour, jusqu'à celui de sa mort, fut celle que j'ai retracée.

La veille de cet affreux événement, il me fit, avec une lucidité remarquable, subir pour ainsi dire un examen approfondi sur la façon dont je devais régir ma fortune; il parut satisfait et me dit :

« J'ai doublé les biens que mon père m'avait laissés ; ces améliorations ont été le but constant de ma vie, parce qu'elles avaient votre avenir pour objet. Usez sagement de ces biens si vous le pouvez. Rappelez-vous, mon enfant, *que tout est dans l'or : honneur et bonheur*. Tâchez surtout de pouvoir vivre seul : c'est la grande science de la vie... Si vous trouviez une femme qui ressemblât à votre mère, épousez-la... mais défiez-vous des adorations que vous susciterez votre fortune ; en un mot, ne croyez à aucune apparence avant d'en avoir sondé toutes les profondeurs... »

Puis, me montrant un vaste secrétaire, il ajouta :

« Vous ferez brûler ce meuble tel qu'il est, avec tout ce qu'il contient; j'en ai retiré nos papiers de famille : le reste vous doit être indifférent. Adieu, mon enfant; j'ai toujours été satisfait de vous. »

Et comme, à travers mes pleurs, je lui parlais de l'éternité de mes regrets si j'avais l'affreux malheur de le perdre, il sourit faiblement, et me dit de sa voix toujours calme et posée :

« Mon enfant... pourquoi me dire à moi de ces vanités ?... Il n'y a rien d'éternel, ni même de durable dans les sentimens humains... la joie, le bonheur, ne le sont pas... la douleur et la tristesse le sont encore moins... Rappelez-vous bien ceci, mon pauvre enfant. Vous êtes généreux et bon... vous m'aimez tendrement... vous êtes à cette heure affreusement navré à la seule pensée de me perdre... votre douleur actuelle est véritablement si intense qu'elle semble vous voiler l'avenir d'un linceul... et pourtant cet orgasme si pénible ne peut, ne doit pas durer : plus ou moins de temps après ma mort... vous en viendrez à me moins regretter... puis à chercher des distractions, puis à vous consoler... puis à m'oublier !... »

— Jamais,—dis-je à mon père, en me jetant au pied de son lit, en inondant sa main de larmes...

Il appuya tendrement sa main déjà froide sur mon front, et continua :

— Pauvre cher enfant! pourquoi nier l'évidence... pourquoi vouloir échapper à l'inexorable loi de notre espèce ?... Il n'y a, voyez-vous, dans ce refroidissement successif des regrets qui se termine par l'oubli, rien d'odieux ni de méchant... Rien de plus naturel, rien de plus humain... Bien plus, un jour, en jouissant des biens que je vous aurai laissés, vous n'éprouverez aucune tristesse; vous penserez, je le veux, çà et là, quelquefois à moi, mais rarement... et sans angoisse... Mon souvenir ne sera jamais compté dans vos joies, dans vos plaisirs, dans vos projets de chaque jour ; enfin je ne paraîtrai pas plus dans votre vie florissante et vivace que la poussière de l'arbre qui a vécu son temps et sert d'engrais à ses rejetons... Rien de plus simple, de plus humain, de plus naturel, je vous le répète.

—Ah! ne croyez pas cela !—m'écriai-je épouvanté,—ces biens me seront odieux... ma douleur sera inconsolable...

Mais mon père ajouta :

— Encore une promesse folle, mon enfant. Quatre-vingt mille livres de rentes ne sont jamais odieuses, et la plus âpre douleur se console toujours... Ne le sais-je pas par moi-même? n'ai-je pas éprouvé ainsi à la mort de mon père, n'éprouverez-vous pas ainsi après moi... et si vous avez un fils, n'éprouvera-t-il pas de même après vous? Croyez-moi, mon enfant, la véritable sagesse consiste, je crois, à pouvoir envisager ainsi la réalité inexorable de l'espèce, et à ne se point abuser de vaines espérances. Une fois là... une fois que l'on a dissipé les fantômes du faux... on n'en vient pas à haïr pour cela les hommes... parce qu'on se sent homme comme eux ; mais on les plaint profondément, on en a pitié, on les soulage, parce qu'on se sent souvent soi-même bien malheureux ! S'ils sont ingrats.. hélas! on cherche bien en soi, et souvent on trouve une ingratitude à se reprocher qui vous fait excuser la leur... Car, voyez-vous, mon pauvre enfant, *tout pardonner, c'est tout comprendre*. Enfin, il vient un âge, un moment, où le tableau de leurs misères, qu'ils ignorent ou qu'ils fardent, vous émeut si douloureusement ou vous répugne si fort qu'on fait comme j'ai fait... on les quitte, et on vit seul... Alors, mon enfant, au lieu d'avoir sous les yeux le continuel et navrant spectacle des infirmités morales du monde, on n'a que les siennes propres... et encore les splendides contemplations de la nature, les méditations de l'esprit, les inépuisables et maternelles douceurs de l'étude, peuvent souvent nous ravir à notre incomplète et pauvre humanité. . . . .

· Le lendemain de cette conversation, mon père n'était plus.

II

HÉLÈNE.

Je n'ai d'autre but, en me rappelant ces souvenirs d'autrefois, que de me considérer inexorablement de dehors en dedans, si cela se peut dire; d'assister en spectateur froid et désintéressé aux scènes de ma pensée intime, ainsi qu'à la lutte de mes instincts, bons ou mauvais, et de n'en répudier aucun, tel bas et misérable qu'il soit.

Je crois n'être ni meilleur ni plus mauvais que le commun des autres hommes ; et ce qui me donne l'espèce de courage de tout m'avouer à moi-même, est la conviction où je suis que, si le plus grand nombre se posaient les mêmes questions que je me suis posées, et y répondaient franchement, leurs solutions seraient très souvent les miennes.

Je reviens à la mort de mon père : ma douleur fut profonde, mais ce sentiment ne fut pas celui qui prédomina en moi, ce fut d'abord une terreur stupéfiante de me voir, à vingt-deux ans, absolument libre, et maître d'une fortune considérable. Puis j'éprouvai aussi un sentiment d'angoisse inexprimable en songeant que je restais désormais sans aucun appui naturel; erreur ou sagesse, vice ou vertu, gloire ou obscurité, ma vie ne devait plus émouvoir personne; d'ailleurs, l'existence excentrique de mon père l'avait depuis si longtemps isolé de toute société, que j'avais même à entrer presque en étranger dans le monde que ma position m'appelait à voir; l'avenir me semblait alors un désert immense, sillonné de mille sentiers divers; mais aucun souvenir, aucun intérêt, aucun patronage de famille ou de caste ne me désignait ma route.

Comme toujours, grâce à la marche du temps, cette impression devait se modifier, puis se contrarier radicalement; mais la transition fut longue.

Plus tard, cette sorte de terreur se mêla d'une nuance d'orgueil, alors que je songeai que les grands domaines de notre famille m'appartenaient; et si le fardeau de les

régir me paraissait lourd, cet embarras avait en lui-même sa compensation.

Très jeune, j'avais déjà machinalement l'habitude de me regarder pour ainsi dire penser; aussi, lorsque je vis ma sombre douleur et mon profond abattement se colorer de ces premières lueurs de personnalité, je frémis et je me rappelai ces mots terribles de mon père mourant :

« *Vous êtes généreux et bon, vous m'aimez tendrement, et cependant, plus ou moins de temps après ma mort, vous en viendrez à me moins regretter, puis à vous consoler absolument, et à m'oublier tout à fait.* »

On raconte plusieurs exemples de gens auxquels on avait prédit une fin tragique et prématurée, et qui, poussés par une inexplicable fatalité, se chargeaient eux-mêmes de réaliser ces fatales prédictions. Il en est, je crois, de même de certaines idées que vous pressentez, quoiqu'elles vous soient odieuses, contre lesquelles vous vous débattez en vain, et auxquelles vous finissez pourtant par obéir; il en fut ainsi de la prédiction de mon père : je la combattis longtemps et j'y cédai.

Mais cette lutte fut certainement un des plus douloureux instans de ma vie; reconnaître peu à peu l'effroyable vanité de nos regrets, se cruellement convaincre de cette formidable vulgarité : que les sentimens les plus profondément enracinés dans le cœur par la nature s'éteignent, se flétrissent, meurent et s'effacent sous le souffle glacé du temps : de telles pensées enfin ne doivent-elles pas déchirer l'âme? aussi je maudissais, mais en vain, mon ingratitude . . . .

. . . . C'était pendant le mois de janvier, car j'avais passé l'hiver à Serval avec ma tante et Hélène. Tous les matins je montais à cheval, et j'allais me promener dans la forêt pendant trois ou quatre heures ; ce temps gris, sombre et brumeux me plaisait ; ces immenses allées, couvertes de neige ou semées de feuilles mortes que le vent enlevait en tourbillons rapides, avaient un aspect triste qui cadrait avec mes pensées. Laissant flotter les rênes sur le cou de mon cheval, j'allais ainsi machinalement, songeant à peine à l'avenir, à la direction que je voulais suivre, ne faisant aucun projet, car j'étais encore trop étourdi de la position où je me trouvais. J'avais si longtemps vécu sous l'entière dépendance de mon père, n'ayant de volonté que la sienne, de projets que les siens ; en voyage même, cette volonté, représentée par celle de mon précepteur, m'avait toujours si incessamment suivi, que l'absolue liberté où je me trouvais, m'accablait, je le répète, et m'effrayait à la fois.

Après mes longues promenades, je rentrais, je trouvais Hélène et sa mère qui m'attendaient ; nous causions de mon père, et ma tante m'engageait à surmonter la répugnance que j'avais à m'occuper de mes affaires ; mais ces détails me rappelaient trop cruellement les entretiens que j'avais eus avec mon père à ce sujet : je ne pus m'y résoudre encore, et je chargeai mon précepteur de ces soins.

Trois mois après, mes angoisses avaient beaucoup perdu de leur amertume; je commençai pour ainsi dire à me reconnaître et à regarder autour de moi; mes idées devinrent plus nettes, plus arrêtées, sur la manière dont je devais user de ma liberté. Cette liberté m'inquiétait encore, mais ne m'épouvantait plus.

La direction de la pensée n'échappe pas toujours aux influences extérieures et purement physiques; je l'éprouvai alors. Le printemps approchait, et on eût dit qu'avec le noir hiver devait passer la première âcreté de ma douleur, et que mes vagues projets, mes douces espérances d'avenir, devaient naître avec la riante feuillaison de mai.

Nous étions vers le milieu d'avril; depuis la mort de mon père, je n'avais pu me résoudre à aller au cimetière du village, où s'élevait le monument funéraire de notre famille, tant je redoutais la cruelle impression que je devais ressentir; un jour je maudissais ma faiblesse, lorsque Hélène me dit :

— Ayœz donc plus de courage, Arthur; venez, je vous accompagnerai.

La mère d'Hélène étant souffrante ne put venir avec nous : nous y allâmes seuls.

Mon émotion était si violente, que je tremblais; je pouvais à peine me soutenir. Hélène, peut-être aussi émue que moi, le paraissait moins ; aussi , en arrivant sous le péristyle du tombeau, je m'évanouis...

Quand je repris mes sens , je vis Hélène agenouillée près de moi; je sentis ses larmes m'inonder les joues; car de ses deux mains elle soutenait ma tête. Pour la première fois enfin , chose étrange ! malgré la sainteté du lieu, malgré les déchirantes pensées qui me devaient accabler, pour la première fois je fus frappé de la beauté d'Hélène... Puis cette sensation passa rapide comme un songe; je revins à des idées d'une profonde tristesse, je pleurai beaucoup, et nous revînmes au château.

Depuis, j'allais avec Hélène presque chaque jour au cimetière; au lieu d'une douleur âcre et aiguë, je ressentis peu à peu une mélancolie douce, qui n'était pas sans une sorte de charme... Je me reconnus d'abord avec joie une ineffable gratitude pour la mémoire de mon père, et je le bénissais pieusement et avec admiration de m'avoir toujours témoigner une affection aussi profonde, et surtout aussi prévoyante , malgré les terribles convictions qu'il avait sur l'oubli où on laissait ceux qui n'étaient plus.

Sortant de ma première stupeur, je commençai enfin à apprécier la grande position qu'il m'avait faite : c'était pour lui en avoir sans doute une éternelle reconnaissance ; mais , enfin , en comprenant cette position dans toute sa splendeur, je frémissais quelquefois, tremblant qu'au fond de ce vif sentiment il n'y eût de ma part une affreuse réaction de satisfaction égoïste.

J'ai dit que j'étais demeuré longtemps sans remarquer la beauté d'Hélène : bien que cela doive sembler singulier, on le concevra , en songeant que jusqu'à ce moment elle avait été pour moi une sœur; lorsque je la quittai pour voyager, elle était au couvent et presque enfant ; puis, pendant les derniers mois de la vie de mon père, j'avais été si cruellement préoccupé de ses douleurs , et Hélène s'était montrée pour lui d'une affection si dévouée, si filiale, que cette espèce de sentiment tout fraternel n'avait pu changer.

Hélène avait trois ans de moins que moi : elle était blonde et pâle ; son abord était bienveillant mais froid, et ses grands yeux bleus, son nez aquilin, son large et beau front, souvent penché, lui donnaient à la fois un air imposant et mélancolique ; enfant, elle avait toujours été pensive : c'était un caractère silencieux et concentré, indifférent aux joies et aux plaisirs de son âge ; toujours très sédentaire, très nonchalante, elle riait fort peu et rêvait souvent ; ses sourcils, d'un blond cendré plus foncé que ses magnifiques cheveux, étaient abondans et peut-être trop accusés; son pied charmant, et sa main un peu longue, d'une beauté antique; sa taille élevée, souple et mince, était d'une perfection remarquable ; mais elle se tenait très mal, et par indolence courbait presque toujours ses blanches et rondes épaules , malgré les continuelles remontrances de sa mère.

Quant à son esprit, il ne m'avait jusqu'alors jamais frappé ; elle s'était montrée remplie de prévenances et de délicatesse dans l'affection qu'elle avait témoignée à mon père, et, je l'ai dit, elle demeurait avec moi sur un pied tout fraternel.

C'était enfin une affectueuse et tendre nature, charitable et bienveillante à tous, mais devenant d'une fierté ombrageuse et d'une susceptibilité extrême dès qu'elle pouvait soupçonner qu'on pensait faire la moindre allusion à sa pauvreté.

Je me souviens toujours qu'avant la mort de mon père, Hélène m'avait bien longtemps et très sérieusement boudé,

parce que j'avais étourdiment et sottement dit devant elle : « que les jeunes personnes sans fortune étaient presque toujours malheureusement dévolues dès leur naissance à de vieux goutteux , qui , las du monde, cherchaient une pauvre jeune fille bien née qui voulût se résigner à partager leur hargneuse solitude. »

La mère d'Hélène, sœur de mon père, était une femme faible, insouciante, mais parfaitement bonne, spirituelle et remarquablement distinguée. Son mari , longtemps chargé de hautes fonctions diplomatiques, très prodigue, très joueur, aimant le faste, le grand luxe, représentant sa cour le plus noblement et le plus somptueusement du monde, avait presque entièrement dissipé sa fortune et celle de sa femme ; aussi cette dernière demeurait-elle, sinon sans bien , du moins dans une aisance honorable, mais médiocre.

De ma vie je n'avais songé à la disproportion de fortune qui existait entre Hélène et moi : lorsque sa beauté me frappa, je n'y pensai pas davantage, car je crois qu'un des traits saillans de la jeunesse qui se trouve riche sans labeur, est de colorer pour ainsi dire tout et tous des reflets de son prisme d'or.

Du moment où j'avais remarqué qu'Hélène était belle, sans me rendre compte des sentimens que j'éprouvais peut-être déjà à mon insu, je devins tout autre; j'abrégeai mes promenades à cheval, je mis plus de recherche dans ma toilette, et je fus souvent honteux en me rappelant mes négligés trop fraternels d'autrefois.

Ma tante avait une femme de ses amies, veuve aussi, et mère d'une fille de l'âge d'Hélène, qui lui donnait les plus cruelles inquiétudes, sa poitrine étant gravement attaquée. J'entendis ma tante parler de cette amie, et, devinant par instinct qu'il est plus facile de s'isoler au milieu du monde que dans la solitude , j'engageai ma tante à prier cette amie de venir avec sa fille habiter quelque temps à Serval, dont l'air était d'une excellente pureté ; ma tante accepta avec joie, et bientôt madame de Verteuil et sa fille, pauvre enfant de dix-huit ans , peu jolie , mais ayant un air de souffrance si résignée qu'elle intéressait profondément, arrivèrent au château.

III

L'AVEU.

Deux mois après l'arrivée de madame de Verteuil à Serval, le triste aspect de cette antique demeure me semblait entièrement changé ; tout à mes yeux était épanoui, frais, rayonnant... J'aimais Hélène!

Plusieurs de nos voisins de terres, jusqu'alors repoussés par la sombre misanthropie de mon père, tentèrent quelques avances auprès de moi ; je me sentais si heureux, qu'avec cette facilité bienveillante que donne le bonheur, et qui n'est que de l'indifférence pour tout ce qui n'est pas notre amour, j'acceptai ces relations du voisinage ; et bientôt Serval, sans être très bruyant, fut du moins beaucoup plus animé qu'il ne l'avait été depuis bien longtemps.

J'étais tellement absorbé par mon amour, que je ne réfléchissais que rarement, et presque malgré moi, au changement qui s'était opéré dans ma douleur. Il y avait environ neuf mois que j'avais perdu mon père, et pourtant ce souvenir, d'abord d'une amertume si incessante, s'affaiblissait peu à peu. J'avais commencé par aller chaque matin au cimetière, puis j'y allai moins ; plus tard enfin, je remplaçai cette triste et pieuse visite par quelques heures passées chaque jour à méditer devant le portrait de mon père.

J'avais fait mettre ce portrait dans un cadre fermé par deux battans, pensant que c'est profaner l'image de ceux qui nous sont chers que de les laisser exposés aux yeux des insoucians, et aussi qu'une telle contemplation à laquelle on vient demander de hautes et sérieuses pensées devait être préméditée et non due au hasard qui pouvait y porter nos regards; le cadre qui contenait ce portrait était donc pour moi une sorte de tabernacle, que je n'ouvrais jamais qu'avec un douloureux et saint recueillement.

Mais, hélas! ces méditations, d'abord journalières, devinrent aussi moins fréquentes, et par cela même que mes yeux ne se pouvaient habituer à voir avec indifférence cette image sacrée, que je contemplais de plus en plus rarement, je ne saurais dire mon impression presque craintive quand j'ouvrais ce cadre. Le cœur me battait horriblement en regardant la sévère et pâle figure de mon père, qui semblait sortir de la toile avec son imposant caractère de calme et de tristesse, et venir froidement constater mon ingratitude et mon oubli de sa mémoire, qu'il m'avait, hélas! prédits.

Alors, épouvanté, je fermais brusquement le cadre, et je pleurais, maudissant mon indifférence; mais ces regrets déchirans duraient peu, et je sentais une indicible angoisse, en me disant : « J'éprouve à cette heure une sensation cruelle, et pourtant, demain, ce soir peut-être, je l'aurai oublié, et je serai souriant et heureux auprès d'Hélène!... »

Non! rien ne pourrait exprimer le pénible ressentiment de cette pensée, qui, venant insulter à ma douleur, m'en démontrait la vanité prochaine, au milieu même du désespoir le plus navrant et le plus vrai.

Enfin, je l'avoue à ma honte, étant demeuré près d'un mois sans ouvrir le cadre, j'eus l'incroyable lâcheté de ne plus oser y jeter les yeux, tant je craignais cette sorte d'apparition redoutée... Ce fut plus tard que je le bravai... et on verra combien ce fait insignifiant en soi réagit sur ma destinée tout entière.

Ces impressions, qui me frappent maintenant que je les analyse à froid, m'agitaient sans doute plus confusément qu'alors; mais, bien qu'absorbé dans l'enivrement d'un premier amour, je sentais néanmoins leur réaction sourde et cruelle.

J'ai dit que j'aimais Hélène; les phases de cet amour furent bien étranges, et me révélèrent de misérables instincts d'égoïsme, d'orgueil et d'incrédulité jusque-là endormis en moi.

Jamais, hélas! je n'oserai blâmer mon père de m'avoir donné les terribles enseignemens que j'ai dits : mon bonheur était son vœu le plus ardent; mais, de même que certaines plantes sauvages et vigoureuses transportées dans un sol trop faible pour les nourrir le dévorent vite et s'étiolent sans fleurs et sans fruit, évidemment ma nature morale n'était pas assez forte pour profiter d'aussi formidables préceptes; chez mon père, ces rudes et sombres convictions s'épanouissaient au moins en bienveillance et en pardon pour tous : chez moi, cette sève généreuse et puissante manquant, la tige devait demeurer dans toute la triste nudité de sa noire écorce, et ne fleurir jamais.

Revenons à Hélène, bien qu'à cette heure quelques-uns de ces souvenirs me fassent encore rougir de honte.

C'était mon premier amour de cœur, et comme tout premier amour, il fut d'abord naïf, imprévoyant, étourdi, se laissant aller en aveugle au flot riant et pur de la passion, se berçant aux premières harmonies du cœur qui s'éveille, et cela, selon le vieil emblème mythologique, les yeux fermés pour ne pas voir l'horizon.

Ces trois mois d'insouciance de tout avenir furent néanmoins délicieux, et j'ai toujours plaisir à me rappeler les moindres détails de ces heureux momens.

Peu de temps après l'arrivée de madame de Verteuil et de sa fille à Serval, je demandai un jour à Hélène de monter à cheval, comme son amie, qui, pour sa santé, se livrait à cet exercice. J'avais fait venir d'Angleterre deux poneys fort doux, car Hélène était extrêmement peureuse. Avant que de la décider à tenter avec mademoiselle de Verteuil et moi quelques excursions hors du parc, il me fallut, pour habituer ma cousine à vaincre ses premières frayeurs, la promener longuement au pas, moi à pied auprès d'elle.

Rien de plus charmant que ces petits effrois de chaque minute qui venaient colorer la douce pâleur de son beau visage, dont la partie supérieure, abritée du soleil par un large chapeau de paille, demeurait dans le clair-obscur le plus transparent et le plus doré, tandis que sa bouche purpurine et son joli menton brillaient vivement éclairés. Elle était toujours vêtue de robes blanches, avec de larges ceintures de moire grise, qui marquaient sa taille, si flexible et si mince qu'elle ondulait, courbée comme un roseau sous la brise, à chaque pas de son poney d'Écosse tout noir, dont la longue crinière et la longue queue flottaient au vent.

Je tenais la bride, et Hélène, au moindre mouvement du petit Black se hâtait d'appuyer avec crainte sa main sur mon épaule : terreur qui excitait les naïves railleries de mademoiselle de Verteuil, qui, beaucoup plus intrépide que son amie, nous laissait souvent seuls, en partant rapidement pour encourager Hélène.

Ces promenades se faisaient habituellement dans une immense allée de chênes touffus et partout gazonnée. Tant que mademoiselle de Verteuil restait avec nous, j'étais gai, causant, et Hélène, toujours rêveuse, semblait néanmoins s'animer un peu; mais dès que Sophie nous abandonnait, nous tombions dans d'interminables silences dont j'avais bien honte, et qui pourtant me semblaient délicieux.

Depuis quelque temps j'avais écrit à Londres à un de mes amis de m'envoyer des chevaux choisis, quelques gens d'attelage et plusieurs voitures, mon deuil étant près de finir.

L'arrivée de ces équipages fit une sorte de petite fête à Serval : je l'avais tenue secrète, et je me souviens de la joie enfantine et naïve d'Hélène, lorsqu'un beau soir d'août, ayant désiré se promener dans la forêt, au lieu de voir arriver devant le perron une de nos voitures ordinaires, elle vit une charmante calèche à quatre chevaux noirs, menée en Daumont par deux petits postillons anglais, vêtus de vestes de stof gris perlé.

Elle y monta avec sa mère et son amie. Je les accompagnai à cheval dans cette magnifique forêt, et nous revînmes au pas au château, par un beau clair de lune, qui rayonnait de la manière la plus pittoresque dans les sombres et immenses allées de nos grands bois.

A propos de cette promenade, je dirai que je n'ai jamais rencontré de femme à qui le luxe allât mieux qu'à Hélène, ou plutôt qui donnât meilleur air au luxe; il y avait en elle une grandeur, une grâce si involontaire et si enchanteresse, qu'il était impossible de ne pas se la représenter toujours entourée des miracles du goût le plus pur et le plus parfait.

Aussi, sans être remarquablement belle, Hélène eût été sans doute de ce très petit nombre de femmes dont on ne songe jamais à admirer la toilette, la voiture ou l'hôtel, de quelque exquise et suprême élégance que tout cela soit, leur seule présence harmonisant et s'assimilant pour ainsi dire toutes ces merveilles. Tant de gens sont les enseignes, les accessoires ou les contrastes du luxe! et si peu savent lui donner ce rare et adorable reflet, peut-être comparable aux rayons du soleil, qui seul peut embellir encore les plus hautes magnificences!

Un jour, au retour de cette promenade et en attendant le thé, Hélène demanda de rester dans le salon sans lumière et de faire ouvrir les fenêtres, afin que la lune pût y jeter sa douce clarté; sa mère y consentit.

Rien n'était plus mélancolique que cette vaste pièce ainsi éclairée; aussi la conversation, d'abord assez animée, tomba peu à peu.

Ma tante avait parlé de mon père; ce souvenir nous attrista tout différemment : à elle, il rappela un frère aimé; à madame de Verteuil, le sort funeste qui peut-être menaçait sa fille ; et à moi, de nouveau, mon coupable oubli.

Bientôt nous gardâmes tous le silence ; j'étais assis à côté d'Hélène, ma tête dans mes mains. Je ne sais pourquoi je me reprochai presque ce luxe que je déployais déjà ; j'éprouvais un remords puéril en songeant qu'au lieu de faire notre promenade habituelle dans la voiture sombre et ancienne qui avait appartenu à mon père, et menée par les gens qui avaient été à lui, je m'étais servi d'une voiture leste, élégante, conduite par des domestiques étrangers. Encore une fois, rien de plus puéril sans doute ; aussi je ne comprends pas pourquoi cela m'affecta péniblement.

Après quelque temps de réflexions, je laissai retomber ma main sur l'appui de mon fauteuil : j'y trouvai la main d'Hélène, je rougis beaucoup, et mon cœur se serra étrangement ; lorsqu'Hélène sentit ma main, la sienne devint froide presque subitement, comme si tout son sang eût reflué vers son cœur ; je n'osais ni retirer ma main, ni presser la sienne : aussi je la sentis peu à peu se réchauffer, et bientôt devenir brûlante... Au tressaillement nerveux de son bras charmant j'aurais pu compter les battemens précipités de son sein... Je me sentais faible, et j'éprouvais une impression à la fois ineffable et triste.

Ô sérénité candide des premières émotions, qui vous remplacera jamais ! Ô source si pure à sa naissance ! que sa fraîcheur est délicieuse, lorsqu'elle murmure, paisible, craintive et ignorée, sous quelques touffes de verdure ; mais, hélas ! combien elle perd de son charme le plus attrayant alors qu'elle baigne et reflète indifféremment toutes les rives, dont les débris souillent à jamais le courant de ses eaux troublées. . . . .

J'aimais Hélène avec passion, avec idolâtrie, et pourtant je n'avais pas encore osé lui faire l'aveu de ma tendresse.

Un jour, nous nous promenions avec mademoiselle de Verteuil, qui avait été au couvent avec Hélène. Je ne sais à quel propos on vint à parler de fêtes et d'anniversaires : tout à coup mademoiselle Sophie de Verteuil se mit à dire étourdiment à son amie, en me regardant :

— Te souviens-tu, Hélène, de nos transes de petites filles quand tu *fêtais sa fête ?*

Hélène rougit beaucoup, fit un mouvement de dépit, et répondit brusquement à son amie :

— Je ne vous comprends pas.

La pauvre enfant se tut, et nous rentrâmes tous trois fort tristes.

Le lendemain, rencontrant mademoiselle de Verteuil dans la bibliothèque, je voulus savoir d'elle le sens de ces mots qui, la veille, avaient paru faire tant d'impression sur Hélène. Après de longues hésitations, elle finit par m'avouer qu'au couvent, chaque année, Hélène célébrait ma fête avec une solennité enfantine ; les préparatifs se bornaient à acheter un gros bouquet de fleurs, qu'elle nouait avec un beau ruban sur lequel elle avait mystérieusement brodé les initiales de mon nom ; et puis elle allait poser ce bouquet sur un vase de marbre qui gisait mutilé dans un coin retiré du jardin du couvent, et passait ses heures de récréations en prières devant ce bouquet, demandant à Dieu un heureux voyage pour moi.

Mademoiselle de Verteuil ne tarissait pas sur les terreurs d'Hélène alors qu'elle craignait d'être surprise en brodant le ruban, et de ses mille tentatives souvent inutiles pour se procurer un beau bouquet.

Que sais-je ! tous ces enfantillages me furent contés si naïvement par mademoiselle de Verteuil, que je fus ému de surprise et touché jusqu'aux larmes ; car avant de partir pour mon voyage, pendant quelques séjours qu'Hélène était venue faire à Serval, je ne l'avais jamais considérée que comme un enfant.

Depuis le soir où j'avais par hasard rencontré sa main sous la mienne, Hélène semblait m'éviter ; sa taciturnité habituelle avait augmenté ; son caractère, jusque-là doux et égal, devenait brusque ; elle restait souvent des heures enfermée chez elle, ses volets fermés, dans l'obscurité la plus complète.

Je souffrais moi-même beaucoup ; j'étais inquiet, préoccupé ; il me semblait qu'un aveu de ma part aurait dû rendre Hélène au calme et au bonheur ; mais une invincible timidité retenait cet aveu sur mes lèvres.

Un soir pourtant qu'Hélène était moins abattue et moins triste que de coutume, je l'accompagnai dans sa promenade à cheval ; je me promis d'avoir le courage de lui avouer mon amour, mais seulement lorsque nous serions dans l'immense allée de chênes dont j'ai parlé... Nous y arrivâmes... Mon cœur battait horriblement... mais je n'osai pas...

Honteux et dépité, je pris une résolution nouvelle, et je me désignai à moi-même un temple de marbre qui divisait l'allée comme le point où je devais tenter un nouvel effort. Arrivé là, ma vue se troubla, mon cœur se serra, je ne sus que dire d'une voix étouffée : « *Hélène !...* » puis je restai muet.

Elle tourna vers moi ses grands yeux humides et brillans à la fois ; elle me parut plus pâle que d'habitude ; son sein était agité ; elle semblait m'interroger de son regard pénétrant, et vouloir lire au fond de mon cœur...

— Oh ! *Hélène !* — repris-je encore, et je ne sais quelle stupide et insurmontable timidité m'empêcha de dire un mot de plus.

Alors elle, avec une expression de douleur et presque de désespoir que je n'oublierai de ma vie, s'écria :

— *Allez ! vous n'aimerez jamais rien..... Vous serez toujours malheureux !...*

Puis, comme épouvantée de ces paroles, donnant un coup de houssine à son poney, elle partit au galop. Immobile, je la regardais s'en aller, lorsque je m'aperçus qu'elle arrivait avec rapidité sur une barrrière qui fermait l'entrée de l'allée. Je frémis ; mais elle, si peureuse ordinairement, laissa franchir cet obstacle à son cheval, et je la perdis bientôt dans la profondeur des bois.

Resté seul, ces mots d'Hélène, dits avec tant d'amertume : « *Allez ! vous n'aimerez jamais rien. Vous serez toujours malheureux !* » me causèrent une sensation étrange ; je compris que c'était presque un aveu que mon silence.

Puis enfin, pensant à son trouble, à ses réticences, je ne doutai plus qu'elle ne m'aimât ; et cette espèce d'aveu de sa part me ravit si profondément, que je restai longtemps ivre de joie à me promener çà et là comme un insensé, sans pensées fixes, sans projets, mais heureux... oh ! profondément... heureux d'un bonheur ineffable mêlé d'un radieux orgueil.

Enfin, la nuit venue, je retournai au château. En entrant dans le salon, j'y vis Hélène : son teint était animé, ses yeux brillaient d'un singulier éclat ; assise au piano, elle jouait lentement, et de la manière la plus expressive, la dernière pensée de Weber, cette phrase musicale d'une mélodie si suave et si mélancolique.

Lorsque Hélène me vit, elle me dit :

— Avouez que je vous ai fait bien peur, n'est-ce pas ?

Et, sans attendre ma réponse, quittant le morceau qu'elle jouait, comme s'il avait dû trahir la tristesse des pensées de son cœur, elle se mit à exécuter une valse très rapide et très gaie, qu'elle accompagna çà et là de sa voix, qui me parut vibrer d'une façon extraordinaire.

Sa mère et mademoiselle de Verteuil se regardèrent, et semblaient aussi stupéfaites que moi de ce brusque accès de gaieté si opposé au caractère habituel d'Hélène, qui continuait de jouer valse sur valse avec la joie bruyante d'un enfant.

Je ne sais pourquoi cette allégresse si peu naturelle me fit mal, tant elle me paraissait nerveuse et folle. En effet, au bout d'une demi-heure de cette sorte de spasme, Hélène pâlit tout à coup et s'évanouit.

. . . .

Huit jours après cette scène, Hélène savait mon amour et m'avait avoué le sien.

IV

LA LETTRE.

Les trois mois qui suivirent nos aveux passèrent comme un songe. Ces instans furent certainement des plus beaux et des plus heureux de ma vie; tout avait paru s'harmoniser avec ce jeune et candide amour; la saison avait été magnifique, notre résidence était somptueuse et pittoresque; tous les accessoires de notre vie étaient enfin remplis de luxe et d'élégance, sorte de poésie en action, toujours d'un prix inestimable, cadro d'or qui ajoute encore encore à l'éclat des plus suaves peintures !

Au milieu du parc était un immense étang; j'avais fait construire une large gondole garnie de tentes, de rideaux, de tapis, de moelleux coussins et d'une table à thé; aussi, bien souvent le soir, par de belles nuits, Hélène, sa mère, Sophie et moi, nous faisions de longues promenades sur ce petit lac. Au milieu s'élevait une île touffue avec un pavillon de musique, et quelquefois je faisais venir de la ville voisine, qui tenait garnison, trois excellens musiciens allemands, qui, placés dans ce pavillon, exécutaient à ravir de charmans trios d'alto, de flûte et de harpe.

Afin d'être seuls dans cette gondole et de ne pas ressentir la secousse des rames, je la faisais remorquer au bout d'une longue corde par un bateau conduit par deux de mes gens.

Que de fois, ainsi bercés sur l'onde, plongés dans une molle et délicieuse rêverie, au bruit léger de l'urne frémissante, aspirant le doux parfum du thé, ou rafraîchissant nos lèvres dans la neige des sorbets, nous écoutions avec ravissement ces bouffées d'harmonie lointaine qui nous venaient de l'île... pendant que la lune inondait de clarté les grands prés et les grands bois du parc !

Que de longues soirées j'ai ainsi passées à côté d'Hélène! avec quelle sympathie nous nous sentions enivrés de ces brises de mélodie qui tantôt chantaient si suaves et si sonores, et tantôt se taisaient soudainement!... Je me souviens que ces brusques silences nous causaient surtout une tristesse à la fois douce et grande. L'oreille se blase, à la fin, de sons, tels harmonieux qu'ils soient, mais un chant ainsi coupé çà et là d'intermittences qui permettent de rêver à ce qui vient de vous charmer, de sentir au fond de votre cœur comme l'écho affaibli de ces plaintives et dernières vibrations; un chant ainsi coupé vous entraîne davantage, et se fait désirer plus vivement encore.

Pendant ces délicieux momens, j'étais toujours assis auprès d'Hélène, j'avais sa main dans les miennes, et leurs douces pressions étaient pour nous un muet langage grâce auquel nous échangions nos sensations, si profondes et si variées; quelquefois même, enivrant et chaste faveur! je profitais d'un moment d'obscurité pour appuyer ma tête sur la blanche épaule d'Hélène, dont la taille semblait alors s'assouplir plus languissamment. . . . . . .

. . . .

Mais, hélas! ces beaux songes devaient avoir leur réveil... réveil amer et decevant !

C'était à la fin d'une journée de novembre; je revenais au château, à pied avec Hélène, mademoiselle de Verteuil et mon précepteur, dont j'avais fait mon intendant.

Le temps était sombre et couvert, le soleil à son déclin ; nous suivions la lisière de la forêt déjà diaprée des nuances de l'automne. Les bouleaux à écorce argentée semblaient secouer des feuilles d'or; les ronces, les lierres et les mûriers sauvages se coloraient d'un rouge ardent. A droite s'étendait une colline de terres labourées dont les tons bruns tranchaient vivement sur une large zone de lumière orange que projetait le soleil couchant; au-dessus, de grandes masses de nuages, d'un gris bleuâtre et foncé, s'entassaient lourdement comme autant de montagnes aériennes. Quelques feux de chaume étincelaient çà et là, allumés sur le versant de ces terres voilées par la brume du soir, et les légères spirales de leur fumée blanche se fondaient peu à peu dans ces vapeurs amoncelées. Enfin, sur la crête de cette colline, passait lentement, au bruit monotone de leurs clochettes, un troupeau de grands bœufs, qui, se détachant en noir sur l'horizon empourpré des dernières lueurs du jour, semblaient énormes par cet incertain crépuscule...

Je ne saurais dire pourquoi l'aspect de cette soirée, pourtant si calme et si mélancolique, m'affecta péniblement; Hélène aussi pensive s'appuyait sur mon bras.

Après un long silence, elle me dit :

— Je ne saurais rendre ce que je ressens; mais il me semble que j'ai froid au cœur.

Étant moi-même absorbé par d'inexplicables et chagrines préoccupations que je cachais à Hélène, cette communauté d'impression me frappa vivement.

— C'est sans doute une émotion nerveuse, — lui dis-je, — causée par ce temps sombre et morne.

Puis nous retombâmes dans le silence.

En vérité, j'ai honte d'avouer la cause de ma tristesse ; elle était puérile, bizarre pour ne pas dire folle : ce fut le premier accès de cet insurmontable besoin d'indépendance et de solitude dont, par la suite, je ressentis souvent l'influence, même au milieu de la vie la plus étourdissante et la plus dissipée.

J'aimais Hélène à l'adoration ; chaque moment passé loin d'elle était un supplice, et cependant, ce jour-là, sans aucune raison, sans dépit, Hélène ayant été pour moi bonne et affectueuse, ainsi qu'elle était toujours, par un contraste inexplicable, je me trouvais malheureux, réellement malheureux d'être obligé de paraître le soir au salon, d'en faire les honneurs, et de répondre aux muettes tendresses d'Hélène.

Après cette journée d'un aspect si mélancolique, il m'eût été doux de rentrer seul, de pouvoir passer ma soirée à rêver, à méditer, à lire au milieu d'un profond silence un de mes livres favoris; mais, avant tout, j'aurais désiré être seul.

Rien ne m'empêchait sans doute de me retirer chez moi, mais je savais qu'il y aurait du monde là : je serais obligé de donner des motifs, ou d'en butte à des questions, bienveillantes sans doute, sur ma santé, mais qui m'eussent été insupportables; en un mot, je le répète, dans ce moment, je me trouvais véritablement malheureux de ne pouvoir être seul.

Je ne cite ce fait puéril que parce que ce capricieux besoin de solitude, si étrange au milieu des émotions que j'éprouvais, et si peu ordinaire à l'âge que j'avais alors, me semble une sorte de singularité héréditaire.

A ce propos, je me souviens que ma mère me disait toujours qu'avant de se retirer à Serval, et par nécessité de position, mon père étant obligé de voir beaucoup de monde à Paris, sa morosité et sa misanthropie habituelles, lors de ses jours de réception, s'exaltaient à un point extraordinaire; et pourtant, une fois à l'œuvre, si cela se peut dire, il était impossible de recevoir avec une grâce, une aménité, une délicatesse de tact plus parfaite et plus exquise: aussi était-ce, me disait ma mère, ce mensonge forcé de trois ou quatre heures qui d'avance le mettait hors de lui; et pourtant, en voyant son visage si gracieux et si noble, ses manières d'une dignité si affable et si charmante, les étrangers ne pensaient pas qu'il pût vivre et plaire ailleurs que dans ce monde où il paraissait avec tant de rares et d'excellens avantages.

Mais je reviens à cette triste journée de novembre où je ressentis pour la première fois un si incroyable besoin d'isolement.

Nous arrivâmes donc au château.

Comme je montais chez moi pour m'habiller, une des femmes de ma tante me pria, de sa part, de vouloir bien passer à l'instant chez elle. Je n'avais aucune raison de craindre cette entrevue; pourtant, j'éprouvai un grand serrement de cœur... Je me rendis chez ma tante; elle était assise près de sa table à ouvrage, sur laquelle je vis une lettre ouverte: je m'aperçus aussi qu'elle avait beaucoup pleuré.

— Mon ami, — me dit-elle, — il y a des gens bien méchans et bien infâmes... Lisez ceci.

Puis elle me donna une lettre, et remit son mouchoir sur ses yeux.

Je lus: c'était un avertissement *amical* par lequel on prévenait charitablement la mère d'Hélène que mon intimité si familière avec sa fille avait porté une irréparable atteinte à sa réputation; en un mot, on lui faisait entendre clairement, à travers la phraséologie confuse usitée en pareil cas, qu'Hélène passait « pour être ma maîtresse, » et que, par son impardonnable faiblesse et son insouciance, ma tante avait autorisé ces bruits odieux.

Cela était faux, absolument faux, c'était une odieuse calomnie; mais je demeurai atterré, car je vis à l'instant que toutes les apparences devaient malheureusement donner une terrible créance à cette accusation.

Je crus m'éveiller d'un songe; je l'ai dit, je m'étais laissé aller aux charmes de ce pur et chaste amour, sans calcul, sans réflexion, avec toute l'enivrante imprévoyance du bonheur. Cette lettre me mit la réalité sous les yeux, j'en demeurai écrasé.

Mon premier mouvement fut noble et généreux: je déchirai cette lettre en disant à ma tante:

— Croyez bien que la réputation de ma cousine Hélène sera vengée ainsi qu'elle le doit être.

Ma tante sourit tristement et me dit:

— Mon ami, vous sentez bien qu'après de tels bruits il faut nous séparer; un séjour plus prolongé à Serval serait justifier ces infamies. Je connais ma fille, je connais la hauteur de vos sentimens, c'est tout dire. Mais, mon enfant, les apparences sont contre nous; ma confiance, si légitime et si honorablement placée en vous, sera taxée de faiblesse et d'imprévoyance. Je n'ai pas songé, hélas! que la vie la plus pure en soi a toujours des témoins disposés à la flétrir... Vous le savez: Hélène est pauvre, elle n'a au monde que sa réputation... Que Dieu fasse maintenant que ces effroyables calomnies n'aient pas eu déjà un irréparable et fatal retentissement!

— Hélène est-elle instruite de ceci? — demandai-je à ma tante.

— Non, mon ami; mais son caractère est assez ferme pour que je ne lui cache rien.

— Eh bien! ma tante, faites-moi la grâce et la promesse de ne lui rien dire jusqu'à demain.

Ma tante y consentit et je rentrai chez moi.

On pense bien que le vague et passager besoin d'isolement que j'avais éprouvé céda devant de si réelles préoccupations.

Le dîner fut triste; après, nous revînmes au salon; Hélène aimait trop sa mère et m'aimait trop aussi pour ne pas s'apercevoir que nous avions quelques chagrins; je n'étais pas d'ailleurs alors assez dissimulé pour pouvoir cacher mon ressentiment.

Mille idées confuses se heurtaient dans ma tête: je ne m'arrêtais à aucune décision; je me rappelais mes longs entretiens avec Hélène, nos promenades souvent solitaires, mais autorisées par une familiarité de parenté qui datait de l'enfance; je me rappelais nos joies candides, la préférence presque involontaire que je lui accordais constamment: à la promenade, j'avais toujours son bras; à cheval, j'étais toujours à ses côtés; en un mot, je ne la quittais jamais. Je m'aperçus alors qu'aux yeux les moins prévenus, une distinction aussi persistante avait dû gravement compromettre Hélène. Puis encore, je me rappelais mille regards, mille signes tacites, convenus et échangés entre nous, muet et amoureux langage qui devait ne pas avoir échappé à la clairvoyance jalouse des gens que nous recevions; charme fatal du premier amour, qui nous absorbait assez pour que nous ne songeassions pas aux dehors; atmosphère enivrante au milieu de laquelle nous vivions si heureux et si insoucians de tous, et que nous avions crue impénétrable aux yeux des indifférens!

A mesure que le voile qui m'avait jusque-là caché ma conduite se levait, je comprenais mon inconcevable légèreté; et, selon tout caractère jeune, j'en vins à m'en exagérer encore l'imprudence... Je vis l'avenir d'Hélène perdu; car, se trouvant sans bien, l'irréprochable pureté de sa conduite lui devenait doublement précieuse. Puis, c'est avec transport que je me rappelais son amour, son affection si pure et si dévouée qui datait de l'enfance, ses qualités hautes et sérieuses, sa douceur, sa beauté, son élégance exquise... En un mot, j'en vins à penser qu'Hélène, bien qu'innocente, pouvait paraître coupable aux yeux du monde, et que, puisque j'avais peut-être porté une irréparable atteinte à sa réputation, la seule réparation qui fût digne d'elle et de moi était de lui offrir ma main.

Alors je me voyais heureux et paisible dans ce château, y vivant auprès d'elle, ainsi que j'y avais jusqu'alors vécu; c'était un horizon merveilleusement calme et radieux; à mesure que je pensais ainsi, mon âme s'épanouissait et semblait s'agrandir, je ne sais quelle voix intime et solennelle me disait: « Tu es sur le seuil de la vie; deux voies te sont ouvertes: l'une mystérieuse, vague, imprévue; l'autre fixe et assurée: dans celle-ci, le passé te répond presque de l'avenir; c'est un bonheur commencé qu'il dépend de toi de poursuivre; vois quelle existence douce et riante: la sérénité des champs, les souvenirs de famille, la paix intérieure. Tu as assez de richesses pour vivre au milieu de tous les prestiges du luxe et des bénédictions de ceux que tu secourras; Hélène t'aime depuis l'enfance, tu l'aimes... Va, le bonheur est là... saisis-le. Si tu laisses échapper cette occasion suprême, ta vie sera livrée à tous les orages des passions. »

C'est avec ravissement que j'écoutais cette sorte de révélation; dans ce moment, le bonheur me paraissait certain si je me décidais à passer ainsi ma vie avec Hélène.

Ces convictions étaient si douces que mon front s'éclaircissait, mes traits respiraient la félicité la plus pure; j'étais enfin si transporté d'allégresse, que je ne pus m'empêcher de m'écrier en répondant à ces pensées intérieures.

— Oh! oui, Hélène!... cela sera... c'est le destin de ma vie!

On pense à l'étonnement de ma tante, de madame Verteuil, de Sophie et d'Hélène, à cette explication si soudaine et si inintelligible pour elles.

— Arthur, vous êtes fou, — me dit ma tante.

— Non, ma bonne tante, de ma vie je n'ai été plus sage... — Puis j'ajoutai: — Rappelez-vous votre promesse.

— Et baisant la main d'Hélène, je lui dis comme chaque soir: — Bonsoir, Hélène.

Puis, sortant du salon, je rentrai chez moi.

J'ai dit que depuis bien longtemps je n'avais ouvert le cadre qui renfermait le portrait de mon père; je me sentais alors si fort de mon bonheur, que j'y trouvai le courage de braver l'impression que je redoutais.

Et puis, il me sembla que, dans un moment aussi solennel, je devais pour ainsi dire demander conseil à son souvenir; et, tremblant malgré ma résolution, j'ouvris le cadre...

V

LE PORTRAIT.

Il était nuit; la lumière des bougies éclairait entièrement le portrait. Je ne sais pourquoi, malgré la joie que la décision que je venais de prendre au sujet d'Hélène faisait rayonner en moi, je ne sais pourquoi je me sentis soudainement attrister en contemplant l'austère figure de mon père ; jamais son caractère triste et sévère ne m'avait paru plus imposant... Le front vaste et dégarni était proéminent ; l'orbite profonde, et les yeux abrités par des sourcils épais et gris semblaient m'interroger avec une fixité perçante ; les pommettes étaient saillantes, les joues creuses, la bouche sévère et hautaine ; enfin la couleur sombre des vêtemens se confondant avec le fond du tableau, je ne voyais que cette pâle figure qui, seule, éclatait de lumière dans l'obscurité.

Je m'agenouillai, et je méditai longtemps.

Lorsque je relevai la tête, une chose bien naturelle en soi m'épouvanta si fort, que je frissonnai involontairement : il me sembla voir, ou plutôt je vis comme une larme brillante rouler sur les joues du portrait, puis elle tomba froide sur ma main, que j'appuyais au cadre...

Je ne puis exprimer ma première épouvante, car je restai quelques minutes presque sans réflexion.

Puis, surmontant cette terreur puérile, je m'approchai, et je vis alors que l'humidité et la chaleur combinées avaient, seules, produit ce suintement sur la toile, renfermée depuis longtemps. Je souris tristement de ma frayeur, mais l'impression avait été vive et forte, et je ne pus échapper à mon ressentiment.

Plus calme, je m'assis devant ce portrait.

Peu à peu, mes longues conversations avec mon père me revinrent à la pensée, ainsi que ses maximes désolantes, ses doutes sur la vérité ou la durée des affections. Autant j'avais senti mon cœur se dilater naguère, autant il se resserrait alors avec angoisse : le souvenir de mon indifférence, de mon oubli pour sa mémoire, m'indignait contre moi-même ; mais voulant sortir de ce cercle de pensées amères, je me mis pour ainsi dire à consulter mentalement mon père sur la résolution que je venais de prendre d'épouser Hélène.

Tout en songeant à cet avenir qui me semblait riant et beau, j'attachais mes yeux sur ce pâle et muet visage, auquel je demandais follement d'approuver les pensées qui m'agitaient ; mais son impassible et triste demi-sourire de dédain me glaçait...

« J'aime Hélène du plus profond amour, — disais-je en étendant les mains vers lui... — Cette impression ne me trompe pas ?... La résolution noble et généreuse que j'ai prise doit assurer mon bonheur et celui d'Hélène... n'est-ce pas, mon père ?... »

Et, avide, j'épiais ces traits immobiles... car, je le répète, dans ce moment d'hallucination, il me semblait qu'ils auraient dû faire un signe d'adhésion.

Mais le front blanc et ridé ne sourcilla pas ; puis il me sembla entendre au fond des replis les plus cachés de mon cœur la voix brève de mon père qui me répondait : « — Vous m'aimiez aussi du plus profond amour, j'ai fait pour vous plus qu'Hélène ; vous ai donné la vie et la fortune... et c'est au milieu des jouissances de cette fortune que vous m'avez oublié !... pauvre enfant ! »

Épouvanté, je continuai : « — Mais Hélène m'aime profondément n'est-ce pas, mon père ? »

Et regardant la figure toujours immobile dont le silence me faisait peur, je reprenais avec angoisse : « — Mais elle ne m'aime donc pas, ou bien je me trompe sur le sentiment que je crois éprouver pour elle, puisque vous me regardez ainsi, ô mon père ! »

« — Ne vous ai-je pas dit de vous défier des adorations que vous susciterait votre fortune, et de sonder profondément les apparences ?

« — Mais, Dieu du ciel ! quelle arrière-pensée peut-elle avoir ? Elle, jeune fille si noble et si candide ? elle qui vous aimait comme un père, et moi comme un frère ? ne s'est-elle pas livrée confiante à mon amour, insoucieuse de tout le reste, et, absorbée par lui, n'a-t-elle pas exposé indifféremment aux calomnies du monde sa réputation, son unique trésor ? »

Hélas ! pardon, ô mon père ! car c'est peut-être un misérable et sordide instinct qui m'a répondu à votre place ;

sans doute, rougissant de ma bassesse, j'ai voulu attribuer à votre influence cette infernale pensée, le premier doute qui soit venu pour jamais troubler le flot riant et pur de mes croyances ; pardon, mon père, encore une fois pardon, si, dans le moment où dévoré d'angoisse je vous demandais *quelle arrière-pensée il pouvait y avoir à l'amour d'Hélène*, mon égoïsme brutal m'a répondu : « votre fortune, car Hélène est pauvre !!!... »

. . . .

Depuis ce jour fatal, incessamment sous le coup d'une idée fixe et dévorante, incessamment torturé par le doute, cette arme à deux tranchans qui blesse aussi cruellement celui qui frappe que celui qui est frappé, j'ai opiniâtrement cherché, et, pour mon malheur, cru trouver bien souvent les arrière-pensées les plus infâmes sous l'apparence des plus naïves inspirations, les projets les plus odieux sous les plus soudains et les plus généreux dévouemens ; j'ai bien souvent enfin, avec une sécheresse désolante, tué d'un mot les plus tendres et les plus suaves élans ; mais jamais, mon Dieu ! jamais je n'oublierai le douloureux brisement qui me déchira, lorsque le scepticisme arracha de mon cœur cette sainte et première croyance.

De ce moment, on eût dit qu'un crêpe funèbre enveloppait tout à mes yeux ; la figure d'Hélène, si candide et si pure, ne me parut plus que fausse et coupable... La trame la plus noire sembla se dérouler à ma vue : l'insouciance de ma tante me parut bassement calculée ; cette lettre enfin qui l'avertissait des bruits qui couraient dans le monde me sembla supposée ; alors, avec un orgueil cruel, je m'applaudis d'avoir deviné et de pouvoir déjouer cette ligue honteuse faite contre moi, qu'on prenait pour dupe.

Par une inexplicable et subite réaction, tout mon amour se changea en haine et en mépris ; les plus tendres épanchemens me parurent ignoblement simulés. O honte ! ô misère ! jusqu'au souvenir de cette affection enfantine qu'Hélène m'avait dit éprouver au couvent, mon doute exécrable le flétrit ; j'osai accuser en moi madame de Verteuil et sa fille d'être complices d'Hélène et de sa mère, et d'avoir imaginé cet épisode pour m'aveugler plus sûrement.

Sans doute, la supposition d'une si basse tromperie était odieuse et stupide ; il était aussi affreux qu'incroyable de douter ainsi, à vingt-trois ans à peine... quand, dans la vie, rien d'amèrement expérimenté jusque-là, quand aucune déception passée n'avait pu autoriser un pareil scepticisme !...

. . . .

Triste avantage, hélas ! car on ne peut nier du moins que, cuirassé d'un doute si incarné et armé d'une défiance si sagace, on ne puisse impunément braver les faux-semblans et les tromperies du monde... Mais, de même que le corselet d'acier qui vous défend de l'épée ennemie vous rend aussi impénétrable à la douce chaleur d'une main amie, de même le scepticisme, cette armure de fer froide et polie, vous garantit des perfidies du fourbe, mais vous rend, hélas ! impénétrable à l'ineffable croyance d'une affection véritable.

Puisque maintenant j'analyse et je creuse les influences, les instincts, ou l'organisation naturelle, qui firent germer et développèrent en moi le *doute*, qui sera désormais le centre autour duquel graviteront toutes mes pensées, dans quelque position, apparemment *indubitable*, que je me trouve, je me souviens que mon père me disait parfois : « *C'est avec contentement que je vous vois défiant de vous-même... quand on se défie de soi, on se défie des autres, et c'est là une grande sagesse.* »

Puis, par un singulier et étrange contraste, ma mère, aveuglée par l'orgueil maternel, sorte d'égoïsme sublime, qui est chez les femmes ce que la personnalité est chez les hommes, ma mère, après avoir souvent et vainement tenté de m'exalter à mes propres yeux, me disait tristement : « *Mon pauvre et cher enfant, je suis désespérée de te voir si défiant de toi : à force de ne pas croire en toi, tu ne croiras jamais aux autres, et c'est là un terrible malheur. »*

Or, je suis certain que cette défiance insurmontable de moi-même fut pour beaucoup dans les doutes qui m'accablèrent; ne pensant pas inspirer les sentiments qu'on me disait éprouver pour moi, ils me semblaient alors faux et exagérés; et n'y croyant pas, je leur cherchais nécessairement un motif d'intérêt ou de duplicité.

Ce qui me confirme assez dans cette opinion, c'est que je n'ai jamais rencontré de plus indomptables, de plus imperturbables *croyeurs* (si ce néologisme peut s'employer) que parmi les sots et les fats... le manque d'intelligence des sots les empêchant de pouvoir observer, réfléchir et comparer; le suprême et excessif amour-propre des fats ne leur permettant pas d'admettre le moindre doute sur leur mérite et les certains et prodigieux effets qu'il doit produire. . . . .

Pour revenir à mes projets d'union avec Hélène, ils furent, de ce jour et de ce doute, à jamais renversés.

Je passai une longue et douloureuse nuit.

Le lendemain, j'eus la faiblesse d'éviter ma tante et Hélène: je montai à cheval de grand matin, et j'allai passer ma journée dans une de mes fermes.

Le soir, je revins fort tard, et, prétextant une excessive fatigue, je ne parus pas au salon.

En rentrant chez moi, je vis sur la table de mon cabinet ces mots au crayon, écrits de la main d'Hélène, dans un livre qu'elle m'avait renvoyé sous enveloppe : « *Ma mère m'a tout dit... Je serai demain matin à neuf heures dans le pavillon de la Pyramide... Vous y viendrez... Ah! que vous avez dû souffrir ! »*

Bien que cette entrevue me fût pénible et odieuse dans les dispositions où je me trouvais, ne pouvant l'éviter, je m'y résolus donc.

VI

LE PAVILLON.

Le pavillon dans lequel je devais rencontrer Hélène était situé au fond du parc; pour y arriver, il fallait traverser de longues et tristes allées semées de feuilles mortes. Le brouillard du matin tombait si lourd et si épais qu'à peine on voyait à dix pas, bien qu'il fût neuf heures. Les réflexions de la nuit m'avaient encore affermi dans mon doute et dans ma décision; une fois cet odieux point de départ admis, qu'Hélène était guidée par une arrière-pensée cupide, il ne me devenait malheureusement que trop facile d'interpréter misérablement toutes ses démarches; ainsi cette sorte d'aveu, presque involontaire, qu'elle m'avait fait, ce chaste cri d'amour sorti d'un cœur depuis longtemps épris peut-être, ne fut plus à mes yeux qu'une avance honteusement calculée.

Que dirai-je ! en me rendant à ce pavillon, mes idées étaient un affreux mélange d'égoïsme, d'amour-propre froissé, de résolution cruelle, et aussi de regrets déchirans d'avoir déjà perdu cette illusion si chère, de n'avoir pas même, un jour, pour me consoler et rassérener ma pensée... le souvenir d'un premier amour pur et désintéressé.

Une chose à la fois horrible et ridicule à avouer, c'est qu'il ne me vint pas une minute à la pensée que je pouvais me tromper grossièrement: qu'en admettant même la possibilité des apparences du mal, il fallait aussi admettre la possibilité du bien; qu'après tout, à part même le caractère et la noblesse des sentiments que j'avais reconnus à Hélène, mille circonstances, mille particularités pouvaient faire que son amour fût candide et vrai; et puis

enfin, ma fortune étant inhérente à moi, Hélène n'était-elle pas obligée de m'aimer riche, puisque je me trouvais riche?

Mais non, cette idée fixe, et d'une brutalité presque féroce, me dominait tellement que je ne songeais pas à chercher une seule excuse en faveur de celle dont je doutais si cruellement.

De longues années se sont passées depuis, et aujourd'hui que j'examine ma conduite d'alors avec désintéressement, j'ai du moins la triste consolation de m'assurer que je ne tâchais pas à m'autoriser de cette foi aveugle au mal que je supposais, afin d'éluder l'accomplissement d'un devoir; car bien que les bruits que j'ai dits fussent de tous points calomnieux, aux yeux du monde ils avaient les dehors absolus de la réalité, et la dangereuse imprudence de ma conduite les avaient malheureusement accrédités : je devais donc à Hélène la réparation que mon premier mouvement m'avait porté à lui offrir; elle était ma parente, elle avait été une seconde fille pour mon père, je lui avais reconnu les plus excellentes qualités, et j'avais eu la conviction de devenir le plus heureux des hommes en l'épousant. Mais, je le répète, ma conduite cruelle envers elle ne fut pas dictée par un de ces instincts sordides qu'on ne s'avoue pas mais qui vous font agir presque à votre insu... Plus tard, peut-être, je me fusse ainsi trompé moi-même à dessein; mais alors j'étais pour cela trop jeune, trop confiant dans mon incrédulité, et je me rappelle parfaitement que ce qui me causait l'angoisse la plus cuisante, même avant le dépit de me croire dupe, était le regret désespérant de n'avoir pu inspirer à Hélène un amour véritable.

Enfin, j'arrivai dans le pavillon. Lorsque j'y entrai, Hélène m'attendait, assise près de la porte; elle était enveloppée dans un manteau noir et tremblait de froid. Quand elle me vit, elle se leva et s'écria avec un indicible accent de douleur, en me tendant les mains :

—Enfin, vous voilà! Ah! que nous avons souffert depuis deux jours! —Puis, sans doute frappée de l'expression dure et sèche de mes traits, elle ajouta : —Mon Dieu! qu'avez-vous, Arthur? vous m'effrayez !

Alors, avec cette cruauté sotte et railleuse qui est le fait des enfans ou des gens heureux et égoïstes qui n'ont jamais souffert, prenant un air insouciant et léger, et lui baisant la main, je répondis :

—Comment, je vous effraye! Ce n'est pourtant pas là l'impression que je comptais vous faire éprouver dans un aussi charmant rendez-vous!

L'air ironique avec lequel je prononçai ces mots était si éloigné de mes façons habituelles qu'Hélène, ouvrant ses grands yeux étonnés, ne me comprit pas; aussi, après un moment de silence, elle ajouta en soupirant :

—Arthur, ma mère m'a tout dit.

—Eh bien! —lui répondis-je avec indifférence... Puis, fermant le collet de son manteau, j'ajoutai : —Prenez garde, le brouillard est humide et pénétrant... vous pourriez avoir froid.

La pauvre enfant croyait rêver.

—Comment! Eh bien ! —reprit-elle en joignant les mains avec stupéfaction, —vous ne trouvez pas cela horrible, infâme?

—Qu'importe? puisque cela est faux, —repris-je sans sourciller.

—Qu'importe!... Comment! il n'importe pas que celle qui portera votre nom soit déshonorée avant d'être votre femme?

A ces mots d'Hélène, qui me parurent le comble de l'effronterie et la preuve flagrante de la vérité de mes soupçons, un incroyable besoin de vengeance souleva le cœur, tous mes scrupules disparurent, et aujourd'hui je bénis le hasard qui a retenu sur mes lèvres les horribles mots qui me vinrent à l'esprit. Heureusement pour moi, je voulus être ironique, et je me contins.

—Hélène, —lui dis-je, —notre conversation doit être grave et sérieuse : veuillez m'écouter. Vous qui êtes la candeur, la franchise et le *désintéressement* personnifiés,—ajoutai-je avec un accent de misérable insolence qui ne put la frapper, tant sa conscience la mettait au-dessus de tout soupçon, — répondez-moi, je vous prie, avec une entière loyauté, notre avenir à tous deux en dépend.

Selon cet instinct du cœur qui trompe rarement, Hélène pressentit quelque perfidie, car elle s'écria avec angoisse :

— Tenez, Arthur, il se passe en vous quelque chose d'extraordinaire ; je ne vous ai jamais vu cet aspect glacial et dur ; vous me faites peur. Au nom du ciel ! que vous ai-je fait ?

— Vous ne m'avez rien fait ; *mais puisque vous porterez mon nom, puisque vous serez ma femme*, et je vous sais un gré infini de cette confiance dans l'avenir qui nous fait honneur à tous deux, — continuai-je avec un sourire qui l'effrayait, — il faut que vous répondiez à mes demandes.

— De quel air, mon Dieu ! vous me dites cela, Arthur. Je ne comprends pas... Qu'est-ce que cela signifie ?... à quoi faut-il que je réponde ?

— Hélène, lorsque la première fois ma présence ou mon avenir vous a impressionnée, lorsqu'enfin vous m'avez aimé, quel a été votre but ?

— Mon but !... quel but ? encore une fois je ne vous comprends pas, — dit-elle en secouant la tête ; puis elle ajouta, confondue d'étonnement : — Tenez, Arthur, vous me torturez à coups d'épingles ; au nom de votre mère, expliquez-vous franchement ; que voulez-vous de moi ? que signifient toutes ces questions ?

— Eh bien ! tenez, je vais vous égaler en franchise, en grandeur et en pureté de vues ; je vais, comme vous, me laisser aller à toute la soudaineté de mes impressions, *sans la moindre arrière-pensée, sans le moindre calcul*; et comme il est hors de doute que vous serez ma femme, et qu'à cette heure charmante nous pouvons, nous devons tout nous confier, je vous dirai comment et pourquoi je vous ai aimée, mais avant j'exige de vous la même confidence... Cela va être un mutuel échange d'aveux généreux et tendres dont mon pauvre cœur se fait une joie extrême, ne trouvez-vous pas ? — dis-je avec cet air ironique, froid et cruel qui faisait un mal horrible à la malheureuse enfant, bien qu'elle ne pût deviner les misérables allusions dont je flétrissais son pur et noble amour.

Maintenant que je réfléchis de sang-froid à cette scène, j'ai peur de songer à ce que devait souffrir Hélène en m'entendant ainsi lui parler pour la première fois. Je la vois encore pâle, tremblante de froid et d'inquiétude au milieu de ce pavillon meublé de bois rustique dont les fenêtres ouvertes laissaient voir un brouillard épais ; je rougis de honte en songeant que c'était pour ainsi dire devant un ennemi prévenu, défiant et décidé à tout interpréter méchamment qu'elle allait, au milieu des larmes, me dévoiler ses tendres et chastes pensées qui précèdent l'aveu, ces trésors ignorés de l'amant qui lui révèlent des joies, des terreurs, des angoisses qu'il ne soupçonne pas, et qu'il a pourtant causées.

Enfin, Hélène, surmontant son agitation, me dit :

— Arthur, je ne conçois rien à ce qui se passe en vous ; vous voulez que je vous dise comment je vous aimé, — ajouta-t-elle les yeux baignés de larmes... — cela est bien simple... Mon Dieu ! étant enfant, j'entendais ma mère sans cesse parler de vous, de la solitude dans laquelle votre père vous faisait vivre, loin des distractions de votre âge, sans amis, presque tous les jours occupé d'études sérieuses, et presque privé des distractions et des plaisirs de votre âge. La première impression que j'éprouvai, en songeant à vous, fut donc de vous croire malheureux et de vous plaindre... car je jugeais de ce qui devait vous manquer par ce que je possédais : j'avais des compagnes que j'aimais ; ma mère, toujours bonne et tendre, allait au-devant de mes joies enfantines. Enfin, sans savoir pourquoi, j'avais quelquefois honte de me trouver si heureuse tandis que vous meniez une vie qui me paraissait si malheureuse et si isolée ; c'est de là, je crois, que naquit chez moi une

espèce d'éloignement pour les jeux de mon enfance ; je me les reprochais, parce que je vous en savais privé ; en un mot, je vous le répète, Arthur, c'est parce que vous me sembliez très à plaindre qu'enfant je m'intéressais autant à vous. Plus tard, quand vous partîtes pour vos premiers voyages, ce furent vos dangers, que je me l'exagérais sans doute, qui me faisant trembler pour vous, redoublèrent mon affection... Ce fut alors, comme Sophie vous l'a dit, qu'au couvent j'avais l'enfantillage de fêter votre fête, et que chaque jour je priais Dieu pour votre sûreté... Plus tard encore, lorsque votre pauvre mère mourut... il me sembla que les derniers liens qui restassent à serrer entre nous le fussent par cette horrible perte ; car de ce moment vous me parûtes entièrement isolé, malheureux et privé de la seule personne en qui vous eussiez jamais eu confiance... Ce fut à cette époque qu'enous vînmes ici... habiter avec votre père. Ma mère me disait souvent « que, bien que très bon pour vous... votre père était froid et sévère... » En effet, il me paraissait si grave, si triste, vous me sembliez toujours si craintif en sa présence et si chagrin, si sombre après les conversations que vous aviez avec lui le matin, que je vous plaignais plus amèrement encore, et que mon amour pour vous s'augmentait de toutes les amères souffrances que je vous supposas. Pourtant, tout en redoutant beaucoup votre père, je ne pouvais m'empêcher de l'aimer ; il souffrait tant !... et puis, en me montrant toujours attentive et prévenante pour lui, je pensais encore vous prouver mon amour... Enfin, Arthur, quand vous avez eu la douleur de le perdre, vous voyant seul au monde, il m'a semblé que désormais mon sort était lié au vôtre, que le destin de toute ma vie avait été et devait être de vous aimer, de vous rendre heureux, que vous n'aviez plus d'asile que dans mon cœur. Vous ne m'aviez jamais dit que vous m'aimiez, mais il me semblait que cela devait être... que cela ne pouvait être autrement, que ma vocation était de vous consacrer ma vie ; aussi... chaque jour, j'attendais confiante un aveu de votre part ; et lorsque, désespérée de ne pas entendre cet aveu, je vous disais malgré moi : « *Allez, vous n'aimez rien... vous ne serez jamais heureux !*... » c'est qu'il me semblait en effet que vous deviez être toujours malheureux... si vous ne m'aimiez pas... moi qui vous aimais tant! moi qui me croyais si utile à votre bonheur !... Depuis ce jour, vous m'avez avoué que vous m'aimiez ; j'en ai été bien heureuse... bien profondément heureuse ; mais cela ne m'a pas étonnée. Hier, ma mère m'a causé un violent chagrin en me disant toutes ces affreuses calomnies. Ne vous voyant pas, j'ai cru que vous partagiez ma peine à ce sujet... Voilà tout ce que j'avais à vous dire, Arthur, voilà comme je vous ai aimé, voilà comme je vous aime ; mais, par pitié, ne me tourmentez pas ainsi, redevenez ce que vous étiez pour moi !... Pourquoi ce changement ? Encore une fois, que vous ai-je fait ?

Pendant qu'Hélène s'exprimait avec une simplicité si naïve, et sans doute si vraie, je ne l'avais pas quittée du regard ; au lieu d'être tendrement ému, je l'observais avec la méchante et attentive défiance d'un juge hostile et prévenu ; pourtant, quand elle soulevait ses beaux yeux doux et limpides sous leurs longues paupières, elle les attachait sur les miens avec une assurance si candide et si sereine, qu'il me fallait être aussi aveugle que je l'étais pour n'y pas lire l'amour le plus noble et le plus profond.

Mais, hélas! quand on est possédé par un doute opiniâtre, tout ce qui tend à le détruire dans votre esprit vous irrite, comme dicté par la perfidie et la fausseté; vous persistez d'autant plus dans votre conviction que vous vous croiriez dupe en l'abandonnant : les plus incurables vérités vous semblent alors leurs longues caresses, et les plus nobles et plus soudaines inspirations autant de pièges froidement tendus. J'agis ainsi, et continuai le triste rôle que je m'étais imposé.

— Cela est parfaitement et très adroitement calculé, — répondis-je ; — les causes et les effets s'enchaînent et se déduisent à merveille... la fable est même fort vraisemblable... et un plus sot s'y laisserait prendre.

— La fable !... quelle fable ? — dit Hélène, qui ne pouvait concevoir mes soupçons.

Mais, sans lui répondre, je continuai :

— Puisque vous raisonnez si sagement, comment n'avez-vous pas réfléchi qu'en me permettant de vous témoigner une préférence aussi assidue, vous vous compromettiez gravement ?

— Je n'ai songé à rien, je n'ai réfléchi à rien, puisque je vous aimais ; et pouvais-je d'ailleurs penser que ce que vous faisiez fût mal, puisque j'étais sûre de votre affection ?

— Ainsi, vous songiez dès lors à m'épouser ?

Hélène ne parut pas m'avoir entendu, et reprit :

— Que dites-vous, Arthur ?

— Ainsi, — repris-je avec impatience, — vous vous croyiez alors assurée que je vous épouserais ?

— Mais, — me répondit Hélène de plus en plus étonnée, — je ne conçois pas les questions que vous me faites, Arthur... Réfléchissez donc à ce que vous me dites là... Dieu du ciel ! après nos aveux, notre amour... ai-je donc pu douter de vous... de... ? — Puis, s'interrompant, elle s'écria : — Ah ! ne vous calomniez pas ainsi !

Cette assurance en elle, ou plutôt cette confiance excessive dans ma loyauté, choqua tellement mon stupide orgueil que j'eus l'horrible courage d'ajouter, il est vrai lentement et avec une angoisse si douloureuse que mes lèvres devinrent sèches et amères en prononçant ces mots :

— Et dans ces beaux projets d'union, qui ne seront probablement que des projets... *vous n'aviez sans doute jamais songé à ma fortune.*

Quand ces terribles paroles furent dites... j'aurais donné ma vie pour les étouffer ; car tant que je les avais seulement *pensées,* elles n'avaient pas retenti à mon esprit dans toute leur ignoble signification ; mais lorsque je m'entendis répondre ainsi tout haut à ces aveux si ingénus, si nobles et si touchans, qu'Hélène venait de me faire, elle qui, tout enfant, ne m'avait aimé que parce que je me croyait malheureux... mais lorsque je pensai à la profonde et incurable blessure que je venais de faire à cette âme généreuse, d'une fierté si farouche et si outrée, je fus saisi d'un épouvantable et vain remords.

Hélas ! j'eus tout loisir de savourer l'amertume de mes regrets désespérés, car Hélène fut longtemps à me comprendre... et longtemps à revenir de sa stupeur quand elle m'eut compris.

Mais, lorsque je vis poindre sur ce beau visage l'expression de douleur, d'indignation et de mépris écrasant, qui le rendit d'un caractère majestueux et presque menaçant, je ressentis au cœur un choc si violent que, joignant les mains, je tombai aux genoux d'Hélène en lui criant :

— Pardon !

Mais elle, toujours assise, les joues empourprées, les yeux étincelans, se pencha vers moi, puis, tenant mes deux mains qu'elle secoua presque avec violence, et attachant sur moi un regard dont je n'oublierai jamais l'implacable dédain, elle répéta lentement :

— J'aurais songé à votre fortune..... moi ! MOI HÉLÈNE !!!

Il y eut dans ces deux mots : « MOI HÉLÈNE ! » un accent de noblesse et de fierté si éclatant, qu'éperdu de honte je courbai la tête en sanglotant.

Alors elle, sans ajouter un mot, se leva brusquement et sortit du pavillon d'un pas ferme et sûr.

Je restai anéanti.

Il me sembla que désormais ma destinée était irréparablement vouée au mal et au malheur.

Pourtant je résolus de revoir Hélène.

VII

LE CONTRAT.

Pendant quatre jours qui suivirent la scène du pavillon, il me fut impossible de voir Hélène ou ma tante ; je sus seulement par leurs femmes qu'elles étaient toutes deux très-souffrantes.

Ces jours furent affreux pour moi. Depuis ce fatal moment où j'avais si brutalement et à jamais brisé la tendre et délicate affection d'Hélène, mes yeux s'étaient ouverts ; j'avais retenu presque mot pour mot ce naïf et candide récit dans lequel elle m'avait raconté sa vie, c'est-à-dire son amour pour moi ; plus j'analysais chaque phrase, chaque expression, plus je demeurais convaincu de l'exquise pureté de ses sentimens, car mille occasions où son ombrageuse délicatesse s'était manifestée me revirent à la pensée.

Puis, ainsi que cela arrive toujours quand tout espoir est à jamais ruiné, ses précieuses qualités m'apparaissaient plus complètes et plus éclatantes encore ; je vis, j'appréciai amèrement une à une toutes les chances de bonheur que j'avais perdues. Où devais-je jamais trouver tant de conditions de félicité réunies : beauté, tendresse, grâce, élégance ? Que dirai-je ! alors l'avenir sans Hélène m'épouvantait, je ne me sentais ni assez fort pour mener une vie solitaire et retirée, ni assez fort pour traverser peut-être sans faillir les mille aspérités d'une existence aventureuse et sans but ; je pressentais d'ardentes passions, j'avais tout pour m'y livrer avec excès, indépendance, fortune et jeunesse ; et pourtant cet avenir, désirable pour d'autres, m'affligeait ; c'était un torrent que je voyais bondir, mais dont je ne prévoyais pas l'issue : devait-il s'abîmer dans un gouffre sans fond ? ou plus tard, calmant l'impétuosité de ses eaux, se changer en un courant paisible ?

Puis, défiant et dur comme je venais de l'être, presque malgré moi, avec Hélène, si noble et si douce, à quel amour désormais pourrais-je jamais croire ? Ainsi, je ne jouirais pas même de ces rares momens de confiance et d'épanchemens qui luisent parfois au milieu des orages des passions ! En un mot, je le répète, l'isolement m'épouvantait ; car il m'eût écrasé de son poids morne et glacé... et sans me rendre compte de cette terreur, la vie du monde m'effrayait... Comme un malheureux que le vertige saisit, je contemplais l'abîme dans toute son horreur, et cependant une attraction fatale et irrésistible m'y entraînait...

Pénétré de ces craintes, de ces pensées, je me décidai à tout tenter pour détruire dans le cœur d'Hélène l'affreuse impression que j'avais dû y laisser.

Le cinquième jour après cette scène fatale, je pus me présenter chez ma tante ; je la trouvai très pâle, très changée. Dans notre longue conversation, je lui avouai tout, mes doutes affreux et ce qui les avait causés, ma dureté avec Hélène, son dédain effrayant quand mes sordides et malheureux soupçons s'étaient révélés. Mais je lui dis à quel influence de souvenir j'avais obéi en agissant si cruellement ; je lui rappelai les maximes désolantes de mon père, je cherchai une excuse dans l'impression ineffable qu'elles avaient dû laisser en moi ; je lui peignis la malheureuse position d'Hélène aux yeux du monde si elle s'opiniâtrait dans son éloignement pour moi. Car ces bruits étaient calomnieux sans doute, mais enfin ils existaient, et maintenant c'était à genoux, au nom de l'avenir d'Hélène et du mien, que je suppliais sa mère d'intercéder pour moi.

Ma tante, bonne et généreuse, fut attendrie ; car ma douleur était profonde et vraie : elle me promit de parler à sa fille, de tâcher de détruire ses préventions, et de l'amener à accepter ma main.

Hélène continuait à refuser de me voir.

Enfin, deux jours après, ma tante vint m'apprendre qu'ayant longuement combattu les puissantes préventions d'Hélène contre moi, elle l'avait décidée à me recevoir, mais qu'elle ignorait encore sa résolution.

J'allai donc chez elle avec sa mère, j'étais dans un état d'angoisse impossible à rendre. Quand j'entrai, je fus douloureusement frappé de la physionomie d'Hélène; elle paraissait avoir cruellement souffert; mais son aspect était froid, calme et digne.

— J'ai voulu vous voir, monsieur, — me dit-elle d'une voix ferme et pénétrante, — pour vous faire part d'une décision que j'ai prise, après y avoir longuement pensé; il m'est pénible maintenant d'avoir à vous rappeler des aveux..... qui ont été si cruellement accueillis, mais je me le dois et je le dois à ma mère... Je vous aimais.., et en croyant sûre de la noblesse et de la vérité des sentiments que vous m'aviez témoignés, comptant sur l'élévation de votre caractère, beaucoup plus sans doute par instinct que par réflexion, j'avais mis dans l'habitude de mes relations avec vous une confiance aveugle qui a malheureusement passé aux yeux du monde pour la preuve d'une affection coupable; aussi, à cette heure, monsieur, ma réputation est-elle indignement attaquée...

— Croyez, Hélène! — m'écriai-je, — que ma vie....

Mais me faisant un signe impératif, elle continua :

— Je n'ai plus au monde que ma mère pour me défendre... et d'ailleurs, si la calomnie la plus insensée laisse toujours des traces indélébiles... la calomnie basée sur de graves apparences tue et flétrit à jamais l'avenir... je me trouve donc, monsieur, placée entre le déshonneur, si je n'exige pas pas de vous la seule réparation qui puisse imposer à l'opinion publique, ou la vie la plus effroyable pour moi, si j'accepte de vous cette réparation; car le doute que vous avez exprimé, les mots que vous avez prononcés retentiront à toute heure et à tout jamais dans ma pensée.

— Non, Hélène, — m'écriais-je ; — les paroles de la tendresse la plus vraie, du repentir le plus sincère les chasseront de votre pensée, ces mots affreux, si vous êtes assez généreuse pour suivre une inspiration qui vous vient du ciel;

Et je me jetai à ses genoux. Elle me fit relever, et continua avec un sang-froid glacial qui me navrait :

— Vous comprenez, monsieur, que profondément indifférente à l'opinion d'un homme que je n'estime plus, et forte de ma conscience, j'aime mieux encore passer à vos yeux pour cupide...

— Hélène! Hélène!... par pitié!

— Que de passer aux yeux du monde pour infâme... — ajouta-t-elle. — Aussi cette réparation que vous m'avez offerte, je l'accepte...

— Hélène... mon enfant! — dit sa mère en se jetant dans ses bras; — Arthur aussi est généreux et bon, il a été égaré; aie donc pitié de lui...

— Hlène, — dis-je avec une exaltation radieuse, — je vous connais... vous auriez préféré le déshonneur... à cette vie de mépris pour moi... si votre instinct ne vous assurait pas que, malgré un moment d'affreuse erreur, j'étais toujours digne de vous!

Hélène secoua la tête et ajouta, rougissant encore d'un souvenir d'indignation.

— Ne croyez pas cela... Dans une circonstance aussi solennelle, je ne dois ni ne veux vous tromper... la blessure est incurable; jamais... jamais je n'oublierai qu'un jour vous m'avez soupçonné d'être vile.

— Si! si! vous l'oublierez, Hélène! et, pour moi qui entends les prévisions de mon cœur, l'avenir me répond du passé.

— Jamais je n'oublierai, je vous le répète, — dit Hélène avec sa fermeté habituelle; — ainsi songez-y bien, il en est temps... rien ne vous lie... que l'honneur... vous pouvez me refuser ce que je vous demande à cette heure;

mais ne croyez pas que je change jamais... Je vous le répète, pour l'éternité de cette vie... mon cœur sera séparé du vôtre par un abîme.

— Croyez-le... croyez-le — dis-je, à Hélène ; car je me sentais rassuré par toutes les présomptions de ma tendresse.

— Croyez cela! que m'importe! mais votre main... mais le droit de vous faire oublier les chagrins que je vous ai causés, voilà ce que je veux; voilà ce que j'accepte, voilà ce que je vous demande à genoux...

— Vous le voulez? — me dit Hélène en attachant sur moi un regard pénétrant, et semblant épouver un moment d'indécision.

— Je l'implore de vous comme mon bonheur éternel, comme l'heureux destin de ma vie... Enfin, — lui dis-je les yeux baignés de larmes... — je l'implore de vous avec autant de religieuse ardeur que si je demandais à Dieu... la vie de ma mère.

— Ce sera donc ; je vous accorde ma main, — dit Hélène en détournant les yeux afin de cacher l'émotion qui la surprit pour la première fois depuis notre entretien.

. . . .

J'étais le plus heureux des hommes... Je connaissais trop l'ombrageuse susceptibilité d'Hélène pour ne m'être pas attendu à ces reproches ; son cœur avait été si cruellement frappé, que la plaie devait être encore longtemps vive et saignante, je sentais qu'il fallait peut-être des jours, des années de soins tendres et délicats pour cicatriser cette blessure ; mais je me sentais si certain de mon amour, si heureux de l'avenir, que je ne doutais pas de réussir. Noble et loyale comme je connaissais Hélène, sa promesse même me prouvait qu'elle ressentait sans doute encore de la colère, mais qu'elle m'estimait toujours ; qu'elle avait lu dans mon cœur, et qu'elle était persuadée, à son insu, qu'en exprimant l'affreuse pensée qui l'avait si affreusement blessée, je n'avais été que l'écho involontaire des maximes désolantes de mon père. . . . .

. . . .

Nous partîmes bientôt pour la ville de ***, où habitaient Hélène et sa mère

Notre mariage, annoncé avec une sorte de solennité, fut fixé pour une époque très rapprochée, car j'avais supplié Hélène de me permettre de hâter cet heureux moment, autant que le permettrait l'exigence des actes publics.

Mon cœur bondissait d'espoir et d'amour. Jamais Hélène ne me parut plus belle : son visage, ordinairement d'une expression douce et tendre, avait alors un air de fierté grave et mélancolique qui donnait à ses traits un caractère plein d'élévation ; je trouvais de la grandeur et une noble estime de soi dans cette détermination qui lui faisait alors braver, de toute la conscience de son inaltérable pureté, les doutes offensans, si indignes d'ailleurs d'être un instant comptés par cette âme loyale. Ainsi je me laissais entraîner aux projets de bonheur les plus riants. Je me trouvais presque heureux de la froideur qu'Hélène continuait de me témoigner, car je voyais encore là les instincts des esprits généreux, qui souffrent d'autant plus vivement d'une injure, qu'ils sont d'une sensibilité plus exquise.

La cruelle indécision qui m'avait tant effrayé sur mon avenir s'était changée en une sorte de certitude paisible et sereine ; tout à l'horizon me paraissait radieux : c'était cette vie intérieure que j'avais d'abord rêvée, et pour ainsi dire expérimenté à Serval : une existence calme et contente ; et puis, le dirai-je! chaque conquête que je devais faire sur les tristes ressentimens d'Hélène me ravissait : je pensais avec une ivresse indicible qu'il fallait pour ainsi dire recommencer à me faire aimer d'Hélène. Avec quelle joie je pensais à fermer peu à peu cette plaie funeste! Je me sentais si riche de tendresse, de dévouement et d'amour, que j'étais sûr de ramener peu à peu sur cet adorable visage sa première expresssion de bonté confiante et ingénue, de fixer à jamais sur ces lèvres charmantes leur ineffable sourire d'autrefois, au lieu du sérieux mépris qui les plissait encore... de voir ce regard dur et dédaigneux s'adoucir peu à peu... de méprisant devenir sévère, puis triste, puis mélancolique... bienveillant... tendre... et de lire enfin dans son riant azur ce mot béni : *Pardon!*

Jusqu'aux moindres détails matériels des préparatifs de notre union, tout me ravissait ; je m'en occupais avec une joie d'enfant ; ne voulant pas quitter Hélène, j'avais prié une amie de ma mère, femme d'un goût parfait, de m'envoyer de Paris tout ce qu'on peut imaginer d'élégant, de recherché, de magnifique, pour la corbeille d'Hélène.

Je me souviens que ce fut dans deux de mes voitures, que j'avais fait venir de Serval, que ces présens furent portés à Hélène et offerts par mon intendant ; j'avais mis un grand faste dans cette sorte de cérémonie : les deux voitures, gens et chevaux, en grand équipage de gala, allèrent ainsi respectueusement au pas jusqu'à la demeure d'Hélène, à la grande admiration de la ville de***

Lorsque ces merveilles de goût et de somptuosité furent déposées dans le salon de ma tante et qu'Hélène y parut, le cœur me battait de joie et d'angoisse en épiant son premier regard à la vue de ces présens.

Ce regard fut indifférent, distrait et presque ironique.

Cela me fit d'abord un mal horrible, une larme me vint aux yeux : j'avais mis, hélas ! tant d'amour, tant de soins à ces préparatifs !... Puis bientôt je vins à penser que rien n'était plus naturel et plus conséquent au caractère d'Hélène que sa froideur dédaigneuse pour ce luxe. Avec l'arrière-pensée que je lui avais si indignement prêtée, pouvait-elle me savoir gré de ce faste éclatant ?

Vint enfin le jour de signer le contrat. En province, c'est une solennité, et un assez grand nombre de personnes se rendirent chez ma tante pour assister à cet acte.

Hélène était à sa toilette, on l'attendit quelque temps dans le salon de ma tante ; pendant que je supportais l'ennui des plus sottes félicitations, le notaire vint me demander si rien n'était changé dans mes intentions au sujet du contrat, tant sa rédaction semblait étrange au garde-notes ; je répondis assez impatiemment que non.

Dans cet acte, dont je m'étais réservé le secret, je reconnaissais à Hélène la totalité de ma fortune. Ce qui seulement me surprit, ce fut la facilité d'Hélène à m'accorder le droit de faire à ma guise ces dispositions ; puis je l'attribuai, avec raison, à l'extrême répugnance qu'elle devait avoir à s'occuper de toute affaire d'intérêt.

Enfin Hélène parut dans le salon : elle était un peu pâle, paraissait légèrement émue. Je la vois encore, vêtue d'une robe blanche toute simple, avec une ceinture de soie bleue ; ses magnifiques cheveux, tombant de chaque côté de ses joues en grosses boucles blondes, étaient simplement tordus derrière sa tête. Rien de plus enchanteur, de plus frais, de plus charmant que cette apparition, qui sembla changer tout à coup l'aspect de ce salon.

Hélène s'assit à côté de sa mère, et je m'assis à côté d'Hélène.

Le notaire, placé près de nous, fit un geste pour recommander le silence, et commença la lecture du contrat.

Lorsqu'il en vint à l'article qui assurait et reconnaissait à Hélène tous mes biens, le cœur me battait horriblement, et confus, presque honteux, je baissai les yeux, craignant de rencontrer son regard.

Enfin cet article fut lu.

On connaissait la médiocrité de la fortune de ma tante, aussi mon désintéressement fut-il accueilli avec un murmure approbateur.

Alors je me hasardai de lever les yeux sur Hélène ; je rencontrai son regard ; mais ce regard me fit frissonner, tant il me parut froid... dédaigneux... presque méchant.

On acheva la lecture du contrat.

Au moment où le notaire se levait pour présenter la plume à Hélène afin de le signer, Hélène se leva droite et imposante, et d'une voix ferme dit ces mots :

— Maintenant, je dois déclarer que, pour une cause qui n'attaque en rien l'honneur de monsieur le comte Arthur,

mon cousin, il m'est impossible de lui accorder ma main.

— Puis, s'adressant à moi, elle me remit une lettre en me disant : — Cette lettre vous expliquera le motif de ma conduite, monsieur, car nous ne devons jamais nous revoir.

Et saluant avec une assurance modeste, elle se retira accompagnée de sa mère, qui partageait la stupéfaction générale.

. . . .

Tout le monde sortit.

On pense l'éclat et le bruit que fit cette aventure dans la ville et dans la province.

Je me trouvai seul dans le salon... j'étais anéanti.

Ce ne fut que quelques momens après que je me décidai à lire la lettre d'Hélène.

Cette lettre, que j'ai toujours conservée depuis, la voici.

Huit ans se sont écoulés ; j'ai passé par des émotions bien diverses et bien saisissantes ; mais j'éprouve encore un sentiment douloureux, une sorte d'ardeur vindicative, en lisant ces lignes, si empreintes d'un incurable et écrasant mépris :

« Après les bruits calomnieux qui avaient entaché ma » réputation, et que vous aviez provoqués par la légèreté » de votre conduite envers moi, il me fallait une répara-» tion publique, éclatante ; je l'ai obtenue... je suis satis-» faite. En me voyant renoncer de mon propre gré à cette » union aussi avantageuse pour moi sous le *rapport de la » FORTUNE*, le monde croira sans peine que ce mariage » n'était pas nécessaire à ma réhabilitation, puisque je » l'ai hautement repoussé.

» Vous avez été bien aveugle, bien présomptueux ou » bien étranger aux généreux ressentimens, puisque vous » avez pu croire un instant que je ne vous ai pas à tout » jamais et profondément méprisé du moment où vous » m'êtes apparu sous un jour aussi sordide, du moment » où vous m'avez dit, à moi... Hélène... qui vous avais » aimé dès l'enfance et qui venais de vous faire l'aveu le » plus confiant et le plus loyal : « *Hélène, vous avez tout » calculé ; vos aveux, votre tendresse, vos souvenirs, tout » cela est feint et menteur ; c'est un infâme artifice, car » vous ne songez qu'à ma FORTUNE.* » Un pareil soupçon » tue l'affection la plus outrée. Je vous aurais tout par-» donné, perfidie, inconstance, abandon, parce que tel » coupable ou criminel que soit l'entraînement des pas-» sions, ce mot *passion* peut lui servir d'excuse ; mais cette » défiance froide, hostile et hideusement égoïste, qui, » couvant des yeux son trésor, soupçonne les plus géné-» reux sentimens d'y vouloir puiser, ne peut être causée » que par la cupidité la plus basse ou la personnalité la » plus honteuse. Vous blasphémez et vous mentez en in-» voquant le souvenir de votre père... Votre père était as-» sez malheureux pour croire au mal, mais il était assez » généreux pour faire le bien. Ne me parlez pas de repen-» tir... chez vous l'instinct d'abord a parlé ; votre première » impression a été infâme... le reste est venu par ré-» flexion, par honte de cette indignité ; cela ne me paraît » que plus méprisable, car vous avez même l'éner-» gie persistante du mal ; vous en avez la honte, et non » pas le remords. » . . . .

Jamais... je ne pourrai rendre la confusion, la rage, la haine, le désespoir qui m'exaltèrent après avoir lu cette lettre, en me voyant joué si froidement et si injustement accusé ; car, après tout, ce doute avait été dû à une influence suprême, et je ne me sentais aucunement cupide. Mon regret, ma résolution d'épouser Hélène malgré ses dédains, l'abandon que je lui avais fait de mes biens, me faisaient assez ressentir que j'avais aussi en moi de nobles et généreuses inspirations.

Néanmoins, en me rappelant combien j'avais été tendrement aimé, et me voyant alors si profondément méprisé, je compris tellement que tout espoir était perdu, que je sentis, ainsi que je l'avais déjà éprouvé, une sorte de vertige s'emparer de moi en voyant l'avenir de ma vie changer si soudainement; il me sembla que, de ce moment, je me vouais résolûment à ma perte, et c'est avec un regret déchirant que je m'écriai : « Hélène ! vous m'avez été impitoyable ; vous aurez peut-être un jour à répondre d'un avenir bien fatal ! » . . . .

Le soir même je partis pour Paris, désirant y arriver au milieu de l'hiver, pour m'y trouver au cœur de la saison, et chercher à m'étourdir par les distractions de cette vie ardente et agitée.

LA MARQUISE DE PENAFIEL.

VIII

PORTRAITS.

Un an après mon arrivée à Paris, les paisibles jours que j'avais passés à Serval avec Hélène me semblaient un songe, songe frais et fleuri, qui contrastait trop tristement avec mes impressions nouvelles pour que j'y reportasse souvent ma pensée. De ce moment aussi, j'acquis cette conviction que la prétendue *douceur des souvenirs* est un mensonge; dès qu'on regrette le passé, les souvenirs sont pleins d'amertume, et, par cette comparaison même, le présent devient plus odieux encore.

L'éclatant refus d'Hélène m'avait profondément blessé dans mon amour et dans ma vanité; je mis donc de l'orgueil à ne pas me trouver malheureux, et je réussis du moins à m'étourdir. Je parvins d'abord à être ravi de me voir libre, et à faire mille rêves d'or sur l'emploi de cette liberté. Puis je tâchai d'excuser à mes propres yeux l'ingrat oubli où je laissais la mémoire de mon père; je me dis que, par compensation, j'avais au moins pieusement obéi à l'une de ses muettes inspirations en échappant aux projets intéressés d'Hélène. Car quelquefois je cherchais encore une misérable consolation, ou plutôt une infâme excuse à ma conduite, dans de nouveaux et indignes soupçons sur cette noble fille, qui d'ailleurs avait quitté sa province pour faire un voyage en Allemagne avec sa mère.

Pourtant, malgré l'amertume de mes regrets, comme toujours, le passé se voila peu à peu, s'obscurcit et s'effaça presque tout à fait.

Je ne sais si ce fut l'inexplicable enivrement de la vie de Paris qui devait me causer plus tard cette indifférence à propos de jours autrefois si chers à mon cœur.

Je n'avais pourtant pas apporté à Paris un étonnement de provincial; j'étais resté à Londres pendant deux brillantes saisons, et, grâce aux anciennes et intimes relations de mon oncle et de notre ambassadeur, relations que mon père et ma tante lui avaient rappelées en me recommandant à lui lors de mon voyage, je m'étais trouvé placé dans le meilleur et le plus grand monde d'Angleterre. Or, l'aristocratie anglaise, fière, absolue et justement vaine de son incontestable supériorité de richesse et d'influence sur toutes les aristocraties européennes; la haute société anglaise, dis-je, est d'un abord si glorieusement réservé pour les étrangers qu'elle admet dans son cercle restreint, qu'une fois qu'on a subi ou bravé son accueil d'un cérémonial aussi imposant, on peut pour ainsi dire respirer partout à l'aise.

Et néanmoins, dans la vie de Paris, qui ne peut en rien se comparer à la splendeur colossale de l'existence qu'on mène à Londres, il y a ce qu'on ne trouve ni à Londres ni ailleurs; il y a je ne sais quel charme enivrant, inexprimable, auquel les esprits les plus calmes et les plus prévenus ne peuvent souvent échapper.

Quant à *la vie de Paris*, selon son acception véritable, et si on veut en considérer la fleur la plus brillante, elle se borne à l'existence élégante et raffinée que mène l'élite de cinq ou six salons, dans un ou deux quartiers de cette ville, où sont accumulés des plaisirs de toute sorte.

En arrivant à Paris, je n'eus heureusement pas à faire cet apprentissage de la vie matérielle, qui coûte souvent aux étrangers tant d'argent et de désappointement. Mon père avait si longtemps habité cette ville que, grâce à mes traditions de famille sur le comfortable de l'existence, j'évitai dès l'abord une foule d'écueils. Ainsi, au lieu de me caser très chèrement et très à l'étroit dans une de ces espèces de ruches fourmillantes et bruyantes, à cinq ou six étages, qui commencent aux éblouissemens des magasins et finissent à la misère des mansardes, je louai un petit hôtel près des Champs-Élysées, je fis venir de Serval mes gens et mes chevaux, et je montai ma maison sur un pied honorable.

J'allai voir quelques alliés ou parens éloignés de ma famille. Ils me reçurent à merveille; ceux-ci par respect pour le nom de mon père, ceux-là parce qu'ils avaient des filles à marier et que j'étais sans doute à leurs yeux ce qu'on appelle *un bon parti*, d'autres enfin parce qu'il est toujours précieux pour les oisifs d'avoir une visite de plus à faire dans la journée, et de pouvoir ainsi de temps à autre placer une de leurs heures inoccupées.

Parmi ces derniers, se trouvait monsieur le comte Alfred de Cernay. Un de mes amis de Londres, qui le connaissait parfaitement, m'avait donné pour lui des lettres, et sur lui des renseignemens très dignes de créance, et dont je reconnus moi-même toute l'exactitude.

Je les rapporte ici, parce que, sans être un homme éminemment distingué, monsieur de Cernay était le type d'un *homme à la mode* dans la plus large et la moins vulgaire acception de ces mots, or, l'*homme à la mode* de nos jours a une physionomie toute particulière.

Monsieur de Cernay avait environ trente ans, une figure charmante, et ne manquait pas d'un certain esprit courant et comptant; il était assez fin, assez moqueur, tout en affectant une sorte de bonhomie distinguée qui lui donnait la réputation de *bon compagnon*, bien qu'il eût à se reprocher, m'avait-on dit, quelques perfidies et d'assez méchantes médisances; très élégant, quoique visant un peu à l'originalité, il s'habillait à sa façon, mais du reste à ravir; il était très connaisseur et amateur de chevaux, avait les plus jolis équipages qu'on pût voir, et se montrait, de plus, aussi grand *sportman* qu'homme au monde.

Monsieur de Cernay était fort riche, fort intéressé et singulièrement entendu aux affaires, trait de mœurs particulier à notre époque, et qui semble (à tort pourtant) exclure toute idée de grâce et d'éclat. Monsieur de Cernay ne se refusait rien, son luxe était extrême; mais il comptait lui-même très exactement avec ses gens, était inexorable pour toute dépense qui ne rapportait pas au moins un *intérêt d'évidence*, spéculait à propos, ne se faisait aucun scrupule d'assigner ses fermiers en retard, et rédigeait ses baux lui-même; car (faut-il avouer cette énormité !) il avait fait dans le plus profond mystère une manière de cours de droit sous la direction d'un ancien procureur. Mais on doit dire qu'au dehors cette expérience procédurière ne se trahissait en rien chez le comte; ses manières étaient parfaites. De très bonne et ancienne noblesse, il demeurait aussi grand seigneur qu'on peut l'être de notre temps; enfin son esprit d'ordre dans le superflu, et d'économie dans le luxe, n'eût peut-être été absolument perceptible qu'aux gens qui auraient pu lu demander quelque service, et ceux-là sont toujours les derniers à parler des refus qu'on leur fait.

Rien d'ailleurs de plus sage, de plus louable, que cette manière de vivre, d'une prudence si prévoyante et si arrêtée. J'insiste dans mon souvenir sur cette particularité très significative, parce qu'elle devait être une conséquence de notre époque, d'un positif exact et rigoureux.

De nos jours on ne se ruine plus; il est du plus mauvais goût d'avoir des dettes, 'et rien ne paraîtrait plus ridicule et plus honteux que cette existence folle, désordonnée, et, au résumé, souvent fort peu délicate et honorable, qui a été longtemps tolérée comme le type de la *délicieuse étourderie française;* que la vie vagabonde enfin de ces charmans *mauvaises têtes et bons cœurs* qui, ayant au contraire d'excellentes têtes et de fort mauvais cœurs, étaient généralement les plus vilaines gens du monde.

Rien au contraire aujourd'hui n'est de meilleure compagnie que de parler de ses biens, de ses terres, des améliorations et des essais agricoles qu'on y fait, de l'aménagement de ses bois, et de la beauté des *élèves* de toute sorte qu'on nourrit dans ses prés ; on devient en un mot extrêmement *régisseur,* et l'on a raison, car ces derniers jouissaient seuls et en maîtres du peu de magnifiques résidences qui restassent encore en France. Les séjours qu'on fait dans les terres se prolongent de plus en plus, et il y a une réaction évidente vers la vie du château pendant huit mois de l'année, et vers la vie des clubs à Paris durant l'hiver.

Mais, pour revenir à monsieur de Cernay, il était aussi très grand, très noble, et surtout très savant joueur, ce qui semblait d'abord assez contredire les principes dont on a parlé. Loin de là. Pour la plupart des gens du monde, le jeu n'est plus un effrayant défi qu'on jette à la destinée, une source brûlante d'émotions terribles ; c'est beaucoup plus une affaire qu'un plaisir. On a sa *bourse de jeu,* somme qu'on ne dépasse pas ; c'est encore un capital qu'on tâche de rendre le plus productif possible en le ménageant, en ne le hasardant pas, en étudiant les règles et les combinaisons du jeu avec une ardeur incroyable, et en se pénétrant bien de son essence, en s'exerçant constamment, en se livrant à ses essais avec une profonde et méditative attention ; de la sorte souvent la *bourse de jeu,* dans les bonnes années, rapporte quinze et vingt pour cent aux joueurs froids, prudens et habiles. Du reste, le jeu étant ainsi devenu une affaire de science exacte, d'intérêt, et généralement de haute probité, les forces des joueurs sont assez également réparties pour qu'on puisse se permettre toute l'irritante anxiété d'un coup de douze ou quinze cents louis, parce qu'on sait qu'au bout des *mauvaises* années la balance du gain et de la perte est à peu près égale. Encore une fois, rien de plus curieux dans notre époque que cette lutte singulière entre une sage et froide prévoyance qui songe à l'avenir, et les passions ardentes naturelles à l'homme, auxquelles l'on trouve moyen de satisfaire à peu près par cette espèce d'assurance calculée contre leurs fâcheux résultats (1)

(1) Comme trait de physionomie bien contrastant avec nos mœurs, on ne peut s'empêcher de citer ce billet de madame la princesse d'Hénin à madame de Créquy, rapporté dans les délicieux et spirituels *Souvenirs de madame de Créquy :*

« Je ne vous dirai pas « *vous qui savez tout,* » puisque vous » êtes excédée de cette formule, mais vous qui n'ignorez de rien, » ma chère, ayez la bonté de m'expliquer une chose que je ne » conçois pas et qui paraît devoir importer à mes intérêts fi- » nanciers (pardon du motif). Je commencerai par vous dire » que monsieur de Lally est à Saint-Germain, et que madame » de Poix ne sait que répondre à la question qui m'occupe ; ses » enfans sont en course, et voilà pourquoi je vous écris dare- » dare à l'autre bout de Paris. — Le chevalier de Thuysi m'é- » crit mot pour moi : *Je vous conseille de prendre garde au* » *sieur Lefèvre,* on m'a prévenu qu'il allait DÉPOSER SON BILAN » (Je vous dirai que ce Lefèvre est devenu mon homme d'af- » faires depuis que je n'ai plus d'affaires.) Mais que faut-il » conclure de cet avertissement du chevalier ? — Dites-nous, je » vous prie, ce que signifie *déposer son bilan ?* Madame de

Monsieur de Cernay avait eu, disait-on, assez de succès auprès des femmes ; mais en *vieillissant,* comme il disait, il trouvait mieux, afin d'être plus libre, plus ordonné, et de satisfaire aussi à son goût pour l'évidence, qui était un des traits saillans de son caractère, il trouvait mieux, dis-je, d'avoir aussi une *bourse de cœur,* qu'il ne dépassait pas d'une obole, et qu'il mettait annuellement aux pieds d'une des beautés le plus en vogue d'un des trois grands théâtres.

J'avais envoyé ma carte et les lettres de notre ami commun chez monsieur de Cernay. Le surlendemain, il vint me voir et ne me trouva pas ; quelques jours après, j'allai chez lui un matin. Il habitait seul une fort jolie maison, qui me parut le triomphe du comfortable joint à une élégante simplicité.

Son valet de chambre me pria d'attendre un instant dans un salon où je remarquai quelques beaux tableaux de chasse par Géricault.

Cinq minutes après mon arrivée, monsieur de Cernay entra. Il était grand, svelte, élégant ; avait une figure des plus agréables et les manières de la meilleure compagnie.

Le comte m'accueillit à ravir, me parla beaucoup de notre ami commun, et se mit à mes ordres avec la plus aimable obligeance.

Je m'aperçus qu'il m'observait. J'arrivais de province, mais j'avais beaucoup voyagé, et j'étais resté longtemps en Angleterre ; aussi ne savait-il pas sans doute s'il devait me traiter en provincial ou en homme déjà du monde. Pourtant, je crois que ce qui l'engagea à me considérer décidément sous ce dernier aspect, fut le léger dépit qu'il me sembla éprouver de ne pas me voir plus sous le charme de sa renommée de grande élégance. Envié, imité, flatté, il trouvait peut-être ma politesse trop aisée et pas assez étonnée.

Or, je l'avoue, cette nuance imperceptible, ce léger dépit de monsieur de Cernay me fit sourire.

Il me proposa de prendre une tasse de thé avec lui, deux de ses amis, et un renégat italien au service de Méhémet-Ali, homme d'une grande bravoure et qui avait eu les aventures les plus romanesques, ayant été, me dit-on sans s'expliquer davantage, obligé d'assassiner deux ou trois femmes et autant d'hommes pour sortir d'une position *délicate.*

Je ne m'étonnai que médiocrement de cette singulière compagnie, car on m'avait déjà dit que monsieur de Cernay était fort curieux de *lions* de toute espèce, et dès qu'il arrivait à Paris un Arabe, un Persan, un Indien, un étranger de quelque distinction, monsieur de Cernay se le faisait aussitôt présenter. Était-ce pour attirer encore davantage l'attention par ces voyans et étranges acolytes ? Était-ce pour que son renom d'homme à la mode parvînt même au delà des rives du Gange et du Nil ? Je ne sais, mais cela était ainsi.

— Voulez-vous rester prendre le thé avec moi, — me dit donc monsieur de Cernay ; — sans compter mon renégat, vous verrez un des hommes les plus excentriques et les plus spirituels que je sache, un des hommes les plus sots et les plus ridicules que je connaisse ; le premier est lord Falmouth, le second est monsieur du Pluvier.

— J'ai fort entendu parler de lord Falmouth, — lui dis-je, — et ce serait pour moi une précieuse bonne fortune que de le rencontrer ; mais je le croyais encore aux Indes ?

— Il est arrivé depuis un mois seulement, — me dit monsieur de Cernay. — Mais vous savez sans doute comme il s'est décidé à ce voyage ? Du reste, ainsi qu'il fait toujours, Falmouth se couche assez généralement à six ou sept heures du matin. Or, un jour, il y a environ dix-huit mois de cela, il se lève sur les quatre heures du soir; il avait mal dormi, était inquiet, agité, nerveux ; il avait de plus énormément gagné au jeu, ce qui l'avait privé des

» Poix suppose que c'est une sorte de métaphore, et nous en » sommes là. »

émotions qui le sortent parfois de l'engourdissement de sa vie décolorée ; enfin, il s'ennuyait un peu plus horriblement que d'habitude. Il sonne son valet de chambre, et demande le temps qu'il fait. Le temps était gris, sombre, brumeux. « Ah ! toujours du brouillard ! jamais de soleil ! — dit Falmouth en bâillant affreusement ; puis, du plus grand sang-froid du monde, il ajoute alors : — Envoyez chercher des chevaux. » Les chevaux arrivent (sa voiture de voyage est toujours prête), on attelle ; son valet de chambre, très instruit des habitudes de son maître, fait faire ses malles, et, deux heures après, milord descendait de chez lui disant à son concierge : « Si on me demande, vous direz que je suis allé... — et il hésita un moment entre Constantinople et Calcutta ; enfin il se décida pour Calcutta, et reprit avec un énergique et nouveau bâillement : — Que je suis allé à Calcutta. » En effet, il y va, y reste trois mois, et revient, avec l'impassibilité la plus admirable, tout comme s'il eût été simplement question d'aller à Baden.

— Lord Falmouth est d'ailleurs un homme extrêmement distingué ? — dis-je au comte.

— Il a infiniment d'esprit, et du meilleur, — me répondit-il ; — une instruction prodigieuse, et une non moins merveilleuse expérience pratique des hommes et des choses, ayant voyagé dans les quatre parties du monde, et surtout vu les principales cours de l'Europe, comme les peut visiter un pair d'Angleterre fils aîné d'un des plus grands seigneurs des trois royaumes et qui jouit, en attendant mieux, de cinq à six cents mille livres de revenus ; et, avec tout cela, Falmouth est le seul homme véritablement blasé et ennuyé que je connaisse ; il a tout épuisé, rien ne l'amuse plus.

— Et monsieur du Pluvier, — dis-je à monsieur de Cernay, — quel est-il ?

— Oh ! monsieur le baron Sébastien du Pluvier, — me dit le comte d'un air dédaigneux et moqueur ; — monsieur du Pluvier est je ne sais pas qui, et il arrive je ne sais pas d'où ; ça m'a été une présentation forcée. Il débarque de quelque castel de Normandie, je crois, avec une misère de vingt ou trente malheureuses mille livres de rente, qu'il va bêtement fondre dans l'enfer de Paris en deux ou trois hivers. Ce sera un de ces innombrables et pâles météores qui luisent un moment sous le ciel enflammé de la grande ville, et disparaissent bientôt à jamais dans l'ombre et l'oubli parmi les huées de ceux qui restent. Après cela,— ajouta le comte,—c'est une excellente trompette ; dès que je veux m'amuser à répandre quelque bruit absurde ou quelque propos de l'autre monde, à l'instant j'embouche, si cela se peut dire, monsieur du Pluvier, et il fait merveilles ; d'ailleurs, je m'en divertis sans pitié, parce qu'il ne se contente pas d'être sot, et qu'il est encore fat et vain. Il faut, par exemple, voir l'air mystérieux avec lequel il vous montre des enveloppes de lettres à cachets armoriés, toutes d'ailleurs à son adresse ; il faut l'entendre vous demander, en se rengorgeant : « Connaissez-vous l'écriture de la comtesse de ?... de la marquise de ?... de la duchesse de ?... » (le mot de madame est de trop mauvaise compagnie pour lui). Et puis, le petit homme vous montre en effet de ces écritures-là, qui ne sont autre chose que des demandes sans fin pour des quêtes, des bals, des loteries ; car toutes les femmes de ma connaissance, à qui je le désigne comme victime, l'en accablent sans scrupules et par douzaines... ce qui le rend bien le garçon le plus philanthropiquement ridicule que je connaisse. Mais, — dit monsieur de Cernay en s'interrompant, — j'entends une voiture, je parie que c'est du Pluvier ; vous allez voir quelque chose qui mérite votre admiration.

En effet, nous allâmes à la fenêtre, et nous vîmes entrer dans la cour une voiture attelée d'assez beaux chevaux ; mais la voiture et le harnais étaient surchargés d'ornemens de cuivre du plus mauvais goût ; ses gens, vêtus de livrées galonnées, avaient l'air de suisses d'église ; qu'on juge du ridicule de tout cet affreux et éblouissant gala, pour venir déjeuner chez un homme le matin !

Bientôt, monsieur du Pluvier entra bruyamment. C'était un petit homme gros, ragot, bouffi, trapu, rouge comme une cerise, blond, et, quoiqu'à peine âgé de vingt-cinq ans, déjà très chauve, l'œil vert et stupide, parlant haut, avec un accent très normand, vêtu avec la prétention et l'éclat le plus ridicule, portant des bijoux, un gilet de velours brodé d'argent ; que sais-je encore !

Monsieur de Cernay nous présenta l'un à l'autre, et, lorsqu'il m'eut nommé, monsieur du Pluvier s'écria cavalièrement :

— Ah ! parbleu ! je vous ai vu quelque part.

Cette impolitesse me choqua, et je lui répondis que je ne croyais pas avoir eu ce plaisir-là, car certes je ne l'aurais pas oublié.

Quelques minutes après, on annonça lord Falmouth.

Il était venu à pied, et était vêtu avec la plus extrême simplicité. Je n'oublierai de ma vie l'impression singulière que me fit ce visage pâle, régulier, blanc et impassible comme du marbre, et pour ainsi dire illuminé par deux yeux bruns très rapprochés du nez ; son sourire, gravement moqueur, me frappa aussi ; et, sans attacher la moindre signification à cette puérile remarque, je ne sais pourquoi l'histoire du vampire me revint à l'esprit, car je n'aurais pas donné un autre corps à cette création fantastique.

Monsieur de Cernay me présenta à lord Falmouth, et nous échangeâmes les politesses d'usage. Nous n'attendions plus, pour nous mettre à table, que le renégat italien, que le comte appelait familièrement son assassin.

Enfin le valet de chambre annonça monsieur Ismaël ; c'était le renégat.

Il était de taille moyenne, brun, nerveux, magnifiquement vêtu à l'égyptienne, et avait une fort belle figure, bien que d'un caractère sombre. Ismaël ne parlait pas un mot de français ; son langage se composait en partie d'italien vulgaire et de lambeaux de la langue franque.

Bientôt le maître d'hôtel de monsieur de Cernay ouvrit les portes de la salle à manger. Le déjeuner fut parfaitement servi à l'anglaise ; l'argenterie était de Mortimer, les porcelaines de vieux Sèvres, et la verrerie de Venise et de Bohême.

Ismaël mangea comme un ogre et ne dit mot ; seulement, comme il n'y avait sur la table que du thé, du café et du chocolat, il demanda bravement du vin et en but largement.

Monsieur de Cernay me parut assez contrarié du silence obstiné de son assassin, que, monsieur du Pluvier agaçait d'ailleurs continuellement en lui débitant des phrases d'une manière grotesque, empruntées à la réception de monsieur Jourdain comme mamamouchi. Mais, peu sensible à ces avances, de temps à autre Ismaël grognait comme un ours à la chaîne, en jetant un regard de côté sur monsieur du Pluvier, qui semblait extrêmement l'impatienter.

Cependant je causais avec lord Falmouth, et je me souviens que notre entretien roulait sur une observation qu'il m'avait faite et dont j'étais tombé d'accord ; il s'agissait de ce luxe recherché, rococo, pomponné, presque féminin, que beaucoup de jeunes gens commençaient à déployer alors dans l'intérieur de leurs appartemens. Il riait beaucoup en songeant que toutes ces glaces si dorées, si entourées d'amours, de colombes et de guirlandes de fleurs, ne réfléchissaient jamais que des visages masculins et barbus, qui s'y miraient ingénument au milieu des tourbillons de la fumée de cigare ; tandis que, par un contraste du goût le moins intelligent, au lieu de donner un but et un intérêt à toute cette magnificence, au lieu d'en doubler le charme en l'entourant de mystère, au lieu de n'étaler ces splendeurs que pour des indifférens, si un de ces jeunes beaux avait à attendre avec une amoureuse impatience quelqu'une de ces douces et secrètes apparitions que toutes les merveilles du luxe devaient encadrer, c'était généralement au fond d'un quartier ignoble et infect, dans quelque taudis sordide et obscur, que s'écoulaient ces heures si rares, si fleuries, si enchanteresses, qui rayonnent seules plus tard parmi les pâles souvenirs de la vie. Nous posâmes donc comme *aphorisme* avec lord Falmouth que, pour un homme de tact, de goût et d'expérience, le *chez soi connu et apparent* devait être le triomphe du comfortable et de l'élégante simplicité; et que le *chez soi secret*, ce diamant caché de la vie, devait être le triomphe du luxe le plus éblouissant et le plus recherché.

Après déjeuner, nous allâmes dans la *tabagie* de monsieur de Cernay (l'usage si répandu du cigare nécessitant cette sorte de subdivision d'un appartement), garnie de profonds fauteuils, de larges divans, et ornée d'une admirable collection de pipes et de tabacs de toute sorte : depuis le houka indien, resplendissant d'or et de pierreries, jusqu'au (pardon de cet vulgarité), jusqu'au populaire *brûle-gueule;* depuis la feuille douce et parfumée de Latakié ou de la Havane, à la couleur d'ambre, jusqu'au noir et âpre tabac de la *régie*, quelques palais étant assez dépravés pour rechercher son âcre et corrosive saveur.

Il y avait ce jour-là une course de *gentlemen riders* (1) au bois de Boulogne; monsieur de Cernay en était juge, et me proposa d'y aller; il menait son *lion* Ismaël en phaéton.

Monsieur du Pluvier me fit frémir en m'offrant une place dans sa voiture de marchand d'orviétan; mais j'échappai à ce guet-apens, car j'avais heureusement dit à mon cabriolet de m'attendre. Alors monsieur du Pluvier se rabattit sur lord Falmouth, qui lui répondit avec un imperturbable sang-froid :

— Je regrette bien sincèrement de ne pouvoir accepter, mon cher monsieur du Pluvier; mais je vais de ce pas au parlement.

— A la chambre des pairs? Eh bien ! je vous y mène. Qu'est-ce que ça me fait, à moi? mes chevaux sont faits pour ça.

— Et ils s'en acquittent à merveille,—répondit lord Falmouth. — Mais c'est à Londres que je vais ; je désire parler sur la question de l'Inde, et comme la discussion s'ouvrira probablement demain soir, je veux y être à temps, car j'ai calculé le départ du paquebot, et je compte arriver à Londres après-demain.

Je souriais de cette singulière excuse, lorsque nous entendîmes les grelots des chevaux de poste, et bientôt le coupé de lord Falmouth entra dans la cour. Je regardai monsieur de Cernay avec étonnement, et, pendant que lord Falmouth était sorti pour donner quelques ordres, je demandai au comte si véritablement lord Falmouth partait pour Londres.

— Il part réellement, — me dit monsieur de Cernay. — Il lui prend souvent ainsi la fantaisie de parler sur une question politique qui lui plaît, et qu'il traite toujours avec une incontestable supériorité; mais il déteste si fort Londres et l'Angleterre, qu'il descend de voiture à Westminster, siège, parle, remonte en voiture, et revient ici.

Lord Falmouth rentra ; il me demanda de nous revoir, avec les plus gracieuses instances; son courrier partit, et il monta en voiture.

—La course est pour deux heures,—me dit monsieur de Cernay;—le temps est magnifique; j'ai envoyé mes chevaux à la porte Dauphine; si vous voulez faire ensuite un tour de bois, j'ai un cheval à vos ordres.

— Mille grâces,—lui dis-je,—j'ai aussi envoyé les miens. Mais cette course est-elle intéressante ? — demandai-je au comte.

— Elle ne l'est malheureusement que trop : deux milles à courir, trois haies de quatre pieds et demi, et, pour bouquet, une barrière fixe de cinq pieds à franchir.

— C'est impossible,—m'écriai-je;—pour dernier obstacle une barrière fixe de cinq pieds ! Mais, sur cent chevaux, il n'y en a pas deux capables de prendre sûrement un tel

(1) Course de chevaux montés par des gens de bonne compagnie.

saut après une pareille course ; et, si on le manque, c'est à se tuer sur la place.

—C'est justement cela,—reprit le comte en soupirant;—aussi je suis au désespoir d'être juge, ou plutôt témoin de cette espèce de défi meurtrier, qui peut coûter la vie à l'un de ces deux braves gentlemen (1), si ce n'est à tous deux; mais je n'ai pu absolument refuser ces pénibles fonctions.

— Que voulez-vous dire? — demandai-je à monsieur de Cernay.

— Oh ! — reprit-il — c'est tout un roman, et un secret aussi triste qu'incroyable ; je puis d'ailleurs vous le confier maintenant ; car si, pour plusieurs motifs, personne au monde n'en est encore instruit, dans une heure d'ici, en voyant le dernier terrible obstacle qui fait de cette course, engagée sous un prétexte frivole, une espèce de duel entre les deux jeunes gens qui la courent, tout le monde en devinera facilement la cause et l'objet.

Je tâchais de lire dans les regards de monsieur de Cernay pour savoir s'il parlait sérieusement ; mais, s'il plaisantait, ma pénétration fut en défaut, tant il semblait convaincu de ce qu'il disait.

— Enfin, — reprit-il, — voici le mot de cette aventure véritablement extraordinaire. Une des plus jolies femmes de Paris, madame la marquise de Pénâfiel a, dans la foule de ses courtisans, deux adorateurs rivaux; leurs soins pour elle sont connus, ou plutôt devinés; ayant un jour échangé entre eux quelques mots très vifs au sujet d'une rivalité d'hommages qui nuisait à tous deux sans servir à aucun; de trop bonne compagnie pour se battre à propos d'une femme qu'ils aiment et que l'éclat d'un duel aurait gravement compromise; pour éviter cet inconvénient et arriver au même but, ils ont choisi ce défi meurtrier... dont les chances sont absolument égales, puisque tous deux montent à cheval à merveille, et que leurs chevaux sont excellens ; quand au résultat malheureux probable, il n'est pas douteux ; car s'il est possible qu'un cheval, après une course de deux milles et trois haies franchies, passe encore une barrière fixe de cinq pieds, il est presque matériellement impossible que deux chevaux aient le même et prodigieux bonheur... Aussi est-il hors de doute que cette course sera terminée par quelque terrible accident... sinon les deux rivaux doivent la recommencer plus tard, ainsi qu'on recommence un duel après avoir en vain échangé deux coups de feu.

Tout ceci me paraissait si étrange, si peu dans nos mœurs, bien qu'à la rigueur cela ne fût pas absolument invraisemblable ni impossible, que j'en étais stupéfait :

— Et madame de Pénâfiel ? — demandai-je à monsieur de Cernay,—est-elle instruite de cette lutte fatale dont elle est l'objet.

—Sans doute, et, pour vous donner une idée de son caractère, il est fort possible qu'elle vienne y assister.

— Si elle y vient, — dis-je cette fois avec un sourire d'incrédulité très prononcé, — madame de Pénâfiel trouvera cela sans doute aussi simple que d'aller assister aux sanglans combats des toréadors de son pays ; car, d'après son nom et son farouche mépris de nos usages, il faut que cette sauvage marquise soit quelque amazone espagnole de la vieille roche, une de ces brunes filles de Xérès ou de Véjer qui portent encore un couteau à leur jarretière.

Monsieur de Cernay ne put retenir un éclat de rire, et me dit :

— Vous n'y êtes pas le moins du monde; madame de Pénâfiel est Française, de Paris, et parisienne au de là de

(1) Ce mot anglais *gentleman* ne signifie pas *gentilhomme* dans une acception aristocratique, mais homme parfaitement bien élevé et de très bonne compagnie, de quelque condition qu'il soit ; on devrait peut-être l'importer dans la langue française comme tant d'autres expressions anglaises. Dans notre époque, où l'on nie toute supériorité de naissance et de fortune pour n'accepter *que la supériorité d'éducation et de position*, il est singulier que le terme manque pour exprimer la réunion de ces avantages.

toute expression; de plus, très grande dame, et alliée aux meilleures maisons de France; elle est veuve, et son mari, le marquis de Pënâfiel, était Espagnol.

— Allons, — dis-je au comte en riant à mon tour ; — il est bien à vous de jeter un intérêt aussi romanesque, aussi fantastique sur une course dont vous êtes juge ; il y aurait de quoi y faire courir tout Paris...

— Mais je vous parle fort sérieusement, — me dit-il d'un air en effet très grave.

— Mais sérieusement, si je crois qu'une femme ne puisse empêcher, après tout, deux fous de faire d'aussi dangereuses folies, je ne concevrai jamais qu'une femme du monde aille assister à un pareil défi, lorsqu'elle sait en être l'objet : c'est s'exposer au blâme, au mépris général.

— D'abord, madame de Pënâfiel s'inquiète souvent fort peu du *qu'en dira-t-on*, et puis elle seule-sait être la cause de cette espèce de duel.

— Mais en admettant qu'elle ne songe pas que ce secret peut être trahi par l'événement, elle fait toujours preuve d'une cruauté froide et abominable.

— Oh ! c'est bien aussi le cœur le plus sec et le plus dur qu'on puisse imaginer ; avec cela vingt-cinq ans à peine, et jolie comme un ange.

— Et pourquoi n'avez-vous pas dissuadé ces deux intrépides jeunes gens de ce dangereux défi ? car, si le but en est connu, ainsi que vous le présumez, toute leur délicate générosité sera doublement perdue.

— D'abord, — me dit le comte, — ils ne m'ont pas confié leur secret, c'est un très singulier hasard qui m'en a rendu maître ; ainsi je ne pouvais me permettre de leur faire la moindre observation sur une particularité que je n'étais pas censé connaître ; quant à insister beaucoup sur les dangers de la course, c'était presque mettre leur courage en doute, et je ne le pouvais pas; mais, s'ils m'avaient consulté, je leur aurais dit qu'ils agissaient comme deux fous; car, en voyant une course aussi dangereuse, on ne pourra se l'expliquer par le pari de deux cents louis qui en est l'objet apparent; on ne risque pas presque assurément sa vie pour deux cents louis, dans la position de fortune où ils sont tous deux; aussi, en recherchant le motif caché d'un pareil défi, pourra-t-on très facilement arriver à découvrir la vérité... et cela causera un éclat détestable pour madame de Pënâfiel.

— Et il est bien avéré que ces messieurs s'occupaient d'elle? — demandai-je au comte.

— Très avéré, tout le monde le dit, et, pour moi, qui connais depuis longtemps madame de Pënâfiel, ma plus grande certitude vient de ce sujet, de l'indifférence affectée avec laquelle elle paraît les traiter ; car elle est pour certaines choses d'une rare et profonde dissimulation.

Il y avait, je le répète, dans tout ce que me disait monsieur de Cernay, un si singulier mélange de vraisemblance et d'étrangeté, que je ne pouvais me résoudre à le croire ou à ne las croire.

— Il faut, — lui dis-je, — que vous m'affirmiez aussi sérieusement tout ce que vous venez de me dire là pour que je regarde madame de Pënâfiel comme étant du monde... Mais qui voit-elle donc?

— La meilleure et la plus haute compagnie, en hommes et en femmes, car elle a une des plus excellentes maisons de Paris, une fortune énorme, et elle reçoit d'une façon vraiment royale; de plus, son salon fait loi en matière de bel esprit, ce qui n'empêche pas madame de Pënâfiel d'être généralement détestée selon ses mérites.

— Et quelle femme est-ce, à part cela? elle est donc spirituelle?

— Infiniment, mais son esprit est très méchant, très mordant, et puis avec cela dédaigneuse, capricieuse, impérieuse à l'excès, habituée qu'elle est à voir tout fléchir devant elle; parce qu'après tout, certaines positions sont tellement hautes qu'elles s'imposent bon gré mal gré. Il est inutile de vous dire que madame de Pënâfiel est d'une coquetterie qui passe toutes les bornes du possible... et,

pour achever de la peindre, elle a les prétentions les plus incroyablement ridicules... devinez à quoi? aux sciences sérieuses et abstraites, aux arts ; que sais-je ! Oh ! c'est, je vous assure, une femme à la fois étrange, charmante et ridicule... Comme je suis fort de ses amis, je vous proposerais bien de vous présenter à elle, en vous prévenant toutefois qu'elle est aussi curieuse que dangereuse à connaître; mais elle est si bizarre, si fantasque, que je ne puis vous assurer d'être agréé, car elle refuse aujourd'hui ce qu'elle désirerait demain... Mais, — dit le comte en regardant la pendule, — le temps nous presse, voici deux heures : demandons nos voitures.

Et il sonna.

Nous sortîmes. Le mirobolifique attelage de monsieur du Pluvier avança le premier, et le petit homme s'y précipita triomphalement en manquant le marche-pied.

Il me semblait remarquer depuis quelques minutes, sur le visage de monsieur de Cernay, une sorte de curiosité sans doute causée par son désir de voir si j'étais digne (par mes chevaux du moins) de graviter autour de sa brillante planète.

Quand mon cabriolet avança, monsieur de Cernay y jeta un coup d'œil de connaisseur; tout cela était fort simple, fort peu voyant, le harnais non plus; mais le cheval bai brun, de grande taille et d'un modèle parfait, avait des actions presque pareilles à celles du fameux *Coventry* (1).

— Diable! mais cela est tenu à merveille, et vous avez certainement là le plus beau cheval de cabriolet de tout Paris! — me dit monsieur de Cernay d'un ton approbateur où il me parut percer une nuance d'envie.

De ce moment, je jugeai que le comte me plaçait décidément très haut dans son esprit. Son phaéton avança; il y prit place avec Ismaël.

Il est impossible de décrire l'élégance, la légèreté de cette délicieuse voiture vert clair, à réchampis blancs; non plus que l'ensemble et le *bouquet* de son charmant attelage, composé d'un cheval gris et d'un cheval alezan de taille moyenne. Tout était à ravir, jusqu'aux deux petits grooms, absolument du même corsage et de la même taille, qui montèrent légèrement sur le siège de derrière; ce fut aussi la première fois que je vis des chevaux à crinière rasée, et cela convenait parfaitement à ceux de monsieur de Cernay, tant leur encolure, pleine de race, était plate, nerveuse et hardiment sortie.

Nous partîmes pour le bois.

IX

LES GENTLEMEN RIDERS.

Faux ou vrai, tout ce que m'avait dit monsieur de Cernay excitait si vivement ma curiosité, que j'avais là plus grande hâte d'arriver sur le lieu de la course.

Nous nous rendîmes donc au bois de Boulogne, par une belle journée de février. Le soleil brillait ; l'air, vif et pur sans être trop froid, avivait la figure des femmes qui passaient en voitures découvertes pour se rendre au rond-point, terme de la course dont on a parlé.

Nous nous arrêtâmes à la porte Dauphine pour prendre nos chevaux de selle ; les miens subirent encore une sorte d'examen de la part de monsieur de Cernay, examen qui le confirma sans doute dans la haute opinion qu'il avait déjà conçue de moi, et qui laissa, je l'avoue, ma vanité fort paisible.

Quant à ses chevaux, ils étaient, comme tout ce qu'il possédait, d'une perfection rare

(1) Cheval de harnais acheté à Londres mille louis, je crois, par lord Chesterfield.

Monsieur du Pluvier me prouva ce dont j'étais dès long-temps persuadé, c'est qu'il y a pour ainsi dire des gens organiquement voués à toutes sortes d'accidens ridicules; ainsi, à peine fut-il à cheval, qu'il se laissa emporter par sa monture. Nous le croyions à quelques pas derrière nous, lorsque tout à coup il nous dépassa en passant comme un trait; nous le suivîmes assez longtemps des yeux, mais son cheval prenant tout à coup une allée transversale, la réaction de ce brusque mouvement fut si rude que monsieur du Pluvier perdit son chapeau, et puis il disparut à nos yeux.

Nous arrivâmes paisiblement au rond-point avec Ismaël, en riant de cette mésaventure; car j'ai oublié de dire que, poussant l'attention pour son *lion* jusqu'à la plus gracieuse prévenance, monsieur de Cernay, ayant par hasard dans son écurie un très beau cheval arabe noir, avait offert à Ismaël de le monter; le renégat avait accepté, et sa figure mâle, caractérisée, son costume bizarre et éclatant, faisaient sans doute, selon les prévisions de monsieur de Cernay, remarquer, valoir et ressortir davantage encore l'élégance toute française de ce dernier.

Une fois arrivé au rond-point, je descendis de cheval, et me mêlai aux habitués des courses, parmi lesquels je trouvai plusieurs personnes de ma connaissance.

Ce fut alors que je vis l'effroyable obstacle qui restait à franchir après les deux mille courus et les trois haies passées.

Qu'on se figure un madrier élevé à cinq pieds au-dessus du sol et scellé transversalement sur deux autres poutres perpendiculaires, comme une barrière d'allée.

Alors, je l'avoue, les renseignemens que m'avait donnés monsieur de Cernay sur ce défi, qui me paraissaient étranges, tout en affirmant un fait si peu dans nos mœurs, me semblèrent au moins expliquer pourquoi ces deux jeunes gens allaient affronter un aussi terrible danger.

Un assez grand nombre de personnes entouraient déjà cette fatale barrière, et comme moi ne pouvaient en croire leurs yeux.

On se demandait comment deux hommes riches, jeunes, et du monde, risquaient ainsi témérairement leur vie. On s'interrogeait pour savoir si du moins l'énormité du pari pouvait jusqu'à un certain point faire comprendre une aussi folle intrépidité; mais il était de deux cents louis seulement.

Enfin, après de nouvelles et vagues conjectures, plusieurs spectateurs au fait des bruits du monde arrivèrent, soit d'après leurs propres réflexions, soit qu'ils fussent mis sur la voie par quelques mots de monsieur de Cernay, arrivèrent, dis-je, à interpréter ce défi meurtrier ainsi que le comte l'avait déjà fait.

Cette hypothèse fut aussitôt généralement admise, car elle avait d'abord l'irrésistible attrait de la médisance; puis, à l'égard des choses les plus futiles comme les plus graves, toute explication qui semble résoudre une énigme longtemps et vainement interrogée est accueillie avec empressement.

Alors j'entendis çà et là les exclamations suivantes: « — Est-ce possible? — Au fait, maintenant tout s'explique. — Mais quelle folie! — Quelle délicatesse! — Quelle témérité! — Se conduire ainsi pour une femme si dédaigneuse, si coquette! — Il n'y a qu'elle pour inspirer de semblables actions. — Diabolique marquise! c'est révoltant! à ne pas croire, etc., etc., etc. »

Je n'avais pas eu le temps de demander à monsieur de Cernay des détails sur les acteurs de cet événement extraordinaire; aussi, pendant qu'on s'indignait, justement sans doute, contre madame de Pénâfiel, avisant sir Henry ***, grand sportman [1] de ma connaissance, j'espérai pouvoir être complètement renseigné par lui.

[1] A cette heure que le goût des chevaux, des courses, de la chasse, et de tous les exercices du corps semble beaucoup s'étendre, ce mot *sportman* ne pourrait-il pas être aussi emprunté à la langue anglaise? en cela qu'il signifie l'homme qui réunit tous ces goûts, de même que l'adjectif *sport* désigne l'ensemble de ces goûts.

— Eh bien! — lui dis-je, — voilà une course assez nerveuse, j'espère? pourriez-vous me dire quel est le favori [1]?

— On est tellement partagé, — reprit-il, — qu'à bien dire il n'y en a pas. Les chevaux sont tous deux parfaitement nés: l'un, *Beverley*, est par *Gustavus* et *Cybèle;* l'autre, *Captain-Morave*, est par *Camel* et *Vengeress;* tous deux ont très brillamment chassé en Angleterre pendant deux saisons, et les gentlemen riders qui les montent, le baron de Merteuil et le marquis de Senneterre, se sont acquis, même parmi la fine fleur des habitués de Melton [2] la plus grande réputation, car ils égalent, dit-on, en intrépidité notre fameux capitaine Beacher [3], qui s'est cassé son dernier bon membre (l'avant-bras gauche) au steeple-chase de Saint-Albans, qui a eu lieu l'an dernier; aussi faut-il une témérité aussi folle pour affronter un pareil danger. J'ai vu bien nombre, instruit du but et du but caché qu'on prêtait à ce défi, tout en acceptant ou n'acceptant pas cette interprétation, comprenait du moins l'effroyable danger auquel allaient s'exposer les deux gentlemen riders.

Mais il faut dire que tous les spectateurs, et principalement les derniers dont on a parlé, attendaient l'heure de la course avec une impatience que je partageais moi-même, et dont j'avais presque honte.

Mais bientôt la foule se porta vers le centre du rond-point.

C'étaient messieurs de Senneterre et de Merteuil qui venaient de descendre de voiture, et allaient monter à cheval pour se rendre à l'endroit du départ.

Monsieur de Merteuil paraissait à peine âgé de vingt-cinq ans, sa taille était d'une élégance et d'une grâce extrême, sa figure charmante; il paraissait calme et souriant, quoique un peu pâle; il portait une casaque de soie, moitié noire et moitié blanche, et la toque pareille; une culotte de daim d'un jaune très clair et des bottes à revers complétaient son costume; il montait *Captain-Morave*.

Captain-Morave, admirable cheval bai, était dans une si excellente condition, qu'on croyait voir circuler le sang dans ses veines, déjà gonflées sous sa peau fine, soyeuse et brillante de mille reflets dorés; enfin on pouvait compter chacun de ses muscles vigoureux, tant sa chair, débarrassée de tout embonpoint superflu, paraissait nerveuse et ferme.

Monsieur de Merteuil s'arrêta un instant au poteau du but, pour causer avec monsieur de Cernay.

Monsieur de Senneterre, dont le cheval, plus froid sans doute, n'avait pas besoin du galop d'un quart de mille que monsieur de Merteuil allait donner au sien en gagnant le point de départ; monsieur de Senneterre, pour aller rejoindre *Beverley*, montait un charmant petit haque pie, très bizarrement marqué de noir et de blanc : sous la lon-

[1] On appelle ainsi le cheval qui semble réunir le plus de chances de gagner.

[2] Rendez-vous habituel des plus hardis chasseurs d'Angleterre.

[3] Le capitaine Beacher partage cette réputation avec monsieur le marquis de Clanricard, lord Jersey, monsieur Olbadiston et autres honorables gentlemen.

gue redingote de ce gentleman, on voyait sa casaque de
soie pourpre ; il était à peu près de la même taille que
monsieur de Merteuil, et aussi d'une figure très agréable. Il s'approcha de son rival le sourire aux lèvres, et lui
tendit la main ; celui-ci la serra avec la plus grande ou du
moins la plus apparente cordialité, ce qui me parut une
dissimulation du meilleur goût, dans les termes où ils
étaient, dit-on.

Ces deux charmans jeunes gens excitaient un intérêt pénible et général, tant était grave le péril qu'ils allaient
affronter avec une témérité si insouciante. En effet, à quoi
que se voue l'intrépidité, elle se fait toujours admirer. Il
me parut aussi qu'un homme à cheveux blancs, d'une
physionomie remplie de dignité, s'approcha de monsieur
de Merteuil, et lui fit sans doute quelques observations
pressantes sur le danger de cette course. Ces observations,
accueillies avec la grâce la plus parfaite, demeurèrent
pourtant sans effet, car, en présence de cette foule si attentive, messieurs de Merteuil et de Senneterre, quel que fût
le véritable intérêt de leur défi, ne pouvaient malheureusement paraître reculer devant le péril.

Enfin il fallut se rendre au point du départ ; un ami de
monsieur de Cernay y alla, avec messieurs de Senneterre
et de Merteuil, pour assister à leur pesage et donner le signal.

Aussi la curiosité devint d'autant plus haletante qu'elle
avait l'espoir d'être bientôt satisfaite.

A ce moment, entendant une grande rumeur, je me retournai, et je vis le malheureux monsieur du Pluvier, qui,
sans chapeau, les cheveux au vent, le corps renversé en
arrière, les jambes convulsivement tendues en avant, se
raidissait de toutes ses forces, continuant d'être emporté
par son cheval, qui traversa le rond-point comme une
flèche, et disparut bientôt dans une des allées contiguës,
au milieu des huées des spectateurs.

A peine cet épisode bouffon était-il ainsi terminé, qu'un
nouvel objet attira mon attention.

Je vis arriver lentement un très beau coupé orange, au
trot fier et cadencé de deux magnifiques chevaux noirs de
la plus grande taille, et pourtant remplis de race et de
ressort ; les armoiries et les contours des harnais étincelaient au soleil ; et, sur l'ample draperie bleue du siége, de
même couleur que les livrées à collets orange, je remarquai deux écus richement blasonnés en soie de couleur,
surmontés d'une couronne de marquis brodée en or. Je
jetais un regard curieux dans cette voiture, lorsque
monsieur de Cernay, passant assez vite près de moi, me
dit :

— J'en étais sûr, voilà madame de Pënâfiel. C'est infâme !

Et, sans me donner le temps de lui répondre, il s'avança
à cheval vers la portière de cette voiture, auprès de laquelle
se pressaient déjà plusieurs hommes de la connaissance
de madame de Pënâfiel. Elle me parut accueillir monsieur
de Cernay avec une affabilité un peu insouciante, et lui
donna le bout de ses doigts à serrer. Le comte me semblait
fort causant et fort gai.

Je jetais un nouveau coup d'œil dans la voiture, et je
pus parfaitement voir madame de Pënâfiel.

A travers le demi-voile de blonde qui tombait de sa petite capote mauve excessivement simple, j'aperçus un visage très pâle, d'un ovale fin et régulier, et d'une blancheur
un peu mate ; ses yeux très grands, bien qu'à demi fermés, étaient d'un gris changeant, presque irisé, et ses
sourcils prononcés se dessinaient noblement au-dessus de
leur orbite ; son front lisse, poli, assez saillant, était encadré de deux bandeaux de cheveux châtain très clair à reflets dorés, ainsi qu'on en voit dans quelques portraits du
Titien ; son nez, petit et bien fait, était peut-être trop
droit ; sa bouche, un peu grande, était vermeille ; mais
les lèvres étaient si minces et leurs coins si dédaigneusement abaissés, qu'elles donnaient à cette jolie figure
une expression à la fois ennuyée, sardonique et méprisante ; enfin la pose nonchalante de madame de Pënâfiel,

au fond de sa voiture, où elle semblait couchée, tout enveloppée dans un grand châle de cachemire noir, complétait cette apparence de langueur et d'insouciance.

Comme j'examinais la physionomie de madame de Pënâfiel, qui dans ce moment semblait répondre à peine à
ce que lui disait monsieur de Cernay, je la vis tourner sa
tête, d'un air distrait, du côté opposé à celui où était le
comte. Alors son pâle visage semblant s'animer un peu,
elle se pencha vers monsieur de Cernay, pour le prier sans
doute de lui nommer quelqu'un, qu'elle lui désigna du
regard avec un assez vif mouvement de curiosité.

Je suivis la direction des yeux de madame de Pënâfiel,
et je vis Ismaël... Son cheval se cabrait avec impatience,
et le renégat, excellent cavalier d'ailleurs, le montait à
merveille ; les longues manches de son vêtement rouge
et or flottaient au vent, son turban blanc faisait ressortir
sa figure brune et caractérisée, il fronçait ses noirs sourcils en attaquant les flancs de son cheval du tranchant de
ses étriers mauresques ; en un mot, Ismaël était vérita-
ment ainsi d'une beauté sauvage et puissante.

Je retournai la tête et je vis madame de Pënâfiel, jusque-là si nonchalante, suivre avec une sorte d'inquiétude
les mouvements du renégat.

Tout à coup le cheval de ce dernier se dressa si brusquement sur ses jarrets qu'il faillit à ne pouvoir s'y soutenir et à se renverser.

Aussitôt madame de Pënâfiel se rejeta dans le fond de
sa voiture en mettant sa main sur ses yeux.

Pourtant, comme le cheval d'Ismaël ne se renversa pas,
les traits de madame de Pënâfiel, un instant émus par la
crainte, se rassérénèrent, et elle tomba dans son insouciance apparente.

Cette scène ne dura pas cinq minutes, et pourtant elle
me frappa désagréablement ; sans doute, dans une autre
circonstance, rien ne m'eût semblé plus simple que l'espèce de curiosité que madame de Pënâfiel avait d'abord
témoignée en remarquant Ismaël, dont le costume pittoresque et éclatant devait attirer tous les regards ; sans
doute rien de plus naturel aussi que la crainte qu'elle
parut ressentir lorsque le cheval du renégat manqua de
se renverser sur lui, mais ce qui me paraissait étrange,
inexplicable, c'était ce témoignage de sensibilité envers
un homme qu'elle ne connaissait pas, et cette sécheresse
de cœur qui la faisait venir assister à une lutte meurtrière dont le résultat pouvait coûter la vie à un de ces
jeunes gens qui l'aimaient !

Une fois le cheval d'Ismaël calmé, madame de Pënâfiel
avait, je l'ai dit, repris au fond de sa voiture son attitude
nonchalante et ennuyée ; puis, saluant monsieur de Cernay d'un signe de tête, elle avait levé ses glaces, sans
doute par crainte du froid qui devenait assez piquant.

A ce moment quelques cavaliers accoururent dans l'allée qui servait de terrain de course en s'écriant :

— Ils sont partis !

Aussitôt monsieur de Cernay se rendit au poteau ; un
murmure d'ardente curiosité circula dans l'assemblée, on
laissa un libre espace devant la terrible barrière qui se
dressait sur un sol dur et caillouté, tandis que deux chi-
rurgiens mandés par précaution se tinrent près de cette
civière lugubre, un des accessoires obligés de toute
course.

Si l'on a été agité soi-même par les mille vanités de la
possession, par l'amour excessif qu'on porte à son cheval,
par l'orgueil de le voir triompher, par la crainte ou par
l'espoir de perdre ou de gagner un pari considérable, on
comprendra facilement l'intérêt pour ainsi dire haletant
qui attache toujours si vivement quelques spectateurs à
une course de chevaux.

Mais dans cette circonstance tous les assistans semblaient avoir un intérêt immense et saisissant, tant le
danger qu'allaient affronter ces deux gentlemen préoc-
cupait tous les esprits ; je me souviens même que, par une
nuance de tact qui distingue encore et distinguera toujours la bonne compagnie, aucun pari n'avait été engagé

entre les gens bien élevés qui assistaient à cette course, car son issue pouvait être si fatale qu'on eût craint de s'intéresser à autre chose qu'au sort de ces deux intrépides jeunes gens, qui étaient connus de tous.

On s'attendait donc à chaque instant à les voir paraître ; toutes les lorgnettes étaient braquées sur l'allée *du mille*, car on ne pouvait encore rien distinguer clairement.

Enfin un cri général annonça qu'on voyait les deux jockeys.

Ils parurent au point culminant de l'allée, courbés sur leur selle, arrivèrent sur la première haie... et la franchirent ensemble.

Puis ils parcoururent d'une vitesse égale l'espace qui séparait la seconde haie de la première.

On vit de nouveau paraître les deux têtes des chevaux au-dessus de la deuxième haie, puis les deux cavaliers la passèrent royalement... encore ensemble.

C'était une course magnifique !... les bravos retentirent, pourtant on était douloureusement oppressé.

A la troisième haie, monsieur de Merteuil eut l'avantage d'une longueur ; mais, après le saut, monsieur de Senneterre, regagnant sa distance, revint tête à tête, et l'on put voir les deux jockeys s'approcher de la dernière et terrible barrière avec une incroyable rapidité.

Je m'étais placé dans la contre-allée, quelques pas avant le but, afin de bien examiner les traits des deux rivaux.

Bientôt on entendit sourdement résonner le sol sous le branle précipité du galop... Rapides, messieurs de Senneterre et de Merteuil passèrent devant moi encore tête à tête ; à peine si la moiteur ternissait le vif reflet de la robe de leurs chevaux, qui, les naseaux ouverts et frémissans, allongés, la croupe basse, les oreilles couchées, rasaient le sol avec une vitesse merveilleuse.

Messieurs de Merteuil et de Senneterre, pâles, courbés sur l'encolure, leurs mains nues, collées au garrot, serraient leurs chevaux entre leurs genoux nerveux avec une énergie presque convulsive. Lorsqu'ils passèrent devant moi ils n'étaient pas à dix pas de la barrière ; à ce moment je vis monsieur de Merteuil donner un vigoureux coup de cravache à son cheval, en l'attaquant en même temps de ses éperons, sans doute pour l'enlever plus assurément sur l'obstacle. Le brave cheval s'élança en effet avant son rival, qu'alors il dépassa d'une demi-longueur au plus ; mais, soit que les forces lui manquassent, soit qu'il eût été imprudemment poussé à ce moment, au lieu d'avoir été rassemblé pour que son saut fût facilité par le temps d'arrêt, *Captain-Morave* si aveuglément la poutre que ses pieds de devant s'y engagèrent...

Alors entendant toute cette foule pousser un seul et formidable cri, je vis le cheval et le cavalier culbuter et rouler dans l'allée au moment où monsieur de Senneterre, plus habile ou mieux monté, faisant faire un bond énorme à son cheval *Beverley*, franchissait l'obstacle, qu'il laissa loin de lui, ne pouvant encore arrêter l'impétueux élan de sa course.

Tout le monde se précipita autour du malheureux monsieur de Merteuil... N'osant pas en approcher, tant je redoutais cet affreux spectacle, je jetai les yeux du côté où j'avais vu madame de Pénâfiel ; sa voiture avait disparu.

Était-ce avant ou après cet horrible accident ? je ne le sais point...

Bientôt ce mot terrible : « *Il est mort !* » circula dans la foule...

X

L'OPÉRA.

Monsieur de Cernay m'ayant proposé de prendre une place alors vacante dans une loge qu'il avait à l'Opéra avec lord Falmouth, j'acceptai, et j'y allai le soir même de cette malheureuse course, qui avait eu lieu un vendredi.

Comme je montais l'escalier, je fus joint par un certain monsieur de Pommerive, sorte de bouffon parasite de bonne compagnie âgé de cinquante à soixante ans, et l'homme le plus bavard, le plus curieux, le plus caillette, le plus menteur et le plus médisant qu'on puisse imaginer.

— Eh bien ! — me dit-il en m'abordant d'un air consterné, — vous savez ? Ce malheureux monsieur de Merteuil est mort ! ! Ah ! mon Dieu, mon Dieu ! épouvantable événement ! Je viens de dîner chez le comte de *** ; je ne sais pas seulement ce que j'ai mangé tant j'étais bouleversé.

— C'est un événement affreux ! — lui dis-je.

— Affreux, affreux, affreux ! Mais ce qu'il y a de plus affreux, c'est la cause du défi... Vous savez ce qu'on dit ?

— Je sais ce qu'on dit, — répondis-je, — mais je ne sais pas ce qui est.

— C'est absolument la même chose, — reprit monsieur de Pommerive ; — mais ne trouvez-vous pas que de la part de madame de Pénâfiel c'est le comble de l'insolence que d'oser venir assister à cette course ? Mais parce qu'elle a une des maisons de Paris les plus recherchées, parce qu'elle a assez d'esprit pour dire les plus sanglantes épigrammes, cette fière et impérieuse marquise se croit tout permis. C'est révoltant !... ma parole d'honneur ! aussi, il faut une justice ! Et parce qu'après tout on va chez elle parce qu'elle vous reçoit bien, parce qu'on y dîne à merveille, il y aurait de l'indignité, il y aurait même de la bassesse, je ne crains pas de le dire, il y aurait de la bassesse à se taire sur un pareil scandale ! On aurait l'air en vérité de s'être inféodé à ses caprices ; on serait de véritables ilotes ! — ajouta-t-il avec indignation.

— Vous avez raison, — lui dis-je, — voilà de l'indépendance, un noble dédain des services reçus : rien de plus courageux ! Mais est-il bien avéré que messieurs de Merteuil et de Senneterre se soient occupés de madame de Pénâfiel, et que ce motif que vous dites ait été celui de leur défi !

— Certainement que c'est avéré, puisque tout le monde le croit, puisque tout le monde le répète. Bien entendu qu'elle autres, c'est-à-dire celui qui reste, Senneterre, n'en conviendra jamais, car tantôt, en allant savoir des nouvelles de cet infortuné Merteuil, qui n'a survécu que deux heures à sa chute, j'ai rencontré à sa porte monsieur de Senneterre, la figure altérée. J'ai voulu le tâter sur madame de Pénâfiel ; eh bien ! l'honorable, le digne jeune homme a eu assez d'empire sur lui-même pour avoir l'air de ne pas comprendre un mot de ce que je voulais lui dire. D'ailleurs, je le crois bien, après le sot rôle que madame de Pénâfiel leur a fait jouer à tous deux pendant cette course... Senneterre ne peut plus maintenant avouer le vrai motif de cette lutte sans passer pour un niais !

— Comment donc cela ? — lui dis-je.

— Comment, vous ne savez pas l'excellente histoire du Turc et de la marquise ? — s'écria monsieur de Pommerive avec un élan de joie impossible à rendre.

Comme je n'avais pas quitté un instant Ismaël de vue pendant la course, je fus curieux de savoir jusqu'à quel point l'histoire allait être vraie ; et je répondis à monsieur de Pommerive que j'ignorais ce qu'il voulait dire.

Alors cet infernal bavard commença le récit suivant, en l'accompagnant d'une pantomime grotesque et de gestes bouffons qu'il joignait toujours à ses détestables médisances, afin de les rendre plus perfides en les rendant véritablement fort comiques.

— Figurez-vous donc, mon cher monsieur, — me dit monsieur de Pommerive, — qu'au moment même où ces deux malheureux jeunes gens, par excès de délicatesse, allaient risquer leur existence pour elle, madame de Pënâfiel se prenait tout à coup de la passion la plus inconcevable et la plus désordonnée pour un Turc... oui, monsieur... pour un infernal scélérat, d'une assez belle figure, il est vrai, et de qui ce diable de Cernay s'est engoué, on ne sait en vérité pas pourquoi. Mais enfin se passionner aussi subitement, aussi frénétiquement pour un Turc, concevez-vous cela ? Moi, je le conçois, parce qu'on la dit si capricieuse, si blasée, cette *marquise*, que rien ne m'étonne plus d'elle... Mais au moins on met du mystère ! mais elle... pas du tout.

— Voilà qui est fort curieux, — lui dis-je.

— La chose n'est pas douteuse, — reprit-il. — Cernay, qui était juge, m'a tout raconté, car c'est à lui que madame de Pënâfiel a demandé avec un empressement... en vérité... plus qu'indécent, quel était ce Turc ; car, dès qu'elle eut remarqué cet original, elle n'a plus eu de pensée, de regards que pour son Turc. (Ici monsieur de Pommerive prit une voix de fausset pour imiter les exclamations supposées de madame de Pënâfiel.) « Ah ! mon Dieu ! » qu'il est beau ! D'où est-il ! Ah ! quel beau costume ! » Ah ! quelle différence avec vos affreux habits ! » (c'est bien d'elle ! toujours si méprisante !) « Mon Dieu ! quelle » admirable figure ! Quel air noble, audacieux ! Voilà qui » n'est pas vulgaire ! Quel air intrépide ! Comme il monte » bravement à cheval ! etc. ; » je supprime encore des et cætera, — ajouta monsieur de Pommerive en reprenant sa voix naturelle, — car il y en aurait jusqu'à demain à vous répéter ses exclamations aussi folles que passionnées. Mais croiriez-vous qu'elle ait poussé l'oubli des convenances les plus simples jusqu'à ordonner à ses gens d'approcher davantage sa voiture pour le voir de plus près, ce beau Turc, ce cher Turc !

— Mais vous avez raison, c'était une passion subite et d'une violence tout africaine, — dis-je à monsieur de Pommerive, ne pouvant m'empêcher de sourire de ce début si véridique.

— Mais vous allez voir, — ajouta-t-il, — vous allez voir le merveilleux de l'histoire ! Voilà qu'un des chevaux de la voiture de madame de Pënâfiel, grâce à cette maudite curiosité, heurta la croupe du cheval du cher Turc ; et le cheval de ruer, de bondir, de sauter... Alors, *la marquise*, éperdue, épouvantée pour son Turc, se met à pousser des cris affreux et lamentables. « Prenez garde ! » — s'écria monsieur de Pommerive en reprenant sa voix de fausset pour imiter le cri d'effroi de madame de Pënâfiel, — « prenez garde ! saisissez son cheval ! ah » ciel ! le malheureux ! il va se tuer ! ! ! j'aurai cau- » sé sa mort ! Sauvez-le ! ... au secours ! ! ! Sa mort ! ah ! » ce serait le deuil de toute ma vie ! Ismaël ! Ismaël ! ... » Enfin, — dit monsieur de Pommerive en revenant à sa voix naturelle, — la marquise perdit tellement la tête qu'elle avait le corps à moitié passé par la portière, toujours en étendant et agitant ses bras vers son cher Turc, mais avec des cris si étouffés, mais avec des sanglots si inarticulés, qu'on la croyait folle ou en délire : joignez à cela qu'elle était pâle comme une morte, qu'elle avait les traits tout bouleversés, les yeux hors de la tête et remplis de larmes, et vous jugerez quelle drôle de scène ça a dû faire. Comme après tout ça pouvait passer pour de la sensibilité exagérée, ça aurait pu ne paraître qu'extraordinairement ridicule ; mais pour ceux qui savaient le fond des choses, c'était pis que ridicule, c'était odieux ; car puisque madame de Pënâfiel avait déjà tant bravé les

convenances en venant assister à ce malheureux défi dont elle se savait l'objet, au moins aurait-elle dû ne pas se donner si indécemment en spectacle... et pour qui ? bon Dieu ! pour un diable de Turc que, cinq minutes auparavant, elle ne connaissait ni d'Ève ni d'Adam !

Tout ce que venait de me dire monsieur de Pommerive était sans doute d'une sottise et d'une fausseté révoltante ; vingt personnes pouvaient comme moi le démentir ; mais au point de dénigrement où on me paraissait en être arrivé envers madame de Pënâfiel, sans que j'en pusse encore pénétrer la raison, ces absurdités devaient trouver de l'écho, même parmi les gens de la meilleure compagnie, la calomnie étant des plus accommodantes sur la pâture qu'on lui donne.

— Eh bien ! que dites-vous ? n'est-ce pas abominable ? — reprit monsieur de Pommerive en soufflant d'indignation, ou plutôt des suites de la fatigue que ses gestes mimiques et les éclats de sa voix de tête avaient dû lui causer.

— Je vous dirai, mon cher monsieur, — repris-je, — que vous avez été très mal renseigné, et que tout ce que vous venez de me conter là est positivement faux : je m'étonne seulement qu'un homme d'esprit et d'expérience puisse ajouter foi à de telles sottises.

— Comment cela ?

— J'assistais à la course ; par hasard, je me trouvais très près de la voiture de madame de Pënâfiel, et j'ai tout vu.

— Eh bien ?

— Eh bien ! madame de Pënâfiel a fait ce que tout le monde eût fait à sa place ; elle a demandé assez indifféremment quel était un homme dont le costume bizarre devait nécessairement attirer l'attention, et lorsque le cheval égyptien, en pointant, faillit à se renverser sur lui et l'écraser, madame de Pënâfiel a ressenti un mouvement de frayeur involontaire et naturel ; alors, mettant sa main sur ses yeux, elle s'est rejetée dans le fond de sa voiture, sans proférer une parole ; voilà tout simplement l'exacte vérité.

Ici, monsieur de Pommerive me regarda d'un air mystérieux qu'il tâcha de rendre le plus fin qu'il lui fut possible, et me dit, en fermant à demi ses petits yeux fauves sous ses besicles d'or :

— Allons, allons, vous êtes aussi sous le charme... vous voilà amoureux... le diable m'emporte si cette marquise en fait jamais d'autres : c'est une véritable sirène.

Cela était si sot, et j'avais parlé si sérieusement, que je rougis d'impatience ; mais, me contenant à cause de l'âge de monsieur de Pommerive, je lui dis très sèchement :

— Monsieur, je ne vous comprends pas ; ce que je vous ai dit au sujet de madame la marquise de Pënâfiel, que je n'ai pas d'ailleurs l'honneur de connaître, est la vérité ; elle est, quant à cela, victime d'une médisance, vous devez me savoir gré de vous désabuser d'une calomnie aussi ridicule et...

A ce moment, monsieur de Pommerive, m'interrompant, me fit signe par signes, et salua tout à coup, à plusieurs reprises et très profondément, quelqu'un que je ne voyais pas ; car nous causions dans un corridor, et j'avais le dos tourné à l'escalier.

Au même instant, une voix d'homme me dit très poliment avec un accent étranger :

— Mille pardons, monsieur, mais madame voudrait passer.

Je me retournai vivement, c'était madame de Pënâfiel accompagnée d'une autre femme, qui allaient entrer dans leur loge, et je gênais leur passage.

Je me rangeai en saluant ; monsieur de Pommerive disparut, et je me rendis dans ma loge.

J'étais extrêmement contrarié en songeant que peut-être madame de Pënâfiel m'avait entendu, et comme, après tout, il se pouvait que les autres bruits qui couraient sur elle fussent vrais, j'éprouvais malgré moi une sorte de honte d'avoir paru m'être ainsi établi le défen-

...

seur d'une femme que je ne connaissais pas ; puis, prêtant aux autres mes habitudes de défiance et de calcul, il m'aurait été insupportable de penser que madame de Pënâfiel eût pu croire que, l'ayant vue venir, je n'avais ainsi parlé que pour en être entendu et me faire remarquer d'elle.

Une fois dans ma loge, et caché par son rideau, je cherchai dans la salle madame de Pënâfiel ; je la vis bientôt dans une loge des premières, tendue en soie bleue ; elle était assise dans un fauteuil de bois doré, et avait encore sur ses épaules un long mantelet d'hermine. Une autre jeune femme était près d'elle, et l'homme âgé qui m'avait parlé se tenait au fond de la loge.

Bientôt madame de Pënâfiel donna son mantelet à ce dernier ; elle était vêtue d'une robe de crêpe paille, fort simple, avec un gros bouquet de violettes de Parme au corsage ; un bonnet aussi garni de violettes, et très peu élevé, laissait son beau front bien découvert, et encadrait ses cheveux châtains, séparés et retenus en bandeaux jusqu'au bas de ses tempes, d'où ils tombaient en longs et soyeux anneaux jusque sur son cou et sur ses blanches épaules : le soir, son teint pâle, rehaussé par un peu de rouge, paraissait éblouissant, et ses deux grands yeux gris brillaient à demi fermés sous leurs longs cils noirs.

Caché derrière mon rideau, je regardais attentivement madame de Pënâfiel à l'aide de ma lorgnette. L'expression de sa figure me parut, ainsi que le matin, inquiète, nerveuse, et surtout chagrine ou ennuyée ; elle tenait sa tête penchée, et effeuillait machinalement un très gros bouquet de violettes qu'elle avait à la main.

La compagne de madame de Pënâfiel formait avec elle un contraste frappant ; elle semblait avoir dix-huit ans au plus, et la première fleur de la jeunesse s'épanouissait sur son visage frais, régulier et candide ; elle était vêtue de blanc, et ses cheveux, noirs comme l'aile d'un corbeau, se collaient sur ses tempes ; ses sourcils d'ébène se courbaient bien arqués, et ses yeux bleus, un peu étonnés, révélaient cette sorte de joie enfantine d'une jeune fille qui jouit avec une curiosité avide et heureuse de toutes les pompes du spectacle et des délices de l'harmonie.

De temps à autre, madame de Pënâfiel lui adressait la parole presque sans tourner la tête vers elle ; la jeune fille semblait lui répondre avec une déférence attentive, bien qu'un peu contrainte.

Quant à madame de Pënâfiel, après avoir jeté deux ou trois regards distraits autour de la salle, elle parut demeurer complètement insensible à la magnifique harmonie de *Guillaume Tell*, qu'on représentait ce jour-là.

Cette jeune femme avait l'air si dédaigneux, si énervé par la satiété des plaisirs, son front pâle, et son visage décoloré malgré la jeunesse et l'harmonieux contour de ses formes, révélaient une indifférence, un chagrin ou un ennui si profonds, que je ne savais en vérité s'il ne fallait pas la plaindre.

C'était vers la fin du deuxième acte de *Guillaume Tell*, au moment du magnifique trio des trois Suisses ; jamais ce morceau, d'une puissance si magique, n'avait été exécuté avec plus d'ensemble, et ne causa plus d'enivrement ; la jeune fille assise à côté de madame de Pënâfiel, la tête avidement penchée vers la scène, semblait en extase, puis son front, jusque-là baissé, se redressa tout à coup fier et résolu, comme si cette âme douce et timide eût éprouvé involontairement la réaction entraînante de cet air d'une bravoure si sublime.

Je ne sais si madame de Pënâfiel fut jalouse de l'émotion profonde que ressentait sa compagne, mais comme celle-ci avait paru répondre à peine à une de ses questions, madame de Pënâfiel sembla lui dire quelques mots, sans doute si durs, que je crus voir briller quelques larmes dans les grands yeux de la jeune fille, dont la figure s'obscurcit tout à coup ; puis, quelque temps après, prenant son mantelet de soie, dont elle s'enveloppa à la hâte, elle sortit avec l'homme âgé qui avait accompagné madame de Pënâfiel. Sans doute il la conduisit jusqu'à sa voiture, car il revint bientôt seul.

Je réfléchissais à la signification de cette scène muette, dont j'avais sans doute été le seul spectateur attentif, lorsque monsieur de Cernay entra dans notre loge et me dit vivement :

— Eh bien ! est-ce vrai ? madame de Pënâfiel est-elle ici ? Il paraît qu'elle est décidément folle de mon assassin, c'est charmant ! On ne parle que de cela ce soir ; le bruit s'en est répandu avec une rapidité toute télégraphique. Mais où est-elle ? Je suis sûr qu'elle a l'air de ne pas se douter de ce qu'on dit.

— Il est impossible, en effet, de conserver un maintien aussi indifférent, — répondis-je à monsieur de Cernay.

Le comte s'avança, la lorgna, et me dit :

— C'est vrai, il n'y a qu'elle au monde pour braver aussi dédaigneusement le qu'en dira-t-on ! Le soir même de la mort de ce pauvre Merteuil, après tous les propos qui courent, car c'est l'entretien de tout Paris..., oser... venir en grande loge à l'Opéra... ça passe en vérité toutes les bornes.

J'examinai attentivement monsieur de Cernay ; sur son charmant visage, je crus lire une expression assez dépitée, pour ne pas dire haineuse, que j'avais déjà cru remarquer lorsqu'il parlait de madame de Pënâfiel. J'eus envie de lui répondre qu'il savait mieux que moi que tout ce qu'on racontait d'Ismaël était faux et stupide, et que d'ailleurs, de toute façon, madame de Pënâfiel ne pouvait guère agir autrement qu'elle n'agissait ; car, si les bruits étaient fondés, elle devait à soi-même de les démentir par l'extrême et parfaite indifférence qu'elle affectait ; s'ils étaient faux, cette indifférence devenait toute naturelle. Mais n'ayant aucune raison pour me déclarer une seconde fois le défenseur de madame de Pënâfiel, je me bornai à faire quelques questions sur elle, après avoir laissé s'exhaler la singulière indignation du comte.

— Quelle est cette jeune femme brune et fort jolie qui accompagnait tout à l'heure madame de Pënâfiel ? — lui demandai-je.

— Mademoiselle Cornélie, sans doute, sa demoiselle de compagnie ! Dieu sait la vie que mène la pauvre fille ! sa maîtresse est pour elle d'une dureté, d'une tyrannie sans égale ! et lui fait payer bien cher, dit-on, le pain qu'elle mange. Voilà trois ans qu'elle demeure avec madame de Pënâfiel, et elle en a une si grande frayeur, sans doute, qu'elle n'ose pas la quitter.

Cette interprétation me fit sourire, et je continuai.

— Et cet homme âgé... à cheveux blancs ?

— C'est le chevalier don Luis de Cabrera, un parent de son mari, qui pendant la vie du marquis habitait à l'hôtel de Pënâfiel ; il y habite encore, sert de chaperon à sa cousine, et surveille la tenue de sa maison et de ses équipages, bien qu'elle ait le ridicule d'avoir un écuyer, absolument comme dans l'ancien régime, un vieux bonhomme qui ne mange pas à l'office et qu'on sert chez lui... Je vous dis que tous ses ridicules sont à ne pas les croire. Mais, — dit le comte en s'interrompant, — qui entre dans sa loge ? Ah ! c'est madame la duchesse de X..., elle vient sans doute lui faire des grâces pour lui amener quelqu'un à son concert, où tout Paris voudrait être invité, car madame de Pënâfiel a ensorcelé Rossini, qui doit tenir le piano chez elle, et y faire exécuter un grand morceau inédit... Ah ! — continua monsieur de Cernay, — qui entre maintenant ? C'est le gros Pommerive... Quel pique-assiette ! C'est pourtant pour gueuser des dîners à l'hôtel de Pënâfiel qu'il va faire mille platitudes auprès d'une femme dont il dit pis que pendre.

— Il est de ses amis ? — demandai-je à monsieur de Cernay.

— Il est de ses dîners... voilà tout ; car c'est bien la plus mauvaise langue qui existe au monde, perfide comme un serpent, ne ménageant personne. Mais quel dommage, n'est-ce pas, — reprit le comte, — que madame de Pënâfiel, avec tant de charmes, une si jolie figure, beaucoup d'esprit, trop d'esprit, une fortune énorme, se fasse aussi généralement détester?... Mais avouez que quand on ose tout... c'est bien mérité.

— Mais il me semble, — lui dis-je, — que cette visite d'une femme comme madame la duchesse de X... prouve au moins qu'on ménage assez madame de Pënâfiel pour ne la détester que tout bas.

— Que voulez-vous!... le monde est si indulgent!... me répondit naïvement le comte.

— Pour ses plaisirs, — lui dis-je, — soit; mais une chose qui m'étonne, c'est, non pas de voir qu'on médise généralement de madame de Pënâfiel, elle me paraît, à part ses défauts bien entendu, réunir tout ce qu'il faut pour être fort enviée; mais comment, pour se donner au moins une apparence de maintien, ne se marie-t-elle pas?

Je ne sais quelle impression ces mots causèrent à monsieur de Cernay, mais il rougit imperceptiblement, me parut déconcerté, et me dit assez niaisement :

— Pourquoi me demandez-vous cela, à moi?

— Mais, — lui dis-je en riant, —parce que, n'étant que deux dans cette loge, je ne puis guère le demander à d'autres...

Le comte s'aperçut du non-sens de sa réponse, se remit et me dit :

— C'est que je pensais que vous me croyiez beaucoup plus de l'intimité *sérieuse* de madame de Pënâfiel que je n'en suis réellement. Mais voyez donc, — ajouta le comte; — voilà déjà le gros Pommerive sorti de sa loge; il est à cette heure dans celle des deux belles amies, Oreste et Pylade en femmes. Ah çà! que leur conte-t-il donc, en regardant madame de Pënâfiel, avec tous ces gestes ridicules! Quels rires elles font! mon Dieu! que cet homme-là est platement bouffon! à son âge, c'est révoltant!...

A la pantomime de monsieur de Pommerive, je reconnus facilement l'histoire d'Ismaël, qui allait ainsi faire le tour de la salle.

— Ah çà! — me dit monsieur de Cernay en souriant, — bien que je ne sache pas du tout le *pourquoi antimatrimonial* de madame de Pënâfiel, je suis assez de ses amis pour vous présenter à elle si vous le désirez et si elle y consent, ce dont je n'ose vous répondre... elle est si fantasque! mais, comme je vais lui faire une visite... voulez-vous que je lui parle de vous?

Songeant aussitôt à tout ce que cette demande aurait de souverainement ridicule, et du mauvais goût dont elle serait si madame de Pënâfiel m'avait entendu la défendre, et craignant que monsieur de Cernay ne fît cette démarche, je lui dis très vivement et d'un air fort sérieux :

— Pour un motif que je désire garder secret, je vous prie, je vous supplie même très positivement de ne pas prononcer mon nom à madame de Pënâfiel.

— Vraiment! — dit le comte en me regardant attentivement; — et pourquoi? quelle idée!

— Je vous prie encore une fois très sérieusement de n'en rien faire, — répétai-je en accentuant les mots de façon que monsieur de Cernay comprît que je désirais véritablement qu'il ne fût pas question de moi.

— Soit, — me dit-il, — mais vous avez tort, car rien que ses coquetteries sont inappréciables à voir chez elle...

Il sortit, et j'allai faire aussi quelques visites dans la salle à plusieurs femmes de ma connaissance. Le bruit du soir, et on ne parlait que de cela, était que madame de Pënâfiel avait causé la mort de monsieur de Merteuil, et qu'elle s'était éprise subitement d'Ismaël.

Aux femmes qui me racontèrent ceci avec de nombreuses variations et de grandes exclamations sur une si épouvantable sécheresse de cœur et une conduite aussi légère, je répondis (présumant, ce qui était vrai, que ces belles indignées étaient fort assidues aux fêtes de madame de Pënâfiel), je répondis d'un air non moins éploré qu'en effet rien n'était plus odieux, plus épouvantable, mais qu'heureusement, grâce à ce haut respect que le monde conservait toujours pour sa propre dignité et pour les con-

venances, cette marquise éhontée, qui s'éprenait si furieusement des Turcs, allait être bien punie de sa conduite abominable, car de ce jour sans doute aucune femme n'oserait ni ne daignerait mettre les pieds à l'hôtel de Pënâfiel; puis je saluai, et je revins dans ma loge.

J'y trouvai monsieur de Cernay et monsieur du Pluvier, qui avait terminé le matin sa promenade involontaire par une chute sans danger.

— Ah! par exemple, voilà qui devient trop fort, — me dit le comte.

— Encore quelque noirceur de madame de Pënâfiel.

— Vous croyez rire... J'arrive dans sa loge... devinez qui madame de Pënâfiel me prie de lui présenter?

— Je ne sais...

— Devinez?... Quelque chose de bizarre... d'inouï... d'inconcevable... de prodigieux...

— Quelque chose d'inouï... de bizarre... — répéta monsieur du Pluvier en réfléchissant.

— Ce n'est pas vous, du Pluvier? — lui dit le comte, — soyez tranquille; — puis s'adressant à moi : — Voyons, devinez?

— Je ne sais.

— Ismaël...

— Ismaël!

— Lui-même.

— Oh! la belle histoire! — s'écria du Pluvier. — Ah! je vais joliment la raconter!

J'avoue que ce que me dit le comte me surprit tellement, qu'à mon tour je demandai à monsieur de Cernay si ce n'était pas une plaisanterie; il me répondit très sérieusement, et même comme s'il eût été singulièrement piqué de la demande de madame de Pënâfiel :

— Ah! mon Dieu non : elle n'a pas fait tant de façons; elle m'a dit d'un air très dégagé, pour cacher sans doute et par le ton et par l'expression qu'elle mettait à sa demande : « Monsieur de Cernay, votre Turc est » assez original, il faut que vous me l'ameniez... »

— Elle vous a dit cela... sérieusement?

— Très sérieusement... je vous en donne ma parole.

Cette affirmation me fut faite d'une manière si grave par le comte que je le crus.

Monsieur du Pluvier partit comme une flèche pour raconter cet autre trait de folie de madame de Pënâfiel, et à la sortie de l'Opéra ce nouveau détail compléta de reste toute cette belle médisance.

J'allai faire une visite d'ambassade, et je rentrai chez moi.

— Dès que je pus réfléchir en silence, je sentis que cette journée m'avait douloureusement attristé. Je connaissais le monde; mais cet amas de faussetés, de sottises, de médisances, ce dénigrement acharné contre une femme qui d'ailleurs semblait l'autoriser par deux ou trois actions que je ne pouvais m'expliquer et qui décelaient du moins une inconcevable légèreté de conduite, ces hommes qui en disaient mille méchancetés odieuses et allaient à l'instant même se confondre auprès d'elle en hommages serviles, tout cela, en un mot, pour être d'une turpitude vieille comme l'humanité, n'en était pas moins misérable et repoussant.

Pourtant, par une contradiction étrange, malgré moi je m'intéressais à madame de Pënâfiel, par cela même qu'elle était dans une position beaucoup trop élevée pour que tous ces bruit odieux arrivassent jusqu'à elle. Car ce qu'il y a d'affreux dans les calomnies du monde, qui s'exercent sur les gens dont la grande existence commande le respect ou plutôt une basse flatterie, c'est qu'ils vivent au milieu des médisances les plus haineuses, c'est que l'air qu'ils respirent en est imprégné, saturé, et qu'ils ne s'en doutent pas.

Ainsi, ce soir-là, il était impossible, en voyant les sourires gracieux des femmes, les salutations empressées des hommes qui accueillaient madame de Pënâfiel à la sortie de l'Opéra, il était impossible qu'elle pût supposer la millième partie des odieux propos dont elle était l'objet.

Je le répète, tout cela était misérable et me laissa dans un état de tristesse navrante.

Je venais cependant de passer une journée de *cette vie de délices*, comme on dit, de cette existence de luxe, que le plus petit nombre des gens même du monde peuvent mener, et me trouvais toujours avec un vide effrayant dans le cœur !

Puis, suivant le cours de mes pensées, je comparai cette vie médisante, creuse, stérile et fardée, à l'existence vivifiante, épanouie, généreuse, que je mehais à Serval ! Pauvre vieux château paternel ! Horizon paisible et souriant, vers lequel mon âme se tournait toujours lorsqu'elle était chagrine ou meurtrie !

Oh ! quels remords désespérans j'éprouvais en songeant à Hélène, que j'avais perdue par un doute infâme ! à cette noble fille si adorable sous son auréole de candeur, et si chastement bercée dans son atmosphère d'angélique pureté. que rien n'avait jamais terni ! mais qu'un matin... hélas !... un seul matin, son amour pour moi avait doucement décolorée !... Hélène ! Hélène ! une de ces natures divines qui naissent et meurent, comme le cygne dans la solitude d'un lac transparent, ignorées et sans taches !

. . . .

Et puis, descendant de cette sphère de pensées qui rayonnaient d'un éclat si pur et si virginal, je voulais échapper aux poignans souvenirs qu'elles soulevaient en moi ! Je cherchais quelque espoir vague et lointain d'en distraire un jour mon cœur, et je songeai à l'intérêt involontaire que déjà je portais à madame de Pënâfiel. Mais je sentis aussi que pour cette femme, horriblement calomniée sans doute, mais à jamais souillée par. tant d'outrages, il me serait toujours impossible d'éprouver cet amour ardent, profond et saint, dont on est fier comme d'une noble action !

Le monde, en portant une atteinte fangeuse à la réputation d'une femme, ce voile irréparable, pudique et sacré, qui se déchire d'un souffle, cette première fleur de la vie si délicate et si éthérée ; le monde, par ses accusations infâmes, flétrit non-seulement la vertu de cette femme, mais il détruit pour toujours l'avenir de son cœur ; il la prive même désormais de la triste consolation d'inspirer un amour dévoué, sincère et durable ! Il la livre presque malgré elle aux dégradans caprices des liaisons changeantes, sans respect et sans foi ! Car quel est celui qui verrait en elle, si honteusement soupçonnée, autre chose qu'une charmante fantaisie, le désir de la veille, le plaisir du jour, et l'oubli du lendemain ? Quel est celui qui, près d'elle, oserait se livrer à ces élans de passion et de confiance entraînante dans lesquels on dit à la seule femme digne de ces secrets les joies, les tristesses, les délires, les mystères, les ravissemens de l'âme qu'elle remplit et que Dieu seul pourrait pénétrer ? Quel est celui qui ne craindrait pas, au milieu de l'ivresse de ces épanchemens, d'entendre l'écho railleur et désolant de tant de sordides calomnies, prodiguées à cette femme aux pieds de laquelle il irait se mettre, lui, si pieusement à genoux ?

Quelle religion peut-on avoir enfin pour l'idole qu'on a vue tant de fois et si indignement outragée ?

. . . .

XI

UN AMI.

Cinq ou six jours après cette soirée où j'avais vu madame de Pënâfiel à l'Opéra, monsieur de Cernay entra chez moi un matin, de l'air du monde le plus rayonnant.

— Eh bien ! me dit-il, — elle est partie ! Elle a quitté

Paris hier ! au cœur de l'hiver : cela vous paraît singulier, n'est-ce pas ? Mais il n'en pouvait être autrement ; le scandale avait aussi semblé trop prodigieux. Le monde a des lois qu'on ne brave pas impunément.

— Comment cela ? — lui dis-je. — Pourquoi madame de Pënâfiel a-t-elle ainsi quitté Paris ?

— Il est probable, — reprit-il, — que quelques-uns de ses parens, par respect et convenance de famille, l'auront charitablement avertie qu'en attendant que la mauvaise impression causée par sa ridicule et subite passion pour Ismaël et par la mort de Merteuil fût apaisée, il serait convenable qu'elle allât passer quelque temps dans une de ses terres ; contre son habitude, elle aura cédé à ces conseils, pour se guérir sans doute de son amour dans la solitude...

— Vous ne lui avez donc pas présenté Ismaël, ainsi qu'elle vous en avait prié.

— Impossible, — reprit le comte, — il est sauvage comme un ours, capricieux comme une femme et têtu comme une mule, je n'ai jamais pu le décider à m'accompagner à l'hôtel de Pënâfiel ; aussi, comme je vous le disais, je crois que c'est bien plutôt le dépit que le respect humain qui aura décidé du voyage de madame de Pënâfiel.

J'avoue que ce départ si subit, dans une pareille saison, me paraissait tout aussi étrange que la demande de madame de Pënâfiel à monsieur de Cernay de lui présenter Ismaël. Aussi, voulant, tout en continuant un sujet d'entretien qui m'intéressait, couper court à des propos qui devenaient aussi incompréhensibles que révoltans, je dis au comte :

— Quel homme était-ce donc que monsieur le marquis de Pënâfiel ?

— Un très illustre et très puissant seigneur d'Aragon, grand d'Espagne et ambassadeur à Rome ; c'est là qu'il vit pour la première fois mademoiselle de Blémur, aujourd'hui madame de Pënâfiel ; elle faisait un voyage d'Italie, avec son oncle et sa tante.

— Et le marquis était-il jeune ?

— Trente ou trente-cinq ans au plus, — me dit le comte ; — avec cela, fort beau, fort agréable, très grand seigneur en toutes choses ; et pourtant, ce ne fut pas un mariage d'inclination, mais seulement de convenance. Monsieur de Pënâfiel avait une fortune colossale, mademoiselle de Blémur était aussi prodigieusement riche, orpheline et maîtresse de son choix ; pourquoi se décida-t-elle à ce mariage sans amour ? on l'ignore. Le marquis avait toujours eu le désir de s'établir en France ; une fois les paroles échangées, il se rendit à Madrid pour remettre son ambassade dans les mains du roi, quitta pour jamais l'Espagne, et vint à Paris, où il épousa mademoiselle de Blémur. Mais, après deux ans de mariage, il mourut d'une assez longue maladie, et *te* dont le nom diabolique m'est échappé.

— Et avant son mariage, que disait-on de mademoiselle de Blémur ?

— Bien qu'elle fût jolie comme les amours, elle commençait déjà à paraître insupportable à cause de sa coquetterie, de ses manières affectées, et surtout de ses prétentions à la science... dignes des femmes savantes, car elle avait forcé son oncle, qui était son tuteur et n'avait de volonté que celle de sa nièce, de lui donner des maîtres d'astronomie, de chimie, de mathématiques, que sais-je ! aussi, grâce à cette belle éducation, mademoiselle de Blémur se crut le droit d'être très méprisante et très moqueuse envers les hommes qui ignoraient de ces savantasseries-là. Or, vous jugez des amis que ces impertinentes railleries devaient lui faire ; ce qui ne l'empêchait pas d'être adulée, entourée, flagornée, car, après tout, on supporte bien des choses de la part d'une héritière de quatre cent mille livres de rentes, qu'on sait d'un caractère à ne suivre que son goût ou son caprice pour se marier ; aussi son union avec un étranger commença-t-elle déjà à lui faire autant d'ennemis qu'il y avait d'aspirans à sa main.

— Je le conçois, tant de patience et de soupirs perdus ! Mais d'ailleurs rien n'était plus patriotique que cette in-

mitié, — répondis-je au comte en souriant, — ce mariage n'étant d'ailleurs absolument que de convenance, m'avez-vous dit, bien que monsieur de Pënâfiel fût fort agréable.

— Ils semblaient du moins, — reprit monsieur de Cernay, — vivre très en froid l'un avec l'autre ; seulement, lors de la maladie du marquis, madame de Pënâfiel se montra très assidue près de lui ; mais, entre nous, qu'est-ce que cela prouve ?

— Tout au plus qu'elle aurait été très assidue, ou plutôt fort hypocrite, car, avant comme après son veuvage, on lui a reconnu sans doute beaucoup d'adorateurs heureux ?

— On lui en suppose beaucoup, du moins, et il est clair qu'on ne se trompe pas, — dit le comte ; — mais elle est si fine, si adroite! n'écrivant jamais que ces billets du matin très insignifians. Quant à Ismaël, c'est une folie incompréhensible, qui sort de ses habitudes et qui ne s'explique que par la violence d'un caprice insurmontable ; on parle aussi de déguisemens, d'une petite maison qu'elle aurait dans je ne sais quel quartier perdu. En un mot, il est bien évident pour tous les gens sensés que si madame de Pënâfiel n'avait qu'une seule et honorable affection, elle ne la cacherait pas ; tandis qu'au contraire, à l'abri de ces mille bruits contradictoires qui promènent de l'un à l'autre les soupçons du monde, il est hors de doute qu'elle se livre sourdement à toutes ses fantaisies. Et puis enfin pourquoi est-elle si coquette ? pourquoi chercher autant à plaire ? Si vous allez chez elle, vous le verrez. Or, quand on a un tel besoin, une telle rage de paraître charmante, on ne se contente pas d'admirations désintéressées.

— Mais, — dis-je à monsieur de Cernay, — le vainqueur de cette lutte, qui par son retentissement a dû déranger fort les habitudes mystérieuses de madame de Pënâfiel, monsieur de Senneterre, que devient-il ?

— Oh ! — dit le comte, — Senneterre est sacrifié, indignement sacrifié ; car, à part sa folle passion pour Ismaël, par esprit de contradiction, madame de Pënâfiel est capable de pleurer la mort et de détester le survivant ; ce qui le prouve du reste, c'est que maintenant Senneterre a le bon goût et le tact de soutenir qu'il ne s'est jamais occupé de madame de Pënâfiel, et qu'elle est absolument étrangère à ce défi ; oui, il répète maintenant à qui veut l'entendre qu'il n'a engagé ce malheureux pari avec Merteuil que par entraînement d'amour-propre. Ils avaient, dit Senneterre, tous deux déjeuné chez lord ***, et en sortant de chez lui chacun se prit à vanter les rares qualités de son cheval : l'exaltation s'en mêla, et enfin ce fatal défi fut la conclusion de leur entretien. Le lendemain, étant plus de sang-froid, dit-il encore, ils en reconnurent le danger ; mais alors il craignirent de paraître reculer devant le péril, et par bravade maintinrent leur pari... Tout cela est bel et bon ; mais, outre que ce n'est pas vrai, pour moi du moins qui ai su la véritable cause de ce défi, vous m'avouerez que ce n'est guère probable. Après tout, Senneterre, instruit des bruits fâcheux qui courent sur madame de Pënâfiel, agit en galant homme en niant tout à cette heure.

Bien des années ont passé sur ces souvenirs, et je me demande comment de pareilles puérilités ont pu me rester aussi présentes à la mémoire. C'est que tout en se rattachant à un cruel événement de ma vie, elles m'avaient aussi frappé par leur pauvreté même, comme le type le plus exact et le plus vrai d'un certain ordre de sujets de conversation, d'examen, de discussion, de louanges, d'attaques et de médisances, qui tour à tour occupent absolument et très sérieusement les oisifs du monde... Que, si cette affirmation semble exagérée, on se rappelle l'entretien d'hier ou celui d'aujourd'hui, et on reconnaîtra la vérité de ce que j'avance.

Mais, pour revenir à monsieur de Cernay, comme après tout il y avait dans les propos absurdes dont il se faisait le bruit et l'écho une apparence de logique plus que suffisante pour mettre en paix la conscience de la calomnie, je ne tentai pas de défendre madame de Pënâfiel auprès du comte. D'ailleurs je croyais pénétrer le but et la cause de son dénigrement si acharné contre elle ; car ces bruits, qui tenaient en émoi la bonne compagnie de Paris depuis cinq ou six jours, n'avaient pas évidemment d'autre auteur que lui.

Quant à ce nouvel et long entretien sur les antécédens et le caractère de madame de Pënâfiel, je ne le répète que parce qu'il cadrait parfaitement avec tout ce que j'en avais entendu dire, et qu'il résumait à merveille ce que le monde pensait de cette femme singulière.

— Il faut espérer, — dis-je au comte, — que Paris ne sera pas longtemps privé d'une femme aussi précieuse pour les sujets de conversation que semble l'être madame de Pënâfiel ; car, depuis cinq ou six jours, on doit au moins lui rendre cette justice qu'elle en a fait elle seule tous les frais.

— Vous désirez son retour, je parie ? — me dit monsieur de Cernay en m'interrogeant d'un regard curieux et pénétrant.

— Sans le désirer très vivement, je ne vous cache pas que madame de Pënâfiel inspire, sinon l'intérêt, du moins la curiosité.

— Allons, de la curiosité à l'intérêt il n'y a qu'un pas, de l'intérêt à l'amour un autre pas ; en un mot, je suis sûr que vous serez amoureux fou de madame de Pënâfiel. Mais prenez bien garde, — me dit le comte.

— Malgré tous les dangers qu'il peut y avoir, je désirerais vivement, — lui dis-je — réaliser vos prédictions, car je ne sais rien de plus heureux au monde qu'un homme amoureux, même lorsqu'il aime sans espoir.

— C'est justement pour cela que j'ai voulu vous mettre bien au courant du véritable caractère de madame de Pënâfiel, afin que vous sachiez au moins à quoi vous en tenir si vous lui étiez présenté ; vrai, je ne voudrais pas vous avoir rendu malheureux par elle, — me dit le comte avec une expression de si parfaite bonhomie que je ne sais en vérité si elle était feinte ou réelle. — Entre gentilshommes, — ajouta-t-il, — ce sont des services qu'on se doit rendre ; mais, tenez, franchement, il faut l'intérêt inexplicable que vous m'inspirez, il faut tout le désir que j'ai de vous être utile pour vous avoir prévenu ; car, en vérité... — Et le comte hésita un moment, puis il reprit d'un air presque solennel, où il paraissait se joindre une nuance d'intérêt affectueux : — Tenez, voulez-vous savoir toute ma pensée ?

— Sans doute, — dis-je fort surpris de cette brusque transition.

— Eh bien ! vous savez qu'entre hommes il n'y a rien de plus sot que les complimens ; pourtant, je ne puis vous cacher qu'il y a en vous quelque chose qui attire au premier abord ; mais bientôt on reconnaît dans votre manière d'être je ne sais quoi de contraint, de froid, de réservé, qui glace ; vous êtes jeune, et vous n'avez ni l'entrain ni la confiance de notre âge. Il y a surtout en vous un contraste que je ne puis parvenir à m'expliquer. Quand vous prenez part à une conversation de jeunes gens, conversation folle, joyeuse, étourdie, souvent votre figure s'anime, vous dites alors des choses beaucoup plus folles, beaucoup plus gaies que ne les disent les plus gais et les plus fous, et puis, la dernière parole prononcée, vos traits reprennent aussitôt une expression indéfinissable, ou plutôt définissable, de froideur et de fatigue ; vous avez l'air de vous ennuyer à la mort, de façon qu'on ne sait que penser d'une gaieté qui se trouve si voisine d'une tristesse si morne. Aussi je vous jure qu'il est diablement difficile de se mettre en confiance avec vous, quelque envie qu'on en puisse avoir.

Il est bien évident que je ne crus pas un mot de ce que me dit le comte au sujet de *ma puissance attractive ;* et, sans pouvoir encore démêler le but de cette flatterie, qui ne me parut que ridicule et grossière, je voulus me montrer à lui sous un tel jour qu'il m'épargnât désormais de telles confidences.

— Vous avez raison, — dis-je au comte, — je sais qu'il

ne doit pas être facile de se mettre en confiance avec moi, car étant par nature extrêmement dissimulé, et comptant peu sur les autres parce qu'ils pourraient fort peu compter sur moi, il doit m'être aussi difficile qu'il m'est indifférent d'inspirer le moindre sentiment d'attraction.

Le comte me regarda d'abord d'un air très sérieusement étonné, puis il me dit d'un air assez piqué :

— Cette dissimulation n'est du moins pas dangereuse, puisque vous l'avouez.

— Mais je n'ai jamais songé à être dangereuse, — lui dis-je en souriant.

— Ah çà ! — reprit-il, — et où donc croyez-vous trouver des amis avec de pareils aveux ?

— Des amis ! — demandai-je à monsieur de Cernay, — et pourquoi faire ?

Il y eut sans doute dans l'expression de mes traits, dans l'accent de ma voix, une apparence de vérité telle que le comte me regarda avec surprise.

— Parlez-vous sérieusement ? — me dit-il.

— Très sérieusement, je vous jure ; qu'y a-t-il d'étonnant dans ce que je vous dis là.

— Et vous ne craignez pas d'avouer une aussi complète indifférence ?

— Pourquoi craindrais-je ?

— Pourquoi ? — reprit-il d'un air de plus en plus stupéfait. Puis bientôt il me dit : — Allons, c'est un paradoxe que vous vous amusez à soutenir ; c'est fort original, sans doute, mais au fond je suis sûr que vous ne pensez pas un mot de cela.

— Soit, parlons d'autre chose, — dis-je au comte.

— Mais voyons, sérieusement, — reprit-il, — pouvez-vous demander à quoi bon les amis ?

— Sérieusement, — lui dis-je, — à quoi vous suis-je bon ? à quoi m'êtes-vous bon ? Que demain nous ne nous voyions plus, qu'y perdriez-vous ? qu'y perdrais-je ? Vous n'avez pas plus besoin de moi que je n'ai besoin de vous : et en disant *vous* et *moi*, je personnifie, je généralise, quant à *moi* du moins, ces banales affections du monde auxquelles on donne le nom d'amitié.

— Je vous accorde qu'on puisse se passer de ces relations-là, ou plutôt qu'elles soient si faciles à rencontrer que, sûr de les trouver toujours, on s'inquiète guère de les chercher, — me dit monsieur de Cernay ; — mais l'amitié vraie, profonde, dévouée ?

— Nisus et Euryale, Castor et Pollux ? — lui dis-je.

— Oui ; direz-vous encore « Pourquoi faire ? » à propos de ces amitiés-là, si vous étiez assez heureux pour les rencontrer ?

— Je dirais certainement : « Pourquoi faire ? » toujours *quant à moi*... Car si je trouvais un Nisus, je ne me sens véritablement pas la force généreuse d'être Euryale, et je suis trop honnête homme pour accepter ce que je ne puis pas rendre. Enfin cette amitié si vive, si profonde que vous dites, alors même que je la trouverais, me serait fort inutile et même très pesante au moment du bonheur, car je hais les confidences heureuses ; elle ne pourrait donc m'être utile qu'au jour du malheur ? Or, il est matériellement et mathématiquement impossible que je sois jamais malheureux.

— Comment cela ? — dit le comte de plus en plus ébahi.

— Par une raison fort simple. Ma santé est parfaite, mon nom et mes relations me mettent au niveau de tous, ma fortune est en terres, j'ai toujours deux années de revenus d'avance, je ne suis ni joueur ni prêteur : comment voulez-vous donc que je sois jamais malheureux ?

— Mais alors il n'y a donc pas d'autres yeux d'autres malheurs que les douleurs physiques ou les embarras matériels ?... Et les peines de cœur ? — me dit le comte d'un air véritablement affligé.

À cela je répondis par un éclat de rire si franc que monsieur de Cernay en demeura tout étourdi ; puis il reprit :

— Avec une telle façon de voir, il est évident qu'on n'a jamais besoin de personne... et tout ce que je puis vous

dire... c'est que je vous plains fort. Mais pourtant, — ajouta-t-il presque impatiemment, — avouez que si demain je venais vous demander un service, vous ne me le refuseriez pas, quand ça ne serait que par respect humain ; eh bien ! le monde n'en veut pas davantage !

— Mais en admettant que je vous rende un service, que prouverait cela ? que vous auriez eu besoin de moi, mais non pas que *moi* j'aurais eu besoin de vous...

— Ainsi vous vous croyez sûr de n'avoir jamais besoin de personne ?

— Oui, c'est mon principal luxe, et j'y tiens.

— Soit, votre fortune est en terres, elle est sûre. Votre position est égale à celles de tous, vous ne croyez pas aux peines du cœur ou vous les souffrez seul ; mais, par exemple, ayez un duel, il vous faudra bien aller demander à quelqu'un du monde de vous servir de témoin ; voilà une grave obligation ! Vous pouvez donc avoir besoin des autres dans le monde.

— Quand j'ai un duel, je m'en vais à la première caserne venue, je prends les deux premiers sous-officiers ou soldats qui me tombent sous la main, et voilà des témoins excellens et qu'aucun homme d'honneur ne peut récuser.

— Quel diable d'homme vous faites ! — me dit le comte ; — mais si vous êtes blessé... qui viendra vous voir ?

— Personne, Dieu merci ! Dans les souffrances physiques, je suis un peu comme les bêtes fauves, il me faut une solitude et une nuit profonde.

— Mais enfin, dans le monde, pour causer, pour vivre en un mot de la vie du monde, il vous faut les autres.

— Oh ! les autres pour cela ne peuvent jamais me manquer, pas plus que je ne leur manquerai ; c'est un concert où les plus misérables musiciens sont admis sur le même pied que les meilleurs artistes, et où chacun fait sa note obligée ; mais ces relations-là ne sont plus de l'amitié ; ces liaisons-là sont comme ces plantes robustes et vivaces qui n'ont ni doux parfum, ni couleur éclatante, mais qui sont vertes en tout temps, et qu'on ne craint jamais de froisser ; la preuve de ceci, c'est qu'après tout ce que nous venons de dire là, nous resterons dans les mêmes et excellens termes où nous sommes ; demain nous nous serrerons la main dans le monde, nous causerons des adorateurs de madame de Pënafiel ou de tout ce que vous voudrez ; et dans six mois nous nous dirons *mon cher* ; mais dans six mois et un jour, vous ou moi disparaîtrions de cette bienheureuse terre, que vous ou moi serions parfaitement indifférens à cette disparition. Et c'est tout simple ; pourquoi en serait-il autrement ? De quel droit exigerais-je un autre sentiment de vous ? de quel droit l'exigeriez-vous de moi ?

— Mais ce que vous dites là est exceptionnel, tout le monde ne pense pas comme vous.

— Je l'espère bien pour tout le monde ; car je crois ne ressembler à personne, par cela même que je ne ressemble à tous.

— Et sans doute avec ces principes-là vous méprisez aussi singulièrement les femmes et les hommes ? — me dit le comte.

— D'abord, je ne méprise pas les hommes, — lui dis-je, — par une raison très simple ; c'est que moi, qui ne suis ni pire ni meilleur qu'un autre, je me suis mis souvent, par la pensée, aux prises avec quelqu'une de ces questions qui décident à tout jamais si on est un honnête homme ou un misérable.

— Eh bien ? — fit le comte.

— Eh bien ! comme j'ai toujours été très franc avec moi-même, j'ai souvent beaucoup plus douté de moi que je n'ai encore douté des autres ; je ne puis donc pas mépriser les hommes. Quant aux femmes, comme je ne les connais pas plus que vous ne les connaissez, il m'est aussi impossible d'en parler d'une manière absolue.

— Comment, pas plus que moi ? — me dit le comte de Cernay d'un air évidemment choqué. — Je ne connais pas les femmes ?

— Je crois que ni vous ni personne ne connaissez les

femmes d'une manière absolue, — lui dis-je en souriant. — Quel est l'homme au monde qui se connaît? Quel est celui qui pourrait répondre affirmativement de soi dans toute condition possible? A plus forte raison, qui peut se piquer de connaître, non pas les femmes, mais une seule femme, lors même qu'elle serait sa mère, sa maîtresse ou sa sœur? Il est évident que je ne parle pas de ces notions à tous venants, sorte de catéchisme banal et traditionnel, aussi faux que stupide, et qui est d'une application tout aussi raisonnable que le serait le secours d'un manuel du beau langage pour répondre à toutes les questions supposables.

— Sous ce rapport, vous avez raison, — me dit le comte; — mais tenez, je suis ravi de vous mettre dans votre tort et en contradiction avec vous-même, parce qu'il s'agit d'une espèce de service que je ne puis vous rendre : vous désirez connaître madame de Pënâfiel; il faut donc que vous deviez à moi ou à quelque autre votre présentation chez elle.

— Il est impossible d'être plus aimable, — dis-je au comte; — et, tel pauvre que je sois en amitié, je trouverais certainement de quoi payer votre offre si gracieuse; madame de Pënâfiel est charmante; je crois à tous les merveilleux récits que vous m'en avez faits; je sais que son salon est des plus recherchés et des plus comptés; mais, très franchement et très sérieusement, je vous supplie, comme je supplierais tout autre, de ne faire pour moi auprès d'elle aucune demande de présentation.

— Et pourquoi cela?

— Parce que le plaisir que je trouverais sans doute à connaître madame de Pënâfiel ne compenserait jamais l'humiliante impression que me causerait un refus de sa part.

— Quel enfantillage! — me dit le comte. — Encore tout dernièrement, Falmouth a voulu lui présenter le jeune duc de ***, allié de la famille royale d'Angleterre; eh bien! madame de Pënâfiel a refusé net.

— Vous avez trop de monde, mon cher comte, pour ne pas comprendre que ma position ne me mettant ni au-dessus ni au-dessous d'un certain niveau social, je ne dois, ni ne veux, ni ne puis m'exposer à un refus. C'est fort ridicule, soit, mais cela est ainsi, n'en parlons plus.

— Un mot encore, — me dit le comte, — voulez-vous pourtant parier avec moi deux cents louis, que, lors de son retour, vous serez présenté et admis chez madame la marquise de Pënâfiel, au plus tard un mois après son arrivée?

— D'après ma demande?

— Non sans doute, au contraire.

— Comment, au contraire? — dis-je au comte.

— Certainement ; je vous parie que madame de Pënâfiel vous rencontrant nécessairement dans le monde, et sachant que vous ne voulez faire aucuns frais pour lui être présenté, s'arrangera, par esprit de contradiction, dè façon que cela soit pourtant et presque malgré vous.

— Ce serait sans doute un fort grand triomphe dont je serais on ne peut plus fier, — répondis-je au comte, — mais je n'y crois pas ; et j'y crois si peu que je tiens votre pari, à savoir qu'après un mois, à dater de son retour, je n'aurai pas été présenté à madame de Pënâfiel.

— Mais, — dit monsieur de Cernay. — il est bien entendu que si la proposition vous est faite de sa part... vous ne refuserez pas... et que...

— Il est bien entendu, — dis-je au comte en l'interrompant, — que je n'accueillerai jamais une prévenance toujours honorable et flatteuse par une grossièreté ; ainsi, je vous le répète, je tiens votre pari.

— Vos deux cents louis sont à moi, — me dit le comte en me quittant ; — mais tenez, — ajouta-t-il en me tendant la main, — merci de votre franchise.

— De quelle franchise?

— Oui, de ce que vous m'avez dit si crûment... ce que vous pensiez au sujet de l'amitié ; c'est une probité rare.

— Avec la discrétion, ou plutôt la dissimulation, ce sont mes deux seules et uniques qualités, — dis-je au comte en lui serrant aussi cordialement la main.

Et nous nous séparâmes.

. . . .

XII

PROJETS.

- Quand monsieur de Cernay fut sorti, j'éprouvai une sorte de regret d'avoir repoussé ainsi ses avances amicales. Mais ce qu'il m'avait dit de *puissance d'attraction*, me paraissant un mensonge suprêmement ridicule, me mit en défiance avec lui; puis l'espèce de haine acharnée avec laquelle il me semblait poursuivre madame de Pënâfiel me donnait une pauvre idée de la sûreté de ses relations. Pourtant peut-être m'étais-je trompé, car, aux yeux des hommes, les femmes sont tellement en dehors du *droit commun*, si cela se peut dire, les duretés et les mépris dont ils les accablent souvent en secret, et dont il se font quelquefois hautement gloire, nuisent si peu à ce qu'on appelle une réputation de *galant homme... d'homme d'honneur...* qu'il se pouvait que monsieur de Cernay eût en effet toutes les qualités d'un ami solide et vrai. Mais il me fut impossible de ne pas l'accueillir ainsi que je l'avais fait.

Je me louai aussi de lui avoir assez dissimulé mon véritable caractère pour lui en avoir donné une idée absolument fausse ou singulièrement vague.

Il m'a toujours semblé odieux d'être connu ou pénétré par les indifférens, et dangereux de l'être par ses ennemis ou même par ses amis. S'il y a dans l'organisation morale de chacun un point culminant qui soit le départ et le terme de toutes les pensées, de tous les vœux, de tous les désirs; si enfin, noble ou honteux, il est une sorte d'*idée* fixe que l'on sent pour ainsi dire *battre en soi* à toute heure, car souvent on dirait que le cœur se déplace, c'est surtout ce point toujours palpitant qu'il faut peut-être le plus habilement déguiser à la connaissance de chacun, le plus impitoyablement défendre contre toute surprise, car ordinairement là est la faiblesse, la plaie, l'endroit infailliblement vulnérable de notre nature.

Si l'envie, l'orgueil, la cupidité prédominent en vous, vous devez surtout vous attacher à paraître, et souvent vous paraissez, sans feindre beaucoup, modeste, bienveillant et désintéressé. De même aussi qu'on voit souvent des gens d'une âme compatissante et généreuse enfouir ce trésor de commisération et de bonté sous une écorce rude et sauvage; car on dirait que l'éducation vous donne l'instinct de dissimuler vos vices ou vos vertus, ainsi que la nature donne à certains animaux les moyens de se protéger contre leur propre faiblesse.

Je m'étais donc montré aux yeux du comte d'un égoïsme outré et d'une insensibilité cynique, parce que je sentais encore en moi d'invincibles penchans à tous les sentiments généreux! Mais, hélas! ce n'étaient plus que des penchans! Les terribles enseignemens de mon père, en m'apprenant à douter, avaient aussi développé en moi jusqu'à sa plus farouche exaltation une impitoyable susceptibilité d'orgueil! En un mot, ce que je redoutais le plus au monde était d'être *pris pour dupe* si je me livrais aux élans involontaires de mon âme, d'abord expansive et franche.

Mais si la méfiance et l'orgueil desséchaient chaque jour dans leurs germes ces nobles instincts, ainsi que l'homme déchu se rappelait l'Eden, il m'en était malheureusement resté le souvenir! Je comprenais, sans pouvoir l'éprouver, tout ce qu'il devait y avoir, tout ce qu'il y avait d'enivrant et de divin dans le dévouement et la confiance!

C'était de ma part une continuelle aspiration vers une

sphère éthérée, radieuse, au sein de laquelle j'évoquais les amitiés les plus admirables, les amours les plus passionnés! Mais, hélas! une défiance acharnée, implacable, honteuse, me faisant bientôt craindre qu'en application tous ces rêves adorables ne fussent plus que de mensongères apparences, son souffle glacé venait incessamment détruire tant de visions enchanteresses.

Je ne pouvais plus d'ailleurs m'abuser; ce qu'il y avait de bas, d'égoïste et de faible en moi l'emportait de beaucoup sur ce qu'il me restait de noble, de grand et d'élevé dans le cœur.

Ma conduite avec Hélène me l'avait prouvé. L'homme qui calcule et pèse sordidement les chances de ses impulsions, l'homme qui se retient d'éprouver une généreuse attraction de peur de la voir déçue, celui-là est dépourvu de force, de grandeur et de bonté.

La méfiance côtoie la lâcheté; de la lâcheté à une cruauté froide, il n'y a qu'une nuance. Je devais, hélas! l'éprouver misérablement pour moi et pour les autres.

Et pourtant je n'étais pas d'une organisation haineuse et méchante! Je ressentais des émotions d'une douceur inexprimable lorsque obscurément j'avais rendu quelque service ignoré, dont je ne craignais pas de *rougir!* Puis, ce qui n'est jamais, je crois, le fait des âmes absolument mauvaises et perverses, j'aimais à contempler toutes les magnificences de la nature. La vue d'un splendide coucher du soleil me causait une joie d'enfant; j'étais heureux de trouver dans un livre la peinture consolante d'un sentiment généreux et bon, et la sympathie profonde que cette lecture faisait délicieusement vibrer en moi me prouvait que toutes les nobles cordes de mon âme n'étaient pas brisées...

Autant j'aimais, j'admirais passionnément Walter Scott... ce sublime bienfaiteur de la pensée souffrante, dont le génie adorable vous laisse, si on peut excuser cette vulgarité, la bouche toujours si *fraîche* et si suave... autant je le fuyais, je maudissais Byron, dont le stérile et désolant scepticisme ne laisse au cœur que fiel et amertume...

Je comprenais si bien toutes les misères, toutes les afflictions, que je poussais souvent la délicatesse et la crainte de blesser les gens malheureux ou d'une condition inférieure jusqu'à des scrupules presque ridicules; j'éprouvais sans raison des attendrissemens involontaires et puérils; je sentais parfois un immense besoin d'aimer, de me dévouer: mon premier mouvement était toujours naïf, sincère et bon; mais la réflexion venait tout flétrir. C'était enfin une lutte perpétuelle entre mon cœur qui me disait: *Crois,—aime,—espère...* et mon esprit qui me disait: *Doute,—méprise—et crains!*

Aussi, en observant et ressentant le choc douloureux de ces deux impressions si diverses, il me semblait que j'éprouvais avec le cœur de ma mère et que j'analysais avec l'esprit de mon père; mais, comme toujours, l'esprit devait l'emporter sur le cœur.

Et puis encore une terrible faculté de comparaison de moi aux autres, à l'aide de laquelle je trouvais mille raisons évidentes pour que les autres ne m'aimassent pas, et conséquemment pour me défier de chacun.

Ainsi ma mère m'avait adoré, et j'avais oublié ma mère! ou du moins j'y songeais seulement lors de mes ennuis désespérés! Mais si un éclair de joie, de vanité satisfaite, venait m'éblouir, ces pieuses pensées, un moment évoquées, retombaient aussitôt dans l'ombre du tombeau maternel.

Je devais tout à mon père, et je ne pensais plus à lui que pour maudire la précoce et fatale expérience qu'il m'avait donnée. Hélène m'avait aimé du plus chaste et du plus véritable amour, et j'avais répondu à cette belle âme en l'outrageant par la méfiance la plus odieuse! Ainsi, de ma part, toujours ingratitude, soupçon et oubli; de quel droit aurais-je donc voulu chez les autres amour et dévouement?

En vain, me disais-je: Mon père, ma mère, Hélène, m'ont aimé tel que j'étais. Mais mon père était mon père,

ma mère était ma mère, Hélène était Hélène. (Car je rangeais avec raison l'amour d'Hélène pour moi parmi les sentimens innés, naturels, presque de famille.) Et pourtant, me disais-je, l'aversion que je lui ai inspirée a été telle, que cet amour d'enfance, si profondément enraciné dans son cœur, est mort en un jour!

Oh! c'était en vérité un formidable et stérile châtiment que celui-là, dont je me faisais à la fois la victime et le bourreau, sans que ces tristes rigueurs me rendissent meilleur ni pour moi ni pour les autres. . . . .

Je reviens à madame de Pënâfiel; j'avais aussi dû entièrement cacher à monsieur de Cernay quels étaient mes projets; car l'intervention du comte pouvait m'être utile, et je n'ignorais pas que les meilleurs complices sont ceux qui le sont de bonne foi et sans le savoir.

J'éprouvais donc un vif désir de connaître cette femme étrange, malgré ou peut-être à cause de tout le mal qu'on en disait, et j'avais pu, dans une circonstance du moins, reconnaître la calomnieuse exagération; mais mon caractère défiant et orgueilleux voyait à ce désir un obstacle insurmontable.

Je le répète, le jour où j'avais pris le parti de madame de Pënâfiel contre monsieur de Pommerive à l'Opéra, au sujet d'Ismaël, elle pouvait m'avoir entendu; or, dans ce cas, je trouvais que ma prétention à lui être présenté eût été le comble du mauvais goût, ma discussion avec monsieur de Pommerive ne semblant plus alors que le prélude calculé de cette demande.

Mes scrupules étaient peut-être exagérés: mais je sentais ainsi et j'étais absolument résolu de ne faire aucune démarche pour être admis chez madame de Pënâfiel. Seulement, je pensais que, si elle savait que je l'avais défendue, avec le tact d'une femme de bonne compagnie elle pourrait apprécier ma réserve; et que, devant me rencontrer très souvent dans le monde, elle trouverait mille moyens convenables d'aller elle-même au-devant de cette présentation, et qu'alors mon orgueil serait sauf.

Ce qui me donnait d'ailleurs la facilité de raisonner ainsi et d'*attendre les événemens*, c'est qu'après tout ce désir de ma part n'était pas assez violent pour me préoccuper entièrement, et qu'une issue négative ne m'eût pas désespéré.

Je ne redoutais d'ailleurs que médiocrement (dans le cas où je serais devenu très épris de madame de Pënâfiel) ce *danger* dont m'avait menacé monsieur de Cernay; je ne la croyais pas *dangereuse* pour moi, parce que j'étais sûr de mon impassible et orgueilleuse dissimulation pour cacher mes blessures de vanité, si j'en éprouvais, et que j'étais sûr aussi de la sagacité de ma défiance pour démêler les faussetés ou le manège de madame de Pënâfiel, si elle voulait être fausse.

Seulement, j'avais pressenti que, dans le cas où je voudrais me ranger au nombre de ses *adorateurs*, si invisiblement nombreux, disait-on, il serait bien qu'au retour de son voyage de Bretagne je fusse, ou du moins je semblasse occupé d'un autre intérêt, afin de me trouver en mesure de paraître sacrifier quelque chose à madame de Pënâfiel, une femme étant beaucoup plus flattée d'un hommage quand on peut y joindre et mettre à ses pieds l'oubli d'une affection déjà acquise. Alors, il y a non-seulement triomphe, mais avantage remporté par la comparaison.

Je résolus donc, avant le retour de madame de Pënâfiel, de m'occuper d'une femme qui fût *à la mode*, et qui eût plus possédât un courtisan officiellement reconnu.

Je tenais à ces deux conditions, afin de rendre le bruit de mon intérêt supposé beaucoup plus rapide et plus retentissant. Le calcul était simple, en cela que, dès que le monde s'apercevrait de mes prétentions, il ne manquerait pas aussitôt, avec sa charité et sa véracité habituelles, de se charger de proclamer à toute voix la déchéance de l'ancien courtisan et mon exaltation récente.

Je me décidai donc à tâcher de faire agréer mes soins par une femme à la mode.

. . . .

Ce qui m'attristait profondément, c'est qu'en faisant à froid ces calculs de mensonges et de tromperies basses et mesquines, j'en comprenais toute la pauvreté ; je n'avais pas pour excuse l'entraînement des sens ou de la passion, pas même un vif désir de plaire à madame de Pënâfiel. C'était je ne sais quel vague espoir de distraction, quel besoin impérieux d'occuper mon esprit inquiet et toujours mécontent, de chercher enfin dans les hasards misérables de la vie du monde quelque accident imprévu qui me pût sortir de cette morne et douloureuse apathie qui m'écrasait.

Chose étrange encore, une fois dans le monde et à l'œuvre, je retrouvais pour ainsi dire ma jeunesse, ma gaieté, quelques heures de joie et de vanité contente ; il me semblait alors, pour ainsi dire, que j'étais double, tant je m'étonnais de m'entendre parler ainsi follement... et puis une fois seul avec mes réflexions, ma pensée recommençait d'être agitée par mille ennuis sans cause, mille incertitudes pénibles sur moi, sur tous et sur tout.

. . . .

XIII

L'ALBUM VERT.

A qui connaît le monde on peut dire, sans craindre de sembler glorieux, que, pour un homme convenablement placé, il n'est pas absolument impossible, s'il le veut fermement, d'être, ou du moins de paraître distingué par une femme à la mode.

Singulière existence d'ailleurs que la vie d'une femme à la mode, vie tout entière de charmant dévouement à la plus égoïste et la plus ingrate partie du genre humain ! Une fois qu'elle est à la mode, qu'il est bien reconnu qu'elle s'habille à ravir et toujours du meilleur goût, qu'elle a du charme ou de l'esprit, la pauvre femme ne s'appartient plus ; il faut qu'elle soit un des brillans fleurons de cette couronne vivante que Paris porte au front chaque soir !

Pas une fête à laquelle il lui soit permis de manquer ; triste ou gaie, il lui faut être là, toujours là, avoir toujours la robe la plus élégante, la coiffure la plus fraîche, la figure la plus épanouie ; toujours être accessible, gracieuse, avenante ; le premier sot venu a son droit rigoureusement établi à un accueil enchanteur... Car il y a lutte entre les femmes à la mode... lutte passive, mais acharnée, dont les fleurs, les rubans, les pierreries et les sourires sont les armes ; lutte muette et pourtant terrible, remplie d'angoisses cruelles, de larmes dévorées, de désespoirs inconnus... lutte dont les blessures sont profondes et douloureuses, car l'amour-propre sacrifié laisse des plaies incurables.

Mais qu'importe ! Si on veut un soir régner en souveraine sur cette élite de femmes choisies, ne faut-il pas se montrer plus gracieuse encore que celle-ci, plus coquette que celle-là, plus prévenante que toutes ? pour enfin, pour fixer la foule autour de soi, ne faut-il pas laisser voir quelques préférences, afin que chacun s'empresse... dans l'espérance de paraître à son tour préféré ?...

Mais il faut entendre le préféré, le dernier préféré, celui du jour, du soir, de la dernière valse, le dernier cotillon, le prix de cette lutte charmante et divine dans laquelle les fleurs l'ont emporté sur les fleurs, les grâces sur les grâces ; vêtu, lui préféré, tout dédaigneusement d'un frac noir, il faut l'entendre, s'étalant à souper, raconter la bouche pleine, à d'autres préférés, qui le lui rendent bien, toutes les provocantes agaceries qu'on lui a

faites, son embarras de jeter le mouchoir parmi tant de belles et inquiètes empressées, son joyeux mépris des rivalités qu'il cause. Aussi, en entendant ces mystérieuse et surtout véridiques confidences, c'est à se demander quelquefois de qui on parle et où on se trouve, et à se remettre à admirer avec plus de ferveur que jamais la sublime abnégation des femmes qui se vouent corps et âme à la mode ; à cette brutale et cruelle divinité dont les hommes sont les prêtres, qui y paye en indifférence ou en dédain toutes ces belles et fraîches années, si tôt flétries et à jamais perdues à la servir.

Mais comme je voulais néanmoins paraître aussi profiter de l'abnégation d'une de ces charmantes victimes, parmi toutes les beautés qui rayonnaient alors, je m'attachai à une très jolie femme, blonde, fraîche et rose, trop rose peut-être, mais qui avait de beaux grands yeux noirs, doux et brillans à la fois, des lèvres bien purpurines, et se ravissantes dents blanches, véritables petites perles enchâssées dans du corail... qu'elle montrait toujours, et elle avait bien raison.

Seulement, ce qu'elle aurait dû cacher, c'était son adorateur, magnifique jeune homme on ne peut pas plus bellâtre, et qu'aussi malheureusement pour lui (et pour elle, la pauvre femme ! car cela prouvait contre son bon goût) on appelait le beau Sainville. Cette épithète de beau est déjà un effroyable ridicule, et si malheureusement on semble prendre ce sobriquet pour soi et y répondre en le justifiant par des prétentions sérieuses, on est à tout jamais perdu.

Certes, si j'avais eu plus de choix et plus de loisir, je ne me serais pas résigné à une apparence de lutte aussi peu flatteuse ; mais les facilités et les convenances s'y trouvaient, le temps me pressait, et je fus obligé de paraître disputer un cœur au beau Sainville !

Ainsi que je l'avais prévu, ce dernier était très sot ; et lorsqu'il me vit présenté à la femme dont il s'affichait l'intérêt, monsieur de Sainville manifesta presque aussitôt toutes sortes de jalousies des plus sauvages. Voulant prouver ce qu'il appelait sans doute ses droits, il se mit à user envers cette pauvre jeune femme des façons des plus dures et les plus compromettantes, ce dont j'étais navré ; car elle ne désirait pas et je n'aurais pu d'ailleurs lui offrir une compensation. Mais n'y tenant plus, et justement froissée des manières brutales de cet étrange adorateur, elle me fit, pour se venger, quelques coquetteries des plus innocentes. Bientôt monsieur de Sainville me servit au delà de mes souhaits ; car, après deux ou trois scènes variées qui passèrent de la dignité blessée à l'ironie froide, et enfin à l'insouciance cavalière, il alla jeter la cour de comblé ses forces à une autre pauvre jeune femme qui ne s'attendait à rien.

Enfin, quoique ce fût à peu près faux, j'eus bientôt aux yeux du monde la gloire d'avoir été préféré au beau Sainville, ce fut la peine bien méritée de ma duplicité : je la subis.

Quant aux preuves que le monde donnait à l'appui de mon bonheur, elles étaient d'ailleurs de la dernière évidence, ainsi que celles qu'il donne toujours. D'abord j'avais un jour demandé aux gens de cette jolie femme, parce qu'elle n'avait eu personne pour les faire appeler ; une autre fois elle m'avait donné une place dans sa loge à un petit spectacle ; puis je lui avais offert assidûment mon bras pour faire quelques tours de salon dans un raout où se trouvait tout Paris ; enfin, dernière et flagrante preuve !... un soir qu'elle était restée chez elle au lieu d'aller à un concert, on avait vu très tard ma voiture à sa porte.

En présence de faits aussi convaincans, aussi positifs, il fut donc bien et dûment établi que j'étais le plus fortuné des mortels.

Au milieu de ce bonheur, j'appris par monsieur de Cernay le retour de madame de Pënâfiel. Pour gagner son pari, le comte, à son insu, me servit à merveille, soit que madame de Pënâfiel m'eût entendu la défendre, soit qu'elle ne m'eût pas entendu.

Ainsi, dès qu'elle fut arrivée à Paris, chaque fois qu'il la vit, monsieur de Cernay s'exclama sur cette singularité de ma part de n'avoir pas cherché à me faire présenter chez elle ; chose d'autant plus étrange, ajoutait monsieur de Cernay, que je la voyais absolument le même monde qu'elle, que je l'y rencontrais presque chaque soir, et que je le savais, lui, le comte, assez des amis de madame de Pēnāfiel pour le prier de me procurer un honneur dont tous se montraient si jaloux. Mais, reprenait monsieur de Cernay, il fallait dire aussi que j'étais fort sérieusement occupé d'une jeune femme charmante, et que sans doute on m'avait fait bien promettre de ne jamais approcher de l'hôtel de Pēnāfiel, sorte de palais d'Alcine dont on ne pouvait sortir qu'enchanté, qu'éperdument épris.

Enfin, monsieur de Cernay accumula tant de folies et de mensonges, et surtout revint si incessamment sur ce sujet, que, par impatience, ou pour des raisons que je ne pus pénétrer, madame de Pēnāfiel finit par sembler sinon piquée, du moins presque choquée de mon insouciance apparente à lui être présenté. Dans sa fierté si habituellement flattée, elle en vint sans doute à considérer cette indifférence de ma part comme un manque d'usage et d'égards. Un jour enfin que monsieur de Cernay se récriait de nouveau sur ma bizarrerie, elle lui dit très impérieusement et avec une inconcevable naïveté de hauteur : que tout en sachant qu'il était difficile d'être admis chez elle, c'eût toujours été une preuve de déférence respectueuse, et digne de la part d'un homme bien né qui voyait le même monde qu'elle, de témoigner au moins le désir d'être présenté à l'hôtel de Pēnāfiel.

Je demeurai sourd à ces insinuations qui ravissaient le comte ; et madame de Pēnāfiel, ainsi que toute femme habituée à voir chacun aller au-devant de ses moindres caprices, finit par s'impatienter tellement de ma réserve, qu'un jour, au milieu d'un grand cercle où je causais avec une femme de ses amies, elle vint prendre part à la conversation, et fit ce qu'il fallait, du moins je le crus, pour la généraliser : je ne dis pas un mot à madame de Pēnāfiel, et, dès que je pus convenablement sortir de l'entretien, je saluai profondément et me retirai.

Quelques jours après, elle se plaignit au comte, en plaisantant à ce sujet de mon manque de savoir-vivre. Il répondit qu'au contraire j'étais extrêmement formaliste, et que je ne me trouvais sans doute ni poli, ni convenable d'adresser la parole à une femme à laquelle on n'avait pas eu l'honneur d'être présenté.

Madame de Pēnāfiel lui tourna le dos, et de quinze jours je n'en entendis plus parler.

Bien que ma curiosité fût extrême, je ne voulais, pour les causes que j'ai dites, m'avancer davantage. Je m'en tins donc à mon rôle, et je continuai de laisser croire au comte que je trouvais un grand charme dans l'affection que je possédais, et que, par faiblesse ou par attachement, j'avais promis de ne faire aucune démarche pour être présenté à une femme aussi séduisante et aussi dangereuse que madame de Pēnāfiel, démarche qui d'ailleurs pouvait être couronnée d'un refus, que mon tardif empressement expliquerait du reste.

Environ quinze jours après ce dernier entretien avec monsieur de Cernay, don Luis de Cabrera, le vieux parent de madame de Pēnāfiel, que j'avais souvent rencontré chez le comte et dans le monde, et qui peu à peu s'était lié avec moi, m'écrivit pour m'avertir qu'une fort belle collection de pierres gravées qu'il faisait venir de Naples, et dont il m'avait parlé, lui était arrivée, et que, si je voulais venir déjeuner avec lui un matin, nous pourrions examiner ces antiquités tout à notre aise.

Le chevalier don Luis de Cabrera, ainsi que je l'ai dit, demeurait à l'hôtel de Pēnāfiel. Je ne sais pourquoi il me sembla voir dans cette circonstance, fort simple et fort naturelle du reste, une intention à laquelle madame de Pēnāfiel n'était peut-être pas étrangère.

J'allai donc chez le chevalier. Don Luis habitait un entresol de l'hôtel, où des occupations scientifiques le rete-

naient presque toujours, et il n'en sortait que pour accompagner quelquefois sa parente dans le monde, lorsqu'elle le lui demandait.

Le chevalier de Cabrera me parut un vieillard fin, secret, sensuel, qui, ne possédant qu'une fortune médiocre, trouvait bon et convenable d'acheter toutes les licences du luxe et de la vie matérielle la plus raffinée par une sorte de chaperonnage, assez peu gênant d'ailleurs, auquel il s'était voué en demeurant chez madame de Pēnāfiel.

Il est inutile de dire que cet immense hôtel était au monde ce qu'on peut imaginer de plus somptueux et de plus élégant.

Le chevalier était très grand connaisseur en toutes sortes de curiosités, dont son appartement était rempli. Il me montra sa collection de pierres gravées, qui, en effet, était fort remarquable, et nous causâmes tableaux et antiquités.

Il était environ une heure lorsqu'on frappa légèrement à la porte, et un valet de chambre de madame de Pēnāfiel vint de la part de sa maîtresse demander au vieux chevalier l'*album vert.*

Don Luis ouvrit des yeux énormes, et dit qu'il n'avait pas l'*album vert ;* qu'il l'avait rendu depuis un mois à madame la marquise. Le domestique sortit, et nous reprîmes notre entretien.

Bientôt on heurta de nouveau ; le valet de chambre vint répéter que madame la marquise demandait son *album vert,* celui qui était garni d'émaux, et qu'elle assurait monsieur le chevalier qu'il ne le-lui avait pas rendu.

Don Luis, n'y comprenant rien, se donnait au diable ; il prit une plume, me demanda pardon, écrivit un mot pour sa cousine, et le donna au laquais.

Nous nous remîmes à causer.

Mais de nouveau nous fûmes distraits de notre entretien par une troisième interruption, causée cette fois par le valet de chambre de don Luis, qui ouvrit la porte en annonçant :

— Madame la marquise !

Madame de Pēnāfiel semblait habillée pour sortir : nous nous levâmes ; je saluai profondément.

— En vérité, mon cher cousin, — dit-elle au vieux chevalier, en répondant d'un air très poli mais très froid à mon salut ; — en vérité il faut que je tienne autant à cet album pour avoir le courage de braver votre antre d'alchimiste ; mais je suis sûre que vous devez avoir ces dessins ; je sors, j'ai promis à madame de *** de les lui porter ce matin, et je désire remplir mon engagement.

Nouvelles protestations de don Luis, qui assura avoir rendu l'album : nouvelles recherches qui n'amenèrent rien, sinon que le chevalier ne put s'empêcher de me présenter à madame de Pēnāfiel.

Il me fut non moins impossible de ne pas lui dire qu'il y avait bien longtemps que je désirais cet honneur, ce à quoi elle me répondit, d'un très grand air, par cette banalité, qu'elle recevait les samedis, mais qu'elle restait aussi chez elle tous les mercredis en *prima-sera,* et que je voulusse bien ne pas l'oublier.

A quoi je répondis par un nouveau salut, et cette autre banalité, que cette invitation m'était une trop précieuse faveur pour ne pas m'en souvenir.

Puis le chevalier lui offrit son bras jusqu'à sa voiture, qui l'attendait sous le péristyle, et elle partit.

Je n'ai jamais su si le chevalier était complice involontaire de cette présentation ainsi brusquée.

Je l'ai dit, le samedi était le grand jour de réception à l'hôtel de Pēnāfiel : mais les mercredis étaient ce que la marquise appelait ses jours de prima-sera ; ces soirs-là elle recevait, jusqu'à dix ou onze heures, un assez petit nombre de personnes qui venaient la voir avant d'aller dans le monde.

Le surlendemain était un de ces mercredis ; j'attends, je l'avoue, ce jour avec assez d'impatience.

J'oubliais de dire que j'envoyai ce jour-là à monsieur de

Cernay les deux cents louis de notre pari qu'il avait ainsi gagné.

XIV

PRIMA-SERA.

Avant de me rendre à l'hôtel de Pënâfiel, je comparais l'impression que j'éprouvais, impression chagrine, défiante, à l'abandon insouciant et au doux entraînement de la vie d'autrefois auprès d'Hélène, sûr que j'étais, en entrant dans le vieux salon de Serval, d'être toujours accueilli par un sourire bienveillant de tous.

Sans redouter cette entrevue avec madame de Pënâfiel, je savais que, par une bizarre et pourtant fréquente contradiction des jugemens du monde, bien qu'elle fût généralement dénigrée, calomniée, son salon était néanmoin fort considéré ; il avait de plus une très grande puissance, en cela que, fausse ou vraie, il imposait tout d'abord à chacun la valeur, au taux de laquelle il était désormais irrévocablement reçu et compté dans le monde.

Le nombre déjà restreint de ces sortes de maisons, si souverainement influentes qu'elles décidaient seules et sans appel de la place de chacun dans la très bonne compagnie, diminue de jour en jour.

Cela se conçoit ; il n'y a plus guère d'hommes sur qui exercer cette omnipotence ; la vie des clubs et des chambres représentatives, ces autres grands clubs politiques, a tout envahi. Entre le discours d'aujourd'hui ou celui de demain , entre une partie de whist ou une revanche de deux ou trois mille louis, parmi tous les calculs anxieux et absorbans d'un pari de course dans laquelle on a engagé un cheval pour une somme énorme, il reste bien peu de temps pour cette causerie douce, intime, fleurie, élégante, qui d'ailleurs n'a *pas d'écho dans le pays!* comme disent les monomanes de la tribune, et ne vous fait ni perdre ni gagner d'argent au whist ou sur le turf (1).

Et puis cette existence du monde est gênante; il faut faire une toilette de soirée pour aller étouffer dans un raout, et se geler ensuite en attendant sa voiture, tandis qu'il est si commode et si agréable de s'étendre dans les moelleux fauteuils d'un club, d'y faire une paisible sieste après son dîner, afin de se réveiller frais et dispos pour commencer quelque whist *nerveux*, sans autre distraction que la fumée de son cigare.

Mais au temps dont je parle, il y avait encore quelques maisons *bien causantes*, et l'hôtel de Pënâfiel était de ce petit nombre d'excentricités.

Madame de Pënâfiel, parmi tous ses travers, avait celui, non du blue-stocking (2), mais , ce qui est bien pis, celui de l'érudition, parlant d'ailleurs à merveille deux ou trois langues : ce qu'elle possédait des sciences les plus ardues était , disait-on , incroyable. Si ces renseignemens m'eussent seulement été donnés par des savans de la force de monsieur de Cernay, je me serais permis de douter de toute leur exactitude ; mais le souvenir d'une circonstance bizarre vint me prouver cette singulière capacité de madame de Pënâfiel.

Ayant été assez heureux pour rencontrer à Londres le célèbre Arthur Young, il m'avait parlé avec le plus grand enthousiasme du savoir extraordinaire d'une de mes compatriotes, très jeune femme du plus grand monde et de la plus jolie figure, qui, me dit-il, « lui avait fait les éloges » les mieux instruits et les plus savamment circonstanciés » sur *sa fameuse théorie optique des interférences*, et

(1) Terrain de course; — dans cette acception, — endroit où s'engagent les paris.

(2) Bas-bleu, — prétentions littéraires.

» l'avait vivement attaqué sur la valeur *syllabique ou dis-* » *syllabique* qu'il prétendait appliquer aux *hiéroglyphes,* » au contraire du système de Champollion. »

Ce fait m'avait paru si singulier, et il acquérait une si grande autorité par l'admiration du savant remarquable qui me le racontait, que j'en avais pris note sur mon journal de voyage. Ce ne fut qu'à Paris, quelque temps après avoir vu et entendu nommer madame de Pënâfiel , que, me rappelant confusément l'anecdote d'Arthur Young, je feuilletai mon mémento, et que j'y trouvai en effet ces détails et le nom de la marquise.

Encore une fois , tout ce que je savais de madame de Pënâfiel : ses bizarreries impérieuses, sa coquetterie si artistement et si continûment étudiée , disait-on , que de chacune de ses poses elle savait toujours faire le plus charmant tableau en se posant sans cesse « *en délicieux portrait ; »* son humeur fantasque , ses connaissances scientifiques , prétentions toujours malséantes pour la femme qui les affiche ; tout cela était loin de m'imposer.

Les femmes dont on parle beaucoup et très différemment ont rarement ce pouvoir ; elles recherchent trop les spectateurs pour ne les pas craindre ; une femme sérieuse, digne et calme , dont on ne *dit* et dont on ne *sait* rien, impose bien davantage.

Et puis , d'ailleurs , un homme d'un caractère froid et réservé, s'il ne peut prétendre à de grands succès, sera toujours sûr d'être parfaitement au niveau de tout et de tous , les gens extrêmement agréables ou extrêmement ridicules étant les seuls qui se produisent absolument en dehors.

Je le répète, ce fut donc avec *inquiétude*, mais avec un sentiment prononcé de curiosité presque malveillante, que je me rendis à l'hôtel de Pënâfiel, un mercredi, en sortant de l'Opéra.

La tenue ordinaire de cette maison était véritablement princière. Dans le vestibule fort élevé, orné de statues et d'immenses bassins de marbre remplis de fleurs, était une nombreuse livrée, poudrée et vêtue d'habits bleus, partout galonnée d'argent et à collets orange.

Dans une vaste antichambre, ornée de très beaux tableaux et de magnifiques vases de Faënza, aussi pleins de fleurs, était une autre livrée, mais orange à collet bleu, et garnie sur toutes les tailles de passemens de soie brodés aux armes de Pënâfiel. Enfin, dans un salon d'attente se tenaient les valets de chambre, qui, au lieu d'être tristement vêtus de noir, portaient des habits français de velours épinglé couleur d'azur et doublés de soie orange avec de larges boutons armoriés en émail.

Quand on m'annonça, il y avait chez madame de Pënâfiel cinq ou six femmes et deux ou trois hommes en prima-sera.

Madame de Pënâfiel était vêtue de noir, à propos de je ne sais plus quel deuil de cour ; ses beaux cheveux bruns étaient mêlés de jais ; elle me sembla charmante et d'un éclat éblouissant. Je m'abusai sans doute, mais il me parut (ce qui peut-être me la fit trouver si jolie), il me parut que, tout en m'accueillant avec une politesse froide et cérémonieuse, elle avait imperceptiblement rougi sous son rouge.

Après quelques mots que je lui adressai , la conversation, que mon arrivée avait interrompue, recommença.

Il s'agissait d'une aventure passablement scandaleuse, où l'honneur d'une femme et la vie de deux hommes étaient en jeu, le tout d'ailleurs exprimé dans les meilleurs termes, et avec une réserve de détails si diaphane et une réticence de particularités si transparente, que les noms propres eussent été moins significatifs.

Ainsi que cela arrive presque toujours , par un de ces à-propos que le destin se réserve, au moment où chacun disait son mot, sa remarque ou sa médisance sur cette aventure, l'on annonça le mari et la femme desquels il s'agissait.

Cette entrée si conjugale, excusée et expliquée d'ailleurs

par un récent retour à Paris qui exigeait cette première visite faite de la sorte, n'étonna que médiocrement.

Pourtant, quoique les personnes qui remplissaient ce salon fussent habituées à ces sortes d'*impromptu*, il régna néanmoins une seconde de profond silence assez embarrassé et non moins embarrassant; aussitôt madame de Pënâfiel, avec la plus naturelle et la plus parfaite aisance, afin de faire croire sans doute à une conversation commencée, et, s'adressant à moi, ce qui me sembla fort étrange, me dit :

— Vous croyez donc, monsieur, que la partition de ce nouveau maëstro annonce beaucoup d'avenir?

— Un talent plein de charme et de mélancolie, madame, — repris-je sans me déconcerter. — Non pas peut-être d'une très grande vigueur, mais sa musique est empreinte d'une suavité, d'une grâce inexprimables.

— Et quel est ce nouvel astre musical ? — demanda avec une nuance de prétention à madame de Pënâfiel la jeune femme qui venait d'entrer, et dont on venait de parler si légèrement.

— Monsieur Bellini, madame... — lui répondis-je en m'inclinant, afin d'éviter cette réponse à madame de Pënâfiel.

— Et le titre de l'opéra, madame la marquise? — demanda le mari de l'air du plus grand intérêt, et sans doute pour ne pas laisser épuiser si vite un tel sujet de conversation, chose en vérité assez rare.

— J'avais oublié de vous dire, madame, que le titre de ce nouvel opéra est la *Norma*, — me hâtai-je de répondre en m'adressant à madame de Pënâfiel; — le sujet est, je crois, l'amour d'une prêtresse des Gaules.

Madame de Pënâfiel, saisissant aussitôt ce thème, le broda à ravir, et, après avoir démontré toutes les ressources d'un sujet si dramatique, elle saisit immédiatement l'occasion de faire de l'érudition sur la religion des druides, sur les pierres celtiques; puis je pressentis qu'elle allait sans doute bientôt arriver par une transition très naturelle à la discussion sur la valeur *syllabique des hiéroglyphes*, renouvelée d'Arthur Young.

M'étant, par hasard, assez occupé de ces études, parce que mon père, grand ami du célèbre orientaliste monsieur de Guignes, avait, dans sa retraite, longtemps médité ces problèmes alphabétiques, j'aurais pu faire singulièrement briller madame de Pënâfiel, et sans doute à mes dépens; mais sa prétention me choqua, et je répondis bientôt à une attaque hiéroglyphique, cette fois des plus directes, par l'aveu le plus net de ma profonde ignorance dans ces matières dont la seule aridité m'épouvantait.

Cet aveu d'ignorance me parut soulager d'un poids énorme les autres hommes, car ils eussent rougi de rester en dehors d'une telle conversation, qui prouve toujours des connaissances au delà d'une éducation ordinaire.

Je ne sais si madame de Pënâfiel fut piquée de ma réserve, qui venait de lui faire perdre une si belle occasion de montrer son savoir, ou si elle crut mon ignorance affectée; mais elle ne put dissimuler un mouvement de dépit; pourtant, avec un art et un tact infinis, elle revint aux druides, et, passant des inscriptions celtiques au costume si pittoresque des prêtresses des Gaules, à leur robe traînante, au charmant effet que devait produire une coiffure de branches de houx dans les cheveux noirs ou blonds, elle fit très naturellement descendre la conversation des hauteurs scientifiques où elle s'était d'abord montée jusqu'aux vulgarités de la toilette du jour, et l'entretien se généralisa.

J'avoue que ces différentes transitions furent ménagées très habilement par madame de Pënâfiel, et que toute autre qu'une femme d'un esprit fait, abondant, adroit et rompu au monde y eût échoué.

J'étais loin d'être étonné, car je ne m'attendais pas à trouver chez elle de la candeur et de l'inexpérience; aussi, déjà las de ce creux bavardage, et sentant bien que ce ne serait ni là ni à cette heure que je pourrais observer à mon aise ce caractère qu'on disait singulier, je me levai

pour sortir inaperçu à la faveur d'une visite qui entrait, lorsque madame de Pënâfiel, près de qui j'étais, me dit, au moment où l'on apportait l'urne et les plateaux dans un autre petit salon :

— Monsieur, ne prendrez-vous pas une tasse de thé?

Je m'inclinai et je restai.

Il y avait ce soir-là un grand bal chez un de ces étranges complaisans qui, sous la condition expresse qu'on voudra leur permettre de rester dans leurs salons pour regarder les fêtes qu'ils donnent, prêtent à la bonne compagnie, qui accepte fort cavalièrement, leur hôtel, leurs gens et leur souper.

Presque toutes les visites de prima-sera de madame de Pënâfiel s'y rendaient; j'étais assez incertain de savoir si j'irais aussi, lorsque le plus heureux hasard voulut qu'on annonçât lord Falmouth.

Je ne l'avais pas revu depuis son départ si brusque pour aller parler à la chambre des lords sur une question de l'Inde qui lui semblait piquante. Il y avait une si grande différence entre son esprit original et celui de la plupart des gens que je voyais habituellement, que je me décidai à rester plus longtemps que je n'avais d'abord voulu à l'hôtel de Pënâfiel.

Après le thé, nous nous trouvâmes donc seuls, madame de Pënâfiel, lord Falmouth et moi; j'oubliais, inaperçu derrière le fauteuil de la marquise, dans un coin écarté du salon, un jeune étranger de distinction, le baron de Stroll, qui semblait très timide et, par contenance, feuilletait depuis une demi-heure le même album : le jeune baron était très rouge, avait les yeux fixes, et serrait convulsivement son chapeau entre ses genoux; lord Falmouth me le montrant, me dit tout bas, de son air gravement moqueur, ces mots si connus du visir Marécot au sultan Schaabaam, qui regarde les poissons rouges : « *Soyez tranquille, il en a là au moins pour une bonne heure.* »

Madame de Pënâfiel n'avait pas aperçu cet étranger, je le répète, placé derrière le très haut dossier de son fauteuil, près d'une table couverte d'albums, car elle faisait trop bien les honneurs de chez elle pour l'avoir ainsi laissé esseulé.

Madame de Pënâfiel commença par adresser de très gracieux reproches à lord Falmouth sur ce qu'il le rencontrait si peu. A quoi il répondit modestement qu'il était par malheur si outrageusement bête et d'une niaiserie si terriblement communicative, que, sur cent personnes avec lesquelles il voulait causer, une ou deux avaient à peine l'esprit assez robuste pour résister à la contagion de sa bêtise, et ne pas devenir aussi stupides que lui au bout d'un quart d'heure d'entretien; funeste influence dont il se désespérait avec l'humilité la plus comique, se reprochant d'avoir ainsi fait un nombre infini de victimes, dont il citait les noms comme preuves vivantes de la fatalité de son destin.

— Ah! madame la marquise! — disait-il en secouant la tête d'un air désolé, — j'ai fait, comme vous voyez, bien du mal par ma bêtise!

— Sans doute, et vous êtes surtout très blâmable de n'avoir fait le mal qu'à demi, puisque vos victimes ressuscitent en ennuyeux de toutes sortes, — dit madame de Pënâfiel, — et malheureusement l'espèce en est aussi variée qu'abondante et fâcheuse. C'est qu'en vérité je ne sais rien de plus physiquement douloureux que la présence d'un ennuyeux, — reprit-elle; — il y a dans la détestable influence qu'il vous fait subir malgré vous quelque chose de pénible... de doublement attristant, comme serait le remords... d'une méchante action qu'on n'aurait pas faite.

— Moi, — dit lord Falmouth, — je vous demande grâce pour l'épouvantable sottise de ma triviale comparaison; mais en raison du maître de ses impressions. Eh bien! quand il m'arrive de subir un ennuyeux, j'éprouve absolument la même sensation que si j'entendais scier un bouchon; oui, c'est une espèce de grincement sourd, ébréché, inarticulé, monotone, qui me fait parfaitement comprendre la férocité de Tibère et de Néron... Ces tyrans-là avaient surtout dû être extrêmement ennuyés par leurs courtisans.

— Moi, j'avoue mon faible, — dis-je : — j'aime beaucoup... les ennuyeux. Oui, quand vous causez avec une personne spirituelle, ce n'est jamais sans regret que vous voyez arriver la fin de l'entretien... tandis que dans une conversation avec un ennuyeux... oh ! il y a un moment rare, unique, précieux, qui vous paye bien au delà de ce qu'il a pu vous faire souffrir. C'est le moment... où la Providence vous l'ôte !...

— Le fait est, — dit lord Falmouth, — que, considéré comme discipline ou mortification, on en peut tirer parti... Mais, n'importe, si on pouvait tous les anéantir d'un mot, d'un seul mot... auriez-vous la philanthropie de le dire, madame la marquise ?

— Les anéantir ? — dit madame de Pënâfiel ; — les anéantir tout à fait ? physiquement ?

— Certes, pour les anéantir spirituellement... il n'y faudrait pas songer... Je parle de les anéantir bel et bien, en chair, en os et en cravate, — dit lord Falmouth.

— Le fait est qu'ils ne sont guère que cela !... mais... le moyen serait violent... D'un autre côté, si, en disant un seul mot... C'est bien tentant ! — reprit la marquise.

— Un seul mot ! — lui dis-je ; — en prononçant, je suppose, votre nom, madame, comme on se sert d'un nom béni pour chasser le diable.

— Mais ce serait un épouvantable massacre, — dit-elle.

— Eh bien ! madame, est-ce qu'il n'est pas reconnu, avéré, que l'ennui est de son côté *massacrant !* — dit lord Falmouth. — Ainsi pas de scrupule ; et après, vous verrez comme vous respirerez à votre aise ; comme vous sentirez l'atmosphère raréfiée, dégagée de ces miasmes pesans qui provoquent des bâillemens si douloureux ; comme vous irez partout librement et sans crainte.

— Allons, je crois que je dirais : *Plus d'ennuyeux !* — reprit la marquise ; — car, en vérité, c'est une inquiétude perpétuelle ; il faut toujours être à regarder où l'on met sa conversation, et c'est une préoccupation intolérable. Mais vous me faites songer avec ces folies à un très singulier conte que j'ai lu dernièrement dans un vieux livre allemand, et qui pourrait servir de pierre de touche ou de thermomètre à l'égoïsme humain, si chacun voulait répondre avec franchise à la question posée dans ce conte. Il s'agit tout uniment d'un pauvre étudiant de Leipsick, qui, en désespoir de cause, invoque le mauvais esprit ; il lui apparaît, et voici le singulier marché qu'il lui propose : » *Chaque vœu* que tu feras sera satisfait, mais à cette condi- » tion, c'est que tu prononceras tout haut ce mot : *Satha-* » *niel ;* et à chaque fois que tu prononceras ce mot, un » de tes semblables, *un homme enfin, mourra dans un pays* » *lointain ; tu n'assisteras ni à son agonie ni à sa mort, et* » *personne au monde que toi ne saura que la réalisation* » *d'un de tes désirs a coûté la vie à un de tes pareils.* — » Et je pourrai choisir le pays, la nation de ma victime ? » — dit l'étudiant. — Certes. Touchez là, maître, mar- » ché fait, dit-il au démon. » Or, ce fut aux dépens des Turcs, qui faisaient alors le siège de Belgrade, que l'étudiant satisfit tous ses vœux, qui ne dépensèrent pas plus de cinquante à soixante mille Turcs. Le conte est vulgaire, — reprit la marquise ; — mais je voudrais savoir si beaucoup d'humains, sûrs du secret, résisteraient à la tentation de prononcer le mot fatal, s'il s'agissait de réaliser ainsi un vœu bien ardemment désiré ?

— C'est tout bonnement ce qu'on appelle, je crois, un homicide véniel, — dit lord Falmouth ; — et quant à moi, — reprit-il, — si le désir en valait la peine, c'est-à-dire s'il s'agissait de l'impossible... par exemple, d'avoir le bonheur d'être distingué par vous, madame la marquise, certes je ne regarderais pas à l'existence de quelque obscur habitant... du Groënland ; par exemple, d'un Lapon, parce que c'est plus petit, et que le péché serait sans doute moins grand...

La marquise sourit en haussant les épaules, et me dit :

— Et vous, monsieur, pensez-vous que le plus grand nombre hésiterait longtemps entre son désir et le mot fatal ?

— Je crois qu'il y aurait si peu d'hésitation, madame, et même de la part de gens les plus *honorables,* comme on dit, que si dans notre âge d'or le malin esprit proposait un tel marché, dans huit jours le monde deviendrait une solitude, et peut-être que vous-même, madame, vous, lord Falmouth et moi, nous serions immolés bientôt à un caprice d'un de nos amis intimes, qui, au lieu de se donner la peine d'aller penser jusqu'au Groënland, nous ferait la grâce de nous traiter en voisin.

— Mais, j'y songe, — dit lord Falmouth ; supposez qu'en effet les caprices et les désirs de l'humanité, à force de se satisfaire ainsi aux dépens d'elle-même, l'aient réduite de telle sorte qu'il ne reste plus que deux personnes sur un coin de terre : un homme qui aimerait passionnément une femme qui le détesterait ; et que Satan, suivant son système, lui dise : « *Mon marché est toujours le même :* pro- » nonce le nom redouté, elle t'aimera, mais aussi elle mour- » ra, et tu répondras de sa mort ; » l'homme devrait-il dire le mot fatal, s'il est amoureux ?

— Prononcer le nom serait prouver qu'on aime bien éperdument, — dis-je à lord Falmouth.

— Oui, si l'on est croyant catholique, — reprit madame de Pënâfiel, — parce que l'amour serait alors acheté au prix des peines éternelles ; sans cela, c'est de l'égoïsme féroce.

— Mais, madame, permettez-moi de vous faire observer que, puisqu'il s'agirait de Satan, il est évident que tout se passerait entre catholiques.

— Monsieur a raison, — reprit lord Falmouth, — et sa réflexion me rappelle l'exclamation d'espoir et de bonheur de ce malheureux naufragé qui, échappé de la noyade, s'écrie en voyant une potence dressée sur la terre où il aborde : « *Dieu soit loué ! je suis au moins dans un pays* » *civilisé !* » Mais, — ajouta lord Falmouth, — sérieusement, n'est-ce pas à se désespérer, quand on songe qu'il y a de nos jours des gens assez heureusement, assez magnifiquement doués pour passer encore trois ou quatre heures tous les matins à chercher à voir le diable ; à faire des évocations et des invocations !... J'ai dernièrement trouvé un de ces bienheureux-là, rue de la Barillerie... Il est, je vous assure, pénétré de la conviction la plus profonde qu'il réussira un jour, et j'avoue que je lui ai envié de toute ma force cette occupation-là, d'autant plus qu'elle ne s'use pas. Or, un désir qui, soutenu par l'espoir, dure toute la vie sans être jamais satisfait, me paraît singulièrement approcher du bonheur.

— Mais votre grand poëte, — dis-je à lord Falmouth, — Byron, n'a-t-il pas eu quelque temps, dit-on, l'enfantillage de s'occuper de ces folies ?

— Byron ! ! Ah ! ne parlez pas de cet homme, — s'écria la marquise avec une expression d'amertume et presque de haine.

— Ah ! prenez garde, — me dit lord Falmouth en souriant. — Sans y songer, vous veniez, monsieur, d'évoquer vous-même une diabolique figure, que madame la marquise va conjurer de toute la force de ses exorcismes, car elle le déteste.

Je fus fort étonné, car j'étais loin de m'attendre à trouver madame de Pënâfiel antibyronienne ; tout ce qu'on racontait de son esprit fantastique et hardi me semblait au contraire fort en harmonie avec ce génie dédaigneux et paradoxal. Je restai donc très attentif au reste de la conversation de madame de Pënâfiel, qui reprit avec un sourire amer :

— Byron ! Byron ! si cruel et si désespérant ! cœur méchant et dur ! Quand on songe pourtant que, par une inexplicable fatalité, tout esprit jeune et riche d'un trésor d'illusions inestimables s'en va justement les prodiguer à ce démon méprisant et insatiable! c'est à croire en vérité à la loi des contraires.

— Mais rien n'est plus évident que l'attraction des contraires, — dit lord Falmouth. — Je vous le demande, le charmant papillon, par exemple, manque-t-il jamais, l'intelligent petit être aérien qu'il est, dès qu'il voit quelque part une flamme bien vive et bien rôtissante, d'accourir tout de suite avec toutes ses grâces de fils de Zéphire et d'Aurore, afin de s'y faire délicieusement griller?

— Aussi, — reprit madame de Pënâfiel avec une sorte d'exaltation qui la rendit très belle, — je ne puis penser sans amertume à tant d'âmes nobles et confiantes à jamais désespérées par le génie malfaisant de Byron! Oh! qu'il s'est bien peint dans *Manfred!* Tenez : le château de Manfred, si sombre et si désolé, c'est en vérité sa poésie! c'est son terrible esprit!! sans défiance, vous entrez dans ce château, dont l'aspect sauvage et élevé vous a frappé; mais, une fois entré, une fois sous le charme de son hôte impitoyable, les regrets sont vains, il vous dépouille sans merci de vos croyances les plus pures, les plus chéries; et puis, quand la dernière vous est arrachée, quand la dernière étincelle de foi est éteinte en vous, le grand seigneur vous chasse avec un sourire insultant; et, si vous lui demandez ce qu'il vous donne au moins en échange de ces richesses de votre âme, ainsi à jamais perdues et profanées...

— Eh bien, madame!—dis-je et me permettant d'interrompre la marquise, — le seigneur Manfred répond : « Je » vous ai donné le doute... le doute... la sagesse des sages. » Mais, — ajoutai-je, curieux de voir si madame de Pënâfiel partageait mes adorations comme mes antipathies, — si vous maudissez si fort Byron, madame, sa noble patrie ne vous offre-t-elle pas, si cela se peut dire, un antidote à ce poison si dangereux, Walter Scott?...

— Oh! — dit-elle en joignant les mains avec une grâce vraiment charmante et presque naïve, — que je suis heureuse, monsieur, de vous entendre parler ainsi!... n'est-ce pas que le grand, le bon, le divin, l'adorable Scott, est bien le contre-poison de Byron? Aussi lorsque, l'âme toute meurtrie, vous fuyez avec désespoir le terrible château de Manfred, avec quelle reconnaissance vous vous trouvez dans la demeure riante et paisible de Scott, de ce vieillard si doux, si grave, et si serein! Comme il vous accueille avec tendresse! comme sa pitié est touchante! comme il vous apaise, comme il vous console! comme il montre le monde sous un jour pur et radieux, en exaltant tout ce qu'il y a de noble, de bon, de généreux dans le cœur humain! comme il vous élève enfin autant à vos propres yeux que Byron vous a dégradé! s'il ne vous rend pas vos illusions à jamais perdues, chose, hélas! impossible, du moins, n'est-ce pas, qu'il berce et endort souvent votre douleur incurable à ses récits bienfaisants?... Eh bien! dites... dites, monsieur, n'est-ce pas là une grande, une magnifique gloire que la gloire de Walter Scott? Quel est l'homme le plus véritablement grand et puissant, celui qui désespère ou celui qui console? car, hélas! monsieur, faire croire au mal est si facile!!! — ajouta la marquise avec une expression d'amertume navrante.

Quoique tout ceci, fort bien dit et pensé d'ailleurs, m'eût paru peut-être trop *phrasé* pour une conversation, dans cet entretien de madame de Pënâfiel ce ne fut pas ce qui me surprit davantage.

Il est sans doute arrivé à tout le monde d'éprouver cette sensation inexplicable d'où il résulte que, pendant au plus la durée d'une seconde, on croit avoir déjà positivement vu ou entendu ce qu'on voit ou ce qu'on entend, bien qu'on ait la certitude absolue de voir le site que l'on regarde, d'entendre la personne qui parle, pour la première fois; or, ce que venait de dire madame de Pënâfiel à propos du génie de Byron ou de Scott me fit ressentir une impression analogue. Cela était tellement selon ma pensée intime, et en semblait si parfaitement l'écho, que je demeurai d'abord presque stupéfait; puis, réfléchissant bientôt qu'après tout ce que madame de Pënâfiel ve-

nait de dire là n'était qu'une appréciation fort simple et fort naturelle de deux esprits opposés, je continuai très froidement, sans laisser pénétrer ce que j'avais éprouvé; car madame de Pënâfiel m'avait semblé véritablement très émue et très naturelle en parlant ainsi :

— Sans doute, madame, le génie de Byron est très désolant, et celui de Scott très consolant, et l'un me semble aussi avoir un très grand avantage sur l'autre; mais ces désolations et ces consolations me paraissent un peu superflues à notre époque; car, aujourd'hui, on ne s'afflige ni on ne se console de si peu.

— Comment cela? — me demanda madame de Pënâfiel.

— Mais il me semble, madame, que nous n'en sommes plus au temps des malheurs et des félicités imaginaires; on prend le sage parti de substituer le positif du *bien-être matériel* à toute l'idéalité rêveuse et folle de la *passion;* il y a donc de nombreuses probabilités pour qu'on se trouve beaucoup plus près du bonheur qu'on ne s'en est jamais trouvé! Car, même pour les plus complètement doués, il n'y a rien de plus impossible à réaliser que l'idéal; tandis qu'avec de la raison chacun peut prétendre à s'arranger un petit bonheur matériel fort sortable.

— Ainsi, monsieur, — me dit madame de Pënâfiel avec impatience, — vous niez la passion? vous dites que de nos jours elle n'existe plus?

— Je me trompe, madame, il en est encore une, la seule qui reste, et celle-là a concentré sur elle la violence de toutes les autres. L'influence de cette passion est immense : c'est la seule enfin qui, bien exploitée, pourrait réagir de nos jours sur toute la société... sur les mœurs par exemple; et, bien que nous soyons, hélas! à mille lieues du laisser-aller si gracieux des grandes époques du plaisir et de la galanterie, la passion dont je vous parle, madame, pourrait presque changer chaque salon de Paris en une assemblée de quakers ou de bourgeois américains.

— Comment cela? — dit madame de Pënâfiel.

— En un mot, madame, voulez-vous voir la pruderie la plus sauvage régner dans tous les entretiens? voulez-vous entendre des invocations sans fin de la part des hommes (qui ne sont pas mariés bien entendu) en faveur de la sainteté du mariage et des devoirs des femmes? voulez-vous, en un mot, voir réaliser l'utopie rêvée par les moralistes les plus sévères?

— C'est-à-dire, pour moi, je voudrais bien voir cela, une fois par hasard... en passant, — s'écria lord Falmouth feignant un air épouvanté; — mais voilà tout; je proteste... si cela doit durer plus longtemps!

— Mais le secret de cette passion, monsieur, — dit madame de Pënâfiel, — de cette passion qui peut opérer ces miracles, quel est-il?

— L'égoïsme ou la passion du *bien-être matériel,* madame; passion qui se traduit par un mot très trivial et très significatif, l'*argent.*

— Et comment appliquerez-vous l'amour excessif de l'argent au développement non moins excessif de cette menaçante vertu dont vous faites un tableau si effrayant que je n'en suis pas encore bien remis? — dit lord Falmouth.

— Ainsi qu'on fait dans votre pays, monsieur, en punissant d'une amende exorbitante toute infraction aux devoirs. Que voulez-vous! dans notre époque toute positive, on ne redoute plus guère que ce qui vous atteint dans votre vie de chaque jour, dans votre *bien-être;* et sous ce rapport l'*amende* appliquée au maintien des mœurs serait certainement le plus puissant levier social de l'époque. Ainsi, par exemple, supposez un moraliste profond, inexorable, décidé à rompre brutalement avec les faiblesses que le monde accepte; un homme passionnément épris du devoir... ou, si vous l'aimez mieux, figurez-vous un homme très laid, très ennuyeux, et conséquemment très envieux de certaines fautes charmantes qu'il ne peut pas commettre, et décidé à les poursuivre à outrance; que cet acharné moraliste soit législateur par-dessus le marché, et qu'un jour il vienne faire à la Chambre le tableau le plus sombre de l'état des mœurs; enfin qu'il demande et qu'il obtienne d'une majorité, que sans trop d'efforts d'imagination vous supposez aussi composée de gens très laids et très ennuyeux; qu'il obtienne, dis-je, je ne sais d'après quels considérans, l'organisation d'une police sociale destinée à surveiller, à dévoiler tout attentat aux mœurs privées, et qu'enfin on promulgue une loi qui punisse, je suppose, d'une amende de *cinquante mille francs* ce tendre délit dont les tribunaux retentissent tous les jours; que cette amende soit doublée en cas de récidive, et non pas, ainsi que chez vous, monsieur, offerte comme un dédommagement honteux pour l'offensé, qui conserverait ici tous les droits de venger son honneur; mais employée, je suppose, à l'éducation des enfans trouvés... afin que le superflu alimente le nécessaire.

— Et vous croyez, monsieur, — s'écria la marquise, — que l'ignoble crainte de payer une somme d'argent considérable rendrait la majorité des hommes moins attentifs, moins empressés auprès des femmes?

— Je le crois tellement, que je puis vous tracer à merveille les deux aspects très différens d'un salon rempli des mêmes personnages la veille ou le lendemain du jour où une telle loi serait promulguée. La veille, vous verriez les hommes, comme toujours, souriants, épanouis, charmans, prenant leur voix la plus douce et la plus tendre pour développer bien bas, avec une grâce indicible dans le regard et dans l'accent, les principes amoureux de cette logique banale: « *Ce qui plaît est bien. La vertu est* » *la discrétion. On n'a pas consulté votre cœur quand on* » *vous a donné votre tyran. Il est des sentimens que la* » *sympathie rend inévitables. Votre âme cherche sa sœur...* » *son autre moitié... prenez mon âme* » (ce morceau d'âme dépareillée a des moustaches ou des favoris énormes). « *Arrivé à un certain degré, l'amour coupable devient un* » *devoir sacré*, etc., etc. » Car je vous fais grâce, madame, d'une foule d'autres excellens raisonnemens qui généralement ne trompent pas plus celles qui les admettent que ceux qui les font. Mais le lendemain de notre terrible loi, mais lorsqu'il s'agirait d'*amende*, quelle différence! Comme, après tout, ces jolis paradoxes de la veille pourraient bien finir par une forte somme à débourser, et que cette somme réduirait d'autant ce luxe et ce bien-être qui sont le nécessaire d'une vie essentiellement positive dont l'amour n'est que le dernier superflu, vous verriez les hommes, tout à coup devenus sérieux, gourmés, dignes, s'effarouchant du moindre entretien avec une femme s'ils se trouvent un peu trop écartés du cercle, enfin prudes et sauvages comme des pensionnaires devant leur supérieure, vous les entendriez s'écrier tout à coup, pour qu'on les entende bien, et de leur voix la plus solennelle, de cette voix fugue qu'ils réservent pour parler politique, refuser des services, et, plus tard, gronder leurs femmes et leurs enfans: « *Après tout, la société ne vit que par les* » *mœurs. Il faut bien s'arrêter à quelque chose. Il est des* » *devoirs qu'un galant homme sait et doit respecter. J'ai* » *eu une mère! Je serai père un jour. Il n'y a de véritables* » *joies que dans la satisfaction de la conscience*, etc., etc. » Car je vous fais encore grâce, madame, d'une foule d'autres formules plus ou moins morales, qui, dès qu'il s'agirait d'amende, pourraient bien se traduire par ceci: « *Mesdames, vous êtes sans* » *doute on ne peut pas plus charmantes; mais j'aime beau-* » *coup aussi ma loge à l'Opéra, mon hôtel, ma table, mon* » *écurie, mon jeu, mon voyage aux eaux ou en Italie tous* » *les ans, mes tableaux, mes objets d'art; or, risquer un* » *peu de tout cela pour quelques momens d'une félicité...* » *aussi rare... qu'elle est enivrante... Non!* »

— C'est infâme, — dit la marquise; — sur cent hommes il n'y en a pas un qui penserait ainsi!

— Permettez-moi, madame, d'être d'un avis absolument opposé: je crois, de nos jours, les hommes impitoyablement attachés au bien-être comfortable et matériel, et pouvant, et sachant, et voulant lui sacrifier tout, et, bien

plus que tout le reste, ce qu'on appelle une passion de cœur.

— Vous pensez cela? — me dit madame de Pënâfiel avec un étonnement profond. — Vous pensez cela? Et quel âge avez-vous donc, monsieur?

Cette question me parut si étrange, si peu convenable, et il était d'ailleurs si difficile d'y répondre sans être extrêmement ridicule, que, m'inclinant respectueusement, je dis à tout hasard:

— Mon étoile m'a assez favorisé, madame la marquise, pour me faire naître la veille du jour de votre naissance...

Madame de Pënâfiel fit un mouvement de hauteur impatiente, et me dit d'un très grand air:

— Je vous parle sérieusement, monsieur!

— Et c'est aussi très sérieusement, madame, que j'ai l'honneur de vous répondre; la question que vous avez daigné m'adresser m'est une preuve d'intérêt trop hautement flatteur pour que je n'y réponde pas comme je dois.

— Mais comment savez-vous mon âge? — me demanda madame de Pënâfiel avec une sorte de curiosité très étonnée.

— D'ici à bien des années, madame, — lui dis-je en souriant, — ce secret ne devra pas vous inquiéter, et j'ose espérer vivre assez longtemps dans vos bonnes grâces pour l'avoir oublié lorsqu'il devra l'être...

A ce moment, un éternuement, d'autant plus sonore qu'il avait été puissamment comprimé, éclata dans la région du jeune étranger, qui, selon la prédiction de lord Falmouth, n'avait pas cessé de feuilleter depuis une heure le même album dans le plus profond silence. Ce bruit fit faire un bond de surprise à madame de Pënâfiel, qui détourna vivement la tête, et fut toute confuse d'apercevoir là monsieur de Stroll.

Mais elle lui fit des excuses si gracieuses sur l'oubli où elle avait paru le laisser, que le jeune baron trouva sa conduite toute naturelle, et parut même se savoir assez bon gré d'avoir éternué aussi fort.

Il était tard, je me retirai.

J'attendais ma voiture dans un des premiers salons, quand lord Falmouth et monsieur de Stroll vinrent aussi demander leurs gens.

— Eh bien! — me dit lord Falmouth, — que pensez-vous de madame de Pënâfiel?

Soit fausse honte de sembler être déjà sous le charme, soit dissimulation, je lui répondis en souriant:

— Mais madame de Pënâfiel me semble avoir une extrême simplicité de manières, un esprit candide et dénué de toute prétention, un naturel enchanteur, et dire enfin tout naïvement ce qu'elle pense.

— Eh bien! sur ma parole! — me répondit lord Falmouth avec son ironie grave, — vous avez bien jugé, aussi vrai que nous sommes en plein midi, au milieu d'une épaisse forêt, à entendre le ramage des oiseaux. — Puis il ajouta sérieusement: — Ce qu'il y a d'infernal chez elle, c'est la fausseté... Je suis sûr qu'elle ne pense pas un mot de tout ce qu'elle nous a dit à propos de Byron et de Scott... car elle a du cœur... comme cela, — ajouta-t-il en me frappant du bout de sa canne la base d'un colossal vase du Japon plein de fleurs situé près de lui, — ou bien encore, tenez, — dit-il en prenant dans le vase un beau camellia pourpre qu'il me montra, — elle ressemble encore à ceci: couleur et éclat, rien de plus; pas plus d'âme que cette fleur n'a de parfum. Quand elle veut, elle a cause à ravir. Mais où il faut l'entendre, dit-on, c'est quand quelqu'un sort de chez elle... Comme elle le met en pièces! Un de ces jours, nous ferons cette partie-là; vous sortirez, je resterai, et je vous dirai ce qu'elle aura dit de vous, à charge de revanche...

A ce moment nos voitures avancèrent, lord Falmouth allait commencer sa nuit au salon; après avoir hésité un instant à l'y accompagner, je rentrai chez moi.

Malgré le jugement de lord Falmouth et ce que je lui avais dit moi-même sur madame de Pënâfiel, je l'avais trouvée fort naturelle, et sa façon de voir sur Byron m'avait surtout beaucoup et profondément frappé; car il m'avait semblé pénétrer sous ce langage de sourds élans du cœur, quelques cris de douleur morale comprimés, qui me firent beaucoup réfléchir, parce qu'ils me parurent vrais et absolument opposés au caractère qu'on prêtait à madame de Pënâfiel.

XV

DES BRUITS DU MONDE ET DE LA COQUETTERIE.

Il n'est souvent rien de plus difficile, pour ne pas dire impossible, que de défendre avec quelques succès dans le monde une pauvre jeune femme qui a le malheur de se trouver non-seulement très haut placée et par son nom et par sa fortune, mais encore d'avoir une figure charmante, un esprit remarquablement distingué, des talens et une instruction très étendue.

Dès que l'insolente réunion de ces rares avantages a déchaîné le monde contre elle, ses actions les meilleures comme les plus indifférentes, ses qualités, sa grâce, tout lui est opposé avec un art d'une incroyable perfidie, et on ne se montre un peu bienveillant que pour ses défauts.

Rien de plus triste à observer que les effets contradictoires de ce dénigrement acharné; car si cette femme, contre laquelle on s'élève avec une haine si unanime, a une maison hautement recherchée, on s'y presse, aucune avance ne coûte pour y être admis. Lui reproche-t-on des légèretés? qu'importe, toutes les femmes la reçoivent et lui amènent leurs filles, sans doute pour leur enseigner de bonne heure cet édifiant oubli des outrages... qu'on a prodigués, et des calomnies... qu'on a répandues soi-même.

Ces réflexions me viennent à propos de madame de Pënâfiel; car peu à peu je m'étais habitué à la voir souvent, et bientôt presque chaque jour.

Ainsi que cela arrive d'ordinaire, je l'avais trouvée absolument autre qu'on ne la jugeait. On la disait hautaine et impérieuse, je ne l'avais trouvée que digne; ironique et méprisante, je ne l'avais jamais entendue adresser ses railleries qu'à des sujets bas et méprisables; méchante et haineuse, elle m'avait paru bonne et pitoyable; fantasque, bizarre et morose, quelquefois seulement je l'avais vue triste.

Maintenant, cette différence si marquée entre ce que je voyais et ce que j'avais entendu dire devait-elle être attribuée à la profonde dissimulation qu'on reprochait à madame de Pënâfiel? Je ne le sais.

J'ignore si j'étais fort épris de madame de Pënâfiel, mais je ressentais pour elle, à mesure que je la connaissais plus intimement, un très vif intérêt, causé autant par son charme, par son esprit, par ses qualités, par la naïveté même de certains défauts qu'elle ne contrariait pas, que par l'acharnement avec lequel le monde l'attaquait sans cesse; acharnement contre lequel je m'étais souvent et très durement élevé.

Ce n'est pas sans quelque fierté que je me rappelle cette circonstance, rien n'étant plus ordinaire que la lâcheté moutonnière avec laquelle on se joint aux médisans pour déchirer ses amis absens.

D'ailleurs, j'avais peu à peu découvert la fausseté de mille bruits absurdes auxquels, du reste, j'avais ajouté foi tout des premiers.

Ainsi, lorsque je pus causer un peu confidemment avec madame de Pënâfiel, je lui avouai très franchement que sa présence à cette course fatale où monsieur de Merteuil avait été tué m'avait semblé au moins étrange.

D'un air fort étonné elle me demanda pourquoi.

Je lui dis que monsieur de Merteuil et monsieur de Senneterre étant fort de ses amis, en un mot, extrêmement ses adorateurs...

Mais, sans me laisser le temps d'achever, elle s'était écriée que c'était une insigne fausseté; qu'elle recevait monsieur de Merteuil et monsieur de Senneterre ses jours habituels; qu'elle ne les voyait presque jamais le matin; qu'ignorant le danger de ce défi, elle était allée à cette course comme à toute autre, et que, si elle n'était pas restée jusqu'à la fin, c'est qu'elle avait eu froid.

A cela je lui opposai le bruit, et conséquemment la conviction publique que voici : « Elle savait être aimée par » messieurs de Merteuil et de Senneterre : ayant, par une » coquetterie inexcusable, encouragé leurs soins rivaux, » elle se trouvait ainsi la première et seule cause de ce » défi meurtier; aussi, son départ insouciant avant la fin » de la lutte avait-il au moins autant scandalisé que sa » présence à cette course; enfin, le soir, son apparition » en grande loge à l'Opéra avait semblé le comble de la » sécheresse de cœur et du dédain. »

Madame de Pënâfiel ne pouvait croire d'aussi misérables médisances; quand je l'en eus convaincue, elle me parut douloureusement peinée, et me demanda comment il se faisait que des gens du monde et sachant le monde fussent assez sots ou assez aveuglés pour penser qu'une femme comme elle jouerait un tel rôle.

A cela je lui répondis que la bonne compagnie, avec une humilité toute chrétienne, se résignait toujours à oublier sa haute et rare expérience du monde pour descendre jusqu'à la crédulité la plus stupide et la plus bourgeoise, dès qu'il s'agissait d'ajouter foi à une calomnie.

Puis je lui citai l'histoire d'Ismaël. Elle me dit qu'elle avait en effet remarqué et assez admiré *en artiste* son costume rempli de caractère, et qu'un moment elle avait eu peur de voir ce malheureux homme renversé sous son cheval. Mais quand j'en vins à ces autres propos, et conséquemment à cette autre conviction publique, « qu'elle » avait voulu se faire présenter Ismaël, » elle éclata d'un rire fou, et me raconta qu'elle avait dit à l'Opéra à monsieur de Cernay, qui en fut d'ailleurs fort piqué : « Rien » n'est maintenant plus vulgaire que les chasseurs et les » heiduques; quand vous vous serez bien montré avec » votre LION, et que vous en aurez tiré tout le contraste » possible, vous devriez me l'envoyer, je le ferais monter » derrière ma voiture avec un valet de pied; ce serait fort » original. »

— Eh bien ! madame, lui dis-je en riant, voici ces autres médisances, ou plutôt cette autre conviction : « Pen- » dant que messieurs de Merteuil et de Senneterre ris- » quaient pour vous plaire leur existence, indifférente à » cette lutte téméraire dont vous saviez l'objet, vous n'a- » viez d'admiration que pour ce Turc, admiration qui » avait éclaté par mille signes et mille transports presque » frénétiques; enfin le soir, paraissant à l'Opéra malgré » la mort d'un de vos plus dévoués admirateurs, votre » première pensée fut de prier monsieur de Cernay de » vous présenter Ismaël. Mais pourtant, éclairée par les » conseils de vos amis, et voulant fuir la passion profonde » que ce sauvage étranger vous avait inspirée, vous aviez » pris le parti de vous aller brusquement mettre à l'abri » tout au fond de la Bretagne. »

Madame de Pënâfiel me demanda si ce n'était pas monsieur de Cernay qui faisait courir ces bruits si calomnieux et si mensongers. Comme je tâchais d'éluder cette question, bien que je n'eusse aucune espèce de raison de ménager le comte, elle parut réfléchir un instant et me dit :

— Confidence pour confidence : monsieur de Cernay, après s'être assez longtemps occupé de moi, a fini par me faire une déclaration..... de mariage, qui n'a pas plus été agréée que ne l'aurait été une déclaration d'amour; car, ne songeant pas à commettre une faute, je ne pouvais sérieusement penser à faire une sottise irréparable. Mais, comme monsieur de Cernay n'avait pas plus à se vanter de mon refus que moi de ses offres, le secret avait été jusqu'ici scrupuleusement gardé entre nous deux; maintenant qu'il me calomnie, ce secret n'en est plus un; faites-en ce que vous voudrez au besoin, et *citez vos sources*, comme disait toujours mon vénérable ami Arthur Young.

Maintenant, quant à ce voyage de Bretagne si précipité,— avait ajouté madame de Pënâfiel en riant beaucoup de ces ridicules interprétations, — vous me rappelez que ce soir-là, à l'Opéra, j'ai été bien brusque envers cette pauvre Cornélie, ma demoiselle de compagnie. Je lui avais dit que le lendemain nous partions pour ma terre; mais elle se mit à me faire mille objections sur le temps, sur le froid, etc., qui finirent par m'impatienter beaucoup, puisque je voyageais bien, moi. Or ce n'était pas absolument pour fuir ce pauvre diable de Turc que je partais ainsi, mais pour aller tout simplement voir la femme qui m'avait nourrie; elle était à la mort, et assurait que, si elle me voyait, elle reviendrait à la vie. Comme je suis attachée à cette excelente créature, j'y suis allée; mais ce qu'il y a de très curieux, c'est qu'aujourd'hui elle se porte à merveille; aussi n'ai-je pas vraiment eu le cœur de regretter ce rude voyage en plein hiver.

A ce sujet je fis beaucoup rire madame de Pënâfiel en lui disant combien j'avais moi-même profondément plaint sa femme de compagnie d'être exposée à sa tyrannie, etc., etc., en voyant la pauvre fille si chagrine à l'Opéra.

Je ne cite ces particularités, je le répète, que comme type très vrai, je crois, de la plupart des bruits absurdes qui ont pourtant cours et créance absolue dans le monde, et dont la portée est souvent bien dangereuse.

Tant d'acharnement contre cette jeune femme m'intéressait donc vivement; d'ailleurs, plus je la voyais dans l'intimité, plus son caractère me semblait souvent inexplicable. Son esprit très agréable, singulièrement orné, bien que souvent paradoxal et d'un tour scientifique prétentieux (c'était un de ses défauts), avait rarement quelques saillies de gaieté cordiale ou d'entraînement.

Quant à ce qui touchait les sentimens intimes, elle paraissait contrainte, oppressée, comme si quelque douloureux secret lui eût pesé; puis parfois c'étaient des traits de bonté et de commisération profondément sentie et raisonnée; bonté qui ne paraissait pas pour ainsi dire naturelle, instinctive, mais plutôt naître de la comparaison ou du souvenir d'une grande infortune, comme si madame de Pënâfiel se fût dit : « J'ai tant souffert que je dois m'apitoyer ! »

C'étaient enfin d'autres fois des explosions du mépris le plus acerbe à propos des envieux et des méchans, qui éclataient en railleries mordantes, n'épargnaient personne, et avaient malheureusement dû lui assurer beaucoup d'ennemis.

Une circonstance m'avait aussi singulièrement frappé, c'est que, malgré ce qu'on disait de sa légèreté, je n'avais vu chez madame de Pënâfiel aucun homme sur un pied d'intimité telle, qu'à cette époque on pût lui supposer, ostensiblement du moins, aucun intérêt de cœur.

Si j'aimais madame de Pënâfiel, ce n'était donc pas de cet amour pur, jeune et passionné dont j'avais aimé Hélène ; c'était d'un sentiment où il entrait au moins autant d'affection que de curiosité et, le dirai-je, de méfiance ; car si je blâmais les absurdes et calomnicuses visions du monde, je n'étais souvent pas beaucoup plus juste ni beaucoup moins sot.

Quoique je visse très assidûment madame de Pënâfiel depuis à peu près trois mois, je ne lui avais pas encore dit un mot de galanterie, autant par calcul que par défiance. Je l'avais trouvée trop essentiellement différente du portrait qu'on en faisait dans le monde pour n'avoir pas, malgré moi, souvent songé à cette excessive fausseté dont on l'accusait.

Ainsi je voulais l'étudier davantage avant de me laisser entraîner au courant très incertain d'une liaison dont j'au-

rais redouté l'issue négative; car, je l'avoue, madame de Pënâfiel était on ne peut plus séduisante.

Entre autres défauts, qui chez elle me ravissaient, il y avait surtout sa coquetterie, qui était fort singulière.

Elle n'existait pas dans de fausses prévenances, dans un accueil aussi flatteur que mensonger, aussi encourageant que trompeur ; non, son caractère était trop fier et trop justement dédaigneux pour quêter ou s'attirer ainsi des hommages.

Cette coquetterie était toute dans la grâce inexprimable que madame de Pënâfiel voulait et savait donner à ses moindres mouvemens, à ses poses les plus indifférentes en apparence. Sans doute cette grâce était calculée, raisonnée, si cela peut se dire; mais l'habitude avait tellement harmonisé cet art enchanteur avec l'élégance native de ses manières, qu'il était impossible de *regarder* quelque chose de plus délicieux que madame de Pënâfiel.

D'ailleurs, en fait d'exquisitisme, le naturel seul ne peut supporter la comparaison avec la parure étudiée; autant dire que la fleur pâle et sauvage de l'églantier se peut comparer à la rose pour l'abondance, l'éclat et le parfum.

Madame de Pënâfiel, quant à cela, d'une sincérité charmante, avouait qu'elle avait un plaisir extrême à s'habiller avec le goût le plus parfait, afin de se trouver jolie; qu'elle aimait beaucoup à voir son attitude gracieuse réfléchie dans une glace; elle ne comprenait pas enfin qu'on rougît davantage de cultiver et d'orner sa beauté que son esprit; qu'on ne s'étudiât pas autant à toujours prendre une pose élégante et choisie qu'à ne jamais parler sans finesse et sans atticisme.

Elle avouait encore qu'elle se plaisait à cette coquetterie beaucoup plus pour elle-même que pour les autres, qui, disait-elle dans ses jours de gaieté, ne la louaient jamais comme il fallait, tandis qu'elle ne manquait pas le terme précis de la flatterie; aussi préférait-elle de beaucoup ses propres admirations, et s'y tenait-elle.

On ne saurait croire en effet jusqu'à quel point madame de Pënâfiel avait poussé cet art d'être charmante à *voir*.

Ainsi, peignant à ravir, elle avait une sorte de parloir à la fois salon, bibliothèque et atelier, arrangé avec un goût parfait, et où elle se tenait de préférence. Or, selon son air, sa toilette ou sa physionomie du jour, au moyen de stores et d'anciens vitraux très habilement combinés, elle se trouvait plus ou moins éclairée, et cela avec la plus admirable, la plus poétique intelligence du coloris et des mille savantes ressources de l'ombre et de la lumière artistement opposées.

Par exemple, lorsque madame de Pënâfiel était nerveuse et pâle, et que, toute vêtue de blanc, ses beaux cheveux bruns, brillant de reflets dorés, arrondis en bandeaux, elle était assise sous un demi-jour, qui, tombant d'assez haut, projetait de grandes ombres dans l'appartement, il fallait voir comme cette faible clarté, en s'épanouissant seulement sur son beau front, sur ses joues à peine rosées et sur son col d'ivoire, laissait tout le reste de son visage dans un merveilleux clair-obscur! Rien enfin de plus délicieux à regarder que cette blanche et vaporeuse figure qui se dessinait, si doucement éclairée, sur un fond très sombre.

Puis encore, cette lumière avarement ménagée qui brillait seulement çà et là comme par étincelles, sur la sculpture dorée d'un fauteuil, sur le pli moiré d'une étoffe, sur l'écaille et la nacre d'un meuble, ou qui éclatait en points scintillans sur la surface arrondie des coupes de porcelaine remplies de fleurs; cette lumière ainsi distribuée donnait non-seulement une apparence de tableau, et de charmant tableau, à cette figure d'une élégance si achevée, si exquise, mais encore à tous les accessoires qui l'entouraient.

J'avoue d'ailleurs une grande puérilité, c'est que cette manière de donner du jour à un appartement m'avait beaucoup plu, parce qu'elle était dans mes idées.

Une chose, à mon avis, des plus choquantes, était l'ignorance complète ou l'oubli déplorable des architectes à ce sujet. Ainsi, sans tenir compte du style, de l'époque, et principalement, s'il s'agit d'une femme, de son extérieur, du type de sa beauté, de sa physionomie, ils croient avoir tout fait, et parfaitement fait, lorsqu'ils l'ont aveuglée au moyen de deux ou trois fenêtres énormes, de dix pieds de hauteur, d'où se répand de tous côtés une nappe de clarté éblouissante. Or, cette lumière si maladroitement prodiguée se neutralise, se perd, ne met en relief ni tableaux, ni étoffes, ni sculptures, parce que, se projetant indifféremment sur tout, elle ne donne de valeur à rien.

En un mot, pour résumer ma pensée, il me semble qu'un appartement (non de réception, mais voué aux habitudes d'intimité) doit être éclairé avec la même étude, avec le même art, avec la même recherche qu'on mettrait à *bien éclairer un tableau.*

Qu'ainsi, beaucoup de choses doivent être sacrifiées dans l'ombre et dans la demi-teinte, afin de ménager des parties éclatantes.

Alors l'œil et la pensée se reposent avec plaisir, avec amour, avec une espèce de douce rêverie, de poétique contemplation sur cet agencement intérieur...

Sorte de tableau réel, en action, qu'on admirerait déjà si on le voyait représenté sur une toile.

Mais il faut une certaine élévation d'esprit, un certain instinct d'idéalité peut-être exagéré, pour se vouer à cette espèce de culte domestique, et y chercher des jouissances méditatives de chaque minute, qui échappent ou semblent incompréhensibles à beaucoup de gens.

Si j'insiste sur cette particularité, c'est que cette espèce de sympathie entre ce goût de madame de Pénâfiel et le mien me frappa, et qu'il faisait encore valoir sa coquetterie de manières que j'aimais à l'adoration.

A ce propos, je me souviens que je ne trouvais rien de plus sauvage (et je le disais hautement) que les cris furieux de tous les hommes de la connaissance de madame de Pénâfiel, au sujet de ce qu'ils appelaient son *intolérable et détestable coquetterie.* « C'était, — disaient-ils avec un em
» portement très curieux, — c'était de la part de madame
» de Pénâfiel des prétentions exorbitantes ! une espèce
» de pari avec elle-même d'être toujours gracieuse et
» charmante ! Jamais on ne pouvait la trouver chez elle
» que mise à ravir ; tout y était calculé, étudié, depuis le
» jour faible et incertain qui l'éclairait quelquefois, de
» puis la couleur de la tenture assortie à son teint comme
» si elle eût dû s'habiller avec cette tenture, jusqu'à celle
» des fleurs naturelles posées dans un vase, sur sa table
» à écrire, qui étaient, le croirait-on, ô horreur !!! qui
» étaient aussi assorties à la couleur de ses cheveux
» comme si elle eût dû se coiffer avec ces fleurs ! Mais ce
» n'était pas tout ; elle avait un pied d'enfant, les plus
» beaux bras qu'on pût voir, et une main ravissante. Eh
» bien ! n'était-ce pas insupportable ? On ne pouvait s'em
» pêcher de remarquer, d'admirer ce pied, ce bras, cette
» main ; tant elle possédait d'habileté à mettre ces avan
» tages en évidence. Encore une fois c'était odieux, insup
» portable, scandaleux, etc. »

Or, tout cela fût-il vrai, ou plutôt par cela même que tout cela était vrai, y avait-il quelque chose au monde de plus grotesque et de plus saugrenu que d'entendre des hommes, vêtus avec cette espèce de négligence souvent sordide, acceptée je ne sais pourquoi de nos jours pour les visites du matin, et qui allaient ainsi en *chenille* (vieille expression très justement imaginée, qui devrait revivre) passer une heure chez une femme, de les entendre, disje, se plaindre outrageusement de que cette femme les recevait entourée de tout ce que le goût, l'art et l'élégance pouvaient ajouter à sa grâce naturelle ?

J'avoue qu'au contraire je trouvais, moi, un plaisir extrême à jouir de toutes les délicieuses coquetteries de madame de Pénâfiel, à contempler enfin, ne fût-ce même que comme un ravissant *objet d'art*, ce délicieux tableau vivant, quelquefois si animé, quelquefois si triste et si languissant.

. . . .

J'oubliais de dire que, parmi les plus violens détracteurs de madame de Pénâfiel, étaient plusieurs *jeunes chrétiens* de ses amis.

Puisque ces mots sont venus à ma pensée, ils exigent quelques développemens ; car le *jeune chrétien de salon*, type à la fois prétentieux et grotesque devant bientôt faire place à d'autres ridicules, mérite d'être assez longuement décrit, afin que son souvenir exhilarant ne soit pas à tout jamais perdu.

XVI

DU CHRISTIANISME DE SALON.

Il existe deux sortes de jeunes chrétiens de salons, les uns prétentieux et grotesques, les autres respectables, parce qu'ils ont du moins des dehors, un langage et des habitudes qui ne font pas le contraste le plus saugrenu avec leur *spécialité.*

On peut d'ailleurs diviser en deux classes ces mondains apôtres, les jeunes chrétiens qui dansent et ceux qui ne dansent pas. Cette distinction suffit pour les reconnaître tout d'abord.

Les premiers, les chrétiens danseurs, sont plus ou moins gros et gras, rosés, potelés, bouclés, frisés, cravatés, gourmés, guindés, parfumés. Ce sont les *beaux*, les *cavaliers*, les *lions* de ce christianisme de boudoir, de ce catholicisme de table à thé ; ceux-là boivent, mangent, rient, parlent, chantent, crient, dansent, valsent, galopent, pirouettent, cotillonnent, mazourquent et font l'amour (s'ils peuvent) tout aussi éperdument que le dernier des luthériens ou le moindre petit indifférent en matière de religion. Quelques-uns même, se souvenant que David dansait devant l'arche, se sont ardemment livrés à la cachucha, afin de rendre sans doute un hommage tout chrétien à cette danse adorable qui florit en Espagne, terre catholique s'il en est ; d'autres, plus rigoristes, avant de consentir à rivaliser ainsi avec les majos les plus débauchés, demandaient que la cachucha fût baptisée l'*Inquisition*. La question est encore pendante.

Toujours est-il qu'en voyant ces apôtres en gants glacés et à chevelure pyramidale arriver tout essoufflés d'un galop, s'abandonner au délire de la valse en dévorant des yeux leur danseuse, et aller ensuite oublier ou rêver tant de charmes dans la brûlante intimité des pierrettes du bal Musard, on ne les croirait pas d'abord beaucoup plus chrétiens qu'Abd-el-Kader.

Pourtant, grâce à quelques révélations indiscrètes sur la topographie des religions divines, à quelques confidences compromettantes sur l'espèce, la durée des peines éternelles, et surtout à leur air de fatuité triomphante, on devine, on pressent bientôt l'ange surnuméraire sous l'enveloppe terrestre de ces jeunes chrétiens.

Leur seul tort est de ne pas assez dissimuler qu'ils sont du dernier mieux avec Jéhovah, en bonne fortune réglée avec la Providence, qu'ils ont tout plein de bonnes connaissances là-haut, et que les séraphins sont fort leurs serviteurs.

Mais en attendant l'heure de retourner auprès du roi des rois, qui dans un moment de liesse a bien voulu nous prêter ces gras chérubins pour égayer nos misères, les jeunes chrétiens danseurs pratiquent assidûment nos joies profanes, sans pour cela négliger les plaisirs sacrés.

En effet, le jeune chrétien danseur doit encore posséder sa chronique d'église et de sacristie, ainsi qu'un habitué d'Opéra possède la chronique des coulisses.

Le chrétien danseur doit donc connaître les prédicateurs

à la mode, leurs mœurs, leurs habitudes, leur vie privée, anecdotique; raconter comment l'abbé *** n'écrit pas ses sermons, comment l'abbé *** a supplanté l'abbé ***, comment l'abbé *** a bonne ou mauvaise grâce en prêchant, comment un vicaire de Saint-Thomas-d'Aquin a cavalièrement rembarré son curé, comment une âme pieuse a retrouvé sur le chapeau d'une bonne dame d'un âge mûr, mais encore leste et accorte, quelques aunes de superbe dentelle qu'elle avait offertes au jovial curé de S***, pour servir de devant d'autel à son église, etc., etc.

Le chrétien danseur doit, en un mot, savoir quelles sont les meilleures places de l'église pour voir et pour entendre prêcher, ne jamais manquer la première audition d'un sermon ou d'une conférence, et venir au sortir du prêche en donner des nouvelles et dire s'il a réussi, toujours comme s'il s'agissait d'un nouvel opéra.

Grâce à cette pratique assidue de la chaire et de la sacristie, ainsi qu'à la vigueur de ses jarrets, le chrétien danseur, admis et posé comme tel, jouit alors des priviléges attachés à cette position excentrique.

Chrétien partout, chrétien toujours, au bal, au spectacle, à table, aux champs, à la ville, debout, assis, couché, en songe ou éveillé, il fait de l'intolérance, de l'inquisition, de l'indignation; il vous classe d'un mot au paradis ou en enfer; il fulmine d'éclatans anathèmes sur la nouvelle Gomorrhe en buvant du punch, ou crie : « Babylone! Babylone! » en soupant comme un ogre. Enfin, jetant un terrible cri de désolation, il annonce la prochaine et menaçante probabilité du jugement dernier en dansant le cotillon.

Après quoi, harassé, brisé par les fatigues du prêche et du bal, il se couche, et se trouve bientôt oppressé par un affreux cauchemar. Il rêve qu'il est confesseur, et que sa dernière valseuse, avec laquelle il a pourtant beaucoup admiré l'honnête modestie de Joseph fuyant Putiphar, vient lui avouer qu'elle a commis toutes sortes de ravissans péchés avec un janséniste, deux calvinistes, cinq molinistes, onze déistes, et elle ne sait plus combien d'athées.

Loin des chrétiens danseurs qui s'épanouissent sous les bougies des lustres, florit modestement dans l'embrasure des portes le jeune chrétien qui ne danse pas. Si les premiers sont les cavaliers de cette religion de salon, ceux-ci en sont les puritains. Graves, austères, pâles, maigres, sombres, négligés, plus pudibonds que saint Joseph, ils ont bien de la peine à ne pas se couvrir de cendres, mais ils s'en vont traînant çà et là leur mélancolie et leur vie religieusement pure et limpide. Distraits de nos joies profanes, qu'ils traversent sans s'y mêler, ils sont tout à leurs divines aspirations, à leurs visions célestes; tolérans, doux et pitoyables aux erreurs humaines, ce sont les tendres Fénelons de cette église mondaine, tandis que les chrétiens danseurs en sont les impitoyables Bossuets, car le chrétien danseur est implacable, intraitable, inabordable. Dès qu'il s'agit de faiblesse humaine, pour lui, c'est-à-dire pour les autres, il n'y a pas de milieu, de moyen terme, l'enfer, le diable et ses cornes, c'est net, c'est tranché.

Le chrétien qui ne danse pas use, au contraire, extrêmement du purgatoire; les partis extrêmes répugnent à son âme pieuse, délicate et charitable; il hésiterait bien longtemps, bien longtemps il lui faudrait la preuve de bien terribles iniquités pour le décider à vous dire positivement : « Hélas! mon pauvre cher frère, vous me paraissez devoir appartenir un jour au grand diable d'enfer, si vous ne vous amendez point! »

Le chrétien danseur, au contraire, lui, vous y dévoue tout de suite et à tout jamais, sur la moindre pauvre petite présomption, avec une assurance effrayante.

Quant à l'avenir de l'espèce humaine, le chrétien qui ne danse pas semble espérer encore un peu pour le salut du monde, malgré les erreurs et les crimes des hommes ; il présume, sans pourtant l'affirmer positivement, qu'au terrible jour du jugement dernier, il se pourrait bien faire qu'une généreuse amnistie remît aux damnés la fin de leurs peines ; le chrétien qui ne danse pas semble enfin

compter beaucoup sur l'inépuisable mansuétude de Dieu, bon comme la force, dit-il; et, au résumé, assez bien informé de la politique céleste, si le chrétien danseur, venant se mêler à la conversation en mangeant une glace, ne renversait pas d'un mot ces heureuses et douces espérances. Ce sont alors des menaces si épouvantables, si formidables, qui sentent si fort le soufre et le bitume, qui vous montrent si certainement un avenir de flammes éternelles, de fourches éternelles, de rôtissoires éternelles, qu'il ne reste plus aux pâles humains qu'à crier désespoir et fatalité, et, en attendant l'effet terrible des prédictions des chrétiens danseurs, qu'à se livrer à un galop sans fin, ou à une orgie des deux mondes digne du festin de Balthazar.

XVII

LE PARLOIR.

Mais j'arrive à un épisode à la fois bien doux et bien cruel pour mon souvenir, et dont la pensée me fait encore rougir de bonheur et de regrets.

Un jour, je ne sais pourquoi, je me trouvais dans une disposition d'esprit singulièrement haineuse et méfiante; j'avais ressenti une impression malveillante contre madame de Pënâfiel en m'apercevant de l'influence que sa pensée commençait d'exercer sur moi. Je m'en trouvai irrité, ne croyant pas assez reconnaître la *réalité* de ce qu'était madame de Pënâfiel pour éprouver un tel sentiment sans le beaucoup redouter.

Ce jour-là j'allai chez elle : contre l'habitude de sa maison, toujours ordonnée à merveille, lorsque les gens de livrée m'eurent ouvert la porte qui fermait le vestibule, je ne trouvai pas de valets de chambre dans le salon d'attente. Il fallait, avant d'arriver au parloir de madame de Pënâfiel, traverser trois ou quatre autres pièces dans lesquelles il n'y avait pas de portes, mais seulement des portières. N'étant pas prévenue, il était difficile qu'elle m'entendît arriver, le bruit de mes pas étant absolument amorti par l'épaisseur des tapis.

Je me trouvais donc très près de la portière qui fermait son parloir, et je pus contempler madame de Pënâfiel avant qu'elle ne m'eût aperçu, à moins que la réflexion d'une glace ne m'eût trahi ma présence.

Jamais je n'oublierai ma stupéfaction profonde à l'aspect de son visage pâle et désolé. Il me parut alors révéler l'ennui, le chagrin, le malheur le plus incurable, ou plutôt réunir dans son expression ces trois sentimens arrivés à leur paroxysme le plus désespéré.

Je la vois encore. Elle se tenait habituellement sur une petite causeuse fort basse, en bois doré, recouverte de satin brun semé de bouquets de rose, devant laquelle s'étendait un long coussin d'hermine qui lui servait à appuyer ses pieds; à côté de cette causeuse et adossé au mur était un petit meuble de Boule, dont la partie supérieure formait une armoire; les battans en étaient entr'ouverts, et c'est avec le plus grand étonnement que j'y remarquai un crucifix d'ivoire...

Madame de Pënâfiel avait sans doute glissé de sa causeuse, car elle était moitié agenouillée, moitié assise sur le tapis d'hermine, les deux mains jointes sur ses genoux; sa figure abattue, à demi tournée vers le Christ, était éclairée par un rayon de lumière qui, éclatant sur son front, y laissait lire une grande douleur.

Il était impossible de voir quelque chose à la fois de plus touchant, de plus beau, et aussi de plus attristant que cette jeune femme, entourée de tous les prestiges du luxe et de l'élégance, ainsi écrasée sous le poids de je ne sais quel chagrin terrible !

Après l'étonnement le plus vif, mon premier mouvement, je l'avoue, fut une contemplation douloureuse ; mon cœur se serra lorsque je me demandai à quel inexplicable malheur pouvait être en proie cette belle jeune femme en apparence si heureuse.

Mais, hélas ! presque aussitôt, par je ne sais quelle désespérante fatalité, ma défiance habituelle, jointe à la reaction involontaire de cette réputation de fausseté qu'avait madame de Pënâfiel, me dit que peut-être j'étais dupe *d'un tableau*, et qu'il se pouvait que madame de Pënâfiel, m'ayant entendu venir, eût *arrangé* cette attitude si mélancoliquement affectée... Je dirai tout à l'heure dans quel but.

Je le répète, il était sans doute aussi fou que ridicule de croire à un calcul de coquetterie au milieu d'un chagrin qui semblait si écrasant ; mais soit que son habitude de toujours vouloir paraître gracieuse eût réagi, presque malgré elle, jusque dans cette attitude en apparence si abandonnée à la douleur ; soit que le hasard l'eût seul arrangée, il était impossible de voir quelque chose de plus admirable que l'expression de ses yeux levés au ciel, que son touchant et humide regard, brillant à travers le cristal limpide de ses larmes ; que cette taille souple et mince, si délicieusement ployée sur le tapis ; enfin jusqu'à son cou-de-pied charmant si élégamment cambré, qui, *dans le désordre de la douleur*, laissait voir sa cheville et le bas de sa jambe fine et ronde enlacée du cothurne de ses souliers de satin noir : tout cela était d'un ensemble ravissant.

J'avoue qu'après mon premier étonnement et mes doutes sur la réalité de ce chagrin, mon sentiment le plus vif fut une vive admiration pour des charmes aussi complets...

J'hésitai un instant, soit à entrer brusquement, soit à retourner jusqu'à la porte du salon d'attente et à m'annoncer alors en toussant légèrement ; je me décidai à ce dernier parti : aussitôt les battans du meuble où était le christ se refermèrent brusquement, et, d'une voix très altérée, madame de Pënâfiel s'écria :

— Mais qui est donc là ?...

J'avançai, en m'excusant de n'avoir rencontré personne pour m'introduire. Madame de Pënâfiel me répondit :

— Je vous demande pardon ; mais, me trouvant fort souffrante, j'avais fait défendre ma porte, et je la croyais fermée.

Je lui réitérai mille excuses, et j'allais me retirer, lorsqu'elle me dit :

— Pourtant si la compagnie d'une pauvre femme, horriblement triste et nerveuse, ne vous effraie pas trop, restez, vous me ferez plaisir.

Lorsque madame de Pënâfiel m'invita de demeurer, et me dit qu'elle avait fait défendre sa porte (ce qui expliquait l'absence de ses gens d'intérieur dans le salon d'attente), je n'hésitai plus un moment à croire que la scène du crucifix n'eût été jouée, et que ses gens n'eussent eu l'ordre de ne laisser entrer que moi.

Ce beau raisonnement était sans doute le comble de la folie et de l'impertinence, cela était parfaitement invraisemblable. Mais je préférais être assez vain pour soupçonner une femme que j'aimais, une femme de la condition de madame de Pënâfiel, de jouer pour me tromper une misérable comédie, que de croire cette femme capable de souffrir d'un de ces momens d'affreuse amertume contre lesquels on demande à Dieu aide et protection !

Si j'avais un moment réfléchi que moi, jeune aussi, et vivant de la vie du monde, je ressentais souvent plus qu'un autre de ces chagrins sans cause, l'état de tristesse dans lequel j'avais surpris madame de Pënâfiel m'aurait paru concevable ; mais non, la défiance la plus incarnée, la crainte de passer *pour dupe* en éprouvant un sentiment de compassion pour une douleur qui pouvait être feinte, paralysa chez moi tout raisonnement, tout sentiment généreux.

Ainsi au lieu de sympathiser avec une peine sans doute

véritablement sentie, ne voyant là qu'une comédie, je fis à l'instant ces calculs sots et infâmes sans doute, mais qui dans le moment me parurent vraisemblables, ce qui me les rendit, hélas ! si dangereux.

Par suite de son esprit fantasque, me dis-je, madame de Pënâfiel est peut-être piquée de ce que je ne parais pas m'occuper d'elle, non que mon hommage soit le moins du monde à désirer, mais ses projets en sont peut-être dérangés. La voyant très assidûment depuis trois mois, je ne lui ai pas même adressé un mot de galanterie, elle ne paraît avoir aucune affection évidente ; selon le monde, cela ne *peut être vertu, c'est donc mystère.* Pourquoi ne voudrait-elle pas à la fois et m'utiliser de ce que de mon indifférence affectée en me faisant servir de manteau pour mieux cacher encore un autre amour... et dérouter ainsi les soupçons ? La route est simple : trouvant madame de Pënâfiel ainsi abattue, je ne puis m'empêcher de m'informer de la cause de ses chagrins, de lui offrir des consolations, et de risquer peut-être un aveu qui lui servirait à un dessein dont je serai le jouet.

Ou bien encore devinant la tristesse, la mélancolie amère qui souvent m'accable, et dont jamais je ne lui ai parlé, elle feint sans doute ce simulacre de désespoir afin d'amener des confidence misanthropiques de ma part sur la perte des illusions, les douleurs de l'âme, etc., et autres peines des plus ridicules à avouer, et de se moquer ensuite de mes niais épanchemens.

Or, une fois convaincu de cette supposition, je ne trouvai aucune impertinence assez dure pour prouver à madame de Pënâfiel que je n'étais pas sa dupe.

Encore une fois, rien de plus complétement absurde que ces craintes, que ces arrière-pensées. Maintenant que j'y songe de sang-froid, je me demande comment je n'avais pas seulement réfléchi qu'il fallait que madame de Pënâfiel fût assurée de ma visite ce jour-là, et de l'heure où je me présenterais chez elle, pour *arranger* cette scène; que me prendre pour manteau d'une autre affection la compromettrait tout aussi gravement aux yeux du monde que si elle affichait la liaison que, selon moi, elle voulait cacher ; puis enfin que le plaisir de rire de chagrins dont j'avais eu le bon sens de ne le lui jamais parler ne valait certes pas la peine d'une dissimulation si longuement et si adroitement combinée ?

Mais lorsqu'il s'agit de folies (et je crois fermement que ma défiance était exaltée jusqu'à la monomanie), les réflexions sages et sensées sont nécessairement celles qui ne nous viennent jamais à l'esprit.

En vain encore, je m'étais moqué moi-même de ces médisances infâmes, qui de l'incident le plus simple et le plus indifférent en soi parvenaient à construire les imaginations les plus monstrueusement absurdes ; et pourtant, sans réfléchir un instant à l'odieuse inconséquence de mon esprit, j'allais, ce qui était mille fois plus misérable encore que de médire, j'allais calomnier la douleur, chose sainte et sacrée s'il en est! j'allais abuser d'un secret surpris! Témoin involontaire d'un de ces grands accès profonds de tristesse intime et cachée auxquels les âmes souffrantes n'osent s'abandonner que dans la solitude, par une susceptibilité délicate qui est la pudeur du chagrin, j'allais enfin indignement travestir la cause et l'expression de ce désespoir vrai sans doute, qui ne s'adressait qu'à Dieu seul, et qui lui demandait ce que lui seul, hélas ! peut donner, espoir et consolation !

Ce fut donc avec une disposition d'esprit singulièrement tournée au sarcasme, et regardant le visage si tristement abattu de madame de Pënâfiel avec les yeux méchans et hébétés de ce monde, dont je dépassais alors, grâce à ma lâche défiance, les plus noires préventions, que je m'assis d'un air très sec et très dégagé vis-à-vis de la causeuse de madame de Pënâfiel, qui s'y était rejetée avec accablement.

Je me souviens de notre entretien presque mot pour mot.

XVIII

L'AVEU.

Madame de Pënâfiel resta quelques minutes pensive et les yeux fixes; puis, semblant prendre une résolution subite, elle me dit avec une familiarité que trois mois d'assiduité pouvaient faire excuser:

— Je vous crois mon ami?...

— Le plus dévoué et le plus heureux ɔe pouvoir vous en assurer, madame... — répondis-je avec un ton de persiflage auquel madame de Pënâfiel ne prit pas garde.

— Je n'entends pas par ce mot... un ami banal et indifférent, ainsi que l'entend le monde,—me dit-elle;—non, vous valez, je crois, mieux que cela: d'abord, vous ne m'avez jamais dit une seule parole de galanterie, et je vous en ai su gré, oh! beaucoup de gré; vous m'avez ainsi épargné cette espèce de cour insultante que, je ne sais pourquoi, quelques-uns se croient le droit, ou peut-être même... l'obligation de me faire, — ajouta-t-elle avec un sourire amer; — vous avez eu assez de tact, d'esprit et de cœur pour comprendre qu'une femme déjà victime d'odieuses calomnies ne trouve rien de plus offensant que ces hommages méprisans et méprisables qui lui sont toujours un nouvel affront parce qu'ils semblent s'autoriser des bruits les plus injurieux comme d'un précédent tout naturel... Je crois votre esprit tristement avancé et d'une expérience précoce. Je sais que vous voyez beaucoup de monde, mais que vous n'êtes pas du monde quant à ses petites haines et à ses jalousies mesquines; je crois que vous n'êtes ni fat ni vain, et que vous êtes de ce bien petit nombre d'hommes qui ne cherchent jamais à trouver dans une confidence... autre chose que ce qu'il y a; je suis sûre que vous ferez la part de l'étrangeté de ma démarche. Et puis d'ailleurs, — ajouta-t-elle avec un air de dignité à la fois grande et triste, qui malgré moi me frappa, — comme une preuve d'extrême confiance de la part d'une femme est une des choses qui honorent le plus un honnête homme, je ne crains pas de m'ouvrir à vous; d'ailleurs, vous êtes généreux et bon, je sais que bien des fois vous m'avez loyalement, bravement défendue, et je suis, hélas! bien peu accoutumée à cela; je sais enfin qu'un jour, à l'Opéra... Oui, je vous avais entendu, — dit madame de Pënâfiel en remarquant mon étonnement; — c'est ce qui vous fera comprendre pourquoi j'ai paru aller au-devant de votre admission chez moi, et la réserve que vous avez mise à répondre à cette prévenance m'a donné une haute idée de la dignité de votre caractère; aussi ai-je besoin d'y croire... ai-je besoin de vous en vous un ami sincère; car enfin il faut bien que je dise à quelqu'un... — reprit-elle avec un accent déchirant, — que je vous dise à vous... oh! oui, à vous... pourquoi je suis la plus malheureuse des femmes!

Et elle fondit en larmes en cachant sa figure dans ses deux mains!

Il y eut dans ces mots, dans le regard désolé qui les accompagna, quelque chose de si navrant, que malgré moi je me sentis ému; mais, réfléchissant aussitôt qu'après tout cela pouvait être feint pour m'amener à jouer un rôle ridicule, je me hâtai de dire très sèchement à madame de Pënâfiel que je me croyais digne d'une telle confidence, et que si mon dévouement, mes conseils pouvaient lui être de quelque utilité, je me mettais absolument à ses ordres, et autres banalités des plus glaciales.

Comme madame de Pënâfiel ne me parut pas s'apercevoir de la froideur cruelle avec laquelle j'accueillais ses plaintes, je vis dans son inattention, que je crus calculée, une résolution dédaigneuse de jouer sans déconcert son rôle jusqu'au bout, et j'en fus misérablement irrité.

Mais maintenant, plus instruit par l'expérience, je m'explique cette inadvertance de madame de Pënâfiel, qui m'avait alors été une preuve si positive et si blessante de sa fausseté.

C'est que la première révélation d'un chagrin longtemps caché cause à l'âme, où il se concentrait douloureusement, un soulagement si ineffable, qu'entièrement sous le charme de cette bienfaisante effusion, on ne songe pas à remarquer l'impression qu'on a produite.

C'est seulement ensuite lorsque le cœur, déjà moins souffrant, se sent un peu ravivé par ce divin épanchement, que, levant les yeux sans espoir, on cherche dans un regard ami quelques larmes de tendresse et de commisération.

Ainsi quand, après une séparation longue et pénible, deux amis se retrouvent, ce n'est qu'ensuite de l'ivresse des premiers embrassemens que chacun pense à chercher sur le visage de l'autre si l'absence ne l'a pas changé.

. . . .

Ce premier pas fait, madame de Pënâfiel continua donc, en passant sa main sur ses yeux humides de larmes:

— Vous expliquer pourquoi je me sens une confiance si extraordinaire en vous, me sera, je crois, facile; je vous le répète, je sais que si vous m'avez souvent défendue contre la calomnie, jamais vous ne vous êtes fait auprès de moi une sorte de droit de cette noble conduite; enfin, l'espèce d'isolement dans lequel vous vivez, bien qu'au milieu du monde, votre réserve, votre esprit supérieur qui n'est pas celui des autres, qui est tout entier à vous, qualités et défauts, tout me porte à voir en vous un ami sincère et généreux à qui je pourrai dire ce que je souffre...

Sans m'émouvoir, je répondis à madame de Pënâfiel qu'elle pouvait compter sur ma discrétion, d'ailleurs profonde et à toute épreuve, autant par la conscience du secret que parce que je n'avais personne à qui confier quelque chose.

— Car, en un mot, — lui dis-je, — on ne commet guère d'indiscrétion qu'avec ses amis intimes, or je ne crois pas qu'on puisse m'en reprocher un?

— Et c'est cela, — me dit-elle, — qui m'a donné le courage de vous parler comme je vous parle; car j'ai supposé que vous aussi vous viviez seul, chagrin et isolé au milieu de tous, comme j'y vis moi-même enfin! car moi non plus, je n'ai pas d'amis!... on me hait, on me calomnie affreusement! Et pourquoi! mon Dieu! l'ai-je donc mérité? pourquoi le monde est-il injuste et si cruel à mon égard? à qui ai-je fait du mal? Ah! si vous saviez!... si je pouvais tout vous dire!!!

Cette plainte me parut si d'un enfantillage si ridicule, ces réticences si misérablement calculées pour exciter mon intérêt, que, d'un air très dégagé, je me mis à faire au contraire l'apologie du monde.

— Puisque vous me permettez de vous parler en ami, madame, laissez-moi vous dire qu'il ne faut pas, non plus, trop déchirer le monde. Demandez-lui ce qu'il peut et doit en conscience vous donner: des fêtes, du bruit, du mouvement, des hommages, des sourires, des fleurs, des salons dorés; avec cela, la morale la plus large et la plus commode qu'on puisse désirer. Or, s'il donne tout cela, et avouez qu'il le donne, ne fait-il pas tout ce qu'il peut... tout ce qu'il doit... ce pauvre monde! qu'on attaque incessamment, et auquel on ne peut reprocher que de trop prodiguer ses trésors?

— Mais vous savez bien que tout cela ment! Ces sourires, ces hommages, ces prévenances, cet accueil, tout cela est faux... vous le savez bien! Si vous recevez, quand la dernière visite sort de chez vous, vous dites: « Enfin!!! » Si vous allez chez les autres, dès que vous touchez votre seuil, vous dites encore... « Enfin!!! »

— Dieu merci, madame, — répondis-je sans vouloir comprendre madame de Pënâfiel, qui commençait à être surprise de ma subite conversion aux bonheurs du monde; —je ne dis pas, je vous le jure, « enfin! » d'un air aussi désespéré, ni vous non plus, permettez-moi de le croire. Si je dis « enfin! » c'est en rentrant chez moi avec la lassitude du plaisir, dont, je le répète, le monde est seulement trop prodigue. Quant à ce que vous appelez sa fausseté, ses mensonges, mais il me semble qu'il a grand raison de ne pas changer ses dehors toujours rians, gracieux et faciles, pour d'autres dehors qui seraient horriblement enneyeux. D'ailleurs il ne ment pas; il ne donne ses relations ni pour solides ni pour vraies; parlez-lui sa langue, il vous répondra. Ce n'est pas lui qui est égoïste et absolu, c'est vous. Pourquoi vouloir substituer à ces apparences toujours charmantes, et qui lui suffisent de reste, vos prétentions à l'amitié romanesque? à ces amours sans fin qui le rendraient maussade, et dont il n'a que faire? Confiez-vous à lui, entrez franchement dans son enivrant tourbillon, et il vous rendra la vie légère, éblouissante et rapide. S'il vous calomnie aujourd'hui, qu'importe! demain un autre bruit fera sa médisance de la veille. Et d'ailleurs, voyez s'il croit lui-même aux calomnies qu'il répand? Vous est-il moins soumis? est-il moins à vos pieds? non. Alors pourquoi donc attacher à ses folles paroles plus d'importance qu'il n'en attache lui-même? *Jouir et laisser jouir*, c'est sa devise; elle est assez commode je pense: que lui vouloir de plus?

Madame de Pënâfiel continuait à me regarder avec un profond étonnement. Pourtant, croyant sans doute beaucoup plus aux mille conversations sérieuses que j'avais eues avec elle à ce sujet, qu'à la soudaine légèreté que j'affectais alors, elle ajouta:

— Mais quand à l'étourdissement des plaisirs du monde a succédé le calme, la réflexion, et qu'analysant ses joies on en reconnaît enfin toute la désolante vanité, que faire?

— Je suis désespéré, madame, de ne pouvoir vous le dire; je jouis, et j'espère jouir longtemps, et mieux que pas un, de ces plaisirs que vous semblez dédaigner; aussi ne puis-je croire que jamais ils me semblent pesans; car c'est justement la fragilité, la facilité, la légèreté des liens du monde qui me les rendent précieux! Pardon « de l'outrageuse bêtise de ma comparaison, » comme dirait lord Falmouth, mais si jamais l'image si surannée de *chaînes de fleurs* a été justement appliquée, c'est bien à propos des relations du monde, aussi fleuries, aussi gaies qu'elles sont peu durables et peu incommodes. Mais c'est surtout l'amour dont l'entend le mot qui me ravit, madame! Ne trouvez-vous pas que cet amour est l'histoire du phénix, qui sans cesse renaît de lui-même, toujours plus doré, plus empourpré, plus azuré? Tout cet amour n'est-il pas charmant! tout! jusqu'à ces cendres, pauvres débris de lettres amoureuses qui sentent encore un parfum? Ne trouvez-vous pas enfin délicieux que, dans ce monde adorable, l'amour suive chez chacun la loi d'une divine métempsychose? Car, s'il meurt aujourd'hui d'une vieillesse d'un mois, demain ne revit-il pas plus jeune, plus luxuriant que jamais, sous une autre forme, ou plutôt... *pour une autre forme?*

Madame de Pënâfiel ne pouvait encore comprendre pourquoi j'affectais une pareille légèreté alors qu'elle venait de me confier si tristement des douleurs. Je suivais sur son visage les diverses et pénibles impressions que lui causaient mes insouciantes paroles. Elle crut d'abord que je raillais; pourtant, je continuai de parler d'un air dégagé, si impertinemment convaincu, que bientôt, ne sachant que penser, elle me dit en me regardant d'un air stupéfait et presque avec un accent de reproche:

— Ainsi, vous êtes heureux!

— Parfaitement heureux, madame, et jamais la vie mondaine ne m'apparut sous un fantôme plus radieux et plus séduisant.

Madame de Pënâfiel attacha quelques momens sur moi ses grands yeux étonnés, et me dit ensuite d'un ton très ferme et très décidé:

— Cela n'est pas... vous n'êtes pas heureux... il est im-

possible que vous soyez heureux!... Je le sais... avouez-le... et alors je pourrai vous dire...

Puis elle s'arrêta, baissa les yeux comme si elle eût encore retenu un secret prêt à lui échapper.

— Si cela peut vous être le moins du monde agréable, madame, — repris-je en souriant, — je m'empresse de me déclarer à l'instant le plus infortuné, le plus mélancolique, le plus ténébreux, le plus désillusionné des mortels; et désormais je ne prononcerai plus que ces mots: anathème et fatalité!

Après m'avoir quelques momens regardé avec un étonnement inexprimable, madame de Pënâfiel dit, comme si elle se fût parlé à elle-même:

— Me serais-je donc trompée?... — Puis elle reprit: — Mais non, non, cela est impossible!... Est-ce que, si vous étiez heureux et indifférent comme vous affectez de le paraître, l'instinct ne m'en aurait pas avertie? Est-ce que je serais venue exposer ma douleur et peut-être mes confidences à être méconnues, raillées? Non, non, mon cœur me l'a bien dit, c'est à un ami que je parle! à un ami qui aura pitié de moi parce qu'il souffre aussi!

Cette singulière persistance de madame de Pënâfiel à me vouloir faire avouer des chagrins ridicules, pour s'en moquer sans doute, m'étonna moins encore qu'elle ne m'irrita; pourtant, je me contins.

— Mais, encore une fois, madame, pourquoi vous opiniâtrer ainsi à me voir, ou plutôt à me croire si malheureux?

— Pourquoi?... pourquoi?... — me dit-elle avec une sorte d'impatience douloureuse, — parce qu'il est certaines confidences que l'on ne fait jamais aux gens heureux; parce que, pour comprendre l'amertume de certaines peines, il faut qu'il y ait une sorte d'harmonie entre l'âme de celui qui se plaint et l'âme de celui qui écoute la plainte; parce que si je vous avais cru insouciant, léger, heureux enfin de cette existence frivole dont vous vantiez tout à l'heure les charmes, jamais je n'aurais songé à vous dire... ce qui me rend si malheureuse, à vous confier un secret qui vous expliquera peut-être une vie qui doit vous avoir paru jusqu'ici bizarre, fantasque, incompréhensible; jamais enfin je n'aurais songé à vous confier, comme à l'ami le plus vrai, le plus dévoué, comme à un frère enfin, la cause de ce chagrin qui m'accable.

Au point de méfiance où j'étais arrivé, ces mots d'*ami*, de *frère*, me firent tout à coup venir à l'esprit une autre idée. Me rappelant alors les réticences de madame de Pënâfiel, et mille incidens qui jusqu'à ce moment ne m'avaient pas frappé; pensant que ce chagrin sans nom, ce dégoût de tout et de tous, cet ennui du monde, dont elle se plaignait si amèrement, ressemblait fort à la désespérante réaction d'un amour malheureux; je crus que madame de Pënâfiel aimait avec passion, que ses sentimens étaient méconnus ou dédaignés, et que je lui paraissais assez sans conséquence pour devenir le discret confident de sa peine et de son délaissement.

Cette dernière hypothèse, en éveillant dans mon cœur la plus âpre, la plus mortelle jalousie, me révéla toute l'étendue de mon amour pour madame de Pënâfiel, et aussi tout le ridicule du nouveau rôle que je jouerais auprès d'elle si ce soupçon était fondé.

J'allais lui répondre lorsqu'elle fit un mouvement qui, dérangeant les plis de sa robe, découvrit à ses pieds, sur le tapis, un médaillon tombé probablement de l'armoire de Boule qu'elle avait si brusquement fermée à mon arrivée pour cacher le crucifix et sans doute ce médaillon. C'était un portrait d'homme; mais il me fut impossible d'en reconnaître les traits.

Je n'eus plus alors d'incertitude; toutes mes autres arrière-pensées s'évanouirent devant cette preuve si évidente de la fausseté de madame de Pënâfiel; alors, aigri, torturé par les mille sentimens de jalousie, de colère, de haine, d'orgueil blessé, qui me transportèrent, je me levai, et lui dis avec le plus grand sang-froid:

— Vous êtes mon amie, madame?

— Oh! la plus dévouée, la plus sincère, — reprit-elle avec une expression de reconnaissance qui éclaira ses traits, jusqu'alors assombris par ma froideur.

— Je puis donc vous parler avec la plus entière franchise?

— Parlez-moi comme à une sœur! — me dit-elle en me tendant la main, souriante et heureuse sans doute de me voir enfin en confiance avec elle.

Je pris cette belle main, que je baisai; puis je repris:

— Comme à une sœur?... comme à une sœur, soit; car, dans toute cette divertissante comédie, vous me destiniez le rôle d'un frère honorablement niais qui s'apitoie et se lamente sur les amours méprisés de sa sœur.

Madame de Pënâfiel me regarda stupéfaite; ses yeux étaient fixes; ses mains retombèrent sur ses genoux; elle ne trouva pas une parole. Je continuai.

— Mais il ne s'agit pas encore de cela; je vais vous dire d'abord... en ami, les diverses convictions qui, grâce à la connaissance que je crois avoir de la franchise de votre caractère, se sont succédé dans mon esprit, depuis votre délicieuse prosternation au pied du crucifix. Quant à cette charmante pantomime, je dois dire que vous avez-posé à ravir et tout à fait en artiste. Vos yeux éplorés et levés au ciel, vos mains jointes, votre accablement, vos larmes retenues, tout cela était feint à merveille; aussi, ne croyant pas du tout à vos chagrins, mais croyant fort à votre talent pour la mystification, talent qui se révélait à moi si adroit et si complet... je voulus voir, madame, la comédie jusqu'au bout.

— Une comédie! — répéta madame de Pënâfiel, n'ayant pas l'air de comprendre mes paroles.

— Une mystification, madame, dont je pensais devoir être l'objet ridicule, si j'avais été assez sot pour vous offrir des consolations de cœur, ou vous faire de dolentes confidences sur la mélancolie, la misanthropie, le désillusionnement de toutes choses, et autres douleurs grotesques qui, selon vous, devaient m'accabler.

— Tout cela est sans doute odieux, — me dit madame de Pënâfiel, comme étourdie par un coup imprévu; — tout cela m'épouvante... et pourtant je ne comprends pas...

— Je vais donc parler plus clairement, madame; en un mot, les confidences que vous me demandiez devaient, selon moi, servir à divertir vos amis, auxquels vous les eussiez racontées avec cette charmante malice qui vous a si bien réussi lorsque vous m'avez raconté à moi-même... la déclaration de mariage de monsieur de Cernay.

— Mais c'est affreux ce que vous dites là! — s'écria-t-elle en joignant les mains avec effroi; — vous pouvez croire?...

— Oui, j'avais d'abord cru cela, mais depuis vos derniers aveux de dégoût du monde, de chagrins sans nom, qu'il m'est à cette heure très facile de qualifier, j'ai reconnu, madame, que le second rôle que vous me destiniez était encore plus sot que le premier; car, après tout, dans le premier, j'amenais une femme de votre condition à jouer les semblans destinés à me mystifier, et puis tout cela était si amusant, si bien joué, que je me trouvais presque fier de servir au développement et à l'application de vos rares qualités pour la bouffonnerie sérieuse.

— Monsieur! — s'écria madame de Pënâfiel en se levant droite et fière, — songez-vous bien que c'est à moi que vous parlez? — Mais changeant subitement d'accent et joignant les mains: — C'est à en perdre la raison! Je vous supplie de m'expliquer ce que cela signifie. Que voulez-vous dire? pourquoi aurais-je feint? quel est le rôle que je voulais vous faire jouer? Ah! par pitié, ne flétrissez pas ainsi le seul moment de confiance, d'entraînement involontaire que j'ai eu depuis bien longtemps... Si vous saviez!...

— Je sais, — dis-je avec l'expression la plus dure et la plus insultante, tout en m'approchant assez de madame de Pënâfiel pour pouvoir appuyer mon pied sur le médaillon et le briser, — je sais, madame, que si j'étais femme,

et que mon amour fût méprisé par un homme, je mourrais plutôt de honte et de désespoir que de venir conter au premier venu, qui ne s'en soucie guère, des aveux aussi humilians, aussi burlesques de la part de celle qui les fait que révoltans à force de ridicule pour celui qui est obligé de les écouter.

— Monsieur!... quelle audace!... qui peut vous faire croire?...

— Ceci! — dis-je en lui montrant d'un regard de mépris le portrait toujours à ses pieds; puis, appuyant le bout de ma botte sur le médaillon, je le pressai assez pour que le verre éclatât.

— Sacrilége!!! — s'écria madame de Pënâfiel en se baissant avec vivacité pour s'emparer du portrait, qu'elle serra dans ses deux mains jointes, en me regardant avec des yeux étincelans de courroux et d'indignation.

— Sacrilége, soit, car je traite cette divinité là absolument comme elle vous traite, madame!

Puis, saluant profondément, je sortis.

XIX

NTRADICTIONS.

Après cette entrevue, mon dépit et ma jalousie furent, pendant quelques heures, d'une si épouvantable violence, que je regrettai de ne m'être pas montré plus cruel et plus insolent encore envers madame de Pënâfiel. . . . . .

. . . .

Aux transports douloureux qui m'agitaient, je reconnus toute la vivacité de mon amour pour elle, amour dont je n'avais pas jusque-là mesuré la profondeur.

Ce médaillon que j'avais découvert était à mes yeux une preuve trop évidente de la probabilité de mes derniers soupçons pour que je pusse encore ajouter foi aux défiances qui m'avaient d'abord aigri. Ainsi je ne croyais plus que madame de Pënâfiel eût voulu m'amener à lui faire des confidences pour s'en moquer. Je pensais qu'un autre refusait, méprisait, outrageait peut-être un sentiment qu'à cette heure j'aurais payé du sacrifice de ma vie.

Puis, le calme de la raison succédant aux émotions tumultueuses de l'âme, je réfléchis bientôt plus froidement à la réalité de ma position envers madame de Pënâfiel; jamais je ne lui avais dit un mot de l'affection que je ressentais pour elle, pourquoi donc m'étonner de la confidence et du secret que je croyais avoir surpris?

Pourquoi traiter si méchamment une femme qui, souffrant peut-être d'une peine et d'un amour incurables, ignorant d'ailleurs mes sentimens pour elle, et comptant sur la générosité de mon caractère, venait me demander, sinon des consolations, du moins de l'intérêt et de la pitié?

Mais ces réflexions nobles et sages ne rendaient pas mon chagrin moins amer, ma jalousie moins inquiète. Quel était cet homme dont j'avais voulu briser l'image? Depuis longtemps je venais assidûment chez madame de Pënâfiel, et pourtant personne ne m'avait paru devoir être l'objet de cette passion méconnue que je lui supposais.

Sa douleur, ses regrets dataient donc de plus loin? je m'expliquais alors mille singularités jusque-là incompréhensibles pour moi et si diversement interprétées par le monde, ses brusques silences, son ennui, son dédain de tous et de tout, et parfois pourtant ses joies vives et soudaines qui semblaient éclater à un souvenir, puis s'éteindre tout à coup dans le regret ou le désespoir. Sa coquetterie de manières si gracieuse et si continuelle avait alors un but; mais quand ce mystérieux personnage pouvait-il jouir de la vue de tant de charmes? En vain je cherchais le mot de cette énigme, en me rappelant les réticences de sa dernière conversation, et son embarras dès qu'elle avait été sur le point sans doute de me dire le secret qui l'oppressait.

Mais quel était et quel pouvait être l'objet de cette passion si fervente et si malheureuse? de cet amour qui depuis quelques semaines surtout paraissait lui causer une peine plus profonde encore?

Me sentant aimer madame de Pënafiel ainsi que je l'aimais, devais-je essayer de lui offrir de tendres consolations? Pouvais-je espérer d'affaiblir un jour dans son cœur le souvenir déchirant de cette affection: réussirais-je! l'oserais-je! Torturée par des regrets désespérés, cette âme aussi noble que délicate devait être d'une susceptibilité de douleur si ombrageuse, si farouche, que, de crainte de la blesser à jamais, je ne pouvais sans les ménagemens les plus extrêmes lui parler d'un meilleur avenir.

Et pourtant, en venant me demander de m'apitoyer sur es souffrances, n'avait-elle pas compris, avec un tact exquis et rare, qu'en vous frappant, certains malheurs épouvantables vous revêtent pour ainsi dire d'une dignité si triste et si majestueuse qu'elle impose aux plus dévoués, aux plus aimans, un respectueux silence... et que les victimes de cette royauté de la douleur sont, comme les autres princes, obligées par les premières et de dire: Venez à moi, car mon infortune est grande?

. . . .

Mais quelle espérance pouvais-je concevoir, alors même que madame de Pënafiel aurait cédé à un secret penchant en s'adressant à moi avec tant de confiance? Mon langage avait été si brutal, si étrange, qu'il m'était impossible d'en prévoir les suites.

Cependant, quelquefois l'excès même de mon insolence me rassurait. Évidemment mes réponses avaient été trop insultantes, trop folles; elles contrastaient trop avec mes antécédens envers madame de Pënafiel pour ne lui pas sembler incompréhensibles. Ayant la conscience de ce qu'elle valait, entourée d'égards et de flatteries, elle devait se trouver plus stupéfaite encore que blessée de mes procédés, et chercher sans y parvenir le mot de cette énigme.

Aussi, je ne sais si les regrets ou l'espoir me firent penser ainsi; mais, bien que j'éprouvasse une grande honte de mon impertinence, je finis par me persuader que l'outrageuse dureté de ma conduite, loin de me nuire, pourrait peut-être me servir, et que je l'aurais calculée qu'elle n'eût pas été plus habilement résolue.

Dans toute affaire de cœur, l'important, je crois, est de frapper vivement et d'occuper l'imagination; pour arriver à ce but, rien de plus puissant que les contrastes, aussi est-il surtout nécessaire que l'impression que vous causez diffère essentiellement des impressions jusque-là reçues, lors même qu'il vous faudrait plus tard, à force de charme, de dévouement et d'amour, en faire oublier la réaction, si d'abord elle avait été douloureuse.

Une femme est-elle ordinairement peu entourée, peu flattée; les soins les plus extrêmes, les attentions les plus délicates, les plus recherchées, s'emparent généralement de son esprit, et peu à peu de son cœur, sa vanité jouissant avec délices de ces mille prévenances respectueuses et tendres auxquelles jusqu'alors elle avait été si peu habituée. Ainsi s'expliquent souvent les succès merveilleux de quelques hommes d'un âge plus que mûr, mais d'une grande finesse et d'une rare persistance, qui finissent par dominer absolument quelques jeunes filles ou de très jeunes femmes.

Une femme est-elle, au contraire, haut placée, continûment et bassement adulée, des manières dures et dédaigneuses agissent quelquefois sur elle avec une singulière puissance. Peut-être enfin faut-il un peu traiter de telles femmes ainsi que les courtisans habiles traitent souvent les princes, avec rudesse et brusquerie. Au moins ce nouveau et hardi langage, s'il ne plaît pas d'abord, la frappe, l'étonne et quelquefois la domine; car ce contraste heurté, tranchant avec les fades et banales redites

de tous les jours et de tous les hommes, est souvent loin de nuire à celui qui l'a osé.

Afin d'appliquer ces réflexions à ma position, je me disais: La dureté, le dédain avec lesquels j'ai accueilli les confidences de madame de Pënafiel, ma colère à la vue du portrait qu'elle me cachait, s'expliqueront par la vivacité de mon amour, qu'elle a sans doute deviné; or, après tout, les emportemens causés par un tel motif sont toujours excusables, et surtout aux yeux de la femme qui en est l'objet, et puis, comme elle est noble et généreuse, elle comprendra ce que j'ai dû souffrir lorsque j'ai cru qu'elle allait m'entretenir de ses chagrins de cœur.

Souvent aussi, par une contradiction bizarre, pensant que je pouvais m'abuser complètement en croyant madame de Pënafiel sous l'influence d'un amour dédaigné, mes premiers soupçons me revenaient à l'esprit; je me demandais alors ce qui avait pu les détruire. Ce portrait même ne pouvait-il pas être un des accessoires de cette comédie que je l'accusais de jouer?

Puis, je le répète, n'ayant qu'une méchante et triste opinion de mon mérite, encore aggravée par la conscience de mes dernières duretés, je ne pouvais croire avoir inspiré à madame de Pënafiel ce sentiment d'attraction qui semblait l'entraîner vers moi, et je cherchais à m'expliquer son apparente confiance en lui prêtant les arrière-pensées les plus misérables.

Alors ma colère revenait plus haineuse, et je m'applaudissais de nouveau de mon insolence.

Au milieu de ces hésitations, de ces anxiétés, de cette fièvre d'inquiétude et d'angoisse, je reçus le billet suivant de madame de Pënafiel:

« *Je vous attends... venez... il le faut... venez à l'instant*
» *même...*   M. »

Il était neuf heures, je me rendis aussitôt chez elle, presque fou de joie: elle demandait à me voir, je pouvais encore tout espérer.

XX

MARGUERITE.

. . . .

Lorsque j'entrai chez madame de Pënafiel, une chose me frappa du plus profond étonnement: ce fut de la retrouver presque dans la même attitude où je l'avais laissée.

Son visage était d'une pâleur mate et unie, effrayante à voir; on eût dit un masque de marbre.

Cette blancheur maladive si vite répandue sur ses traits, cette expression de douleur à la fois vive et résignée, m'émurent alors si profondément, que tous mes calculs, tous mes raisonnemens, tous mes soupçons misérables s'évanouirent; il me sembla l'aimer pour la première fois du plus confiant et du plus sincère amour. Je ne pensai pas même à lui demander grâce pour tout ce qu'il y avait eu d'odieux dans ma conduite.

A cette heure, je ne croyais pas à ce funeste passé; par je ne sais quel prestige, oubliant la triste scène du matin, il me sembla que je la devais consoler d'un affreux chagrin auquel j'étais étranger; j'allais me mettre à ses genoux, lorsqu'elle me dit d'une voix qui me fit mal, tant elle me parut douloureusement altérée, malgré l'accent de fermeté qu'elle tâcha de lui donner:

— J'ai voulu vous voir une dernière fois... j'ai voulu, si vous pouvez me les expliquer à vous même, vous demander le sens des étranges paroles que vous m'avez dites ce matin; j'ai enfin voulu vous apprendre... — Ici, ses pauvres lèvres, en se contractant, tremblèrent agitées par ce léger mouvement involontaire, presque convulsif, qu'elles éprouvent lorsque les larmes venant aux yeux on veut comprimer ses sanglots. — J'ai voulu... — répéta donc madame de Pénâfiel d'une voix éteinte. Puis, ne pouvant continuer, interrompue par ses pleurs, elle cacha sa tête dans ses mains, et je n'entendis que ces mots prononcés d'un accent déchirant et étouffé : — Ah!... pauvre malheureuse femme que je suis!

. . . .

— Oh! pardon... pardon, Marguerite! — m'écriai-je en tombant à ses pieds ; — mais vous ne saviez pas que je vous aimais... que je vous aime!!...

— Vous m'aimez?

— Avec délire, avec ivresse!

— Il m'aime!! il ose me dire qu'il m'aime!... — reprit-elle d'un air indigné.

— Ce matin, le secret de mon âme est venu vingt fois sur mes lèvres ; mais, en vous voyant si malheureuse... en recevant vos confidences si désespérées...

— Eh bien?...

— Eh bien!... j'ai cru, oui, j'ai cru qu'un autre amour méconnu, dédaigné, outragé peut-être, causait seul ces chagrins que vous disiez sans cause.

— Vous avez pu croire cela... vous!... — Et elle leva les yeux au ciel.

— Oui, j'ai cru cela... alors je suis devenu fou de haine, de désespoir ; car chacune de vos confidences m'était une blessure, une insulte... un mépris... à moi! à moi qui vous aimais tant!

— Vous avez pu croire cela... vous!... — répéta Marguerite en me regardant avec une pénible émotion, tandis que deux larmes coulaient lentement sur ses joues pâles.

— Oui... et je le crois encore...

— Vous le croyez encore!... Mais... vous me prenez donc pour une infâme? Mais vous ne savez donc pas...?

— Je sais, — m'écriai-je en l'interrompant, — je sais que je vous aime comme un insensé... je sais qu'un autre vous fait souffrir peut-être ce que moi-même je souffre pour vous!... Eh bien! cette pensée me désespère, me tue... et je pars...

— Vous partez?.

— Ce soir... Je ne voulais plus vous voir... j'avais besoin de tout mon courage... je l'aurai...

— Vous partez!... Mais, mon Dieu!... mon Dieu... *et moi!!* — s'écria Marguerite. Et elle joignit les mains avec un geste à la fois suppliant et désespéré, en tombant à genoux sur une chaise placée devant elle.

. . . .

Je ne saurais dire l'ivresse que me causèrent ces derniers mots de Marguerite : « *et moi!* »

Je crus entendre, non l'aveu de son amour, mais le cri de son âme déchirée qui n'avait plus d'espoir que dans mon affection. Bien que je la crusse toujours sous l'influence d'une passion dédaignée, je n'eus pas le courage de renouveler la scène du matin, pourtant je ne pus m'empêcher de lui dire douloureusement :

— Et ce portrait?...

— Le voici... — reprit-elle en me présentant le médaillon sous son cristal à moitié brisé.

Lorsque je tins ce portrait entre les mains, j'éprouvai un moment d'angoisse indéfinissable ; j'avais peur de jeter les yeux sur cette figure que sans doute je connaissais ; pourtant, surmontant cette crainte puérile, je regardai... Ces traits m'étaient absolument étrangers ; je vis un noble et beau visage, d'une expression douce et grave à la fois ; les cheveux étaient bruns, les yeux bleus, la physionomie remplie de finesse et de grâce, les vêtemens fort simples, et seulement rehaussés par un grand cordon orange à lisérés blancs, et par une plaque d'or émaillée placée à gauche de l'habit.

— Et ce portrait ?.... — dis-je tristement à Marguerite.

— C'est celui de l'homme que j'ai le plus aimé, le plus respecté au monde ; c'est enfin celui... de monsieur de Pénâfiel...

Et elle fondit en larmes en mettant ses deux mains sur ses yeux.

. . . .

Je compris tout alors... et je crus que j'allais mourir de honte... et de remords...

Ce seul mot me dévoilait le passé et toute l'affreuse injustice de mes soupçons :

— Ah! combien vous devez me mépriser, me haïr!... — lui dis-je avec un accablement douloureux.

Elle ne me répondit rien, mais me donna sa main que je baisai à genoux, peut-être avec plus de vénération encore que d'amour.

Marguerite se calma peu à peu. De ma vie je n'oublierai son premier regard lorsqu'elle leva sur moi ses yeux encore baignés de larmes, ce regard qui peignait à la fois le reproche, le pardon et la pitié.

— Vous avez été bien cruel, ou plutôt bien insensé, — me dit-elle après un long silence, — mais je ne puis vous en vouloir. J'aurais dû tout vous dire ; vingt fois je l'ai voulu, mais une insurmontable crainte, votre air ironique et froid, votre subite et incompréhensible conversion aux bonheurs du monde... tout enfin m'a glacée...

— Ah! je le crois, je le crois; aussi, pourrez-vous me pardonner jamais? Mais oui, vous me pardonnerez, n'est-ce pas? vous me pardonnerez quand vous penserez à ce que j'ai dû souffrir d'odieux soupçons qui me désolaient. Ah! si vous saviez comme la douleur rend injuste et haineux! si vous saviez ce que c'est que de se dire : « Moi, je l'aime avec idolâtrie; il n'y a pas dans son esprit, dans son âme, dans sa personne, un charme, une grâce, une nuance que je n'apprécie, que je n'admire qu'à genoux; elle est pour moi au-dessus de tout et de toutes... et pourtant un autre!!... » Ah! tenez, voyez-vous, cette idée-là est à mourir... Pensez-y... et vous aurez pitié, et vous comprendrez, vous excuserez mes emportemens, dont j'oserais presque ne pas rougir... tant j'ai souffert!

— Ne vous ai-je pas pardonné en vous disant : « *revenez!* » après cette affreuse matinée? — me dit-elle avec une ineffable bonté.

— Oh! ma vie, ma vie entière expiera ce moment de folie, de vertige. Marguerite, je le jure, vous aurez en moi l'ami le plus dévoué, le frère le plus tendre; seulement, laissez-moi vous adorer, laissez-moi venir contempler chaque jour en vous ce trésor de noblesse, de candeur et de grâce qu'un instant j'ai pu méconnaître... Vous verrez... si je suis digne de votre confiance...

— Oh! maintenant, je le crois, aussi vous allez tout savoir ; oui, je me sens mieux, vous me rassurez sur moi et sur vous; je vais enfin tout vous dire, vous dire ce que je n'ai osé ni voulu confier à nul autre; et pourtant n'allez pas croire, — ajouta-t-elle avec un triste et doux sourire, — qu'il s'agit d'un secret bien extraordinaire... Rien de plus simple que ce que vous allez entendre, c'est seulement la preuve de cette vérité : Que si le monde pénètre presque toujours les sentimens faux et coupables, jamais il ne se doute un instant des sentimens naturels, vrais et généreux.

— Ah! quelle honte... quels remords pour moi... d'avoir partagé tant de stupides et méchans préjugés! Pourquoi n'ai-je pas toujours écouté l'instinct de mon cœur qui me disait : Crois en elle! Avec quel orgueilleux bonheur, seul peut-être, j'aurais lu dans votre âme si noble et si pure!

— Consolez-vous, mon ami, c'est moi qui vais vous y faire lire; n'est-ce pas vous prouver que j'ai en vous plus de confiance que vous n'en avez vous-même? Si je veux tout vous dire... n'est-ce pas vous montrer enfin que vous êtes peut-être la seule personne à l'estime de laquelle je tienne? Aussi, en vous expliquant l'apparente singularité de ma vie, si dénaturée par la médisance, j'espère, je désire, je veux à l'avenir pouvoir penser tout haut devant vous. Mais cet aveu exige quelque mots sur le passé; écoutez-moi donc, je serai brève parce que je serai vraie. Très riche héritière, libre de mon choix, gâtée par les hommages qui s'adressaient autant à ma fortune qu'à ma personne, à dix-huit ans je n'avais rien aimé. Dans un voyage que je fis en Italie avec monsieur et madame de Blémur, monsieur de Pénâfiel me fut présenté. Quoique fort jeune encore, il était ambassadeur d'Espagne à Naples dans des circonstances politiques fort difficiles; c'est vous dire la supériorité de son esprit : joignez à cela ces traits, — et elle me montra le médaillon, — un charme d'entretien extraordinaire, une rare solidité de principes, une extrême noblesse de caractère, un goût parfait, des connaissances nombreuses, un tact exquis dans tous les arts, un nom illustre, une grande fortune, et vous le connaîtrez. Je le vis, je l'appréciai, je l'aimai. Rien de plus simple que les incidens de notre mariage, car toutes les convenances se trouvaient réunies. Seulement, quelque temps après notre première entrevue, il me supplia de lui dire si je l'autorisais à demander ma main, désirant, bien que je fusse absolument libre de mon choix, de m'éviter jusqu'à l'ennui d'une démarche inopportune de la part de mon oncle. Je lui dis naïvement la joie que me causerait sa demande, mais qu'à mon tour j'avais une prière à lui faire, c'était de quitter une carrière qui devait toujours l'éloigner de la France, et de me promettre d'abandonner l'Espagne. Sa réponse fut noble et franche. « Je puis, — me dit-il, — vous sacrifier avec bonheur mes rêves d'ambition, mais non les intérêts de mon pays. Une fois ma mission accomplie, je retournerai à Madrid remercier le roi de sa confiance, lui rendre compte, je l'espère, du succès de ma négociation, et puis je serai absolument à vous, à vos moindres désirs. » Il agit ainsi qu'il me l'avait dit : il obtint ce que voulait son gouvernement, alla faire à Madrid ses adieux au roi, revint, et nous fûmes mariés. Je ne vous parlerai qu'une fois de mon bonheur pour vous dire qu'il fut immense et partagé... Mais comme aux yeux du monde les convenances de cette union étaient, je vous l'ai dit, aussi parfaites que possible, le monde ne voulut voir là qu'un mariage absolument de convenances.

— Cela est vrai, c'est du moins ce que j'ai toujours entendu dire; on ajoutait même que, tout en restant dans les meilleures termes avec monsieur de Pénâfiel, votre existence était, ainsi que cela arrive souvent, presque étrangère à la sienne.

— Tel faux, hélas! tel absurde que fût ce bruit, il devait avoir créance; car notre bonheur était si simple et si naturel, que le monde, presque toujours étranger aux sentimens vrais, ne pouvait y croire; puis nous mettions naturellement, d'ailleurs, une sorte de mystère dans notre félicité : ainsi, comment la société, habituée à vivre de médisance ou de scandale, pouvait-elle un moment supposer qu'une jeune femme et un mari charmant, tous deux d'une position et d'une naissance égales, iraient s'adorer et vivre absolument l'un pour l'autre? Hélas! rien n'était plus vrai pourtant...

— Vous ne sauriez croire maintenant comment tout s'explique à ma pensée? Vous rappelez-vous cette interprétation si absurde et si méchante de cette course où assistait Ismaël?

— Sans doute.

— Eh bien! votre mariage fut interprété avec autant de perfidie. Comme rien n'était plus évidemment irréprochable que votre conduite, la calomnie vous arrangea une vie mystérieuse, souterraine, profondément dissimulée; c'était, je vous l'assure, incroyable à entendre. Il ne s'agissait rien moins que de déguisemens, de petite maison, que sais-je?

— Si je n'étais pas si triste, je sourirais avec vous, mon ami, de tant de folles méchancetés; mais j'arrive à un moment de mes souvenirs si cruel... si affreusement douloureux, — et elle me tendit la main, — que j'ai besoin de tout mon courage... Après trois années de la vie la

plus complétement, la plus passionnément heureuse... après...

Mais, ne pouvant continuer, Marguerite fondit en larmes, et fut quelques momens sans parler.

— Oui, oui, je sais, — lui dis-je en me mettant à ses genoux, — je sais combien vous vous êtes montrée admirable et dévouée dans cet affreux moment. Maintenant que je connais votre âme, maintenant que je connais celui qui la remplissait, qui la remplit encore de tout son souvenir, je comprends ce qu'il dut y avoir, ce qu'il y a de terrible pour vous dans cette séparation éternelle!

Après quelques momens de silence, Marguerite reprit :

— Oh! merci, merci à vous de me comprendre ainsi! Mon Dieu! depuis ce moment épouvantable, voici la première fois que mes larmes ne me sont point amères, car je puis épancher mon cœur, dire au moins combien j'ai aimé, combien j'ai souffert... Hélas! tant que je fus heureuse de ce bonheur sans nom, je n'avais besoin de le confier à personne, mais depuis... oh! depuis!... cette contrainte, voyez-vous, fut affreuse. Si vous saviez ma vie! Être obligée de cacher ma douleur, mes regrets désespérés, comme j'avais caché mon bonheur! Car, à qui aurais-je pu dire : Je souffre? Qui m'aurait crue? qui m'aurait plainte? qui m'aurait consolée?... Le monde a quelquefois pitié d'un sentiment coupable... mais pour un chagrin sacré comme le mien, il n'a que des railleries; car à ses yeux c'est un ridicule ou un mensonge... Pleurer son mari! le regretter avec amertume, vivre de souvenirs poignans, n'exister que par la pensée d'un être qui vous fut cher!... qui croirait cela?... Et puis pourquoi le dire? à qui le dire? Mes parens ou mes alliés étaient trop du monde pour me comprendre; et puis, je l'avoue, j'avais été d'un égoïsme de bonheur tel, que tant qu'il dura je n'avais cherché à m'assurer aucun ami... Lui... lui, n'était-il pas tout pour moi?... A qui avais-je besoin de répéter combien j'étais heureuse, si ce n'est à lui?... D'ailleurs, avec l'imprévoyance d'une félicité sans bornes, je n'avais jamais pensé que le malheur pouvait m'atteindre...

— Oh! vous avez dû être bien malheureuse! Pauvre femme! les déchiremens d'une douleur solitaire sont si affreux!

— Oh! oui! j'ai bien souffert, croyez-moi! Et puis, par je ne sais quelle faiblesse dont maintenant j'ai honte, souvent la solitude m'effrayait; dans l'ombre et le silence, ma douleur grandissait... grandissait, et devenait quelquefois si menaçante, que j'avais des terreurs affreuses; aussi, presque éperdue, je me réfugiais dans ce monde que je détestais pourtant; mais c'est que j'avais alors presque besoin de son bruit, de son éclat, pour me distraire un moment de cette concentration de ma pensée qui m'aurait rendue folle... Puis, une fois rassurée, je me prenais à maudire les vaines joies qui avaient osé étourdir mes chagrins... je pleurais sur ma lâcheté... et mes jours se passaient dans ces contradictions aussi terribles qu'inexplicables... Ce n'est pas tout : je n'ignorais pas que ma douleur était affreusement calomniée, et je ne pouvais pas, et je ne voulais pas me justifier... Oh! si vous saviez encore combien cela est cruel de n'avoir pour se défendre qu'une vérité... mais si sainte, mais si vénérée, qu'on n'ose la profaner en la disant à des indifférens ou à des incrédules!! — Marguerite pleura encore, et continua après un silence : — Maintenant, vous comprendrez, n'est-ce pas, mon mépris de tout et de tous. Aigrie par le chagrin, mon humeur devint ombrageuse et fantasque; personne n'en pouvant deviner la cause, je passai pour bizarre... Les gens qui m'entouraient me semblaient vulgaires, comparés à celui dont le souvenir sera toujours sacré pour moi; je passai pour dédaigneuse ou dissimulée. Enfin cette coquetterie sans but apparent qu'on me reprochait, ou plutôt à laquelle on donnait les motifs les plus scandaleux, eh bien! c'était encore un hommage à son souvenir. Je me parais ainsi, parce qu'il avait aimé à me voir ainsi parée; cet entourage, ces fleurs, ce demi-jour sous lequel il se plaisait à voiler mes traits, hélas! tout cela était pour moi autant de souvenirs chers et précieux. Enfin, jusqu'à cette science que j'affichais comme une prétention, c'était encore un triste reflet du passé ; car, très savant lui-même, il avait souvent aimé à s'entretenir avec moi des connaissances les plus variées. Que vous dirais-je, mon ami ? Vivant seule, l'état de ma maison paraît peut-être trop considérable ; aussi je passe pour orgueilleuse et vaine, et pourtant, c'est parce que cette maison était la sienne que je l'ai religieusement conservée... Maintenant, vous savez le secret de ma vie ; avant de vous avoir connu, il m'importait peu de paraître fantasque, vaniteuse et coquette ; les bruits les plus odieux m'étaient indifférens... mais depuis que j'ai apprécié ce qu'il y avait de généreux et d'élevé dans votre cœur, depuis que surtout j'ai vu combien la médisance du monde, autorisée peut-être par une conduite dont il n'a pas le secret, pouvait avoir d'influence sur vous... à l'estime, à l'affection de qui je tiens tant... j'ai voulu que vous... au moins, ne me jugeassiez pas comme les autres... Et puis, souvent, vous avez généreusement pris ma défense ; j'ai voulu vous prouver que l'instinct de votre âme était aussi noble que juste... Et pourtant, il me reste un aveu... pénible à vous faire.

— Marguerite, je vous en supplie...

— Eh bien — ajouta-t-elle en rougissant, — j'ai combattu longtemps ce désir ; ce matin encore, lorsque vous m'avez surprise si malheureuse, si éplorée, c'est que je demandais à Dieu la force de résister au besoin que j'éprouvais de me réhabiliter à vos yeux.

— Pourquoi ?... oh ! dites, pourquoi cela ? ne suis-je pas digne de votre confiance ?

— Si... si, vous en êtes... vous en serez digne, je le crois... mais... je me reprochais avec amertume de n'être plus assez forte de la pureté de mes actions, de la sincérité de mes regrets, pour rester à vos yeux... indifférente aux calomnies du monde... car cela doit peut-être m'effrayer pour l'avenir.

. . . .

(Ici manquent un assez grand nombre de pages du Journal d'un inconnu.)

XXI

JOURS DE SOLEIL.

Peu de personnes, je crois, ne se sont pas créé une sorte de langage intime et à part qui leur sert à diviser, à classer pour ainsi dire dans leur pensée les différentes phases, les divers événemens de leur vie. Ainsi j'appelais autrefois *mes jours de soleil* ces heures aussi rares que fortunées dont le souvenir resplendit plus tard si magnifiquement dans le cours de l'existence que son magique reflet peut colorer encore ses pâles ennuis.

Dans la plupart de ces jours, grâce à une de ces heureuses fatalités du destin qui se plaît quelquefois à élever l'homme jusqu'au comble du bonheur possible ; dans *ces jours de soleil*, tout ce qui nous arrive est non-seulement selon nos désirs, mais encore, si cela peut se dire, presque toujours merveilleusement encadré.

Et qui n'a pas eu dans sa vie son jour de soleil ? un de ces jours où tout paraît heureux et splendide, où l'âme est inondée d'un bien-être inexprimable, où souvent la nature elle-même semble apporter son tribut éclatant à notre félicité ? Si une voix depuis longtemps chérie vous dit en tremblant : « A ce soir ! ! » ce soir-là, il se fait que le ciel est pur, les bois verts et touffus, les fleurs étincelantes, l'air saturé de parfums ; enfin, par un hasard adorable, tout ce qui frappe votre vue est riant et paisible. Rien de triste, de sombre ne vient obscurcir votre lumineuse au-

réole. Vous faut-il dire avec amour combien vous jouissez de cette rare et divine harmonie ? les expressions naissent pleines de fraîcheur et de grâce ; votre esprit allègre et épanoui brille de mille saillies ; s'il se tait, alors votre cœur parle et murmure d'ineffables tendresses ; puis vous vous sentez si fier, si hardi, si complétement doué, qu'à vos yeux éblouis l'avenir est sans bornes, ses perspectives innombrables, rayonnantes, et il vous semble enfin qu'aucun malheur ne vous peut atteindre sous l'égide du tutélaire et radieux génie qui vous couvre de ses ailes d'or !...

. . . .

Depuis que Marguerite m'avait avoué son amour, amour si douloureusement, si longuement combattu par les souvenirs de son bonheur passé, mon incurable défiance devait céder, pour quelque temps du moins, aux preuves de la tendresse la plus enivrante.

Jamais aussi jours ne furent plus heureux et plus beaux que ceux qui suivirent cet aveu.

Presque tous les soirs, en rentrant chez moi, j'avais alors écrit avec délices le *memento* de ces journées charmantes.

Aussi est-ce avec une sorte de tendre et respectueux recueillement qu'en transcrivant ces lignes sur mon journal je relis ces fragmens épars, écrits autrefois pendant une des plus douces périodes de ma vie.

Avril, 18...

J'ai été assez heureux aujourd'hui pour éviter à Marguerite une minute de chagrin, mais ce pauvre Candid est mort...

Je viens d'assister à son agonie... Brave et digne cheval, pourtant je l'aimais bien !...

Georges ne pleure pas, il est dans un désespoir stupide ; il m'a dit en anglais, avec une indéfinissable expression, en me le montrant expirant : « Ah ! monsieur ! mourir ainsi... et *sans courir contre personne !* »

Pauvre Candid ! sa fin a été douce au moins ! il a fléchi sur ses genoux, puis il est tombé ; alors deux ou trois fois il a levé sa noble tête, ouvert encore ses grands yeux si brillans... puis, les fermant à demi, poussant un profond soupir, il est mort.

Jamais peut-être je n'ai aimé ni aimerai de la sorte un cheval ; mais il y avait chez celui-ci tant d'intelligence, tant de beauté, tant d'énergie, tant d'adresse, jointe à une intrépidité si franche, ne reculant devant rien ! S'agissait-il d'obstacles à la vue desquels bien des chevaux auraient hésité, il arrivait, lui, fier, calme et hardi, et les passait en se jouant... Et puis, ayant toujours l'air si libre et si joyeux sous le frein, on eût dit que ce vaillant animal ne le subissait pas, mais l'acceptait comme une parure.

Pauvre Candid ! c'était mon courage, mon orgueil ! Confiant dans sa force, j'affrontais sans crainte des dangers qui peut-être sans lui m'eussent fait pâlir.

Confiant dans sa vitesse et son opiniâtre énergie, j'acceptais tout pari. Pauvre Candid ! sa vitesse, son opiniâtre énergie, c'est ce qui l'a tué.

Seul parmi mes chevaux il pouvait faire ce qu'il a fait, ce que bien peu feraient ; il a vaillamment accompli sa tâche, il m'a valu un sourire de Marguerite, et puis il est mort.

Pauvre Candid ! je n'ignorais pas à quoi je l'exposais, et maintenant... je ne sais si j'aurais encore le même courage de sacrifice.

Voici pourquoi Candid est mort.

Ce matin, nous sommes allés avec Marguerite et don Luis voir le château de ***, qu'elle a envie d'acquérir ; ce château est situé à trois lieues et demie de Paris.

En visitant les appartemens, je donnais le bras à Marguerite, nous précédions don Luis et le régisseur de cette terre.

Arrivés dans la bibliothèque, nous avons remarqué un très beau portrait de femme du dix-huitième siècle ; les mains surtout étaient d'une délicatesse et d'une forme adorable.

Si adorable, que je trouvai qu'elles ressemblaient à celles de Marguerite.

Elle a nié; je l'ai suppliée d'ôter son gant et de comparer; la ressemblance était frappante.

Voir de si belles mains sans les tendrement baiser, je ne le pouvais.

Nous entendîmes les pas de don Luis, et nous continuâmes notre examen.

Le château visité, nous revînmes à Paris.

Se trouvant fatiguée de cette course, Marguerite m'avait prié de venir passer la soirée avec elle; je le lui promis.

En arrivant, je la trouvai triste, pâle, visiblement émue.

— Qu'avez-vous? — lui dis-je.

— Vous allez vous moquer de moi, — elle avait les larmes aux yeux, — mais je n'ai pas retrouvé un bracelet qui me vient de ma mère; je le portais au bras ce matin; vous savez le prix que j'y attache, jugez de mon chagrin; j'ai fait chercher partout, rien... rien!

A ces mots, je me rappelai presque confusément avoir vu tomber du gant de Marguerite quelque chose de brillant, lorsque je lui baisai la main dans la bibliothèque; mais, tout au bonheur de ce baiser, cet incident n'avait pu m'en distraire.

— J'attache tant d'idées exagérées sans doute à la possession de ce bracelet, — reprit Marguerite, — que je serai affreusement malheureuse de ne le pas retrouver; mais quel espoir! en ai-je aucun? Ah! mon ami, pardon de cette douleur de regrets dans laquelle vous n'êtes pour rien; mais si vous saviez ce que ce bracelet est pour moi... Ah! quelle pénible nuit je vais passer, dans quelle inquiétude je vais être!

Il me vint alors à l'esprit une de ces pensées qu'on a lorsqu'on aime avec idolâtrie.

J'avais un cheval de course d'une grande vitesse, c'était Candid; il y avait trois lieues et demie de Paris au château de ***; la nuit était belle, la lune brillante, la route parfaite; je voulus, pour épargner à Marguerite non-seulement une nuit, mais une heure, mais quelques minutes de chagrin, savoir, dans le moins de temps possible, si le bracelet était resté ou non dans la bibliothèque de ***, quitte à tuer mon cheval.

— Pardon de mon égoisme, — dis-je à Marguerite, — mais votre regret et la perte que vous avez faite me font souvenir que j'ai laissé étourdiment une clef à un coffret qui contient des papiers importans; j'ai toute confiance dans mon valet de chambre, mais d'autres que lui peuvent entrer chez moi, permettez-moi donc d'écrire un mot, que je vais envoyer par ma voiture, pour ordonner d'ôter cette clef et de me l'apporter.

J'écrivis aussitôt ces mots:

« Georges sellera à l'instant Candid, il ira au château » de ***, demandera au régisseur s'il n'a pas trouvé un » bracelet d'or dans la bibliothèque. Quand Georges rece- » vra cet ordre il sera *dix heures*, il faut qu'à *onze heures* » le bracelet ou la réponse soit à l'hôtel de Pénafiel. »

La lettre partit.

Il y avait un peu plus de trois lieues et demie de Paris au château de ***; c'était donc faire plus de sept lieues en une heure, chose possible pour un cheval de la vitesse et du sang de Candid, mais il y avait cent à parier contre un qu'il ne résisterait pas à cette course.

Jusqu'à dix heures, j'eus assez d'empire sur moi pour distraire un peu Marguerite de ses regrets, et j'y parvins.

Onze heures sonnèrent, Georges n'était pas de retour.

A onze heures cinq minutes, un valet de chambre entra portant sur un plateau un petit paquet qu'il me présenta.

C'était le bracelet de Marguerite.

Je ne saurais dire avec quelle ivresse je le pris.

— Me pardonnerez-vous, — lui dis-je, — la lenteur de mes gens? ne sachant pas le prix que vous attachiez à ce bracelet, c'est moi qui vous l'avais *volé;* mais voyant votre chagrin, j'ai pris le prétexte d'une clef oubliée pour écrire

à mon valet de chambre de m'envoyer un petit paquet qu'il trouverait dans ma cassette.

— Je l'ai... je l'ai!... oh! je le retrouve... je vous pardonne, — s'écria Marguerite en baisant le bracelet avec transport; puis me tendant la main, elle ajouta : — Ah! que vous êtes bon d'avoir eu pitié de ma faiblesse, et que je vous sais gré d'avoir envoyé chez vous pour m'éviter quelques momens de chagrin.

J'avoue que, malgré la joie et le bonheur de Marguerite, mon inquiétude fut grande jusqu'à onze heures et demie, que je quittai l'hôtel de Pénafiel.

A minuit je n'avais plus d'inquiétude

Pauvre Candid!... il vient de mourir.

J'ai dit à Georges, pour expliquer cette mort, que j'avais parié trois cents louis que Candid irait à *** pendant la nuit, et reviendrait en une heure.

Avril 18...

J'ai rencontré Marguerite aux Champs-Élysées.

En parlant de chevaux, elle m'a dit :

— Mais comment ne faites-vous pas plus souvent courir Candid? On le dit si vite, si beau, et vous l'aimez tant!... oh! tant!... que j'en suis presque jalouse, — ajouta-t-elle en riant.

A ce moment, monsieur de Cernay, qui était à cheval ainsi que moi, s'approcha de la voiture de madame de Pénafiel, la salua et me dit :

— Eh bien! est-ce vrai? Candid est mort?

Marguerite me regarda avec étonnement.

— Il est mort, — dis-je à monsieur de Cernay.

— C'est ce qu'on m'avait dit, mais cela ne m'étonne pas : faire plus de sept lieues, la nuit, en une heure quatre minutes! De tel sang que soit un cheval, il est bien difficile qu'il résiste à cette épreuve, surtout sans être en condition. Et votre pari était de trois cents louis, je crois?

— De trois cents louis.

— Eh bien! entre nous, vous avez fait une folie; d'abord je vous en ai vu refuser beaucoup plus que cela, et avec raison, car, pour cinq cents louis et plus, vous ne retrouverez jamais un cheval pareil. Je vous le dis maintenant qu'il est mort... — ajouta-t-il très naïvement.

— Il en est donc un peu de la réputation des chevaux comme de celle des grands hommes, — lui dis-je en riant, — la jalousie empêche de les apprécier de leur vivant.

. . . .

Le regard de Marguerite me dédommagea presque de la mort du pauvre Candid.

Avril 18...

Quelle enivrante journée! Ce bonheur retentit encore si délicieusement dans mon cœur que je me plais à en écouter les moindres échos.

Il faisait aujourd'hui un temps radieux. Ainsi que nous en étions convenus hier avec Marguerite, je l'ai rencontrée au bois; sa figure encore un peu pâle semblait s'épanouir et renaître au soleil. Elle se promenait à pied; avant de la rejoindre, j'ai pendant quelque temps suivi Marguerite dans l'allée des Acacias. Rien de plus élégant que sa démarche, que sa taille, dont on devinait la souplesse et la grâce sous le long châle qui l'enveloppait. Longtemps, bien amoureusement aussi, j'ai regardé ses petits pieds soulever à chaque pas les plis ondoyans de sa robe.

Je l'ai rejointe; elle a beaucoup rougi en me voyant. Plus que jamais je suis convaincu de la valeur charmante de ce symptôme. Dès qu'il cesse, dès que la vue de l'objet aimé ne fait plus affluer le sang au cœur et au visage, l'amour vif, ardent et jeune a passé; une débile et froide affection lui succède; l'indifférence ou l'oubli ne sont pas loin.

J'ai pris son bras. Comme elle s'appuyait à peine sur le mien, je l'ai suppliée d'y peser davantage.

L'air était doux et pur, le gazon commençait à verdir, la violette à poindre ; nous avons d'abord peu parlé. De temps à autre elle tournait sa figure vers moi, et me regardait doucement avec ses grands yeux qui semblaient nager dans un cristal limpide ; puis bientôt, ses narines roses se dilatant, elle me dit avec une sorte d'avidité :

— Qu'il est bon, n'est-ce pas, d'aspirer ainsi le printemps et le bonheur !

En voyant les hauteurs du Calvaire, nous avons beaucoup parlé campagne, grandes forêts, champs, belle et vaste nature. Cette conversation a été çà et là entrecoupée de longs silences. Après un de ces silences, elle m'a dit :

— Je voudrais vous voir en Bretagne ; nous ferions de longues, longues promenades, et je *vous sèmerais* dans nos bois, pour faire plus tard, dans ma solitude, une riche moisson de tendres souvenirs.

J'ai répondu en riant que je ne trouvais rien à lui dire en échange de ces charmantes flatteries, et que je m'en savais presque gré, car rien ne me paraissait plus désespérant que ces gens qui vous *remboursent* immédiatement un compliment gracieux ou une attention délicate, comme s'ils voulaient se débarrasser à tout prix d'une dette insupportable.

Nous avons rencontré plusieurs hommes et plusieurs femmes de notre connaissance, à pied comme nous. Après qu'ils eurent passé, et nos saluts échangés, nous nous sommes avoué en riant notre désir de savoir ce qu'on disait alors à notre sujet.

A propos de cette rencontre, Marguerite m'a dit que Paris lui devenait odieux ; qu'elle avait un beau projet, mais qu'elle ne voulait me le confier qu'au 1er mai. Impossible d'en savoir davantage.

A quatre heures, le vieux chevalier don Luis nous a rejoints ; nous avons tous trois continué notre promenade encore quelque temps. Madame de Pënâfiel avait comme moi quelques visites à faire ; je l'ai quittée ; elle allait le soir au bal ; nous sommes convenus que j'irais chez elle à dix heures pour avoir la première fleur de sa toilette, dont elle m'avait voulu faire un mystère.

En quittant Marguerite, j'ai été voir madame de ***.

Notre bonheur est décidément très connu. Autrefois on parlait souvent devant moi de madame de Pënâfiel avec toute liberté ; maintenant on ne prononce presque jamais son nom en ma présence, ou bien on l'accompagne des formules de louanges les plus exagérées. Cette réflexion m'est venue pendant le cours de ma visite à madame de ***.

Un homme de ses amis, tout récemment arrivé d'Italie, et ignorant encore les liaisons du monde, lui a dit, après s'être informé de plusieurs femmes de sa connaissance :

— A propos, et madame de Pënâfiel ? J'espère que vous allez me raconter comme toujours quelque bonne histoire sur elle ? Voyons, quel est l'heureux ou le malheureux du moment ? Dites-moi donc cela ? Vous me le devez, à moi qui, arrivant des antipodes, ne suis au fait de rien, et qui sans ces renseignemens pourrais faire quelque gaucherie.

— Mais vous êtes fou, — a répondu madame de *** rougissant beaucoup, et jetant un regard presque imperceptible de mon côté ; — vous savez, au contraire, que je déteste les médisances, et surtout lorsqu'elles ont pour sujet une de mes meilleures amies ; car j'ai pour Marguerite une affection qui date de l'enfance, — ajouta-t-elle en appuyant sur ces mots.

— Une de vos meilleures amies ah ! c'est charmant, par exemple ! — reprit ce diable d'homme qui ne comprenait rien ; — une de vos meilleures amies, soit ; mais alors en ce sens, *celui qui aime bien châtie bien ;* car vous m'avez fait sur elle cent contes plus divertissans, plus mordans les uns que les autres.

L'embarras de madame de *** était extrême ; j'en ai eu pitié.

— Je ne suis donc pas le seul, madame, à qui vous avez tendu ce piége ? — lui ai-je dit en riant.

— Un piége ? — a repris le nouvel arrivant.

— Un piége, monsieur, — ai-je répondu ; — un piége rempli de malice, auquel moi-même, un des amis les plus sincèrement dévoués de madame de Pënâfiel, j'ai failli me laisser prendre.

— Ah ! m'en croyez-vous capable ? — m'a répondu madame de *** en souriant, sans comprendre encore ce que je voulais prendre.

— Certes, madame, je vous en crois capable, car c'est un excellent moyen de connaître les véritables partisans de nos amis ; on dit en apparence un mal affreux de son amie intime, et, selon que les personnes de sa connaissance la défendent ou renchérissent encore sur la médisance, on juge ainsi des bienveillans et incommensurables de la toilette ; aussi, mais, renseignée de la sorte, l'amie intime prend plus tard pour ce qu'elles valent les protestations qu'on lui fait.

— Ah ! vous êtes en vérité d'une indiscrétion insupportable, — m'a dit madame de *** en minaudant.

L'arrivant d'Italie était stupéfait. Une nouvelle visite entra, je sortis.

A dix heures, je suis allé chez Marguerite. J'espérais l'attendre ; car je trouve toujours délicieux d'être quelque temps seul à rêver dans un salon habité par celle qu'on aime, puis de voir l'appartement tout à coup éclairé pour ainsi dire par sa présence. Je n'eus pas ce plaisir ; c'était elle qui m'attendait. Ce triomphe que je remportais sur les longueurs ordinaires et incommensurables de la toilette, cette attention délicate et rare d'être prête pour me recevoir me charma.

Marguerite était adorable ainsi ; elle portait une robe de moire verte, très pâle, garnie de dentelles et de nœuds de rubans roses, d'où s'épanouissaient de grosses roses rosées ; une de ces fleurs dans ses cheveux et une autre au corsage complétaient sa parure. Elle m'avait gracieusement réservé un de ses bracelets à attacher ; je le fis, non sans baiser avec adoration ce bras charmant, si blanc, si frais et si rond.

J'ai voulu savoir les secrets du 1er mai. Marguerite m'a dit qu'elle voulait me faire un mystère de ce *printemps d'espérance.*

Je lui ai raconté ma visite du matin à madame de *** ; nous en avons beaucoup ri, et elle m'a dit être trop heureuse pour penser à la fausseté des autres. Puis, causant d'une très belle étrangère qui avait produit une assez grande sensation dans le monde, Marguerite m'a remercié très gaiement de me montrer fort assidu auprès de cette jolie personne.

— Et pourquoi me remercier de cela ? lui ai-je demandé.

— Parce qu'un homme n'est jamais plus en coquetterie avec les autres femmes que lorsqu'il se sait bien absolument sûr du cœur où il règne. Aussi, je suis heureuse et fière de vous inspirer cette certitude et cette sécurité.

. . . .

A onze heures elle a demandé sa voiture.

Comme je me félicitais de cette liberté qui nous permettait de nous voir si intimement, Marguerite m'a répondu :

— Cela n'est rien encore ; vous verrez au 1er mai.

Je suis allé un instant à l'Opéra ; il était fort brillant. J'ai trouvé monsieur de Cernay dans notre loge. Ce qu'il appelle *mon bonheur* continue toujours de lui être insupportable, car il ne cesse de me dire combien il est enchanté de *la* voir si sérieusement attachée ; il fallait que cela finît ainsi un jour ou l'autre, a-t-il ajouté. D'ailleurs *elle* devait enfin se lasser d'une existence si agitée. Son goût pour Ismaël n'avait été qu'une folie, son penchant pour monsieur de Merteuil un caprice, ses autres aventures, mystérieuses mais pourtant devinées, des écarts d'imagination, tandis que l'affection qu'*elle* ressentait pour moi était toute autre, etc. Selon mon habitude, je me suis obstiné à nier, *mon bonheur ;* alors monsieur de Cernay s'est mis à m'accuser d'être dissimulé, de vouloir cacher ce que tout Paris savait, et a fini par me prédire sérieusement que, si je persistais à demeurer ainsi secret, je n'aurais jamais d'ami intime. Prédiction dont je me suis véritablement trouvé très chagrin. Je suis allé au bal de madame*** pour rejoindre Marguerite; en entrant dans les salons, je ne l'ai pas longtemps cherchée. Qui expliquera cet instinct, cette singulière faculté grâce à laquelle il suffit d'une minute et d'un seul regard jeté sur une foule de femmes et d'hommes pour trouver au milieu d'elle la personne qu'on désire vivement de rencontrer ?

Marguerite causait avec madame de*** lorsque j'allai la saluer. Elle m'accueillit avec une grâce charmante et une préférence bien marquée, bien qu'elle fût fort entourée. Je cite cette particularité parce que beaucoup de femmes, dont on a deviné l'intérêt, croient faire une merveille de tact et de finesse en accueillant avec une indifférence affectée, souvent même grossière, les prévenances de celui qu'elles aiment.

Madame de*** est fort vive, fort spirituelle, fort gaie, d'un caractère rempli de franchise et de solidité indulgente pour le monde, mais nullement banale, et d'une méchanceté cruelle dès qu'on attaque ses amis absens. Marguerite et moi étions en grande confiance avec elle. Toutes deux s'étant mises sur une causeuse, je me suis assis derrière elles, et nous avons fait mille folles remarques sur tout et sur tous. Je ne sais comment on vint à parler de tableaux. Madame de*** m'a dit :

— Je sais que vous avez une charmante collection de tableaux et de dessins; donnez-nous donc un jour à souper, ainsi qu'à quelques femmes et à quelques hommes de notre connaissance, que nous allions admirer vos merveilles.

— Avec le plus grand bonheur, — lui ai-je répondu ; — mais il est bien entendu que je n'invite pas les maris; cela dépare : c'est comme un danseur dans un ballet.

— Mais, au contraire, — m'a-t-elle dit, — la fadeur maussade, jalouse, enfin presque conjugale, qui règne dans la plupart des liaisons, ce serait très piquant : beaucoup de maris très aimable n'ont contre eux que d'être maris ; or, puisque beaucoup ne le sont plus, ils ont mille chances de paraître charmans.

Après avoir longuement et gaiement débattu cette question, nous sommes convenus de ce souper avec une proportion raisonnable de maris et d'amans.

Il était assez tard, Marguerite a prié son cousin don Luis de demander sa voiture; tandis qu'elle l'attendait et que je jetais son mantelet sur ses belles épaules, je lui ai dit à voix basse :

— A demain onze heures... n'est-ce pas ?

Elle a beaucoup rougi, et m'a légèrement serré la main lorsque je lui ai rendu son éventail et son flacon.

— J'ai compris.

Don Luiz lui a offert son bras, et elle est partie.

Rentré chez moi, je viens d'écrire le détail de cette journée, si vide en apparence, et pourtant si remplie de joies charmantes.

Joies charmantes qui sont tout et rien : rien si on les isole, tout si on les rassemble. Alors c'est un bonheur épanoui, radieux, émaillé de mille délicieux souvenirs, aussi enivrans que le parfum sans nom d'un bouquet, aussi composé, lui, de mille suaves et fraîches odeurs.

A demain... onze heures...

Avril 18...

. . . .

Je suis allé chez elle à trois heures.

Je l'ai retrouvée toujours tendre, affectueuse, mais recueillie, pensive et presque triste.

Cette tristesse n'était pas amère ; elle était douce, remplie de charme et de mélancolie. Les idées qu'elle a émises ont été nobles, sérieuses, élevées.

Ce contraste m'a profondément frappé.

Il y a dans l'âme de certaines femmes d'inépuisables trésors de délicatesse.

Chez celles-là, tout s'épure par le sacrifice, tout s'idéalise par l'ardeur presque religieuse dont elles aiment, par le sentiment des devoirs sacrés qu'elles trouvent dans l'amour, par une sorte de contemplation douloureuse où les plonge toute pensée d'avenir.

Chez nous l'horizon est bien plus borné.

Une fois notre passion et notre vanité satisfaites par la possession, rien de plus net, de plus tranché que ce que nous éprouvons. Les mieux doués sont encore quelque peu tendres, reconnaissans; les autres se trouvent souvent rassasiés et maussades.

Chez certaines femmes, au contraire, par cela que les impressions heureuses et tristes, plus tristes qu'heureuses, qui succèdent à l'ivresse des sens, se contrarient et se heurtent ; en elles la mélancolie prédomine ; car ce qu'elles éprouvent est indéfinissable. C'est à la fois bonheur et désespoir, regrets et espérance, souvenirs brûlans et honteux, amour plus vif, remords terrible, et désir insurmontable de se donner encore.

. . . .

Je suis resté longtemps chez Marguerite. Notre conversation a été délicieuse d'intimité. Elle m'a beaucoup parlé de ma famille, de mon père...

Un moment ces pensées, dont j'étais, hélas ! depuis si longtemps déshabitué, m'ont attristé ; je lui ai tout confié : mon oubli, mon ingratitude, et l'indifférence coupable où je laissais sa mémoire...

Alors Marguerite n'a pu s'empêcher de fondre en larmes, et m'a dit :

— On croit pourtant à l'éternelle durée d'autres affections... puisqu'on ose s'y livrer...

J'étais si profondément heureux, que peu à peu je l'ai rassurée. Sa tristesse s'est en partie dissipée, et je ne saurais exprimer avec quelle tendresse ineffable et presque maternelle elle m'a parlé de l'avenir, de mes projets, de son impatience de me voir abandonner la vie stérile et oisive que je menais, et dont le vide, m'a-t-elle dit, m'avait causé tant de chagrins.

Je lui ai répondu qu'à cette heure ces reproches n'étaient pas fondés, et qu'il ne fallait pas m'accuser d'être malheureux et inoccupé, puisque, passant ma vie à l'adorer, je me trouvais le plus heureux et le plus délicieusement occupé de tous les hommes.

Comme j'ajoutais mille folies à ce commentaire, Marguerite, me prenant par la main, m'a dit avec une exprimable expression de bonté, d'amour et de doux reproche, en attachant sur moi ses grands yeux humides de larmes :

— Vous êtes bien gai... Arthur !

— C'est que je suis si heureux, si complétement heureux ! ! !

— Cela est singulier, — m'a-t-elle dit ; — moi aussi je suis heureuse, complétement heureuse... et pourtant je pleure, j'ai besoin de pleurer.

. . . .

Puis, je ne sais pourquoi nous avons parlé de présage, et enfin de divination et de devins.

Comme toujours, nous avons rebattu ce thème usé : « Faut-il croire ou non à la prescience de l'avenir? etc. »

Enfin, nous sommes convenus de tenter le destin, et de nous rencontrer demain rue de Tournon, chez mademoiselle Lenormand, afin de savoir notre avenir.

J'ai quitté Marguerite à six heures et demie. — Elle a fait défendre sa porte, et m'a dit qu'elle passerait sa soirée à m'écrire.

. . . .

Rentré chez moi, et soumis à la seule influence de mes pensées, j'ai été encore plus frappé de la différence profonde qui existait entre les impressions des hommes et celles des femmes.

Ainsi, après cette matinée d'ivresse des sens, autant Marguerite avait besoin de silence, de recueillement et de solitude, autant j'avais besoin, moi, de bruit, d'éclat, d'animation ! Quoique concentré, le bonheur rayonnait en moi. Je me sentais gai, causant, aimable, tant le contentement nous grise ; aussi le monde, avec toutes ses joies et toutes ses splendeurs, me paraissait le seul théâtre digne de ma félicité.

Avant de me rendre à une ou deux soirées, je suis allé aux Bouffes pour entendre le deuxième acte d'*Otello*. J'ai vu madame de V*** seule dans sa loge.

Elle était, comme toujours, charmante et mise à ravir.

Rien de plus délicieux qu'une jolie figure de femme se détachant ainsi lumineuse et souriante sur le fond toujours très obscur de ces premières loges de face.

Dans l'entr'acte, j'ai été faire une visite à madame de V***. Elle m'a reçu à merveille, je dirais presque avec une coquetterie très provocante, si elle n'était pas pour ainsi dire née coquette et provocante comme d'autre naissent blondes ou brunes. Rien d'ailleurs de plus brillant, de plus original, de plus fou que son esprit ; disant tout, mais avec une grâce si piquante, une malice en apparence si naïve, qu'elle se fait tout pardonner.

Elle a commencé par m'attaquer très vivement sur mes assiduités constantes auprès de certaine belle marquise, disant que cette marquise devait s'estimer très heureuse d'être presque de ses ennemies, parce que sans cela, elle, madame de V***, aurait peut-être jeté un grand trouble dans notre amour.

— Comment ? parce que vous êtes son ennemie, vous vous abstenez de cette vengeance ?

— Sans doute ; on réserve ordinairement ces bonnes perfidies-là pour ses amies intimes et c'est très dommage, — a-t-elle ajouté en riant comme une folle ; — car, si je l'avais bien voulu, je vous aurais rendu en vingt-quatre heures amoureux de moi, mais amoureux à lier.

— Mais c'est fait depuis longtemps, et sans que vous vous soyez donné la moindre peine pour cela, — ai-je dit.

Puis, à travers mille galanteries très empressées, je lui ai vanté le charme de ces amours éphémères, de ces rencontres de cœurs autrefois si communes et si ravissantes, mais de nos jours malheureusement si rares ; rencontres charmantes, sans veille ni lendemain, qui ne laissaient dans la vie qu'un souvenir unique mais divin !

— Je ne suis pas de votre avis, — a-t-elle ajouté toujours fort gaiement ; — en fait de perles... j'aime mieux un collier qu'une bague.

— Oui, madame ; mais toutes les perles d'un collier sont égales, d'une forme monotone, tandis que certaines perles inestimables par leur singularité même, ont plus de valeur à elles seules que tout un collier.

— C'est pour cela sans doute, monsieur, que vous m'avez toujours paru si parfaitement précieux et singulier.

Grâce à mille autres folies, *Otello* passa, je le dis à ma honte, presque inentendu. On commençait de quitter les loges.

— Allons, — dit madame de V***, — mon mari va encore me laisser seule pour la sortie.

— Votre mari, cela se concevrait presque... car il n'y a guère que les riches qui ignorent leurs trésors ; mais ce qui m'étonne, c'est que...

Et, comme j'hésitais, elle me dit très délibérément :

— C'est que monsieur de*** ne soit pas là pour me donner le bras et demander mes gens ; est-ce cela que vous voulez dire ?

— C'est justement cela que, par une féroce envie, une jalousie de tigre, je ne voulais pas dire du tout.

— Je l'ai envoyé à la chasse pendant huit jours, pour le remettre en grâce avec moi, — a repris négligemment madame de V*** ; — car il a l'absence délicieuse.

— Délicieuse pour tous, car je lui devrai de jouir d'un

charmant privilége, si vous acceptez mon bras pour sortir.

— Mais certes, j'y comptais bien.

— Et mes priviléges ne se borneront-ils, hélas ! qu'à cette faveur ?

— Vous êtes un curieux et un indiscret.

— Soit, pourvu qu'après avoir été curieux comme le désir, je puisse être indiscret comme le bonheur.

— Mais, — a-t-elle ajouté sans me répondre, et me faisant remarquer une femme souverainement ridicule, — voyez donc cette pauvre madame de B. On dit qu'elle a les yeux bêtes... Quelle sottise ! je les trouve, moi, les plus spirituels du monde ; car ils ont l'air de vouloir sortir de sa vilaine figure.

J'oublie une foule d'autres observations pleines de malice, le tout dit en riant très haut, elle sur une marche de l'escalier, moi sur une autre.

Enfin, au moment de me quitter, elle m'a rappelé qu'il y avait bien longtemps que je n'étais venu voir ses dessins ; qu'elle était fière de ses progrès, et qu'elle tenait à m'en faire juge.

— Mais je serai ravi, madame, d'aller critiquer ou admirer tant de merveilles ; seulement, comme je suis très sévère, je me trouverais gêné par la présence d'un tiers pour vous dire franchement mon avis ; aussi vous devriez bien, pour cela, faire fermer votre porte aux importuns.

— Mais c'est un tête-à-tête, un rendez-vous que vous me demandez là, monsieur ?

— Absolument, madame.

— Et mes gens ?

— Vous direz que vous n'y êtes que... pour votre notaire.

— Et vous consentiriez à passer...

— Pour un notaire, pour un procureur, pour tout ce que vous voudrez ; je prendrai, s'il le faut, un paquet de papiers, des lunettes vertes, et nous causerons alors très impunément et surtout très longuement... d'affaires.

— De testament ? par exemple.

— Certes, de celui de ce pauvre ***, dont je voudrais être si éperdument à cette heure le légataire universel.

— Ah ciel ! que vous voilà bien dans l'esprit de votre rôle, — s'est écriée madame de V***.

On vint lui annoncer sa voiture.

— Eh bien ! — lui ai-je dit en l'accompagnant, — attendrez-vous votre notaire demain à trois heures ?

— Qu'il vienne, il le verra.

— N'allez-vous pas ce soir au concert de madame T*** ?

— Non, je rentre chez moi.

— Comment, sitôt ?

— Oui, pour mettre quelques affaires en ordre, ayant demain une grave entrevue avec le plus détestable et le plus importun des hommes de loi.

En disant ces mots, et toujours riant aux éclats, elle a monté en voiture.

Je suis revenu sous le péristyle, attendre la mienne ; là, j'ai été accosté par le gros Pommerive, qui, passant près de moi, m'a dit :

— Déjà infidèle !... C'est bientôt... ou bien tard...

Je haussai les épaules en souriant.

Je suis allé à ce concert. Trop de foule. Pour moi, la musique est sans charme si je ne l'entends pas commodément. En rentrant chez moi, je viens de trouver une longue et tendre lettre de Marguerite.

Dans notre conversation de ce matin, je lui avais avoué ma passion pour les violettes de Parme. J'en trouve deux corbeilles véritablement colossales dans mon salon.

Ce souvenir, cette prévenance délicate m'a touché, m'a ravi, mais ne m'a pas fait véritablement rougir de mon empressement auprès de madame de V***, que j'ai trouvée d'un éclat et d'une vivacité charmante.

Je lis pourtant avec amour la lettre de Marguerite ; elle est tendre et bonne, pleine d'une charmante mélancolie ; elle se félicite de cette longue soirée passée seule avec mon souvenir. En post-scriptum, elle me rappelle que de main à trois heures nous devons nous retrouver chez mademoiselle Lenormand pour savoir notre avenir.

C'est justement à trois heures que j'ai promis à madame de V*** d'aller voir ses dessins; que faire? Je ne puis certainement pas mettre en balance mon affection profonde et vraie pour Marguerite avec le caprice très vif, mais sans doute éphémère, que je ressens pour madame de V***, aussi jolie, aussi séduisante que légère et coquette.

Mais je suis assuré de l'affection de Marguerite; c'est un amour sincère et durable; le goût passager que j'échangerai peut-être avec madame de V*** ne portera d'ailleurs aucune atteinte à cette intimité tendre et sérieuse.

Avec une femme aussi inconstante, aussi variable que madame de V***, une occasion perdue peut ne plus se rencontrer, le hasard est son dieu. J'irai donc demain chez elle. Je vais trouver une excuse pour remettre notre partie d'avenir avec Marguerite chez mademoiselle Lenormand à après-demain. Que prétexter? une affaire... de notaire? Non, ce serait une perfidie puérile... Pourtant, que dire?

Enfin je m'y résigne; mais je vais par compensation écrire à Marguerite la lettre la plus passionnée.

J'ai relu cette lettre tout à l'heure écrite par moi à madame de Pënâfiel. Cette lettre est bien, pleine de cœur, de tendresse, de passion, et cela n'est pas feint, c'est vrai, profondément senti, éprouvé. Chose étrange! je songe fermement à la tromper, et pourtant jamais peut-être mon amour pour elle n'a été plus vif et plus sincère. Je n'ai aucune raison de me mentir à moi-même, je m'écoute penser... Cela est vrai, j'aime Marguerite plus que je ne l'ai jamais aimée; naguère, j'aurais reculé peut-être devant quelques sacrifices; à cette heure, j'irais au-devant de tous ceux qu'elle me pourrait demander, et pourtant, je le répète, je songe à la tromper!

Cette idée me cause-t-elle honte, remords, regret? Non.

Hésité-je un instant à la pensée que Marguerite peut être instruite de cette infidélité et en ressentir un profond chagrin? Non.

Est-ce que j'éprouve pour madame de V*** aucun sentiment noble et élevé? Non. C'est un désir ardent, qui me semble devoir être aussitôt éteint qu'il a été promptement allumé.

Et pourtant, chose étrange! je me le redis encore, il me semble aimer davantage Marguerite. Pourquoi cette progression de sentiment? N'est-ce pas une illusion, un fantôme trompeur évoqué par la conscience de ma perfidie? n'est-ce pas une excuse que je cherche en m'imposant à moi-même et peut-être à mon insu cette croyance mensongère. Non, non, je m'écoute penser... il me semble assurément l'aimer davantage.

Singulière contradiction de l'âme! Serait-ce donc que mon amour pour Marguerite s'augmenterait en raison de la douleur que je pressens devoir lui causer?

Avril 18...

Jours de soleil?... hélas! non; ce temps de radieux bonheur, qui avait duré plus de deux mois, devait s'obscurcir et devenir bientôt sombre et désolé...

Étrange journée que celle-ci!

Ce matin, à mon réveil, j'ai reçu un billet de Marguerite: elle est un peu contrariée de ce retard de bonne aventure. Ce jour étant celui de l'anniversaire de sa naissance, elle le croyait plus convenable comme étant le plus fatal.

Ayant à faire quelques emplettes de porcelaines de Sèvres et de Saxe, elle m'a prié de me trouver à deux heures et demie chez ***, marchand très en vogue, afin de consulter mon goût.

Je m'y suis rendu.

En allant avec elle un meuble de marqueterie placé dans le magasin du fond, nous sommes restés un moment seuls. Marguerite m'a demandé de venir passer ma soirée chez elle, en promettant de me dire son secret du 1er mai.

Je l'ai tendrement remerciée; elle m'a paru plus jolie encore que de coutume : elle portait une capote paille garnie de dentelles et de bluets qui lui allait à ravir.

À trois heures je l'ai quittée, et je me suis rendu chez madame de V***.

Malgré nos folles conventions de la veille, d'après lesquelles je devais absolument passer pour un notaire si je voulais jouir du charme d'un tête-à-tête, je me fis annoncer sous mon nom, et je la trouvai seule.

Elle m'a montré ses aquarelles, qui étaient véritablement d'une excellente manière, car elle jeune femme est parfaitement douée. Néanmoins, pour sortir des banalités, j'ai prétendu les trouver mauvaises, le dessin incorrect, la couleur fausse et outrée, le faire sans assurance et sans adresse.

— Vous n'y connaissez rien du tout, — m'a-t-elle dit en riant, — j'ai une talent charmant; mais, comme vous dessinez aussi, c'est jalousie de métier.

— Nous ne nous entendrons jamais à ce sujet, madame; vous trouvez vos aquarelles bonnes, je les trouve mauvaises, n'en parlons plus; parlons d'un sujet à propos duquel nous serons sans doute d'accord.

— Et ce sujet, monsieur?

— C'est la perfection de votre esprit et de votre beauté.

— Eh bien! vous vous trompez fort, monsieur; car, prenant à mon tour votre rôle de critique, tout à l'heure si injustement exercé aux dépens de mes pauvres dessins, je vous prendrai que, si vous me trouvez charmante, moi je me trouve détestable, car j'ai mille vilaines qualités. Aussi, comme nous ne nous entendrons jamais à ce sujet, parlons d'autre chose.

— Hélas! ceci est une prétention de votre part, madame; malheureusement pour moi, vous n'avez pas tous les ravissans défauts que je vous souhaiterais, un surtout...

— Vous êtes fou; voulez-vous en attendant une preuve de mon odieux caractère!

— Je la désire ardemment, ce sera toujours cela.

— Écoutez-moi donc, et surtout ne m'interrompez pas. Une de mes amies intimes, très méchante aussi, avait une vengeance à exercer contre une femme de sa connaissance; vous n'avez pas besoin de savoir le pourquoi de cette vengeance. Mon amie était belle, ou plutôt jolie, vive, coquette, légère, ce que je vous donne comme qualités, selon votre désir, et non pas du tout comme défauts; joignez à cela un esprit assez amusant, du charme et beaucoup d'entrain, pardon de cette vulgarité, et vous aurez son portrait. La femme dont mon amie voulait se venger était belle aussi, mais prétentieuse, hautaine et fausse au dernier point; elle semblait pourtant sérieusement occupée d'un homme... Pourquoi ne le dirais-je pas? oui, d'un homme fort agréable, assez excentrique, enfin qui ne ressemblait pas à tout le monde: aujourd'hui gai, amusant, aimable; demain bizarre, maussade, ennuyeux et ennuyé. Pourtant, dans un de ses beaux jours de raison, de bon sens, il s'était montré très empressé auprès de mon amie, qui le trouva, me dit-elle, fort bien, trop bien peut-être... Dans cette circonstance, mon amie vint me demander conseil.

— Eh bien! vous avez, j'espère, conseillé à votre amie ce que je lui aurais conseillé moi-même, de se venger de la femme prétentieuse en faisant secrètement le bonheur de l'homme excentrique. Une pensionnaire aurait trouvé cela; les moyens les plus simples sont toujours les meilleurs.

— Ne m'interrompez donc pas. Mon amie attendant mon avis, j'ai voulu savoir le caractère de l'homme excentrique, s'il était sûr, sincère, et non pas indiscret et étourdi.

— Eh bien! madame?

— Eh bien! monsieur, c'était un de ces hommes assez rares auxquels une femme peut tout confier, qui comprennent tout, apprécient tout, admettent tout, quitte ensuite à dire franchement ce qu'ils pensent, mais qui ensevelissent la confidence dans le secret le plus impénétrable. S'il est ainsi, dis-je à mon amie, vous n'avez qu'une

chose à faire, c'est d'être inconséquente, osée, hardie, ou plutôt d'être enfin ce que *nous ne sommes presque jamais*, franche et vraie ; — en un mot, dites à l'homme excentrique : « Vous voulez me plaire, mais je vous
» sais occupé ; or, non-seulement une affection partagée
» ne peut me convenir, mais, si j'agrée vos soins, je veux
» une preuve, un moyen sûr de rendre impossible pour
» l'avenir tout retour à la personne que vous m'aurez sa-
» crifiée. En un mot, envoyez-moi toutes ses lettres, avec
» un billet significatif et très compromettant à ce sujet,
» et... l'avenir est aux heureux... » Eh bien ! ne donnais-je pas là un affreux conseil à mon amie ? — m'a dit madame de V *** en terminant.

— Je pourrais vous répondre, madame, grâce à la même allégorie, et me créer à l'instant un ami intime qui se trouverait être justement l'homme excentrique de votre amie intime. Mais, tenez, pas de détours, parlons franchement ; vous me connaissez assez pour savoir que je suis secret. Est-ce une perfidie que me demandez ? N'accueillerez-vous mes soins qu'à cette condition ?

— Mais, monsieur, vous êtes fou...

— Pas du tout.

— Mais pourquoi supposer que ce que je vous dis de mon amie soit un prétexte pour vous parler de moi, et que je pense le moins du monde à accueillir vos soins ?

— Eh bien ! soit, supposez que l'homme excentrique ait ainsi parlé, et non pas moi.

— À la bonne heure, de la sorte on peut causer, nous rentrons dans le vrai. Vous auriez donc demandé à mon amie si elle exigeait véritablement de vous une perfidie ? Et si elle l'eût exigée, qu'auriez-vous répondu ?

— Que je me sentais capable, surtout avec elle, de faire toutes sortes d'infidélités... mais jamais de trahison.

— Et si mon amie avait pourtant mis ses bontés à ce prix ?

— Cela ne se pouvait pas.

— Comment ?

— J'aurais pris cela pour une plaisanterie, et refusé obstinément d'en être dupe.

— Pourquoi une plaisanterie ?

— Parce qu'il n'y a pas une femme capable d'une telle pensée.

— C'est un peu fort !

— Je pense comme cela.

— Aucune femme ?

— Aucune !

— Mais je vous dis que, moi, j'ai conseillé cela à mon amie.

— Permettez-moi de douter de ce que vous dites.

— C'est insupportable ; j'ai eu la pensée de cette perfidie, et je la lui ai conseillée, vous dis-je.

— Je ne puis vous croire ; je sais trop la noblesse de votre caractère pour ajouter foi à ces calomnies que vous faites contre vous-même.

— Enfin, supposez maintenant que je vous dise cela... à vous.

— À moi ?

— À vous.

— Je ne puis supposer l'impossible.

— Mais je vous le dis à cette heure.

— Sérieusement vous me dites cela ? vous me faites ces conditions ?

— Très sérieusement.

— Eh bien ! sérieusement, vous voulez vous moquer de moi.

— Vous êtes humble au moins.

— Très fier au contraire de ne pas admettre que vous me croyiez capable d'une lâcheté. Mais, tenez, ne parlons plus des autres, parlons de vous et de moi ; agréez mes soins, sans condition, ou plutôt à condition que vous me rendrez tout aussi infidèle que vous le voudrez.

— Et ces lettres ?

— Encore cette folie ! Croyez-vous donc que je ne voie pas que c'est un moyen fort adroit d'ailleurs de m'éprou-ver ? de savoir si vous pouvez compter sur moi, sur ma sûreté, sur ma probité en amour ? Aussi, entre nous, je ne peux m'empêcher d'augurer fort bien pour mon bonheur à venir de cette précaution de votre part.

— La confiance ne vous manque pas, au moins.

— Est-ce donc être vain que de désirer, que d'espérer ardemment ?...

— Ces lettres ? ces lettres ?

— Toujours cette plaisanterie ? Quant à cette épreuve, je vous le répète, je la trouve parfaite, car quelle femme pourrait avoir l'ombre de confiance, d'estime ou de tendresse pour un homme capable d'une telle misère ? Ne devrait-elle pas craindre qu'un jour aussi ses lettres ?...

— Certes, elle pourrait craindre cela, si elle était assez sotte pour écrire...—ajouta madame de V*** avec une assurance dégagée qui me choqua. . . . .

. . . .

Par la fin de notre entretien, je m'assurai qu'en effet madame de V*** ne me donnerait quelque espérance qu'au prix de cette perfidie.

Ce calcul m'a paru doublement odieux de sa part ; sans doute parce qu'il blessait mon amour-propre, en cela que chez madame de V*** le désir de se venger de madame de Pënâfiel (vengeance dont j'ignorais d'ailleurs le motif) passait avant le goût qu'elle prétendait ressentir pour moi.

Je suis sorti de chez madame de V*** assez désappointé. J'avais compté sur une entrevue sinon plus tendre, du moins beaucoup plus décisive ; la réputation de légèreté de madame de V*** étant telle que je croyais voir agréer mes soins sans conditions ; or, celles qu'elle me faisait positivement étaient aussi exorbitantes qu'inadmissibles.

Chose étrange ! autant hier, lorsque je songeais à tromper Marguerite, mon amour pour elle m'avait paru s'accroître... autant aujourd'hui, après cette sorte d'échec à la trahison que je méditais, mon affection semble se refroidir.

Cette impression, peut-être exagérée, sera sans doute éphémère ; mais je l'éprouve.

En pensant à la soirée que je vais passer près d'elle, je sens que je me serais montré beaucoup plus tendre, beaucoup plus aimable, si j'avais eu quelque tort réel à me reprocher et à lui cacher.

Sans doute j'avais bien agi en me refusant à ce que madame de V*** espérait de moi ; mais je ne pouvais trouver dans mon procédé, si naturel d'ailleurs, aucune satisfaction de conscience ; car Marguerite me plaisait beaucoup plus que son *ennemie* : en n'hésitant pas entre elles deux, je n'avais fait aucun sacrifice.

Néanmoins il m'est presque impossible de ne pas ressentir une sorte de violent dépit contre madame de Pënâfiel en pensant que sans l'inimitié qu'elle a inspirée à madame de V***, il m'eût sans doute été facile de lui faire une infidélité passagère, qui aurait eu pour moi beaucoup de charmes et de piquant.

Rien de plus égoïste, de plus injuste, de plus cruellement ridicule que mon irritation contre Marguerite, parce qu'elle m'a involontairement privé d'un plaisir dont l'éclat pouvait lui devenir une peine amère.

J'avoue ces misères ; mais je pense ainsi, et c'est sous l'influence de ces idées que je vais me rendre chez madame de Pënâfiel.

Quel sera l'issue de cette soirée ? Je ne sais, mais j'ai de tristes pressentimens.

XXII

MÉFIANCE.

Fatale, fatale soirée que celle-là (1) ! Pourrai-je me la rappeler ?... Oui, mes souvenirs sont encore si douloureux qu'ils ne me manqueront pas !

Je suis arrivé à neuf heures et demie à l'hôtel de Pënâflel, dans une disposition d'esprit aigre et maussade.

— Comme vous venez tard ! — m'a dit Marguerite en souriant et d'un ton de reproche amical ; — mais j'ai tellement hâte de vous dire mon secret, mes projets du mois de mai, que je ne veux pas perdre de temps à vous gronder. Asseyez-vous là, près de moi, et soyez muet.

Satisfait de cette recommandation, qui me permettait de cacher mon humeur chagrine, je baisai la main de Marguerite, et je lui dis d'un air sérieux, qu'elle crut feint :

— Me voici d'une gravité, d'une attention complète ; je vous écoute.

— Tout ce que j'espère, c'est que cet air grave, cette attention, seront tout à l'heure fort dérangés par l'étourdissement imprévu de ce que j'ai à vous dire, — ajouta en riant madame de Pënâflel ; — mais qu'importe ! ne m'interrompez pas... Je voulais aller ce matin chez mademoiselle Lenormand, non-seulement à cause de mon jour de naissance, mais encore parce que j'étais curieuse de savoir si cette rare devineresse m'aurait su prédire que le plus grand bonheur que j'aie rêvé de ma vie était sur le point de se réaliser. Ce bonheur, le voici : le 1er mai, je quitte Paris...

— Vous partez !...

— Silence, — me dit Marguerite en mettant son joli doigt sur ses lèvres ; — vous voilà déjà tout ému, rien qu'au commencement ; que sera-ce donc tout à l'heure ? Je reprends : je pars le 1er mai, n'emmenant avec moi qu'un homme de confiance et ma vieille femme de chambre, mademoiselle Vandeuil. Le but apparent de mon voyage est un séjour de quelques mois dans une de mes terres, en Lorraine, que je n'ai pas visitée depuis longtemps...

— Je devine.

— Vous ne devinez pas du tout. A six lieues de Paris je m'arrête ; je laisse ma voiture chez le père de ma femme de chambre, qui m'est tout dévoué, et je reviens à Paris, devinez où ?

— En vérité, je ne sais...

— Dans une modeste mais charmante petite demeure, située au fond d'un quartier perdu, et je m'y installe sous le nom de madame Duval, jeune veuve arrivant de Bretagne à Paris pour s'occuper d'un procès... Eh bien ! que vous disais-je ? vous voilà, comme je m'y attendais, tout étonné, tout stupéfait, — dit Marguerite.

Je n'éprouvais ni étonnement, ni stupéfaction, mais un sentiment bien autre.

Soit par suite de la disposition chagrine de mon esprit irrité ou de ma défiance naturelle, ces projets de retraite venaient de rappeler tout à coup à ma mémoire un des mille bruits odieux qui avaient couru sur madame de Pënâflel, et entre autres les mystérieuses aventures qu'on prétendait s'être passées dans une petite maison ignorée qu'elle possédait. Depuis, Marguerite m'avait toujours nié ce fait comme tant d'autres calomnies absurdes, qui, ne pouvant s'attaquer à aucune évidence, étaient réduites à supposer mille incidens secrets. Aussi, étourdi par le bonheur idéal que je goûtais depuis deux mois, ou plutôt pendant cet accès de raison et de félicité, j'avais eu l'es-

(1) Ce chapitre du Journal d'un inconnu semble avoir été écrit quelque temps après les événemens qu'il retrace.

prit de ne pas songer un moment au passé. Près de cette femme charmante, j'avais aveuglément cru ce qu'il est toujours si commode, et si bon, et si sage de croire, que j'étais uniquement aimé ; j'avais aveuglément cru à la noble explication qu'elle m'avait donnée de sa conduite ; j'avais enfin oublié ces lâches et misérables défiances qui déjà m'avaient rendu si cruellement injuste à son égard. Pourquoi retombai-je alors, et à propos de ce projet de retraite, dans tous mes abominables rêves de méfiance ? Je ne sais, mais, hélas ! j'en subis la douloureuse obsession.

— Une fois établie dans ma maisonnette, — continua madame de Pënâflel, — je reçois chaque jour mon frère ; ce frère... c'est vous, car vous restez ostensiblement à Paris ; seulement, de temps à autre, vous vous montrez à l'Opéra, dans le monde ; puis, quittant bien vite tous les brillans ennuis de votre élégance habituelle, vous venez modestement ici, chaque jour, passer de longues heures auprès de votre sœur bien-aimée ; toutes les heures enfin que vous laisseront vos apparitions mondaines. Eh bien ! Arthur, que dites-vous de cette folie ? n'est-elle pas charmante ? Oh ! mon ami, si vous saviez la joie d'enfant que je me promets de cette existence si intimement partagée avec vous, de cette obscurité, de ce mystère, de ces longues promenades, de ces soirées passées loin d'un monde importun et jaloux, de ces journées toutes à nous et si diversement remplies ! Car vous ne savez pas, Arthur, nous aurons là un salon où nous trouverons de quoi peindre et faire de la musique ; là seront les livres que vous aimez, ceux que j'affectionne. L'habitation est petite, mais commode ; le jardin très grand, très ombragé, très essené. Notre maison, ne vous moquez pas trop de ces détails de ménage, notre maison se composera de ma femme de chambre, d'une seconde femme qu'elle prendra, et d'un homme pour vous. D'avance, je me fais une fête de reconnaître, j'en suis sûre, qu'on peut être parfaitement heureux de la vie la plus médiocre, et de juger par nous-mêmes de ces existences modestes dont nous autres riches ne soupçonnons pas même les conditions... en un mot, mon ami, tant que vous ne vous lasserez pas de cette solitude, mon intention est d'y vivre ; et puis, c'est peut-être un enfantillage, mais cet isolement complet de Paris au milieu de Paris m'amuserait au possible, si notre bonheur m'en laissait le temps. D'ailleurs, mon projet ne peut réussir qu'à Paris, car, disparaissant tous deux, le monde aurait bien vite pénétré la vérité ; tandis que, vous y restant, ses soupçons seront déroutés. Mais ce qui sera charmant, ce seront les commentaires sur mon absence, les mensonges de toutes sortes qu'on débitera, et surtout les preuves à l'appui. Mon Dieu ! quand je pense à tout ce que vous entendrez dire, j'envie presque votre place. Mais vous voyez que j'use largement du droit que j'avais réclamé de ne pas être interrompue ; c'est qu'aussi on ne peut cesser de parler d'un bonheur qu'on attend, qu'on désire... oh ! qu'on désire de toutes les forces de l'amour et de l'espérance, — ajouta Marguerite en me tendant la main d'un air radieux et épanoui.

Je l'avais à peine écoutée. Ses projets, je le répète, venaient de réveiller en moi des soupçons infâmes, si heureusement endormis pendant deux mois de souverain bonheur. Cette adoration pieuse et profonde pour la mémoire de son mari, qui avait dû m'expliquer la vie de Marguerite, ne me parut plus alors qu'une fable grossière dont je m'indignais d'avoir été un instant la dupe ridicule. Je crus de nouveau et plus opiniâtrément que jamais à toutes les odieuses calomnies d'autrefois. Aussi, cruellement irrité d'avoir cédé à un élan de noble confiance, et un moment oublié ce que j'appelais *ma pénétration et ma sagacité*, les ressentimens les plus détestables se soulevèrent dans mon cœur. Partant enfin de cette supposition, que ce que Marguerite me proposait avec une grâce si charmante, elle l'avait pareillement proposé à d'autres, sans doute dans les mêmes termes et en feignant la même naïve et joyeuse espérance ; ne trouvant alors rien de plus sot que mon rôle, si je paraissais croire à ce désir soudain de bonheur ignoré que j'étais censé éveiller dans le cœur de Marguerite, concentrant mon dépit haineux en une ironie glaciale, je répondis :

— Sans doute ce projet est du dernier joli, et cette idée de retraite mystérieuse au milieu de Paris me paraîtrait fort originale, si je ne savais que c'est une redite... Or, quant à moi, dans certaines circonstances, je les trouve insipides.

— Mon Dieu ! avec quelle froideur vous accueillez ma proposition ! — me dit tristement Marguerite en s'apercevant enfin du changement de mes traits ; — moi qui croyais vous voir partager ma joie !... moi si heureuse, si profondément heureuse de cet avenir de bonheur et de mystère !

— Cette joie imperturbable prouve du moins la fraîcheur toujours renaissante de vos sensations ; sans cela, vous seriez, ce me semble, un peu blasée sur cette espèce de bonheur et de mystère-là...

— Que voulez-vous dire ?

— Je veux dire que cette retraite ne sera pas témoin pour la première fois de ces amours secrets et passionnés dont je dois être le héros... à mon tour.

— En vérité, je ne vous comprends pas, Arthur ; expliquez-vous... Tenez, je ne sais pas pourquoi, mais vous me glacez...

— Vous voulez que je m'explique ?... Eh bien ! soit. Se faire dire certaines choses qu'on sait à merveille est une fantaisie comme une autre ; par exemple, comme celle d'éprouver successivement ses amans par la solitude... dernière épreuve après laquelle ils sont sans doute définitivement classés selon leurs mérites.

— Je vous dis que je ne vous comprends pas, Arthur ; et pourtant votre regard froid et ironique me fait mal, il me rappelle ce jour affreux où... Mais dites, qu'avez-vous ? Expliquez-vous, mon Dieu ! expliquez-vous ! que pouvez-me reprocher ? Ce projet vous déplaît-il ? j'y renonce, n'y pensons plus ; mais, au nom du ciel ! dites-moi ce que vous avez ? D'où vient ce changement ? Hier encore, ce matin, vous étiez si bon, si aimant... votre dernière lettre... était si tendre !...

— Hier, et ce matin encore, j'étais un sot et un aveugle ; je suis peut-être tout aussi sot à cette heure, mais au moins j'ai les yeux ouverts.

— Les yeux ouverts ! — répéta Marguerite sans comprendre.

— Quant à ma dernière lettre, vous savez comme moi... mieux que moi, que, s'il est encore assez difficile de bien feindre la vérité dans la parole, dans le geste et dans l'accent, rien n'est plus facile et plus vulgaire que de mentir dans une phrase étudiée, réfléchie tout à l'aise... Ainsi, lorsque je vous ai écrit cette dernière lettre... si tendre comme vous dites, je venais d'obtenir un rendez-vous de madame de V***.

— Arthur, Arthur ! vous plaisantez cruellement ! et, sans le vouloir, vous me faites bien du mal...

— Je ne plaisante pas, je vous jure ; je parle au contraire très sérieusement, très en ami... afin que vous ne soyez pas plus dupe de ma fausseté... que je ne veux l'être de la vôtre.

— Dupe ?... dupe de ma fausseté ?

— Oui.

— Dupe de ma fausseté !... Quelle expression étrange dans votre bouche !... Et pourquoi seriez-vous ma dupe ? Qu'est-ce que cela signifie ? Mais c'est inexplicable... et à quel propos, mon Dieu ! me dites-vous cela ?

— Je vous dis cela à propos de ce que vous savez mieux que moi : c'est que je ne suis pas le premier de vos amans à qui vous ayez proposé cette divertissante pastorale de faubourg.

Marguerite joignit ses mains et les laissa tomber sur ses genoux en me regardant avec des yeux fixes et arrondis par la stupéfaction et la douleur. Mais je continuai résolûment, bien que le cœur me battît fort et vite... et que le souvenir du dernier entretien que j'avais eu autrefois avec

Hélène me traversât la pensée, brûlant et douloureux comme un trait de feu :

— Voyez-vous, ma chère, au milieu des distractions du monde, on peut assez convenablement remplir son office d'amant, et ignorer de bonne grâce les antécédens de cœur de l'objet aimé ; rien de plus ridicule, d'ailleurs, que cette inquiétude du passé ; car vous appartient-il ? L'avenir reste, et le diable sait ce qu'il nous réserve. Mais pour remplir avec quelque supériorité ce rôle d'amant sans aïeux... dans cette mystérieuse idylle qui a pour spectatrices habituelles vous et votre femme de chambre ; mais pour jouer au moins comme les autres à *une maisonnette et son cœur*, il faut être meilleur ou plus mauvais comédien que je ne le suis. D'honneur, ma chère Marguerite, je craindrais trop de paraître inférieur à mes nombreux devanciers, et je tiens à vous laisser la bonne opinion que vous avez de moi.

— Ah ! mon Dieu !... je fais là un rêve affreux, et je souffre beaucoup... — dit-elle en portant ses mains tremblantes à son front.

Mes artères battaient à se rompre ; j'avais, par instant, la conscience de causer un terrible chagrin à cette malheureuse femme, en flétrissant avec une ironie si grossière et si insolente l'avenir enchanteur qu'avait rêvé son amour. Je me figurais en frémissant ce qu'elle devait souffrir si véritablement j'avais été sa première affection depuis la mort de son mari... Mais ma défiance ombrageuse, encore exaltée par les souvenirs de tant de bruits odieux répandus sur Marguerite, et surtout ma *crainte d'être dupe*, étouffant ces lueurs de raison, je ne trouvai pas d'expression assez méprisante pour insulter à ce que j'appelais l'implacable fausseté de cette femme.

Bientôt elle fondit en larmes.

Elle ne s'indigne pas de mes soupçons ! elle supporte de pareilles brutalités ! La sincérité serait moins patiente, le mensonge seul est lâche. Elle m'a d'ailleurs cédé, pourquoi n'aurait-elle donc pas cédé à d'autres ?... Telles furent les seules pensées que fît naître en moi cette douleur silencieuse et éplorée.

Elle pleura longtemps.

Sans lui dire un seul mot de consolation, je la regardais d'un air sombre et haineux, irrité contre moi, et l'accusant pourtant des mille sentimens douloureux qui m'agitaient.

Tout à coup Marguerite redressa son visage pâle et marbré, regarda autour d'elle avec égarement, se leva droite, et fit un pas en disant :

— Non, non, ce n'est pas un rêve... c'est une réalité... c'est bien... — Puis les forces semblant lui manquer, elle retomba sur son fauteuil. Alors, essuyant ses yeux, elle me dit d'une voix ferme : — Pardon de cette faiblesse ; c'est que, voyez-vous, depuis que je vous ai tout dit... c'est la première fois que vous me traitez ainsi... Pourtant je vous crois beaucoup moins cruel que vous ne le paraissez. Il est impossible que de gaieté de cœur vous me fassiez un mal si affreux ; non, cela est impossible : aussi je ne vous en veux pas ; on vous a abusé, et vous avez cru à des calomnies. Eh bien ! ni vous, ni moi, n'est-ce pas, mon ami, nous ne pouvons sacrifier notre bonheur à venir à de si misérables médisances ? Vous allez donc me dire, me confier vos soupçons, les preuves que vous croyez avoir de ma fausseté, et je les détruirai d'un mot, entendez-vous, d'un seul mot, car la vérité a un langage auquel rien ne résiste... Encore une fois, je ne vous en veux pas, Arthur ! Pour traiter une femme ainsi que vous m'avez traitée, et cela dans un moment où, radieuse d'amour et d'espérance, elle venait à vous pour... Mais non, non, il ne s'agit plus de cela... encore une fois, pour traiter une femme avec ce mépris et cette dureté, il faut avoir de sérieuses preuves contre elle, n'est-ce pas ? Eh bien ! dites... dites... quelles sont-elles ?

Ce calme et noble langage m'irrita, car il me fit rougir de honte. Comment oser avouer qu'un méchant caprice d'incurable défiance, que le vague souvenir d'une calomnie, que le dépit surtout de n'avoir pas réussi auprès de madame de V*** aussitôt que je l'espérais, avaient seuls provoqué ma brutale et insolente réponse? Aussi, par orgueil, je ne voulus point avouer que j'avais agi comme un insensé, et je continuai d'être cruel, injuste, ou plutôt fou de méchanceté.

— Madame, — dis-je avec hauteur, — je n'ai pas à expliquer mes convictions; elles me suffisent, et je m'y tiens.

— Mais elles ne me suffisent pas, à moi! J'ai été indignement calomniée à vos yeux, et je veux être justifiée!

— On ne vous a pas calomniée; je crois ce que je crois...

— Il croit! mon Dieu! il croit!... et vous croyez sans honte que j'ai parlé à d'autres de ce rêve de bonheur?... Et vous osez croire que je suis assez vile, assez lâche, assez basse pour mentir ainsi chaque jour, et que l'infamie est chez moi une habitude?...

— Il n'y a là ni infamie, ni lâcheté, ni bassesse, ni mensonge; vous avez fait beaucoup... beaucoup d'heureux... et je sais que leur bonheur dut être ravissant. Vous m'avez raconté une très excellente histoire de fidélité conjugale, survivant même au défunt, tout à fait dans le goût de celle des veuves du Malabar. Ce souvenir d'un trépassé adoré, choyé, fêté, caressé comme une réalité, était une traduction un peu libre... mais du moins assez originale de votre vie, au contraire si amoureusement remplie; c'était de plus un bon procédé de votre part pour me faire croire à mon *uniquité*; j'ai répondu à cela par un autre bon procédé en ne vous tracassant pas là-dessus, et feignant d'être votre dupe; d'ailleurs, j'étais censé avoir le premier triomphe du cher mort... lutte, il est vrai, peu flatteuse... mais...

— Malheureux! — s'écria Marguerite en m'interrompant, et se levant droite, majestueuse, presque menaçante, l'œil brillant, les joues colorées d'indignation. Puis, s'appuyant tout à coup sur un meuble, elle se dit à voix basse, et comme écrasée par le remords : — J'ai mérité cela... j'ai mérité cela... souffre, malheureuse femme... à qui oserais-tu te plaindre maintenant!!!... — A travers les mille impressions tumultueuses qui luttaient dans mon âme, je sentis un mouvement de pitié profonde et de terreur épouvantable; j'allais peut-être revenir à la raison, lorsque Marguerite, ayant essuyé ses larmes, me dit d'une voix brève : — Pour la dernière fois, monsieur, croyez-vous à une seule de ces infâmes calomnies? Songez-y bien... votre réponse fixera ma destinée et la vôtre!...

Ce ton de menace me mit hors de moi, je devins fou, ou plutôt le jouet de je ne sais quel vertige.

M'approchant de Marguerite, je lui dis en lui prenant la taille :

— D'honneur! ma chère, l'indignation vous sied au moins aussi bien qu'un bonnet de madame Baudrand; jamais vous ne m'avez semblé plus jolie. Allons, mon ange! mon don Juan féminin! viens tromper à la fois les amans d'hier et ceux de demain... et faire à ce pauvre marquis défunt une nouvelle infidélité posthume...

D'abord elle m'écouta stupéfaite, puis elle jeta un cri déchirant, me repoussa avec violence, et disparut dans sa chambre à coucher, dont j'entendis brusquement fermer le verrou.

. . . .

Je revins chez moi comme un homme ivre.

Je n'avais qu'une sorte de perception confuse de ce qui venait de se passer.

Le soir, je fus pris d'un accès de fièvre très violent; j'eus, je crois, le délire toute la nuit.

Le lendemain, mon valet de chambre me remit un paquet cacheté.

C'étaient mes lettres à Marguerite.

— Qui a apporté cela? — lui dis-je.

— Mademoiselle Vandeuil, monsieur, à deux heures du matin.

— Et madame de Pënâfiel?

— Madame la marquise est partie cette nuit en poste; ses gens ignorent dans quelle direction.

XXIII

RENCONTRE.

Il est inutile de dire l'amertume de mes regrets et de mes remords après le départ de madame de Pënâfiel. Je ressentis, dans un autre ordre d'idées, les mêmes déchiremens qu'autrefois ensuite de ma rupture avec Hélène. Seulement avant de renoncer absolument à cette noble fille, il m'était resté longtemps un doux et vif espoir d'obtenir sa main : tandis que je ne pouvais plus penser à revoir Marguerite. Comme toujours, l'affection qu'elle m'avait témoignée m'apparut dans toute son enivrante douceur lorsque je l'eus perdue, et, par une contradiction fatale, je me sentis l'aimer plus passionnément que jamais.

Je m'appesantissais avec une sorte de jouissance cruelle sur tout ce que je venais de sacrifier si indignement, non pas à la défiance, mais à une espèce de monomanie aussi méchante qu'imbécile; j'en souffrais affreusement, sans doute, mais qu'importait cela? Le fou furieux souffre aussi; le mal qu'il fait est-il moins du mal.

Que dirai-je encore? l'image de cette femme séduisante m'apparaissait plus belle, plus voluptueuse que jamais... Enfin cette désolante vulgarité, *qu'on ne connaît le prix du bonheur qu'alors qu'on l'a perdu*, fut le thème douloureux que mon désespoir varia sous toutes les formes.

Accablé par un regret aussi écrasant, que pouvais-je faire?

Hélas! lorsque l'homme est d'une nature si malheureuse que l'amour, l'ambition, l'étude, ou les obligations sociales ne lui suffisent pas pour occuper son esprit et son cœur; lorsque surtout il dédaigne ou méconnaît cette bienfaisante nourriture spirituelle que la religion lui offre comme un salutaire et inépuisable aliment; son âme, ainsi privée de tout principe généreux, réagit à vide sur elle-même... alors les chagrins sans nom, les mornes et pâles ennuis, les doutes rongeurs, désespérans fantômes... naissent presque toujours de ces élucubrations ténébreuses, solitaires et maladives.

Si l'homme au contraire applique cette énergie, qui s'use et se dévore elle-même, à l'observance rigoureuse des lois que Dieu et l'humanité lui impose; s'il parvient à jalonner pour ainsi dire sa carrière pour l'accomplissement de ses devoirs, à se tracer de la sorte une route nette et droite qui aboutisse à une espérance d'immatérialité après la mort; la vie de l'homme devient logique et se déduit conséquemment du principe qui le fait agir et des fins auxquelles il tend. Alors tout s'enchaîne avec un admirable ensemble; chaque effet a sa cause et son résultat. Enfin, au lieu d'errer misérablement sans intérêt, sans espoir et sans frein, il marche vers un but. Fausse ou vraie, il suit du moins une voie... et si les magnifiques perspectives qui la couronnent, et sur lesquelles il attache le regard, ne sont qu'un mirage éblouissant... qu'importe!... si ce consolant et divin mirage l'a conduit au terme de son existence, le cœur rempli de joie, d'espérance et d'amour!

. . . .

Mais, hélas! ces nobles pensées avaient beau me venir à l'esprit, je ne me sentais ni le vouloir ni l'énergie de les suivre.

Aussi je retombais de tout le poids de mon abattement dans le vide de mon cœur. Je sentais mon mal, et je n'avais pas le courage de chercher ma guérison. J'agissais avec la faiblesse de ces gens qui, s'opiniâtrant dans la douleur, préfèrent une souffrance sourde et continue à l'action héroïque mais bienfaisante du fer ou du feu.

        Je menais une vie misérable; le jour, je faisais défendre ma porte aux rares visiteurs que ma réserve et mon isolement dans le bonheur n'avaient pas éloignés de moi. Quelquefois aussi je me livrais à des exercices violens, je montais à cheval, je faisais des armes avec fureur, afin de me briser, de m'anéantir par la fatigue, croyant ainsi engourdir la pensée dans l'épuisement du corps.

Puis, quand le soir arrivait, j'éprouvais je ne sais quel âpre et étrange plaisir à m'envelopper d'un manteau, et à errer ainsi seul à l'aventure dans Paris, surtout par des temps sombres et orageux.

Je me livrais alors à une sorte d'emportement dédaigneux, aussi ridicule que puéril, en passant devant de somptueux hôtels, devant les théâtres éclairés, en voyant ces voitures rapides qui se croisaient en tous sens pour aller à ces fêtes : « Moi aussi, si je voulais, j'ai ma place dans ces salons joyeux, dans ce monde si splendide et si envié; si je voulais à cette heure, mes chevaux impatiens m'y transporteraient! Cette existence que je dédaigne ferait la joie et l'orgueil du grand nombre, et pourtant, par je ne sais quel honteux caprice qui insulte au bonheur tout fait que le destin m'a donné, je préfère errer ainsi à pied, en promenant une tristesse incurable à travers ces rues fangeuses. Une femme belle, et jeune, et spirituelle, qui réunit enfin tout ce qui peut flatter la vanité de l'homme, m'a enivré de l'amour le plus pur, et, après deux mois d'un bonheur idéal, sans raison et sans honte, j'ai follement, j'ai brutalement foulé aux pieds cet amour, avec colère et mépris! Et je n'ai pas même le courage de cette colère et de ce mépris, car maintenant je rougis de ma conduite, je pleure, je suis le plus misérable des hommes; je vais me cacher comme un criminel; et ces créatures immondes et effrontées qui errent çà et là dans la boue me parlent... à moi... à moi qui à cette heure pourrais être aux genoux d'une femme dont tous admirent l'élégance, l'esprit et le charme! d'une femme qui m'avait offert de réaliser le rêve de la félicité la plus souveraine, et qui peut-être à cette heure tiendrait ma main dans la sienne, et me dirait d'une voix enchanteresse et les yeux humides de tendresse : « A vous mon âme, à vous ma vie !... »

        En vérité, cela était affreux, et pourtant, par une bizarrerie fatale de mon malheureux esprit, je trouvais une sorte de jouissance, aussi amère qu'inexplicable, dans le contraste de ce présent si sombre, si abject, et de ce passé si éblouissant.

C'était donc un soir, cinq ou six jours après le départ de Marguerite; je me trouvais alors dans le paroxysme de mes regrets. La nuit était sombre, la pluie tombait fine et froide; je m'enveloppai dans un manteau et je sortis.

Je ne m'étais jamais figuré l'effroyable tristesse des rues de Paris à cette heure; rien plus lugubre que la pâle réflexion des réverbères sur les pavés couverts d'une boue noire et fétide, et dans l'eau stagnante des ruisseaux. En marchant ainsi au hasard, je pensais souvent à l'épouvantable sort de l'homme sans asile, sans pain, sans ressource, et errant ainsi que j'errais.

Je l'avoue, quand ces idées venaient m'assaillir, si je rencontrais sur mon chemin, par ces nuits orageuses, quelque femme portant un enfant déjà flétri par la misère, ou un vieux mendiant tremblant et décharné, je leur faisais une riche aumône, et, quoique le vice eût sans doute plus de part à leur détresse que la destinée, j'éprouvais un moment de bien-être en voyant avec quelle stupéfaction ils touchaient une pièce d'or.

Et puis alors se déroulait à ma vue l'effroyable tableau de la misère ! non pas de la misère isolée de l'homme qui, bâtissant une hutte de feuilles ou se blottissant dans le creux d'un rocher, pourrait au moins respirer un air vif et pur,

et avoir pour consolation le soleil et la solitude ; mais cette misère sordide et bruyante des grandes villes, qui se rassemble ou se presse dans d'infects réduits pour avoir chaud.

J'avais alors des terreurs insurmontables, en me supposant obligé par je ne sais quelle fatalité de vivre de la même vie, pêle-mêle avec ces malheureux que la pauvreté déprave autant que le crime.

Je pâlissais d'effroi : car la condition la plus laborieuse, mais exercée dans la solitude et au grand air, ne m'aurait jamais épouvanté ; mais quand je songeais à cette existence forcément rapprochée, à ce contact hideux et continu des gens des prisons et des bagnes, par exemple ; il me prenait quelquefois des frayeurs si folles, que je ne pourrais dire avec quelle dilatation, avec quel bonheur je retrouvais en rentrant ma maison bien éclairée, mes gens attentifs, mes livres, mes tableaux, mes portraits, tout cet intérieur paisible et comfortable enfin où je me précipitais comme dans un lieu de refuge.

Oh ! c'est alors qu'à genoux, à deux genoux, je remerciais mon père de la fortune que je lui devais ! Triste reconnaissance que celle-là ! qui avait besoin d'une frayeur sordide pour me monter au cœur et ranimer un instant ces souvenirs déjà si lointains et si oubliés !

        Mais je reviens à ma promenade nocturne.

Un soir, tout en suivant les rues presque machinalement, j'arrivai sur le boulevard de la Bastille. La lune jetait une lueur indécise à travers les nuages rapides qui obscurcissaient son disque, car il ventait beaucoup, et une pluie fine et serrée tombait avec abondance. Il pouvait être environ neuf heures.

Parmi quelques maisons isolées situées près de l'ancien jardin de Beaumarchais, je remarquai une d'elles, parce qu'elle me parut neuve et singulièrement propre; elle était très petite, et une grille à hauteur d'appui défendait une espèce de carré de jardin pareil à ceux qu'on voit devant les maisons en Angleterre. En dehors de ce jardin, et à l'un des angles de la maison, était une porte verte à marteau de cuivre ; il n'y avait qu'un étage, trois fenêtres au rez-de-chaussée et trois fenêtres au premier. A travers les volets fermés, je remarquai deux trous très petits, sans doute destinés à laisser passer le jour à l'intérieur ; une vive lumière s'échappait de ces ouvertures pratiquées à la hauteur de mes regards. Je cédai à un moment d'insouciante curiosité, et je regardai.

On avait laissé les rideaux ouverts; je pus donc voir à travers les vitres l'intérieur de cet appartement.

Mais que devins-je, grand Dieu ! quand je reconnus Hélène !

J'étais stupéfait, car je la croyais encore en Allemagne avec sa mère.

Je détournai un instant ma vue, car mon émotion était saisissante, profonde.

Et mon cœur battait si violemment que ses pulsations m'étaient douloureuses ; pourtant, dominé par une ardente curiosité, je regardai de nouveau.

Oh ! qu'Hélène me parut embellie ! Elle n'était plus frêle et un peu courbée comme autrefois ; ses épaules étaient élargies, ses formes plus développées, plus arrondies, mais sa taille charmante toujours fine et svelte. Puis ses joues fraîches et roses, son front calme et pur, tout son extérieur enfin, révélait une apparence de quiétude et de sérénité qui, je l'avoue, me fit un mal horrible ; car je me vis à tout jamais oublié... puisqu'elle ne semblait pas souffrir.

Hélène était vêtue d'une robe de soie noire, ses admirables cheveux blonds tombaient en grosses boucles sur son front et sur son cou, et, comme toujours, je remarquai qu'elle était chaussée à ravir.

A mesure que mon œil s'habituait à regarder par un si petit espace, l'horizon que je pouvais embrasser s'agrandissait; aussi, je ne puis exprimer ce que je ressentis quand, à travers une porte entr'ouverte, je vis un berceau d'enfant !.....

Hélène, assise dans un profond fauteuil, ses jolis pieds croisés l'un sur l'autre, lisait à la lueur d'une lampe à abat-jour de soie verte qui me rappela notre salon de Serval. De temps à autre, elle posait son livre sur ses genoux, et, par un mouvement qui me fit tressaillir à la fois de doux et amers souvenirs, elle appuyait son menton frais et blanc sur le dos de sa main gauche, dont le petit doigt seul était relevé le long de sa joue, avec son ongle luisant et poli comme une coquille rose.

Hélène, de temps à autre, attachait un regard tantôt inquiet sur la pendule, tantôt distrait sur le feu qui jetait une vive flamme ; quelquefois aussi elle semblait écouter attentivement du côté du berceau, et reprenait sa lecture ; puis, en lisant, elle allongeait machinalement un des soyeux et élastiques anneaux de sa belle chevelure, et le portait à ses lèvres ; autre manie enfantine qui la faisait gronder bien souvent par sa mère, et qui, hélas ! me vint douloureusement encore rappeler mes beaux jours de Serval !

L'intérieur de ce petit salon était de la dernière simplicité ; à côté d'Hélène, sur une table couverte d'un tapis, je reconnus un vase de Saxe venant de mon pari, et contenant une de ses fleurs de prédilection ; les murs de cet appartement, tendus de papier rouge, étaient couverts d'une foule de cadres de bois de chêne remplis d'aquarelles et de dessins. Enfin des plâtres moulés sur des bas-reliefs antiques parfaitement choisis, et quelques belles épreuves des eaux-fortes de Rembrandt, complétaient les modestes ornemens de cette pièce.

Comme j'examinais tout cela avec un intérêt et une angoisse indicible, j'entendis le bruit d'une voiture, et je m'éloignai précipitamment.

A peine étais-je sur le boulevard, qu'un fiacre s'arrêta devant la maison d'Hélène, un homme de haute taille, mais dont je ne pus voir les traits, en descendit, passa près de moi, et ouvrit la petite porte verte, qui se referma sur lui.

Aussitôt, plus curieux que jamais, je revins aux volets, mais la lumière avait complètement disparu.

Après avoir remarqué le numéro de la maison, je rentrai chez moi...

Dire ce que cette nouvelle complication de tristesse me fit éprouver serait impossible.

Hélène était donc mariée ; mais avec qui ? où était sa mère ? Comment, moi, son parent le plus proche, n'avais-je pas été instruit de cette union ? Il fallait donc que l'aversion d'Hélène fût bien opiniâtre, puisqu'elle n'avait pas même rempli à mon égard un simple devoir de convenance ? Mais qui était son mari ? D'après ce que j'avais pu voir, sa position de fortune était des plus médiocres ; Hélène se trouvait-elle heureuse ainsi ? Hélas ! son charmant visage, si placide et si calme, me le disait assez ! car j'avais autrefois pu voir quelles traces douloureuses et profondes le chagrin imprimait à ses traits.

Elle se trouvait donc heureuse !... heureuse sans moi ! heureuse... quoique pauvre peut-être ! Si cela était en effet, si la richesse devait être de si peu pour son bonheur, quel odieux mépris n'avais-je pas dû lui inspirer, lorsque je l'accusais si lâchement de cupidité !

Je passai une triste nuit.

Heureusement mon impatiente curiosité d'être mieux instruit du sort d'Hélène vint faire une diversion puissante à mes chagrins, en les variant, si cela se peut dire.

Voulant être absolument instruit de toutes les particularités qui regardaient ma cousine, je pensai à divers moyens.

J'avais un de mes gens qui en voyage me servait de courrier ; c'était un garçon alerte, très adroit et d'une rare intelligence. J'eus un moment envie de le charger d'épier et d'aller aux renseignemens ; mais pensant que ce

serait peut-être gravement compromettre Hélène, je me décidai à agir moi-même.

Le succès me parut un peu difficile, car la maison était isolée ; il n'y avait ni voisins ni portier à interroger, et pour rien au monde je ne me serais présenté chez Hélène.

Je poursuivis néanmoins mon projet.

XXIV

LE MUSÉE.

Le moyen que j'employai pour savoir qui était le mari d'Hélène fut fort simple, et un hasard assez heureux me le fournit.

Le lendemain matin, je m'étais rendu, dans un fiacre à stores baissés, en face de la petite maison du jardin Beaumarchais, afin d'examiner si quelque circonstance imprévue ne faciliterait pas mes projets. Je n'attendis pas longtemps ; sur les neuf heures, un homme chargé d'un paquet de journaux frappa à la porte verte et remit son journal à une femme assez âgée, que je reconnus pour avoir appartenu à ma tante.

J'ordonnai à mon fiacre de suivre le porteur de journaux ; et lorsque, après en avoir distribué trois ou quatre autres dans plusieurs maisons du boulevard, cet homme prit une rue adjacente, je descendis de voiture, et allant à lui :

— Dites-moi le nom des cinq personnes pour lesquelles vous venez de distribuer vos journaux ? il y a deux louis à gagner. — Cet homme me regardait tout interdit. — Je vous demande cela par suite d'un pari, — lui dis-je. — Ces renseignemens, si vous me les donnez, ne peuvent d'ailleurs vous compromettre en rien. — Et je lui mis deux louis dans la main.

— Ma foi ! monsieur, volontiers ; comme les bandes de mes journaux sont imprimées, il n'y a pas, je crois, grand mal à vous les montrer.

Je pris un crayon, et j'écrivis les noms qu'il me dicta ; il m'en nomma trois ou quatre fort insignifians pour moi, et enfin, en arrivant au numéro de la maison d'Hélène, il me dit :

— Monsieur Frank... peintre.

Je lui demandai, pour dérouter ses soupçons, s'il n'y avait pas, dans la liste de ses abonnés du boulevard, un monsieur de Verneuil ?

Il chercha, me répondit que non, me remercia, et je revins chez moi presque heureux.

Le nom de Frank me paraissait étranger ; ainsi Hélène s'était sans doute mariée, pendant son voyage en Allemagne, à un artiste, selon toute apparence encore peu connu, car je ne l'avais jamais entendu nommer.

J'allai cependant ce jour même au Musée, espérant trouver peut-être dans le livret quelques indications sur le mari d'Hélène.

Je ne puis m'expliquer quel intérêt me faisait agir ; presque certain du bonheur d'Hélène, mes découvertes ne pouvaient que m'être pénibles ; mais, soit que je ne visse dans ces tristes préoccupations qu'un moyen de distraire ma pensée du souvenir de Marguerite, soit que j'obéisse malgré moi à l'influence d'un sentiment mal éteint dans mon cœur, sortant de l'apathie où je m'engourdissais depuis quelques jours, je mis à ces investigations une activité qui m'étonna.

L'exposition tirait à sa fin : j'entrai dans la galerie ; il n'y avait presque personne. J'ouvris le livret, et je trouvai en effet le nom de *monsieur Frank*, boulevart Beaumarchais, n...... Un tableau et deux aquarelles étaient inscrits sous ce nom.

Un fragment d'une scène du *Comte d'Egmont*, de Gœthe, indiquait le sujet du tableau.

Le peintre avait choisi la fin de la délicieuse entrevue de Claire et du comte d'Egmont, qui, à la prière de sa naïve maîtresse, est venu, dans le modeste asile qu'elle habite avec sa mère, vêtu de ses splendides habits de cour.

« Quelle magnificence ! » — s'est écriée Claire, en admirant avec une joie enfantine le costume éblouissant de celui qu'elle aime d'une passion si profonde et si candide. — « Et ce velours, » — reprend-elle, — « et ces broderies ! » on ne sait par où commencer ; et le collier de la Toison » d'Or ! Vous me disiez un jour que c'était une distinction » d'un grand prix ! Je puis donc la comparer à votre » amour pour moi.... car je le porte de même..., ici , au » cœur. »

Voici d'ailleurs l'indication du tableau telle qu'elle était portée au livret.

N. . . . . M. FRANK, *peintre.*

CLAIRE ET EGMONT.

CLAIRE. — « Ah ! laisse-moi donc me taire ! laisse-moi » te tenir! laisse-moi fixer mes yeux sur les tiens! y trou- » ver tout : consolation, espérance, joie, douleur. (*Elle* » *l'embrasse, et le regarde fixement.*) Dis-moi, dis, je ne » comprends pas? Es-tu bien Egmont? le comte d'Eg- » mont? ce grand d'Egmont qui fait tant de bruit, dont » on parle dans les gazettes, dont les provinces attendent » leur bonheur ?

EGMONT. — « Non, Claire, je ne suis pas cet Egmont- » là. »

CLAIRE. — « Comment?

EGMONT. — « Écoute, mon amie ; que je m'asseoie. (*Il* » *s'assied, Claire se met à genoux devant lui sur un tabou-* » *ret, appuie ses deux coudes sur les genoux d'Egmont, et* » *tient ses yeux attachés sur les siens.*) L'Egmont dont tu » parles est un Egmont chagrin, solennel, froid, contraint » de s'observer sans cesse, de prendre tantôt un masque, » tantôt un autre ; il est persécuté, méconnu, ennuyé, » pendant que le monde le tient pour gai, libre et joyeux; » il est aimé d'un peuple qui ne sait ce qu'il veut, en- » touré d'amis auxquels il ne peut se confier, observé par » des hommes qui ont à cœur de le pénétrer et de s'em- » parer de lui; travaillant et se fatiguant souvent sans » but, presque toujours sans fruit. Oh ! fais-moi grâce de » l'énumération de tout ce que cet Egmont-là pense et » éprouve !... Mais cet Egmont que voici, Claire, il est » sincère, heureux, tranquille ; il est aimé et connu du » cœur le plus sensible, que, de son côté, il connaît à fond, » et qu'avec un amour, une confiance sans bornes il presse » contre le sien... cet Egmont-là, enfin, Claire... (*il la* » *serre dans ses bras*), c'est ton Egmont !...

CLAIRE. — « Que je meure donc ! le monde n'a pas de » joies comparables à celle-ci. »

(GOETHE. — *Egmont, acte* II, *scène* 3.)

. . . .

Le libre choix du sujet d'un tableau m'a toujours paru renfermer la juste portée de l'intelligence de l'artiste ; là est sa pensée, sa poésie ; or, je l'avoue, cette scène indiquée par le livret me semblait merveilleusement choisie.

Je cherchai néanmoins ce tableau, avec le secret espoir de le trouver médiocre et peu digne de la haute inspiration que le peintre avait demandée à l'un des chefs-d'œuvre de Goëthe.

Hélène m'avait semblé trop heureuse... Si je l'avais trouvée triste, cette pensée mauvaise et envieuse ne me fût pas sans doute venue à l'esprit.

Je cherchai donc longuement ce tableau ; enfin je le découvris dans l'exposition la plus défavorable, à moitié caché par la gigantesque et massive bordure d'un grand portrait.

La toile de Frank était ce qu'on appelle un tableau de chevalet ; il pouvait avoir trois pieds et demi de hauteur sur deux pieds et demi de largeur.

Je l'ai dit, j'étais, à ma honte, arrivé devant cette œuvre avec des dispositions malveillantes ; mais ce qui tout d'abord, sans les effacer, me les fit oublier un instant,ce fut ma surprise et bientôt mon admiration involontaire, en reconnaissant la douce figure d'Hélène, qui avait sans doute posé pour le personnage de Claire!...

C'était Hélène! dont le charme et la grâce indicibles étaient encore poétisés par la divine puissance de l'art, car lui seul peut donner aux traits qu'il reproduit, même fidèlement, ce caractère inexplicable, grandiose, presque surhumain, qui est peut-être aux traits vivans ce que la perspective historique est aux événemens.

Plus j'examinais ce tableau, plus j'admirais malgré moi, et avec les angoisses d'une jalousie haineuse, un talent plein de fraîcheur, de mélancolie et d'élévation, joint à une haute intelligence de la nature et des passions.

Quant à Egmont, on ne pouvait voir une physionomie plus mâle et plus expressive. Si quelques plis du front révélaient la trace ineffaçable des soucis politiques, si sa pâleur trahissait la réaction dévorante et concentrée de cette ambition qu'Egmont cachait sous de frivoles dehors; on voyait qu'une fois du moins près de Claire, libre de tous ennuis, oubliant ses projets hasardeux, il venait rafraîchir son front brûlant à la douce haleine de cet ange de dévouement et de candeur, qui, comme dit Goëthe, *avait si souvent endormi ce grand enfant.* Le sourire du comte était plein de calme et de sérénité, ses yeux rayonnaient de confiance et d'amour ; sa pose, si allègrement débarrassée de la raideur de l'étiquette, était d'un abandon plein de grâce, tandis que ses deux belles mains pressaient avec tendresse les deux mains de Claire, accoudée sur les genoux de son Egmont qu'elle contemplait avec idolâtrie. Dans ce regard profond et admiratif de Claire, on lisait enfin ces mots : « Moi, pauvre fille obscure..... je suis aimée » d'Egmont... du grand Egmont ! » Modestie naïve et enchanteresse qui rend l'amour de cette jeune fille à la fois si chaste, si humble et si passionné !

Quant aux accessoires de ce tableau, leur extrême simplicité avait été habilement calculée, afin de faire ressortir davantage encore la splendeur du costume d'Egmont. C'était l'intérieur d'une pauvre maison flamande ; le rouet de Claire, des meubles de noyer à pieds tors et bien luisans ; à gauche, une petite fenêtre garnie de vitraux entourés de plomb et ombragés au dehors par les pousses vertes d'un houblon qui couvraient à demi la cage d'un oiseau. A cette fenêtre, pour la première fois sans doute, Claire avait vu Egmont, lorsque passant sur son beau cheval de bataille à la tête de son armée, le comte, avec sa grâce sans pareille, l'avait saluée de son épée d'or, en baissant son panache ondoyant.

Enfin, au-dessus de la haute cheminée à manteau de serge, on voyait une naïve et grossière gravure populaire, représentant le *grand Egmont!* Informe dessin, que Claire avait souvent contemplé, rêveuse, sans pourtant songer qu'un jour ce grand capitaine serait à ses genoux ! ou plutôt qu'elle serait aux genoux d'Egmont ; car c'est avec une admirable sagacité que le peintre avait ainsi choisi l'attitude de Claire, véritable symbole de l'amour de cette admirable enfant, toujours si timidement agenouillée, si reconnaissante du bonheur qu'elle donne.

Une lumière douce et rare éclairait ce tableau presque entièrement voilé par un clair-obscur, car le coloris, bien que large, puissant et vigoureux, était d'une harmonie, d'une suavité merveilleuses ; dans les accessoires, rien de vif, d'éclatant, de heurté, n'attirait les yeux. Claire était vêtue du costume noir et simple des jeunes Flamandes, et d'Egmont, de velours brun brodé d'argent ; ainsi tout l'intérêt du regard, se cela se peut dire, se concentrait absolument sur ces deux admirables figures.

Je l'avoue , malgré mes préventions contre Frank, depuis le *Charles-Quint* de M. Delacroix, la *Marguerite* et le

Faust de M. Scheffer, les *Enfans d'Édouard* de M. Dela-
roche, je n'avais peut-être jamais été plus profondément
remué par l'irrésistible puissance du génie.

Sous l'influence de ce charme entraînant, ne pensant
qu'à jouir de ce que je voyais, je me laissais aller aux
mille impressions que ce tableau éveillait en moi; mais
cette première effervescence d'admiration involontaire
une fois calmée, mon envie revint d'autant plus cuisante
que je sentais mieux tout ce qu'il y avait de grand et d'é-
levé dans le talent du mari d'Hélène.

Je regardai sur le livret : ce beau tableau était encore à
vendre. Un pauvre cadre doré, malgré moi, la nudité me
fit mal, entourait ce chef-d'œuvre à peine visible, et relé-
gué à l'extrémité de la galerie, parmi toutes les misérables peintures qu'on exile de ce côté.

Je jugeai d'après cela du peu de renom de Frank; sans
doute arrivant d'Allemagne, sans appui et sans protection, il avait abandonné son tableau à tous les hasards de
l'exposition.

Quelques grands et vrais talens meurent, dit-on, ignorés ou restent méconnus : je ne le crois pas; une première
chance peut n'être pas heureuse, mais le vrai mérite atteint toujours inévitablement son niveau. Cette réflexion,
que je crois juste, je la fis alors en songeant avec amertume que tôt ou tard le remarquable talent de Frank serait révélé, et que son obscurité, dont j'aurais voulu me
réjouir, ne devait être que passagère.

Je cherchai le numéro et les sujets des aquarelles, aussi
indiquées sur le livret. Elles démontraient, comme le tableau, la poétique intelligence du peintre.

L'une était tirée du *Roi Lear* de Shakespeare ; l'autre
encore de Goëthe, de son beau drame de *Gœtz de Berli-
chingen*.

Non loin du tableau de Frank, je trouvai ces deux dessins, de grande dimension.

Le sujet du premier était cette triste et touchante scène
dans laquelle la noble fille du bon vieux roi, Cordelia,
épie le retour de la raison de son père, que la cruauté de
ses autres filles ont rendu fou, et qui s'écrie : « —Où suis-
» je? est-ce la faible lumière du jour? Je suis cruellement
» maltraité : je mourrais de pure pitié d'en voir un autre
» souffrir ainsi. — Oh! regardez-moi, seigneur! — lui ré-
» pond la douce Cordelia. — Étendez vos mains pour me
» bénir... Non, seigneur, ce n'est pas à vous à vous mettre
» à genoux, » s'écrie-t-elle en retenant les mains de son
père qui, toujours tremblant et égaré, veut s'agenouiller
devant sa fille en disant : « —Je vous en prie, ne vous mo-
» quez pas de moi; je suis un pauvre bon radoteur de
» vieillard ; j'ai passé mes quatre-vingts ans, et, pour par-
» ler sincèrement, je crains de n'être pas dans mon bon
» sens. — C'est moi, c'est votre fille! — lui crie Cordelia
» en pleurant et mouillant ses mains de larmes. — Vos
» larmes mouillent-elles? dit le vieux roi. — Oui, en vé-
» rité! — reprend-il; — oh! je vous en prie, ne pleurez
» pas! si vous avez du poison pour moi, je le prendrai;
» je sais bien que vous ne m'aimez pas, car vos sœurs,
» autant que je me le rappelle, ont, hélas! bien mal agi
» envers moi. »

Toute la tristesse craintive du pauvre vieux roi, toute la
tendresse courageuse de Cordelia, respiraient dans ce beau
dessin, profondément empreint du mélancolique et sombre génie de Shakespeare.

L'autre aquarelle offrait une vigoureuse opposition avec
la première : on y reconnaissait toute la rustique et sauvage énergie tudesque. Le lieu de la scène était la vaste et
antique cuisine du château du vieux Gœtz, transformée
en magasin et en hôpital pendant le siège de son habitation féodale par les troupes de l'empire. Élisabeth, femme
de Gœtz, est occupée à panser la plaie d'un blessé; tous
les hommes sont aux remparts; çà et là des enfans et des
servantes s'occupent à fondre des balles ou à préparer des
vivres pour les assiégés; le vieux Gœtz vient d'entrer, sa
physionomie rude, ouverte et belliqueuse, respire la bravoure et l'opiniâtreté indomptable de ce caractère de fer ;

armé par-dessus son buffle, il a posé un instant son cas-
que et son arquebuse sur une table massive de chêne, où
est étalée la moitié d'un daim qu'on n'a pas eu le temps
de dépecer. Gœtz passe une de ses larges mains sur son
front, dont il essuie la sueur, et de l'autre, tenant un large
vidercome d'étain, il va étancher sa soif et prendre de
nouvelles forces...

« — Tu as bien du mal, pauvre femme ? — dit-il à Éli-
» sabeth. — Je voudrais l'avoir longtemps, — reprend-
» elle; — mais nous tiendrons difficilement. — Du char-
» bon, madame! — demande une servante. — Pourquoi?
» — Pour fondre des balles, nous n'en avons plus. — Com-
» ment êtes-vous pour la poudre? — Nous ménageons nos
» coups, madame. »

Pour donner une idée des beautés puissantes et variées
des principales figures de ce dessin, il suffira de dire
qu'elles rendaient toute la sauvage énergie de ces paroles
empruntées à Goëthe.

. . . .

En revenant chez moi, songeant à cet homme inconnu,
sans renom, qui m'avait tenu sous le charme irrésistible
de son talent, ma jalousie, mon irritation haineuse firent
place à une sorte de tristesse plus calme, mais aussi plus
douloureuse. Pour la première fois, je rougis de mon oisiveté, en comparant les émotions pures et élevées, les nobles ressources que cet homme que je détestais, que Frank
devait trouver dans les arts, à la vie sans but que je traî-
nais si obscurément, sans avoir même le grossier bon
sens de jouir pleinement des plaisirs matériels qu'elle
m'offrait.

Je ne pouvais néanmoins me le dissimuler, le regret et
l'envie étaient les seuls mobiles de ces réflexions. Hélène
eût épousé un homme riche, oisif et bien né, dans une
position analogue à la mienne, enfin, que je n'aurais pas
ainsi pensé; aussi je songeais avec rage que la renommée
mettrait bientôt sans doute, et pour toujours, une distance
énorme et insurmontable entre Frank et moi! Tôt ou tard,
il donnerait à Hélène, non-seulement la fortune que j'aurais pu lui offrir, mais un nom, un grand nom! un nom
à jamais illustre, peut-être un de ces noms glorieux et retentissans qui font rougir d'orgueil la femme qui le
porte!

Oh! cela, je le répète, me semblait affreux, parce qu'il
n'y avait pour moi aucune consolation, aucune espérance
possible.

J'en trouvai pourtant, à force de remuer toutes les honteuses misères de mon âme aigrie par l'envie. Je me figu-
rai avec une joie cruelle que Frank, malgré tout son talent, toute sa poésie, pouvait être d'un extérieur vulgaire
et repoussant, qu'il n'avait pas sans doute reçu cette éducation raffinée dont l'élégance donne aux moindres relations un attrait qu'Hélène, femme d'une si exquise distinction, savait si bien apprécier. Me rappelant avec une
méchanceté puérile combien peu j'avais rencontré d'hommes de talent ou de génie qui eussent autant de charme
et de noblesse dans les dehors que d'éclat et de splendeur
dans l'intelligence, j'espérais que Frank ne ferait pas partie de ce petit nombre de privilégiés.

Le dirai-je? ce fut avec une incroyable et anxieuse impatience que j'attendis la nuit, afin de me rendre devant
les volets de la maison d'Hélène, et de voir si je m'étais
trompé au sujet de Frank.

Rien de plus fou, de plus ridicule que cette sorte d'es-
pionnage. Et d'ailleurs pourquoi tourner dans ce cercle fatal? pourquoi aviver encore une plaie déjà si saignante?
Je ne sais, mais ma curiosité était insurmontable.

Je ne pouvais aller trop tôt devant la maison d'Hélène,
de peur d'attirer l'attention des passans. Il était donc dix
heures lorsque j'arrivai sur ce boulevard solitaire.

La lumière jaillissait des petites ouvertures des volets,
je m'en approchai doucement.

Le salon était éclairé; mais d'abord je n'aperçus pas
Hélène.

Près de la cheminée un homme dessinait à la clarté d'une lampe. Cet homme ne pouvait être que Frank.

En le voyant, je me sentis déchiré par la jalousie et la haine, car cet homme me parut très jeune et remarquablement beau.

La vive lumière de la lampe éclairait son profil(dont le noble contour offrait une ressemblance frappante et extraordinaire avec les traits de Raphaël à vingt-cinq ans, sa bouche souriait à la fois sérieuse et douce, enfin les cils de ses paupières baissées étaient si longs qu'ils projetaient une ombre sur ses joues d'une pâleur délicate; ses cheveux châtains tombaient, selon la mode des étudians allemands, en nombreuses boucles sur son col, dont on pouvait voir la grâce et l'élégance; car Frank portait une sorte de robe de chambre de velours noir, sans collet, serrée autour de sa taille par un cordon de soie pourpre; enfin sa main blanche et allongée, qui de temps à autre agitait un pinceau dans un vase de cristal, était d'une admirable forme.

Rien de plus misérable, sans doute que mon angoisse presque désespérée à l'aspect de la beauté de Frank. Mais les blessures secrètes et honteuses de l'orgueil, parce qu'elles atteignent les plus profonds replis du cœur, en sont-elles moins douloureuses?

Pourtant, avec l'insatiable avidité du désespoir, qui veut tarir la coupe amère jusqu'à la lie, je regardai de nouveau dans ce salon, en appuyant mon front brûlant sur l'humide planche des volets.

Je jetai les yeux vers la porte qui communiquait à cette autre pièce où la veille j'avais aperçu le berceau. Cette fois, par cette porte, entièrement ouverte, je vis, au fond de cette chambre, Hélène dormant à côté de son enfant.

Frank dessinait toujours en jetant de temps en temps un tendre regard sur ce groupe enchanteur.

De ma vie je n'oublierai le spectacle sublime de ce noble jeune homme travaillant ainsi, dans le silence de la nuit et le pieux recueillement du foyer domestique, pour assurer l'existence de sa femme et de son enfant, qui reposaient si paisibles sous son égide tutélaire.

Toute la noirceur de mon envie ne put résister à cette scène si simple et si grande; mon âme, jusque-là froide et inflexible, se sentit peu à peu et doucement pénétrée par l'admiration. Je compris ce qu'il fallait d'espérance et de force à ce jeune homme, d'un talent aussi élevé qu'inconnu, pour lutter contre les jours mauvais, malgré les terribles préoccupations d'un avenir incertain...

Qu'Hélène était belle ainsi, que son sommeil paraissait heureux! quel calme angélique sur ses paupières fermées! quelle sérénité sur son front pur et blanc, entouré de deux bandeaux de cheveux blonds! avec quelle grâce maternelle elle abandonnait une de ses adorables mains à son enfant, qui tout en dormant la serrait entre ses petits doigts! Hélène, attentive, la lui avait laissée sans doute de crainte de l'éveiller... Quel charme sérieux enfin répandait sur tous ses traits ce mélancolique et doux sourire de la jeune femme heureuse et fière de sa dignité de mère!

Combien mes regrets furent désolans, avec quelle amertume je songeai de nouveau à tout ce que j'avais perdu, en contemplant ce tableau candide et chaste, en admirant cet intérieur si pauvre et qui paraissait pourtant si béni de Dieu!

. . . .

Je ne sais combien de temps je restai absorbé dans ces pensées, mais il devait être tard lorsque je regardai de nouveau dans le salon, car Frank s'était levé et semblait contempler son ouvrage avec cette fugitive et inexplicable confiance de l'artiste, qui le ravit parfois d'un noble orgueil. Révélation rapide et éphémère, qui, dit-on, ne dure qu'un instant, mais qui, dans ce moment, lui montre son œuvre resplendissante de beautés de toutes sortes: puis, phénomène étrange! cette lueur divine une fois disparue, ce cri de conscience du génie une fois éteint, l'artiste en garde à peine le souvenir. Cela n'est plus qu'un songe vague et lointain, dont le souvenir l'agite encore sans le

rassurer sur lui-même, et il retombe alors dans ses doutes écrasans sur la véritable valeur de son talent; tortures éternelles des âmes d'élite, qui comparent avec accablement les vanités de l'art à la désespérante grandeur de la nature.

Après avoir ainsi contemplé son dessin, Frank sourit tristement, le couvrit, et alla vers un petit bureau situé de l'autre côté de la cheminée, ouvrit un tiroir, y prit une bourse, et, ayant mis à part quelques pièces d'or, il parut soupirer en voyant le peu qui restait...

Presqu'en même temps, il jeta un rapide et douloureux regard sur sa femme et sur son enfant; puis, le front appuyé dans ses mains, il resta ainsi accoudé sur le marbre de la cheminée.

Je compris tout.

Sans doute cette noble créature éprouvait alors une de ces craintes affreuses pendant lesquelles l'inexorable réalité l'écrasait de son poids morne et glacé! les ailes radieuses de son brillant génie, un moment déployées, venaient de se heurter à ce terrible et hideux fantôme, toujours béant comme un sépulcre... LE BESOIN! Et il avait une femme, un enfant... et cette femme était Hélène!

Pourtant, après un moment de réflexion, Frank releva fièrement son beau visage; son regard, encore humide, brillait alors de courage et d'espoir. Je ne sais si ce fut par hasard, mais ce regard, à la fois si touchant et si énergique, s'arrêta sur la *Descente de Croix* de Rembrandt, une des gravures qui ornaient ce salon.

Aussi, en contemplant ce symbole de la souffrance sur la terre, les traits de Frank redevinrent peu à peu d'une sérénité grave; sans doute, il eut presque honte de sa faiblesse et de son découragement, en pensant aux immenses douleurs et à l'angélique patience de celui dont le calvaire avait été si haut et la croix si lourde!...

Je revins chez moi plus triste, mais moins malheureux; quelques bons instincts calmèrent enfin l'ardeur cuisante de mes regrets. Je n'eus pas l'odieuse force d'envier à Frank son bonheur et de me réjouir de cette pauvreté si courageusement soufferte; l'amour que j'avais en pour Hélène, le souvenir de ma mère, qui m'avait tant aimée, de mon père, pour qui elle avait été une fille, tout me donna de meilleures pensées; je voulus leur être utile à tous deux, sans pourtant voir Hélène; le lendemain, pour arriver à ce but, je me rendis chez lord Falmouth.

XXV

DÉPART.

Mon intention était de prier lord Falmouth d'acheter pour moi, mais en son nom, le tableau et les deux aquarelles de Frank; puis de vouloir bien, toujours en son nom, commander à ce peintre une suite de grands dessins dont les sujets devaient être pris dans Schiller, Shakespeare, Gœthe et Walter Scott.

Mon but était d'assurer, par ce travail facile et commode, qui ne gênerait en rien l'inspiration nécessaire à de plus grandes œuvres, d'assurer, dis-je, pour assez longtemps l'avenir de Frank et d'Hélène, et de délivrer ainsi ce noble jeune homme des tristes et affligeantes préoccupations qui souvent réagissent d'une manière fatale sur les plus beaux génies.

Je m'adressai de préférence à lord Falmouth, parce que, malgré sa réputation d'homme blasé, et son dédaigneux et profond scepticisme de tout et de tous, il était le seul, parmi les gens de ma connaissance, à qui je pusse faire cette confidence délicate. J'avais d'ailleurs quelquefois remarqué chez lui, sans doute en raison de ce vulgaire axiome que *les extrêmes se touchent*, une grande propension, non pas à éprouver, mais du moins à contempler, si cela se peut dire, des émotions jeunes, naïves et heureuses.

Il était assez difficile de pénétrer chez lui avant quatre heures du soir, heure habituelle de son lever ; pourtant je fus introduit.

— Et d'où sortez-vous ? — me dit-il ; — depuis huit jours on ne vous voit plus nulle part. Je sais bien que madame de Pënâfiel est partie, mais vous n'êtes pas un homme inconsolable ; d'autant plus qu'un départ est toujours flatteur... quand on reste...

— J'avais très-sérieusement à vous parler, — lui dis-je, craignant que, si la conversation prenait ce ton de légèreté, l'interprétation du service que j'avais à lui demander ne s'en ressentît.

— Et qu'est-ce donc? me dit-il.

— En deux mots, voici ce dont il s'agit : un jeune peintre étranger, et d'un très grand talent, mais jusqu'ici absolument inconnu, a épousé ma cousine germaine, une sœur pour moi, avec laquelle j'ai été élevé, c'est vous dire que je la vénère autant que je l'aime. Un malheureux procès contre ma tante, procès que, pendant un voyage, j'ai pour ainsi dire intenté et gagné malgré moi, par l'abus d'une procuration dont mes gens d'affaires se sont servis sans me prévenir, a jeté beaucoup de froideur entre ma cousine et moi, du moins de sa part, car, ne sachant pas la vérité, elle a trouvé de la conduite d'une honteuse cupidité. Le gain de ce procès est de peu pour moi ; mais il serait d'un grand secours à ma cousine et à son mari, qui, je vous l'avoue, sont pauvres ; d'un autre côté ne nous voyant plus, et connaissant l'ombrageuse fierté de cette jeune femme, il me serait absolument impossible de lui restituer ce que j'ai gagné malgré moi. J'ai donc pensé à un moyen qui concilierait tout, si vous aviez l'extrême obligeance de venir à mon aide. Ce jeune peintre a exposé un tableau et deux aquarelles qui révèlent un grand et incontestable talent ; mais son nom est encore obscur. Je désirerais donc que vous achetassiez ces ouvrages comme pour vous, et de plus, que vous lui commandassiez, sous le même prétexte, une suite de grands dessins sur différens sujets de Shakspeare, de Goëthe, Schiller et Scott, jusqu'à la concurrence de 50,000 francs. C'est, vous le voyez, une manière indirecte, non pas de rendre l'argent que m'a fait gagner ce maudit procès, je ne le puis malheureusement pas, mais au moins d'être utile à ma cousine, et à son mari, que de plus heureuses circonstances et un travail assuré peuvent placer bientôt à la hauteur qu'il mérite...

Selon son caractère impassible, lord Falmouth ne me témoigna pas la moindre surprise, ne me fit pas la moindre objection ; mais, avec la plus aimable obligeance, me promit de faire ce que je lui demandais, et nous convînmes d'aller le lendemain au Musée voir les œuvres de Frank.

De plus, il m'offrit de recommander très instamment cet artiste à cinq ou six très grands connaisseurs de ses amis, qui devaient bientôt tirer *mon grand peintre* de l'obscurité, s'il avait véritablement le talent que j'annonçais.

J'allai donc le lendemain au Musée avec lord Falmouth. Il avait lui-même beaucoup aimé les tableaux, mais, s'ennuyant de tout, il y demeurait alors très indifférent : pourtant il fut frappé de l'inappréciable talent qui se révélait si soudainement dans les œuvres de Frank ; il admira surtout le tableau de Claire et d'Egmont, l'apprécia avec une merveilleuse sagacité, et m'avoua qu'il s'était un peu défié de mon enthousiasme, mais qu'il était obligé de reconnaître là un très grand mérite.

Lord Falmouth devait se rendre chez Frank le lendemain soir, lui ayant écrit un mot le matin pour savoir s'il pouvait le recevoir.

Sous prétexte de porter à lord Falmouth l'argent destiné à ces acquisitions, j'allai le trouver, poussé par le désir puéril de voir la réponse de Frank : elle était très simple, mais très digne, et non pas empreinte de cette prétentieuse modestie ou de cette obséquieuse humilité qui gâtent souvent les plus belles intelligences.

— Si vous voulez venir souper chez moi, — dis-je en sortant du salon à lord Falmouth, — et après votre visite à notre grand artiste, je vous attendrai... Mais pas plus tard que six heures du matin, — ajoutai-je en souriant.

— Je serai chez vous avant minuit, — me répondit-il, — voici qui vous paraîtra énorme. Le fait est que depuis cinq ou six jours, je ne joue plus ; je suis en veine de gain, et cela m'ennuie ; puis, le jeu par lui-même me paraît décidément stupide, je n'ai pas le courage de jouer assez pour me ruiner, et, comme distraction, la perte et le gain n'en valent pas la peine.

— Et à quelle heure irez-vous donc chez Frank ? — lui dis-je.

— Mais à neuf heures, ainsi qu'il me le demande dans sa réponse. A propos de cela, vous me trouverez singulier, ridicule, — ajouta lord Falmouth ; — mais je ne puis m'empêcher de remarquer la façon matérielle dont une lettre est écrite, et jusqu'à la manière dont elle est ployée, car je tire toujours de ces remarques de très certaines inductions sur le savoir-vivre des gens ; et du moins, sous ce rapport, notre jeune peintre me paraît un véritable gentleman.

Je quittai lord Falmouth.

Je ne puis cacher que cette dernière observation de sa part, à propos de ces riens pourtant si significatifs qui m'avaient aussi frappé dans la lettre de Frank, me fit éprouver, malgré mes généreuses intentions, un cruel et nouveau sentiment d'envie.

Alors, sans doute par suite de cette jalouse réaction, j'en vins pour la première fois à insulter à ma noble conduite envers Frank et Hélène ; je me moquai de ma délicatesse avec une amère ironie ; je me trouvai ridicule et niais d'obliger ainsi des gens qui ne parlaient sans doute de moi qu'avec dédain ; puis j'arrivai par cet enchaînement de pensées misérables à accuser encore Hélène. Elle ne s'était sitôt consolée que parce qu'elle ne m'aimait pas ; malgré mon amour, mes regrets, mes remords, elle avait été sans pitié pour moi ; son refus de ma main n'était que la folle exaltation d'un faux *point d'orgueil*. Elle était encore plus fière qu'égoïste et intéressée, me disais-je. Mais heureusement qu'elle ignore la source d'où lui vient ce secours, et qu'excepté lord Falmouth, dont je connais la discrétion, et auquel j'ai d'ailleurs caché le véritable prétexte de cette démarche, personne n'est instruit de ma sotte générosité ; « et puis, après tout, » ajoutai-je, malgré que l'on pût trouver un but sordide à ma conduite, « le tableau et les » dessins me restent !... et lorsque Frank sera connu, *j'au-* » *rai fait une bonne affaire*. »

Hélas ! c'est ainsi que je trouvai encore moyen de flétrir et de dénaturer ma bonne et noble action par cette odieuse crainte de passer pour *dupe* d'un sentiment honorable et élevé.

. . . .

Malgré ces pensées qui vinrent un moment obscurcir le seul rayon de bonheur dont la bienfaisante influence m'eût un peu ravivé, je voulus voir Hélène pour une dernière fois, si je le pouvais, et aussi être témoin invisible de la façon dont elle et Frank accueilleraient lord Falmouth.

Je me rendis donc le soir à neuf heures sur le boulevard, ne voulant m'approcher de la maison qu'après l'entrée de lord Falmouth.

Je n'attendis pas longtemps : bientôt une voiture s'arrêta : c'était la sienne. J'appuyai de nouveau mon front aux volets.

Par une nuance de tact parfait qui me prouva qu'Hélène était toujours la même, il n'y eut rien d'apprêté dans son modeste logis, rien en un mot qui signalât l'attente d'un *Mécène*. Elle était mise avec son goût et sa simplicité ordinaire.

Lorsque lord Falmouth entra, il salua profondément

Hélène, qui l'accueillit avec une réserve polie, pleine de charme et de dignité. Frank, par ses manières, me parut saisir avec une parfaite mesure le point précis où doit s'arrêter la fierté de l'artiste, pour faire place à l'affabilité de l'homme du monde ; puis, sans doute, d'après la demande de lord Falmouth, il lui montra quelques cartons, et je vis, sur la figure ordinairement si impassible de ce dernier, se révéler presque de l'enthousiasme, à propos de je ne sais quel dessin ; tandis qu'Hélène rougissait d'orgueil et de plaisir en entendant ces louanges que Frank recevait avec une sorte de modestie sérieuse pleine de convenance.

Après une visite d'une demi-heure, lord Falmouth prit congé d'Hélène, qui, sans se lever, lui rendit son salut de l'air du monde le plus affable ; Frank sonna, conduisit lord Falmouth jusqu'à la porte du salon, et le salua.

Je me cachai quand lord Falmouth remonta en voiture ; puis je revins aux volets.

Frank ni Hélène n'étaient plus dans le salon ; ils étaient allés tous deux contempler leur enfant, et je les vis sourire près de son berceau en le regardant avec amour, comme s'ils eussent rapporté à cette angélique petite créature ce bonheur inattendu qui leur arrivait.

. . . .

Pour la dernière fois, je regardai cette maison avec une indicible tristesse, et je m'éloignai en faisant un tacite adieu à Hélène.

Rentré chez moi, j'attendis impatiemment lord Falmouth, afin de savoir l'impression qu'Hélène et Frank avaient faite sur lui.

On ne tarda pas à l'annoncer.

— Savez-vous, — me dit-il en m'abordant, — que votre cousine est une très grande dame ? qu'il est impossible d'avoir plus de grâce et de distinction ? qu'elle cause à ravir, et que je conçois à merveille votre colère contre vos gens d'affaires qui vous ont fait gagner un procès contre une aussi charmante femme !

— Et Frank ? — lui demandai-je.

— Notre grand peintre ? Avant un an, cet homme-là sera placé à sa hauteur, j'en réponds, et sa place sera bien belle ; c'est peut-être encore moins son admirable tableau qui me dit cela que sa conversation ; nous avons pourtant peu causé ; mais dans quelques esquisses qu'il m'a montrées, et dans cinq ou six pensées fort remarquables qu'il m'a développées tout naturellement, j'ai vu de véritables lingots de l'or le plus fin et le plus pur, qui n'attendent que la façon et l'empreinte ; or, je vous assure qu'elles seront des plus magnifiques. Avec cela les meilleures formes ; et, au milieu de cette médiocrité, je ne sais quel parfum d'élégance native qui m'a frappé ; enfin, ces deux beaux jeunes gens sont si réservés, si nobles, si dignes dans leur pauvreté, que j'en ai été touché ; aussi vous dois-je une des plus suaves impressions que j'aie ressenties depuis bien des années. Votre commission est faite, les tableaux sont à vous, notre Frank va s'occuper des dessins ; quant au prix, il tirera à vue sur mon banquier. Je lui ai aussi demandé deux tableaux pour moi, car il m'a un peu remis en goût pour la peinture ; je lui enverrai de plus deux ou trois connaisseurs très éminens qui sauront le faire valoir ; enfin, avant six mois, il gagnera ce qu'il voudra, et alors il perdra la seule chose qui, à mon avis, lui messied, c'est-à-dire la réserve un peu fière de ses façons ; car la fortune détend les âmes élevées, tandis qu'elle guinde les âmes basses jusqu'au sublime du ridicule et de l'insolence.

Ces louanges données à Frank par un homme habituellement aussi froid que lord Falmouth, ces louanges me firent mal, car elles consacraient à mes yeux, d'une manière irrécusable, tout le bien que malgré moi je pensais du mari d'Hélène ; je remerciai lord Falmouth de son obligeance ; mais s'apercevant sans doute de l'impression désagréable qui m'obsédait, il me dit :

— Vous paraissez soucieux ?

— Je le suis assez en effet ; et comme vous êtes de ce petit nombre de gens auxquels on ne parle pas que des lèvres, je vous l'avoue, — lui dis-je.

— Franchement, j'aime mieux vous trouver dans cette disposition d'esprit que très gai, — reprit-il ; — je ne sais pourquoi, depuis quelques jours, je m'ennuie plus que de coutume. — Puis, après une pause assez longue : — Est-ce que la vie qu'on mène ici vous amuse infiniment ? — me dit-il.

— Grand Dieu, non ! — m'écriai-je.

— Sérieusement ?

— Oh ! très sérieusement.

A ce moment, on m'annonça que j'étais servi.

— Veuillez donc faire mettre ce qu'il nous faut sur des servantes, et renvoyez vos gens ; nous causerons plus librement, — me dit lord Falmouth en anglais pendant que nous passions dans la salle à manger.

Nous restâmes seuls.

— Grâce à Dieu, — me dit-il, — je n'ai jamais plus d'appétit que lorsque je m'ennuie. On dirait qu'alors la bête nourrit la bête.

— Je suis aussi assez gourmand, mais par accès, — repris-je ; — et j'arrive alors jusqu'aux limites de l'impossible, et où il me faudrait un génie créateur et inventif, je ne trouve plus qu'un cuisinier. Et puis, vous allez vous moquer de moi ; mais il me faut une raison pour dîner *avec conscience*, si cela se peut dire ; après une longue chasse, par exemple, bien commodément étendu dans un fauteuil : j'y trouve une sensualité très délicate ; mais faire de mon dîner une étude, réfléchir sérieusement à ce que je mange, c'est un plaisir trop borné ; car on tombe aussitôt dans les *redites*, et alors vient la satiété.

— Eh bien ! me dit lord Falmouth, — j'ai eu, moi, un véritable Christophe Colomb en ce genre, qui m'a découvert des mondes inconnus ; malheureusement il est mort, non pas par un lâche suicide, comme votre Vatel, mais dans un bel et bon duel (1) avec le chef d'office de monsieur de Nesselrode ; car mon pauvre Hubert méprisait profondément l'office ; il s'en occupait parfois pour se délasser... en se jouant... comme il disait ; aussi prétendait-il que le pudding glacé à la Nesselrode était le fruit d'un de ses loisirs, et que son rival n'était qu'un plagiaire. Mais, triste sort des choses d'ici-bas ! mon pauvre Hubert fut doublement victime, et le grand nom diplomatique qui avait canonisé le pudding dans la légende des gourmands surnagea seul.

— Chose singulière, — dis-je alors à lord Falmouth, — que le duel et le suicide descendent jusque-là, et combien il est vrai que les passions seules changent de nom !...

— C'est que pour mon pauvre Hubert la cuisine était une véritable passion. Assouvir la faim n'était qu'un vil métier, disait-il ; mais faire manger quand on n'avait plus faim, c'était un grand art selon lui, et un art qu'il mettait au-dessus de beaucoup d'autres.

— Et il avait raison, — dis-je à lord Falmouth ; — car si l'on était assez sage pour se tenir aux plaisirs sensuels, que la vie serait calme ! ce qu'il y a d'admirable dans la jouissance des appétits physiques, c'est qu'ils peuvent toujours être rassasiés, et que leur satisfaction laisse une torpeur, un engourdissement qui est encore un charme, tandis que les productions d'esprit, même les plus splendides, ne laissent, dit-on, que regrets et amertume.

— Je suis de votre avis, — dit lord Falmouth. — Il est évident que toute pensée abstraite, longtemps poursuivie, ne laisse que doute et lassitude chagrine, parce qu'il n'est pas donné à l'esprit de l'homme de connaître la vérité *vraie*, ni d'atteindre au vrai beau, tandis qu'un appétit physique, largement satisfait, laisse l'organisation calme et doucement satisfaite, en cela que l'homme a complètement rempli une des vues précises de la nature.

— Cela est vrai ; la pensée use et tue.

— Et avec tout cela, — dit lord Falmouth en vidant lentement son verre, — on vit, le temps se passe, chaque

(1) Historique.

jour on s'écrie : Quel ennui ! mais cela n'empêche pas, Dieu merci ! les heures de couler.

— Et l'on arrive aussi, — lui dis-je, — au terme de la vie, jour sur jour, heure sur heure...

Lord Falmouth fit un geste de résignation, remplit son verre, et me poussa le flacon.

Nous restâmes quelques momens sans parler. Lord Falmouth rompit le premier le silence, et me dit :

— Votre voiture de voyage est-elle prête ?

— Sans doute, — lui dis-je fort surpris de cette brusque demande.

— Écoutez, — me dit-il, comme s'il se fût agi de la chose la plus simple : — vous êtes à cette heure très malheureux, vous ne m'avez pas dit pourquoi, par conséquent je l'ignore ; Paris vous ennuie autant qu'il m'est odieux ; j'ai quelquefois rêvé un projet étrange, fou, et qui pour cela m'a beaucoup séduit, mais il me fallait un compagnon qui se sentît l'énergie de vouloir acheter des émotions nouvelles, fortes et puissantes, peut-être au mépris de sa vie. — Je regardai lord Falmouth fixement. Il continua en vidant son verre à petits coups. — Il me fallait, pour mettre ce projet à exécution, trouver quelqu'un qui, pour s'associer avec moi, fût, comme disent les bonnes gens, tout prêt à se donner au diable, non par misère, mais au contraire par surabondance des joies et des biens de ce monde... — Je regardai de nouveau lord Falmouth, croyant qu'il plaisantait ; il était, comme toujours, fort calme et fort sérieux. — Eh bien ! — me dit-il lentement, — voulez-vous être ce compagnon ?

— Mais de quoi s'agit-il ? — lui demandai-je en souriant.

— Je ne puis vous le dire encore ; mais si vous acceptez mon offre, voici ce que vous aurez à faire : d'abord, compter sur un voyage d'un an au plus... ou sinon...

— Éternel... je comprends. Ensuite ?

— Ne prendre avec vous qu'un homme, sûr, vigoureux et déterminé.

— J'ai cela parmi mes gens...

— Bien : emporter quinze ou vingt mille francs, pas plus.

— Ensuite ?

— Vous munir, vous et votre homme, d'excellentes armes.

Je regardais lord Falmouth en continuant de sourire.

— Cela devient grave, — lui dis-je.

— Laissez-moi finir, vous agirez comme bon vous semblera ; — il reprit : — Il faut vous munir d'excellentes armes, de votre passe-port, et envoyer chercher des chevaux à l'instant...

— Comment ! partir... cette nuit ?

— Cette nuit... à cette heure : vous allez me donner de quoi écrire un mot à mon valet de chambre ; mon valet de pied le lui portera, et reviendra ici avec ma voiture de voyage et tout ce qu'il me faut, car il est important que vous ayez votre voiture et moi la mienne.

— Ah çà ! parlez-vous sérieusement ? — lui dis-je.

— Donnez-moi de quoi écrire, et vous en serez assuré.

En effet, lord Falmouth écrivit, et un de ses gens partit avec la lettre.

— Mais, — lui dis-je, — des habits... des malles ?

— Si vous m'en croyez, n'emportez que du linge et ce qu'il vous faut pour la route.

— Mais encore, cette route est-elle longue ? quelle est-elle ?

— Celle de Marseille.

— Nous allons donc à Marseille ?

— Pas précisément, mais dans un petit port très proche de cette ville.

— Et quoi faire ?

— Nous y embarquer.

— Et pour quelle direction ?

— Ceci est mon secret, confiez-vous à moi, et vous ne le regretterez pas... Pourtant, je dois vous dire, — ajouta-t-il d'un air qui malgré moi m'impressionna, — je dois vous dire, sans faire de mauvaise plaisanterie, que vous n'auriez pas tort, en cas de *non-retour*, de faire les dispositions que vous pourriez avoir à faire.

— Mon testament ! — m'écriai-je en riant de toutes mes forces cette fois.

— Comme vous voudrez, — me dit lord Falmouth de son air impassible.

Tout en prenant ce voyage pour une espèce de mystification, à laquelle je me prêtais d'ailleurs fort volontiers, tant j'avais hâte de quitter Paris, où trop de cruels souvenirs m'attristaient, je ne savais véritablement pas s'il ne serait pas prudent d'écrire quelques derniers mots ; pourtant, je dis à lord Falmouth :

— Allons, c'est un pari que vous avez fait de m'amener à écrire mon testament ?

— Ne le faites donc pas, — me dit-il sans sourciller.

Je savais que plusieurs fois lord Falmouth était ainsi parti fort impromptu pour de très longs voyages. Je pensais donc qu'il se pouvait après tout qu'il eût envie de s'absenter. Or, comme sa compagnie me plaisait fort, et que l'objet du voyage qu'il voulait me cacher, sans doute pour piquer ma curiosité par ces apparences mystérieuses, pouvait me convenir, et peut-être avoir des suites qu'il m'était impossible de prévoir, je crus bien d'écrire quelques mots, en *cas de non-retour*, comme il disait.

Cette détermination si prompte me semble aujourd'hui au moins aussi bizarre que les résultats qu'elle amena ; mais j'avais été si chagrin depuis quelque temps, j'étais tellement libre de toute affection, de tout devoir, que la brusquerie même de cette détermination me plut, comme plaît toujours une chose étrange à vingt-cinq ans.

Je fis venir mon ancien précepteur, et je lui laissai mes ordres et mes pouvoirs.

Au bout d'une heure, mes préparatifs étaient terminés, la voiture de lord Falmouth nous attendait. J'y montai avec lui. Nos gens devaient nous suivre dans la mienne.

Dix minutes après, nous avions quitté Paris.

LORD FALMOUTH.

XXVI

PROJETS.

J'étais parti de Paris avec lord Falmouth, sous le poids d'une tristesse accablante. Bien qu'il me fût indifférent de quitter alors la vie du monde pour je ne sais qu'elle pérégrination dont j'ignore encore le but mystérieux, le souvenir des affections si cruellement, si incomplétement brisées que je laissais derrière moi, devait me poursuivre et m'atteindre au milieu des distractions de ce voyage.

— Hélène, Marguerite ! ! ! noms douloureux que la fatalité me jetait chaque jour comme une raillerie cruelle, comme un remords ou comme un défi, je ne pouvais vous oublier et ma conscience vous vengeait !

Car enfin, une fois tarie, que la coupe se brise... il n'importe ! Mais follement la jeter pleine encore à ses pieds ! mais se sentir les lèvres desséchées alors qu'on aurait pu puiser à une onde fraîche et pure ! ! ! cela était affreux !

En analysant mes impressions, j'y reconnaissais d'ailleurs mon instinct d'égoïsme habituel ; jamais je ne songeais au mal horrible que j'avais fait à Marguerite ou à Hélène, mais je songeais toujours à la félicité enchanteresse dont la perte me désespérait.

J'abandonnais, je fuyais Paris, mais je tenais encore, pour ainsi dire malgré moi, à ce centre de regrets amers, par mille liens invisibles! Si quelquefois je me laissais entraîner à l'espoir de revoir, de retrouver un jour Marguerite, tout à coup la réalité du passé venait arrêter cet élan de mon cœur, par une de ces secousses sourdes, brusques, pour ainsi dire électriques, dont la commotion va droit à l'âme et fait douloureusement tressaillir tout notre être.

J'étais aussi épouvanté en contemplant avec quelle indifférence je pensais à mon père; et encore, si j'y pensais, c'était pour faire une comparaison sacrilège entre la douleur que m'avait autrefois causée sa mort et le chagrin d'amour que je ressentais.

Faut-il, hélas! l'avouer à ma honte? En étudiant avec une expérience si malheureusement précoce ces différentes sortes de tristesses, ce dernier chagrin me sembla moins intense, mais plus âcre; moins profond mais plus orageux,; moins accablant, mais plus poignant que le premier.

C'est qu'il y a, je crois, deux ordres de souffrances : la souffrance du cœur... légitime et sainte.

La souffrance de l'orgueil... honteuse et misérable.

La première, si désolante qu'elle soit, n'a pas d'amertume; elle est immense, mais on est fier de cette immensité de douleur, comme on le serait du religieux accomplissement de quelque grand et triste devoir.

Aussi, les larmes causées par cette souffrance coulent abondantes et sans peine; l'âme est disposée aux plus touchantes émotions de la pitié; on est plein de commisération et d'amour; enfin, toutes les infortunes sont les sœurs chéries et respectées de votre infortune.

Au contraire, si vous souffrez pour une cause indigne, votre cœur est noyé de fiel; votre douleur concentrée ressemble à une rage muette, à la honte contient, à une morsure aiguë que la vanité cache; l'envie et la haine vous rongent, mais vos yeux sont secs, et le malheur d'autrui peut seul vous arracher quelque pâle et morne sourire.

Telles furent du moins les deux nuances de chagrin bien tranchées que je ressentis lors de la mort de mon père, et lors de ma rupture avec Hélène et Marguerite.

Ce n'était pas tout : à peine avais-je quitté Paris avec lord Falmouth, que, par un misérable caprice, je me repentais d'avoir entrepris ce voyage; non que j'en redoutasse l'issue, mais j'aurais préféré être seul, pour pouvoir bien envisager mon chagrin, lutter avec lui corps à corps, et en triompher peut-être.

Je l'ai bien souvent éprouvé : quand on souffre, rien de plus funeste que de vouloir se distraire de sa douleur.

Si pendant quelques momens vous parvenez à engourdir vos maux, le réveil en est horrible.

Lorsque vous vous trouvez tout à coup précipité dans l'abîme de la souffrance morale, après le choc terrible qui ébranle, qui meurtrit jusqu'aux fibres les plus délicates de votre cœur, ce qu'il y a surtout d'affreux, c'est cette nuit subite, noire et profonde de l'âme, qui ne lui permet pas même de voir les mille plaies qui la déchirent.

Affreusement brisé, vous gisez anéanti au milieu d'un chaos de douleurs sans nom; puis, peu à peu, la pensée succède au vertige; ainsi que la vue s'habitue à distinguer les objets dans les ténèbres, vous commencez si cela se peut dire, à vous reconnaître dans votre désespoir.

Alors, sinistres et décolorés comme des spectres, surgissent lentement un à un autour de vous les regrets navrans du passé, les visions enchanteresses d'un avenir qui ne sera plus jamais; alors vous apparaissent les fantômes des heures les plus fortunées, les plus radieuses, les plus dorées d'autrefois... car votre douleur n'oublie rien : l'écho le plus lointain, le parfum le plus vague, le murmure le plus mystérieux, tout se reproduit impitoyablement à votre pensée: mais ce mirage d'un bonheur perdu est étrange et sinistre... On croit voir un magnifique paysage, baigné d'azur, de lumière et de soleil, à travers la prunelle

vitreuse d'un mourant, et tout semble voilé d'un brouillard gris et sépulcral.

La souffrance est alors à son paroxysme, mais elle ne peut que décroître : elle est aiguë et pénétrante, mais elle se peut analyser : vos ennemis sont nombreux, sont menaçans, sont terribles, mais vous les voyez, mais vous les pouvez combattre.

Vous luttez ainsi, ou, comme un loup blessé, qui, au fond de son antre n'attend sa guérison que du temps replié dans votre souffrance solitaire, vous pouvez, proche ou éloigné, assigner un terme à votre chagrin, et espérer au moins dans l'oubli .. L'oubli! cette seule et incroyable réalité de la vie; l'oubli! cet océan sans fond où viennent incessamment se perdre toute douleur, tout amour et tout serment.

Et encore, bizarre impuissance de ce qu'on appelle *la philosophie humaine!* on sait qu'un jour, que bientôt peut-être, le temps doit effacer tant de peines, et cette conviction si certaine ne peut en rien calmer ou abréger vos tourmens.

C'est pour cela, je le répète, qu'il m'a toujours semblé que se distraire de sa douleur, au lieu de l'affronter bien résolûment, c'est recommencer chaque jour cette cruelle initiation à la souffrance, au lieu de l'épuiser par son propre excès.

On concevra donc que, dans la disposition d'esprit où je me trouvai, ce voyage aventureusement entrepris devait quelquefois me sembler pénible.

Nous avions marché toute la nuit. Nous nous trouvions éloignés de quarante lieues de Paris. Falmouth s'éveilla bientôt, me serra la main et me dit :

— La nuit porte conseil. Maintenant je réfléchis qu'après tout, mon projet peut vous sembler fort stupide. Aussi, je veux vous dire mon secret pendant que nous sommes encore assez près de Paris pour que vous y puissiez être de retour cette nuit, si ce que j'ai à vous proposer ne vous convient pas.

— Voyons... dites-moi ce projet mystérieux.

— Le voici donc, — reprit Falmouth. — Connaissez-vous le club des yachts?

— Oui... et vous en êtes, je crois, un des membres.

— Eh bien! comme tel je possède une charmante goëlette, maintenant mouillée aux îles d'Hyères, près Marseille. Cette goëlette est armée de huit caronades et montée de quarante hommes d'équipage.

— C'est donc une véritable campagne de mer que vous me proposez?

—A peu près; mais vous saurez d'abord que l'équipage de mon yacht, depuis le capitaine jusqu'au dernier mousse, me sont dévoués jusqu'à la potence inclusivement.

— Je le crois sans peine.

— Vous saurez de plus que mon yacht, qui s'appelle *la Gazelle*, est digne de son nom; il ne marche pas, il bondit sur les eaux. Trois fois, aux courses de l'île de Wight, il a battu le brick de lord Yarborough, notre président, et a gagné le prix du yacht-club; en un mot, il n'y a pas un navire de guerre de la marine royale de France ou d'Angleterre, que mon yacht ne puisse distancer aussi facilement qu'un cheval de course distancerait un cheval de charrette.

— Je sais que presque tous ces bâtimens de plaisance de votre aristocratie marchent comme des poissons; mais encore?

— La vie maintenant vous semble fade et monotone, n'est-ce pas? Eh bien! voulez-vous lui donner quelque peu de saveur?

— Sans doute.

— Mais d'abord, — me dit Falmouth de son air gravement moqueur, — je dois vous déclarer sur l'honneur que je ne suis pas le moins du monde philhellène... car j'ai au contraire un penchant et une prédilection très marqués pour les Turcs...

— Comment? — lui dis-je avec étonnement; — et

quel rapport y a-t-il entro notre voyage et les Turcs ou les philhellènes ?

— Un rapport tout simple : je veux vous proposer d'aller en Grèce.

— Pour faire ?

— Avez-vous entendu parler de Canaris ? — me dit Falmouth.

— De cet intrépide corsaire qui a déjà incendié avec ses brûlots tant de vaisseaux turcs ? Certainement.

— Eh bien ! est-ce que vous n'avez jamais été tenté d'aller voir cela ?

— Mais d'aller voir quoi ?

— D'aller voir Canaris incendier un vaisseau turc ? — me dit Falmouth de l'air du monde le plus indifférent, et comme s'il eût été question d'assister à une course ou de visiter une manufacture.

— Je vous avoue, — lui dis-je en ne pouvant m'empêcher de sourire, — que je n'ai jamais eu jusqu'à présent cette curiosité-là.

— C'est étonnant, — reprit Falmouth ; — moi, depuis six mois, je ne rêve que de Canaris et de son brûlot... et je n'ai fait venir mon yacht de l'île de Whigt à Marseille que dans l'intention de me passer cette fantaisie ; de sorte que, si vous y consentez, nous partirons de Marseille pour Malte, à bord de ma goëlette ; une fois arrivés à Malte, je me charge d'obtenir du gouverneur, lord Ponsonby, l'autorisation de servir, avec mon yacht, comme auxiliaire des Grecs, quoique je ne sois pas philhellène, je vous le répète, et d'aller augmenter l'escadrille de lord Cochrane. Or, si vous le vouliez, pendant quelques mois, nous mènerions ainsi à bord une vie qui tiendrait un peu de la vie des chevaliers errans ou... des pirates ; nous trouverions là des dangers, des combats, des tempêtes : que sait-on ? enfin, toutes sortes de choses neuves et un peu aventureuses qui nous sortiraient de cette vie mondaine qui nous pèse, et nous aurions peut-être le bonheur de voir réaliser mon idée fixe, c'est-à-dire de voir Canaris brûler un vaisseau turc, car je ne mourrai content que lorsque j'aurai vu cela. Qu'en dites-vous ?

Tout en trouvant singulier le goût de Falmouth pour l'expérimentation des brûlots, je ne vis aucune objection sérieuse à sa proposition. Je ne connaissais pas l'Orient ; bien souvent ma pensée s'était égaré avec amour sous son beau ciel. Cette vie paresseuse et sensuelle m'avait toujours séduit ; et puis quoiqu'ayant déjà beaucoup voyagé, je n'avais pas idée de ce que pouvait être une navigation un peu sérieuse, et j'éprouvais une sorte de curiosité de savoir comment j'envisagerais quelque grand danger.

A part même les risques qu'on pouvait courir en s'associant à une des expéditions de Canaris, je savais que depuis l'insurrection grecque l'Archipel était infesté de pirates, soit turcs, soit renégats, soit algériens, et qu'un bâtiment aussi faible que celui de Falmouth avait d'assez nombreuses chances d'être attaqué. Somme toute, l'ensemble de cette proposition ne me déplut pas ; et je répondis, après un assez long silence, dont Falmouth semblait attendre l'issue avec impatience : — Quoiqu'à ma grande honte la curiosité de voir Canaris brûler un vaisseau turc ne soit pas positivement ce qui me décide, j'adhère complétement à votre projet, et vous pouvez me regarder comme un des passagers de votre goëlette.

— Nous voilà donc réunis plus longtemps ! — me dit Falmouth. — Tant mieux, car j'ai à vous délivrer de bien des préjugés.

Je le regardai avec étonnement, je le priai de s'expliquer ; il éluda.

Le but de notre navigation arrêté, il fut convenu que nous partirions des îles d'Hyères pour Malte aussitôt notre arrivée à Marseille.

Peu à peu la vue des objets extérieurs, le mouvement du voyage calmèrent ou plutôt engourdirent mes souffrances ; mais c'était avec inquiétude que je me laissais aller à cette sorte de bien-être passager ; je savais que mes chagrins reviendraient bientôt plus vifs. Ce sommeil bienfaisant devait avoir un cruel réveil. Il faut dire aussi que Falmouth se montrait de la cordialité la plus affectueuse, de l'enjouement le plus aimable, du caractère le plus égal.

Sa conversation et son esprit me plaisaient d'ailleurs beaucoup ; j'avais sincèrement apprécié sa délicatesse et son obligeance gracieuse, lors de ses relations avec le mari d'Hélène.

Malgré ma froideur apparente et mes continuels sarcasmes contre l'amitié, ce sentiment que je prétendais m'être si indifférent, je me sentais quelquefois attiré vers Falmouth par une vive sympathie.

Alors, je le répète, ce voyage m'apparaissait sous un aspect charmant ; au lieu de le regarder comme une distraction fâcheuse et importune, je faisais des rêves d'or en songeant à tout ce qu'il pouvait avoir d'agréable, si je voyais, si je rencontrais dans Falmouth un ami tendre et dévoué.

C'étaient les longues et intimes causeries de la traversée, heures si favorables aux épanchemens et aux confidences ; c'étaient des courses, des fatigues, des périls même à partager en frères, à travers des pays inconnus... confidences, courses, fatigues, périls, qu'il serait si bon de nous rappeler plus tard en nous disant : « *Vous souvenez-vous*?... » Douces paroles, doux écho du passé qui fait tressaillir le cœur... Sans doute, me disais-je, la satiété des plaisirs est mauvaise, mais du moins heureusement blasés sont ceux-là qui, rassasiés de toutes les délicatesses de l'existence la plus raffinée, ont le valeureux caprice d'aller retremper leur âme au feu du brûlot de Canaris.

Interprété de la sorte, ce voyage n'était-il pas noble et grand ? n'y avait-il pas quelque chose de touchant, de chevaleresque, dans cette communauté de dangers si fraternellement partagés ?

Lorsque je me laissais naïvement aller à ces impressions, leur bienfaisante influence amollissait mon âme douloureusement tendue ; un baume précieux se répandait sur mes blessures, je me sentais meilleur ; je déplorais encore tristement le passé, mais je ne le haïssais plus, et la foi généreuse que j'avais en moi pour l'avenir calmait l'amertume de mes regrets.

Enfin, pendant les pures et religieuses aspirations de mon cœur vers une amitié consolante, je ne saurais dire le bonheur qui me transportait ; ainsi que Dieu embrasse d'un seul regard tous les âges de l'éternité, au soudain rayonnement de ma jeune espérance, il me semblait découvrir tout à coup l'horizon de la félicité que je rêvais, mille ravissemens nouveaux, mille joies enchanteresses ; à ces mots *un ami*, je sentais s'éveiller en moi les instincts les plus nobles, l'enthousiasme le plus généreux. J'étais alors sans doute bien digne d'inspirer et de partager ce sentiment si grand et si magnifique, car j'en ressentais tous les religieux devoirs, et j'en éprouvais tous les bonheurs !

. . . .

Mais, hélas ! cette extase durait peu, et de cette sphère radieuse je retombais souvent dans le noir abîme du doute le plus détestable, du scepticisme le plus humiliant.

Ma défiance de moi et ma crainte d'être dupe des sentimens que j'éprouvais s'exaltaient jusqu'à la monomanie la plus ombrageuse.

Au lieu de croire Falmouth attiré vers moi par une sympathie égale à celle que je ressentais pour lui, je cherchais à pénétrer quel *intérêt* il pouvait avoir eu à m'offrir de l'accompagner. Je savais sa fortune si énorme que je ne pouvais voir dans son offre le désir de diminuer de moitié les frais du voyage qu'il voulait faire en me proposant de l'entreprendre avec lui. Néanmoins, en songeant aux contradictions si extrêmes et si inexplicables de la nature humaine et à la plus que modeste simplicité que Falmouth affectait parfois, je ne regardais pas cette misérable arrière-pensée comme absolument inadmissible.

Sans renoncer à cette honteuse supposition, je vis encore dans sa proposition l'insouciance dédaigneuse d'un homme blasé, qui prendrait au hasard et indifféremment le bras du premier venu pour faire une longue promenade, pourvu que ce premier venu suivît la même direction que lui...

.　.　.　.　.　.　.　.　.　.　.　.　.　.　.　.　.　.

Telles étaient les arrière-pensées qui venaient bien souvent malgré moi flétrir un avenir que quelquefois je rêvais si beau !

O mon père ! mon père !... bien fatal est le terrible don que vous m'avez fait en m'apprenant à douter !... Votre armure de guerre, je l'ai revêtue ; mais je n'ai pu m'en servir pour combattre ; elle m'écrase sous son poids. Refoulé, replié sur moi-même, je sens ma faiblesse, ma misère, et je l'exagère encore.

.　.　.　.　.　.　.　.　.　.　.　.　.　.　.　.　.　.

Nous arrivâmes à Marseille et bientôt aux îles d'Hyères sans aucun événement remarquable.

XXVII

LE YACHT.

Nous étant seulement arrêtés à Marseille pour changer de chevaux, nous arrivâmes bientôt aux îles d'Hyères. Le yacht de Falmouth se trouvait mouillé dans la baie de *Frais-Port*, en rade de Porquerolles.

La Gazelle était merveilleuse de luxe et d'élégance ; rien de plus joli, de plus coquet que ce petit navire. Toute sa capacité intérieure avait été réservée à l'habitation de Falmouth. Ce logement, fort commode, consistait en un salon commun et en deux chambres à coucher, ayant chacune une salle de bain. A l'avant étaient les cabines du capitaine et du lieutenant du yacht. Quarante matelots composaient l'équipage ; ils portaient des vestes bleues à boutons armoriés aux armes de Falmouth ! une ceinture de laine rouge serrait leurs pantalons blancs, et un large ruban noir flottait à leur chapeau de paille.

Sur le pont de la goëlette, d'une éblouissante propreté, on voyait huit caronades de bronze sur leurs affûts d'acajou soigneusement cirés ; enfin quelques pierriers de cuivre, une salle d'armes symétriquement remplie de fusils, de pistolets, de sabres, de piques et de haches, complétaient l'armement de ce joli navire.

Le capitaine du yacht que Falmouth me présenta, et qu'il appelait Williams, grand et robuste jeune homme de vingt-cinq ans environ, avait une figure douce et candide. Il était, me dit Falmouth, fils d'un de ses fermiers de Suffolk. La plupart des marins de la goëlette appartenaient aussi à ce comté, où le lord possédait de nombreuses propriétés riveraines de la mer. Le lieutenant du yacht, frère cadet de Williams, s'appelait Geordy. Plus jeune que lui de cinq ou six années, il lui ressemblait extrêmement : même apparence de force, même calme et de douceur.

Les rapports de ces deux jeunes officiers avec Falmouth étaient profondément respectueux : ils l'appelaient monseigneur (milord), et lui tutoyaient avec une familiarité bienveillante et presque paternelle.

Nous entrions dans les premiers jours du mois de juin le temps était magnifique ; le vent, assez vif et très favorable à notre voyage, soufflait du nord. Après avoir consulté Williams sur l'opportunité du départ, Falmouth décida que nous mettrions à la voile le lendemain matin.

Pour faire route vers le sud, il nous fallait aller reconnaître les côtes occidentales de la Corse, de la Sardaigne, de la Sicile, puis relâcher à Malte ; puis, après avoir vu le gouverneur et pris dans cette île un pilote, nous devions nous élever au nord-est, et entrer dans l'Archipel grec, afin de nous rendre à Hydra, où Falmouth espérait rencontrer Canaris.

La baie du Frais-Port, lieu de mouillage de *la Gazelle*, était située au sud de Porquerolles, et seulement fréquentée par des bateaux de pêche ou quelques petits navires sardes, niçards et catalans, qui faisaient le cabotage de ces côtes.

Lorsque nous arrivâmes sur cette rade, nous n'y trouvâmes qu'un grand mystic sous pavillon sarde, qui était à l'ancre assez loin de *la Gazelle*.

La nuit venue, la lune parut dans tout son éblouissant éclat au milieu d'un ciel magnifiquement étoilé ; l'air était parfumé par la senteur des orangers des jardins d'Hyères.

Falmouth me proposa une promenade sur la côte : nous partîmes. Nous suivions une espèce de terrasse fort à pic, élevée de vingt-cinq ou trente pieds au-dessus du rivage qu'elle contournait, et sur lequel venaient paisiblement mourir les lourdes lames méditerranéennes.

Du haut de cette sorte de terrasse naturelle nous découvrions au loin , devant nous, une mer immense , dont le sombre azur était sillonné par une zone de lumière argentée ; car la lune s'élevait toujours brillante et radieuse. A l'ouest on distinguait l'entrée de la baie du Frais-Port, où était mouillé le yacht, et à l'est la pointe montueuse du cap d'Armes , dont les falaises blanches se découpaient hardiment sur le bleu foncé du firmament.

Ce tableau calme et majestueux nous frappa ; aucun bruit ne troublait le profond silence de la nuit ; seulement, de temps à autre, nous entendions le murmure faible et monotone des flots endormis qui se déroulaient sur la grève.

J'étais tombé dans une profonde rêverie, lorsque Falmouth me fit remarquer, à la clarté de la lune, le mystic dont on a parlé, qui s'avançait hors de la baie remorqué par sa chaloupe : quelques minutes après il jeta l'ancre à l'extrême pointe et en dehors du port, comme s'il eût voulu se tenir prêt à mettre à la voile au premier signal.

— Notre yacht passera seul la nuit dans la baie, — me dit Falmouth, — car le mystic me paraît se disposer à partir.

— Entre nous , votre *Gazelle* n'aura guère à regretter cette compagnie, — lui dis-je, — car j'ai vu au jour ce bâtiment, et il est impossible de rencontrer un navire d'une plus sordide apparence : comparé à votre goëlette, si élégante et si coquette, il a l'air d'un hideux mendiant auprès d'une jolie femme...

— Soit, — me dit Falmouth , — mais le mendiant doit avoir de bonnes jambes, je vous en réponds. J'ai aussi remarqué ce bâtiment, il est affreux ; et cependant je suis sûr qu'il marche comme un dauphin... Tenez , regardez l'immense envergure de ses antennes, qu'il vient de hisser.

J'interrompis Falmouth pour lui montrer, à trente pieds au-dessous, son lieutenant Geordy, qui , s'avançant avec précaution le long du rivage, semblait craindre d'être vu. Avait-il à traverser une partie de la grève éclairée par la lune, au lieu de marcher directement, il faisait un détour pour se tapir derrière quelques gros blocs de rochers qui bordaient la côte en cet endroit , et se traînait en rampant.

— Que diable fait donc là Geordy ? — dit Falmouth en me regardant avec étonnement.

Nous continuions à suivre Geordy des yeux , lorsque nous le vîmes s'arrêter brusquement, se jeter dans l'enfoncement d'un rocher et s'y blottir.

Par un mouvement d'imitation machinale, Falmouth et moi nous nous arrêtâmes en même temps. Entendant alors un bruit de voix, nous avançâmes la tête avec précaution, et nous vîmes aborder la chaloupe qui avait remorqué le mystic à la pointe de la baie.

Une douzaine de matelots, portant de longs bonnets catalans en laine rouge et des vestes brunes à camail, montaient cette embarcation. Un marin, assis à l'arrière , la gouvernait, il était vêtu d'un caban noir, et son capuchon rabattu ne permettait pas de bien distinguer ses traits ;

pourtant je ne sais pas pourquoi l'ensemble de sa figure me laissa une impression désagréable.

Lorsque la chaloupe eut abordé, l'homme au caban resta seul, et jeta aux marins une corde qu'ils amarrèrent à un rocher.

Ces hommes regardèrent d'abord autour d'eux avec inquiétude et circonspection, puis se dirigèrent rapidement vers le gros bloc de rocher qui cachait Geordy.

A leur approche, celui-ci tira de sa poche une paire de pistolets.

Nous nous regardâmes, Falmouth et moi, très indécis sur ce que nous devions faire; le rocher était à pic, sa rampe se continuait ainsi fort loin; en cas d'attaque, il nous devenait impossible de soutenir Geordy autrement que par nos cris, et encore, lors même que nos cris eussent mis en fuite ces marins, en dix minutes leur chaloupe pouvait rejoindre le mystic et appareiller avec lui.

Nous étions dans cette perplexité, lorsque les matelots s'arrêtèrent devant le roc qui servait de retraite à Geordy; au moyen de pinces de fer, ils soulevèrent péniblement une large pierre, qui fermait une ouverture sans doute très spacieuse, car ils en tirèrent à la hâte plusieurs caisses et quelques barils fort pesants, qu'ils transportèrent dans la chaloupe.

Au risque de nous faire découvrir, Falmouth partit d'un bruyant éclat de rire, et me dit:

— Ce sont tout bonnement de braves smogglers qui ont caché là leur contrebande, de peur de la visite des douaniers ou des gardes-côtes français, et qui s'apprêtent à remettre en mer cette nuit avec ce fruit défendu. Cela m'explique pourquoi ils ont un navire qui doit si bien marcher.

— Mais, — lui dis-je, — si cela était, pourquoi le lieutenant de votre brick, qui n'est ni garde-côte ni douanier, viendrait-il les épier ainsi?

— Vous avez raison, — reprit Falmouth, — je m'y perds; voyons donc la fin de tout ceci.

Dix minutes après l'embarquement des caisses, la chaloupe, si chargée qu'elle enfonçait presque au niveau de l'eau, regagna péniblement le mystic, qui venait de hisser ses dernières voiles.

A peine l'embarcation avait-elle pris le large que Geordy s'élança de sa cachette, et courut de toutes ses forces dans la direction de la baie où était mouillé le yacht; mais cette fois le lieutenant, au lieu de se glisser derrière les rochers, suivit le bord de la grève, et les marins de la chaloupe l'aperçurent à la clarté de la lune.

Aussitôt l'homme au caban noir placé à la poupe se leva, abandonnant son gouvernail, prit un fusil, et ajusta vivement Geordy.

La lueur brilla dans l'obscurité, le coup partit...

Quoiqu'un second coup de feu eût suivi le premier, Geordy ne nous parut pas blessé, car il continua de courir jusqu'à un détour de la côte où nous le perdîmes de vue.

— Regagnons le mouillage de la goëlette, — dis-je à Falmouth, — il sera peut-être temps encore de nous rendre à bord de ce mystic, et d'obtenir justice de son attaque.

Tout en courant précipitamment le long de la rampe des rochers, nous voyions toujours la chaloupe forcer de rames pour rejoindre le mystic.

En peu d'instans elle l'eut atteint, fut hissée à bord, et le bâtiment ouvrant au vent du nord ses grandes antennes, comme deux ailes immenses, disparut bientôt dans les sombres profondeurs de l'horizon.

— Il est trop tard, — dit Falmouth. — les voilà partis.

Nous arrivâmes en toute hâte à une misérable auberge, située près de l'embarcadère du Frais-Port; nous y trouvâmes Geordy... Il n'était pas blessé.

— Mais explique-moi donc, — lui dit Falmouth, — ce que tu as été faire sur la côte, et pourquoi ces misérables viennent de te tirer deux coups de fusil?

Geordy, fort étonné de voir Falmouth instruit de cette circonstance, lui donna les détails suivans:

Ce mystic sarde, mouillé dans la baie lors de l'arrivée du yacht, devait appareiller très prochainement. Quoiqu'il eût prétendu être sur son lest, et retourner sans chargement de Barcelonne à Nice, la présence de la goëlette anglaise sembla changer les dispositions du capitaine de ce bâtiment.

Son séjour à Porquerolles se prolongeant de plus en plus, Williams et Geordy s'étonnèrent avec raison de voir un pauvre bâtiment de commerce perdre ainsi un temps précieux; car son équipage se montait à vingt hommes, nombre de matelots déjà singulièrement considérable pour un navire de cette force, qui, demeurant sans emploi, ne pouvait couvrir la dépense considérable de ses frais d'armement. Les deux Anglais, désireux de juger par eux-mêmes de ce que pouvait être ce bâtiment, s'y étaient rendus sous le prétexte de demander un léger service au capitaine. Ils avaient pu examiner l'intérieur du mystic, qui leur sembla beaucoup plus disposé pour la course que pour le commerce; mais ils n'y virent ni armes ni munitions de guerre, car tout était ouvert, depuis la cale jusqu'au pont; en vain ils avaient tâché de rencontrer le capitaine, qui n'était autre que l'homme au caban noir. Ce dernier avait toujours éludé cette entrevue.

Enfin, dans leur minutieuse visite à bord de ce mystérieux bâtiment, ainsi que dans leur inspection des papiers du capitaine, les douaniers français n'avaient rien trouvé de suspect.

Au dire de Geordy, parmi les vingt hommes qui formaient l'équipage, on comptait cinq ou six Italiens; le reste se composait d'Espagnols et d'Américains, qui semblaient un ramassis de forbans à la physionomie sinistre et patibulaire. Ce qui avait surtout contribué à exciter les graves soupçons des Anglais, c'est que presque chaque jour, depuis une certaine absence du capitaine sarde, l'équipage de son bâtiment s'était peu à peu augmenté, et le mystic venait de mettre à la voile avec près de cinquante marins, nombre de matelots exorbitant pour un si petit navire.

— Mais, — dit Falmouth à Geordy, — pourquoi les as-tu ainsi épiés ce soir?

— Comme ces gens, que je crois pirates, s'apprêtaient à mettre à la voile en même temps que le yacht de Votre Grâce, ou peut-être avant, — lui dit Geordy, — je me doutais qu'au moment de partir ils iraient peut-être à terre chercher des armées cachées, puisque nous n'en avions pas vu à leur bord; aussi, dès que je les ai vus tout à l'heure déborder du mystic avec leur chaloupe, et se diriger vers les rochers du nord, je me suis glissé le long de la côte, et je suis arrivé à temps pour avoir la certitude de ce que nous pensions, mon frère Williams et moi...

— C'est-à-dire que ces gens-là sont réellement des pirates? — dit Falmouth.

— Sans aucun doute, mylord; les caisses sont remplies d'armes, les barils de poudre; ils avaient trouvé moyen de les déposer là avant la première visite des douaniers français.

— Et les as-tu entendus parler?

— Oui, milord; j'ai entendu un matelot américain dire à son camarade en montrant les barils de poudre: — Voilà de la glu pour prendre la mouche anglaise... c'est-à-dire la goëlette de Votre Grâce.

— C'est à merveille, — dis-je en souriant à Falmouth; — nous sommes encore au port, et voilà les dangers qui commencent. Vous êtes vraiment gâté par le destin...

— Je comprends parfaitement leur projet, — reprit Falmouth; — ils comptent sans doute remplacer leur affreux mystic par ma jolie Gazelle. Ce serait pour eux une excellente acquisition; car, une fois propriétaire de mon yacht, aucun navire de guerre ne pourrait les atteindre, et aucun bâtiment marchand ne pourrait leur échapper.

— Et il est superflu d'ajouter, — dis-je à Falmouth, —

que, comme notre présence les gênerait beaucoup, ils nous jetteront sans doute à la mer de peur des indiscrétions.

— C'est une des conditions habituelles de ces sortes d'échanges; mais nous y mettrons, j'espère, quelques empêchemens, — dit Falmouth; — puis il ajouta :

— Je n'ai pas besoin, Geordy, une fois en mer, de te recommander de toujours bien explorer l'horizon pour que nous ne soyons pas surpris par ces drôles. Tu es d'ailleurs un vigilant et brave marin, le digne frère de ton frère. Vous êtes tous deux bercés depuis votre enfance sur l'eau salée : aussi je dors sans inquiétude dès que le yacht est entre vos mains. Je vous ai vus tous deux face à face avec bien des dangers, au milieu de tempêtes bien affreuses. Eh bien! croiriez-vous, — ajouta Falmouth en se retournant vers moi et en me montrant Geordy, — croiriez-vous qu'avec cet air doux et timide, lui et son frère sont des lions dans le danger ?...

A cet éloge, Geordy sourit modestement, baissa les yeux, rougit comme une jeune fille, et alla rejoindre son frère Williams pour tout préparer, car nous devions mettre à la voile de la baie de Porquerolles le lendemain matin au soleil levant.

XXVIII

LA TRAVERSÉE.

Nous étions partis de France depuis trois jours; le vent, jusqu'alors favorable, nous devint contraire à la hauteur de la Sardaigne.

Sans être positivement sûr d'être attaqué par le mystérieux bâtiment, dont le départ avait été si brusque et si hostile, Falmouth avait recommandé au capitaine de son yacht de se tenir continuellement sur ses gardes. Les caronades de *la Gazelle* furent donc chargées à mitraille, les armes préparées dans le faux-pont, et la nuit un matelot resta continuellement en vigie, afin d'éviter toute surprise.

Je ne pouvais me lasser d'admirer le calme et la douceur des deux jeunes officiers de la goëlette, leur activité silencieuse et le sentiment plein de tendresse qui semblait les attacher l'un à l'autre, et mettre, — si cela peut se dire, — leurs actions les plus indifférentes à un touchant unisson.

Je remarquai aussi que, lorsque la manœuvre exigeait que Williams ou Geordy fissent devant Falmouth quelque commandement, leur voix savait conserver un accent respectueux pour le lord jusque dans les ordres qu'ils donnaient en sa présence. Cette nuance me parut d'un tact exquis, ou plutôt l'expression d'une nature très délicate.

Geordy obéissait à Williams, son aîné, avec une soumission joyeuse; rien enfin n'était plus charmant à observer que la mutuelle affection de ces deux frères, qui à chaque instant s'interrogeaient du regard, s'entendant ainsi, au sujet de mille détails de leur service, avec une rare sagacité, ou plutôt avec une sympathie merveilleuse.

J'avais eu la curiosité de connaître la cabine qu'ils occupaient à l'avant.

J'y vis deux hamacs d'un blanc de neige, une petite table et une commode de noyer luisante comme un miroir; deux portraits grossièrement faits mais naïvement peints, dont l'un représentait leur mère, figure grave et douce (ils lui ressemblaient extrêmement tous deux), l'autre leur père, dont les traits mâles et ouverts respiraient la bonne humeur et la loyauté. Entre ces deux portraits, et pour tout ornement, les armes des deux frères se détachaient des lambris de chêne de leur petite chambre.

Souvent, lorsque la goëlette bien en route ouvrait son sillon de blanche écume à travers les eaux paisibles de la Méditerranée, Williams et Geordy venaient s'asseoir côte à côte sur un canon, et là, les bras entrelacés, le visage sérieux et pensif, ils lisaient pieusement une vieille Bible à fermoir de cuivre, posée sur leurs genoux, n'interrompant leur lecture que pour jeter quelquefois un regard mélancolique sur l'horizon immense et solitaire... distraction qui était encore un hommage à la grandeur de Dieu!

D'autres fois, cette religieuse lecture terminée, les deux frères se livraient à de longues causeries.

Un jour j'eus la curiosité de surprendre une de leurs conversations : je vins m'asseoir près du canon où ils se tenaient d'habitude, et, après quelques mots échangés avec eux, je feignis de m'endormir.

Je les entendis alors se faire de naïves confidences sur leurs espérances, se rappeler les doux souvenirs de leur pays, s'encourager réciproquement à bien servir Falmouth, ce noble protecteur de leur famille, pour lequel ils témoignaient cet attachement respectueux, dévoué, presque filial, que conservaient autrefois chez nous pendant plusieurs générations successives les familles *domestiques* (dans l'acception féodale du mot) (1) pour les grandes maisons qui les patronaient.

Quand les deux frères parlaient du *lord*, c'était toujours sans irrévérence, sans envie, et surtout sans aucun retour amer et jaloux sur leur obscure et pauvre condition.

Une fois, entre autres, ils racontèrent quelques particularités de la vie de Falmouth qui me frappèrent d'étonnement. Cet homme que j'avais cru si blasé sur tous les sentimens humains, avait mille fois témoigné de la bonté la plus généreuse, de la délicatesse la plus exquise. Williams et Geordy en parlaient avec admiration.

A mesure que je vivais dans l'intimité d'Henry, ma surprise augmentait.

Chaque jour je découvrais en lui les qualités les plus éminentes et les plus opposées au caractère factice ou réel sous lequel je l'avais connu jusqu'alors. Son humeur était d'une sérénité sans égale, sa finesse, sa pénétration prodigieuses, son esprit d'une élévation rare.

Bientôt, dans nos longs entretiens, je remarquai que son ironie devenait moins acérée, son observation moins caustique, son scepticisme moins implacable; on eût dit que peu à peu il déposait les pièces d'une armure dont il reconnaissait l'inutilité.

C'était alors avec bonheur que je voyais le caractère de Falmouth se transformer ainsi complétement.

Je me sentais séduit par l'insistance cordiale et touchante avec laquelle il me demandait mon amitié. Je jouissais avidement de ce sentiment vif et sincère, dont j'éprouvais pour la première fois les douceurs consolantes; aucun sacrifice ne m'eût coûté pour assurer l'avenir de cette affection si précieuse pour moi; et, comme je l'éprouvais généreusement, vaillamment, je me sentais digne de l'inspirer.

Heureux de ma confiance, c'était avec l'accent de la gratitude la plus profonde que Falmouth me remerciait d'avoir cru à son amitié. Marchant désormais ainsi dans la vie, bien appuyés l'un contre l'autre, me disait-il, toutes tes peines seraient bravées; car les déceptions de l'amour, de l'orgueil, de l'ambition, toujours si douloureuses parce qu'elles sont concentrées, devaient perdre toute leur âcreté en s'épanchant dans un cœur ami.

L'accent de sa voix était si vrai, ses traits avaient une expression de sincérité telle, que j'avais complétement oublié ma défiance; je me livrais avec bonheur à tout l'entraînement d'une affection que je ne connaissais pas encore.

(1) C'est-à-dire faisant partie de la *maison*; il ne s'attachait à ce titre aucune idée de servilité : les pages, les évêques et les gentilshommes étaient *domestiques* dans cette acception.

Puis venaient des causeries sans fin dont je ne saurais dire l'attrait. L'imagination de Falmouth était vive et brillante; son esprit était très orné. Nous possédions tous deux des connaissances assez variées, assez étendues : aussi n'eûmes-nous jamais un moment d'ennui, malgré les longues heures de la traversée.

A mesure que notre intimité augmentait, ma croyance en moi et en Falmouth devenait plus grande. Je me sentais heureux et meilleur, un nouvel avenir s'offrait à moi; j'avais assez de courage pour ne pas soumettre cette félicité si jeune et si fraîche à une desséchante analyse, et me laissais naïvement aller à des impressions que je trouvais si pures et si bienfaisantes.

. . . .

Nous étions en mer depuis cinq jours.

Un soir, assez tard, sur les onze heures, ayant laissé Falmouth dans le salon, je montai sur le pont pour jouir de la fraîcheur de la nuit, et j'allai m'asseoir dans une yole suspendue à l'arrière de la goëlette.

J'étais depuis quelque temps absorbé dans mes rêveries, lorsque le matelot placé en vigie héla un navire qui s'approchait.

Je me levai.

La vigie héla une seconde fois.

Je vis alors presqu'aussitôt passer silencieusement à contre-bord, et à une très petite distance de nous, un bâtiment qu'à ses antennes immenses je reconnus pour le mystic sarde de la baie de Porquerolles.

La nuit était claire, la marche du mystic peu rapide; sur le pont de ce long et étroit navire, un grand nombre d'hommes se pressaient les uns contre les autres.

Au mât était suspendu un fanal. Éclairé par sa lumière rougeâtre et incertaine, je distinguai à l'arrière, et tenant le gouvernail, l'homme au capuchon noir, que j'avais déjà remarqué lors de la descente de la chaloupe.

Étrange rencontre dont les suites devaient être bien plus étranges encore.

. . . .

Le mystic s'éloigna; le bruit de son sillage s'affaiblit. Pendant quelques minutes, je pus encore le suivre des yeux, grâce à la blancheur de ses voiles; puis elles devinrent moins distinctes, s'effacèrent tout à fait, et je ne vis plus au loin dans les ténèbres qu'un point lumineux, qui de temps à autre disparaissait selon le jeu des voiles du mystic, comme une étoile sous un nuage.

A l'apparition de ce bâtiment si suspect, Williams avait ordonné à son frère d'aller chercher Falmouth.

— Eh bien! Williams, — dit celui-ci en montant sur le pont, — nous retrouvons donc notre mauvaise connaissance de Porquerolles?

— Le mystic vient de passer à contre-bord de nous, milord.

— Et quel est ton avis?

— Sauf l'ordre de Votre Grâce, mon avis serait de nous mettre à l'instant en défense; car je pense que ce pirate, retenu comme nous dans ces parages par les vents contraires, va nous attaquer ne nous croyant pas prêts à le recevoir, et comptant d'ailleurs sur le nombre de son équipage.

— Prouvons donc à ces forbans qu'ils se trompent, mon brave Williams, et que quarante johns-bulls valent mieux que ce ramassis de drôles, que cet échantillon cosmopolite de gibier de potence. Eh bien! — ajouta Falmouth en m'apercevant, — voilà, mon cher, qui se colore à merveille; cette aventure m'enchante... C'est une excellente introduction à notre fantaisie de Canaris... c'est l'ouverture de notre opéra!...

— En vrai *dilettanti*, — lui dis-je, — mettons-nous donc en mesure de faire notre partie, et allons chercher nos armes.

Je descendis dans ma chambre.

Falmouth y entra presque aussitôt que moi.

Autant sur le pont il m'avait paru joyeux et résolu, autant je lui trouvai l'air triste et accablé.

Il me prit les mains avec émotion et me dit :

— Arthur... je suis maintenant au désespoir de cette folie!...

— De quelle folie voulez-vous parler?

— Si vous étiez blessé, dangereusement blessé, — me dit-il en attachant sur moi un regard attendri, — je ne me le pardonnerais de ma vie!

— Et ne courez-vous pas les mêmes risques?

— Sans doute... mais que vous subissiez, vous, les conséquences de ma bizarre fantaisie!... c'est ce que je trouve odieux...

— Quelle idée! ne faisons-nous pas ce voyage à *frais communs*?... Ne devons-nous pas tout partager?... Eh bien! ceci est un accident de la route, rien de plus. N'étions-nous pas convenus de chercher les aventures en vrais chevaliers errants? Enfin, vous-même, tout à l'heure, n'aviez-vous pas l'air très satisfait de cette rencontre?

— Tout à l'heure, j'étais devant mes gens, et je ne voulais pas leur laisser deviner ma pensée... mais à vous je puis tout dire... Eh bien! maintenant je suis au désespoir de tout ceci; et, au lieu de nous amuser à faire les fanfarons, j'ai bien envie de profiter de la vitesse de ma goëlette pour...

— Y pensez-vous?— m'écriai-je; — et que dirait-on au yacht-club? qu'un de ses membres a pris chasse devant un écumeur de mer! Et puis, mon cher Henry, — lui dis-je en riant,—réfléchissez donc que vos craintes sont peu flatteuses pour mon amour-propre.

— Ah! tenez... cela est affreux! pour la première fois de ma vie... je trouve un ami selon mon rêve... et par ma faute je risque de le perdre!... s'écria Falmouth, et il se laissa tomber sur une chaise en cachant sa tête dans ses deux mains.

— Mon cher Henry, — lui répondis-je, profondément touché de son accent, — remercions au contraire le hasard qui nous fournit cette épreuve... L'émotion que nous ressentons tous les deux ne nous montre-t-elle pas que cette amitié nous est déjà bien avant dans le cœur? Aurions-nous trouvé une révélation pareille dans la pâle uniformité de la vie du monde? Croyez-moi, voyons dans ceci une bonne fortune; bénissons-la et profitons en... c'est au feu que se reconnaît l'or pur...

Un pilotin descendant précipitamment vint prier Falmouth de monter sur le pont.

Cet enfant sorti, Henry se jeta dans mes bras avec effusion et me dit :

— Vous êtes un noble cœur, mon instinct ne m'a pas trompé.

Je restai seul.

Si Falmouth craignait pour moi les chances de ce combat, je les craignais aussi vivement pour lui.

Cette inquiétude me révélait toute l'étendue de l'affection que je lui portais.

Par quel miracle cette amitié s'était-elle si promptement développée? comment ses racines étaient-elles déjà si profondes, malgré mes doutes, malgré ma défiance, malgré mon incrédulité habituelle?

Je ne sais, mais cela était ainsi, et pourtant depuis un mois à peine nous voyagions ensemble.

Peut-être ces progrès si rapides étonneront-ils moins si l'on songe au secret instinct qui nous attirait déjà l'un vers l'autre dès avant notre départ. . . . .

Je pris mes armes.

J'eus alors un moment d'effroyables angoisses.

En pensant au péril que nous allions courir, je craignis d'être lâche... ou plutôt que mon courage ne fût pas à la hauteur d'un noble dévouement; je me demandais si, dans un danger suprême, je saurais sacrifier ma vie pour sauver celle de Falmouth, et, je l'avoue à ma honte, je n'osai pas me répondre avec certitude...

Je me savais, il est vrai, brave, d'une bravoure froide, assez opiniâtre. J'avais eu un duel, dans lequel mon énergie calme m'avait fait honneur; mais était-ce là du vrai courage? Un homme bien né peut-il refuser un duel? peut-il ne pas s'y comporter décemment? ne fût-ce que par savoir-vivre ou par orgueil.

Je ne savais donc pas si j'aurais le courage prime-sautier, fulgurant, qui court au danger comme le fer à l'aimant, qui s'exalte encore dans une mêlée sanglante, et qui, planant au-dessus des dangers, dirige ses coups d'une main sûre et choisit ses victimes.

Je me croyais, je me sentais enfin la bravoure, froide et inerte de l'artilleur qui attend sans pâlir un boulet près de sa batterie, mais non l'entraînante intrépidité du partisan qui, le sabre au poing, se précipite avec une ardeur féroce au milieu du carnage.

Et pourtant c'était sans doute dans un combat corps à corps, dans un abordage, que nous allions avoir à défendre notre vie... et si j'allais faillir!.. et si devant ces étrangers... si devant Falmouth j'allais paraître lâche ou faible!... si mon instinct de conservation allait me frapper de stupeur!

Non, je ne saurais dire ce qu'il y eut d'épouvantabble dans ce moment d'hésitation et d'incertitude sur moi-même...

Mais, je l'avoue, ce que je redoutais le plus, c'était, dans le cas où la vie de Falmouth eût absolument dépendu de mon courage, c'était de me trouver au-dessous de ce noble devoir. . . . .

. . . .

XXIX

LE COMBAT.

Je remontai sur le pont.

J'avais pris une carabine à deux coups et une pesante hache turque damasquinée, jadis achetée comme objet de curiosité, et qui dans cette circonstance devenait une arme excellente, car, en outre de son lourd tranchant, elle se terminait par un fer de lance très aigu.

Je tâchai de découvrir le mystic; mais, soit que ce bâtiment eût éteint son feu, soit qu'il eût beaucoup prolongé sa bordée, je ne le revis plus.

L'équipage du yacht avait été promptement armé.

A la lueur des mèches de quelques boute-feux fichés par leur pointe ferrée dans des seaux remplis d'eau, on voyait les marins chargés du service de l'artillerie auprès des caronades; d'autres matelots, placés de chaque bord de la goëlette, chargeaient leurs armes, tandis qu'un vieux contre-maître à cheveux gris vint prendre le gouvernail des mains d'un de ses camarades beaucoup plus jeune, et dont l'expérience n'était pas sans doute assez consommée pour remplir ce poste important pendant le combat.

Tout ceci se passait dans le plus profond silence; on n'entendait que le bruit sourd des baguettes sur les bourres ou le retentissement des crosses de fusils sur le pont.

Williams, à l'arrière, debout sur son banc de quart, donnait les derniers ordres. Geordy, chargé de la direction de l'artillerie, surveillait cette partie de service.

Falmouth monta sur le pont. Il avait repris son masque d'insouciance habituel.

— Milord, tout est prêt, — lui dit Williams, — Votre Grâce veut-elle combattre ce pirate à la voile ou à l'abordage?

— Qu'est-ce que vous aimez le mieux, du combat à l'abordage ou du combat sous voile? — me demanda Falmouth, comme s'il se fût agi de choisir entre du vin de Bordeaux ou du vin de Madère.

— Cela m'est absolument indifférent, — lui dis-je en souriant; — agissons sans cérémonie : confiez-vous au goût de Williams, c'est le plus sûr.

— Que penses-tu, Williams? — demanda Falmouth.

— Que, nous tenant sous voile, avec l'artillerie du yacht de Votre Grâce, nous pouvons écraser ce mystic sans qu'il puisse nous approcher... ni nous faire grand mal ; car je ne suppose pas qu'il ait embarqué d'artillerie...

— Et l'abordage? — demanda Falmouth.

— Je crois, milord, assez connaître l'équipage du yacht pour être certain qu'après une bonne mêlée les pirates seront repoussés, ou peut-être même que leur mystic restera en notre pouvoir. Mais, — s'écria tout à coup Williams en indiquant un point blanc du bout de la longue vue, — le mystic a viré de bord ; voici qu'il revient sur nous, milord.

En effet, je vis bientôt apparaître dans l'obscurité les voiles blanches du mystic, qui s'approchait rapidement.

J'armai ma carabine, je mis ma hache près de moi, et j'attendis.

Je me rappelle parfaitement ce que je vis dans mon rayon d'action, n'ayant pas eu, je l'avoue, le courage de m'isoler assez de mes préoccupations personnelles pour embrasser l'ensemble de cette scène meurtrière.

J'étais debout à l'arrière et à bâbord du yacht.

A quelques pas devant moi, au pied du mât d'artimon, me tournant le dos, un vieux matelot manœuvrait le gouvernail. Williams, sur son banc de quart, donnait quelques ordres à un contre-maître qui l'écoutait, le chapeau à la main. Falmouth, monté sur un canon, tenant d'une main les haubans, de l'autre son fusil, regardait dans la direction du mystic.

Le plus profond silence régnait à bord du yacht ; ce fut un moment d'attente grave et solennelle...

Quand à moi, ce que j'éprouvai me rappela beaucoup, qu'on excuse cette comparaison puérile, l'émotion inquiète que je ressentais dans mon enfance lorsque je m'attendais de minute en minute à ce qu'un coup de fusil fût tiré dans le courant d'une pièce de spectacle.

Puis, faut-il avouer une autre pauvreté de mon caractère? jamais je n'avais affronté aucun péril sans m'en être à l'instant représenté toutes les chances funestes. Ainsi, dans le duel dont j'ai parlé, duel qui fut acharné... bien acharné, je songeais non pas à la mort, mais aux mutilations hideuses qui suivent une blessure : au moment de cet abordage, j'avais les mêmes préoccupations... Je me voyais avec horreur, privé d'un bras ou d'une jambe, devenir ainsi pour tous un objet de pitié répulsive.

Un léger mouvement sur l'épaule me tira de ces réflexions.

Je me retournai : Falmouth, sans interrompre le *Ru Britannia* qu'il sifflait entre ses dents, me montra du bo de son fusil quelque chose de blanc à l'horizon, qui s'approchait de plus en plus.

Je commençai à distinguer parfaitement le mystic.

Tout à coup je fus ébloui par une nappe de lumière qui un moment éclaira l'horizon, la mer et tout ce que je voyais du yacht... en même temps j'entendis la détonation successive de plusieurs armes à feu, et le gémissement des balles qui passèrent près de moi.

Au bruit sec, à l'espèce de pétillement dont la détonation fut suivie, à quelques éclats de bois qui tombèrent à mes pieds, je m'aperçus que les balles s'étaient logées soit dans la mâture, soit dans la muraille du navire.

Mon premier mouvement avait été de me reculer, mon second fut d'ajuster et de tirer dans la direction du mystic... mais la réflexion me retint.

Mon impatience, ma curiosité devinrent alors extrêmes, je dis *curiosité*, parce que ce mot seul me semble bien exprimer l'impatience avide qui m'agitait.

Je sentais mes artères battre violemment, le sang m'affluer au cœur et mon front rougir.

A peine la détonation avait-elle longuement retenti... que le mystic sortit d'un épais nuage de fumée, ayant une de ses voiles à demi carguée.

C'était un spectacle étrange.

A l'incertaine clarté de la lune, le corps de ce navire et ses cordages se dessinaient en noir sur le nuage blanchâtre que le vent poussait vers nous.

Un instant après, le mystic prolongea la goëlette de l'arrière à l'avant presque à la toucher.

Éclairé par le fanal, l'homme au capuchon noir tenait toujours le gouvernail ; d'une main il manœuvrait le timon, de l'autre il montrait le yacht, et je l'entendis crier en italien, aux pirates qui se pressaient tumultueusement à son bord :

— Ne tirez plus... à l'abordage ! à l'abordage !

D'après la manœuvre des pirates, l'abordage devant sans doute avoir lieu à droite, tout l'équipage du yacht se précipita de ce bord.

Les canonniers saisirent les cordes qui répondaient aux batteries des caronades...

J'ajustai l'homme au capuchon noir, que j'avais parfaitement bien au bout de ma carabine.

Au moment où je pressais la détente, Williams s'écria :

— Feu partout !

Je tirai, mais je ne pus voir l'effet de ma balle.

Une forte explosion ébranla le yacht. C'étaient les quatres caronades de tribord chargées à mitraille qui venaient de faire feu presque à bout portant sur le mystic pirate, au moment sans doute où il abordait le yacht, car celui-ci reçut un choc si violent que je fus presque renversé.

Plusieurs balles sifflèrent autour de ma tête.

Un corps lourd tomba derrière moi, et j'entendis Falmouth me dire d'une voix affaiblie.

— Prenez garde à vous !...

Je me retournai vers lui avec inquiétude... lorsqu'un homme portant le bonnet catalan sauta sur le pont, me prit d'une main à ma cravate, et de l'autre me tira un coup pistolet de si près que l'amorce me brûla les cheveux et la barbe.

Un mouvement brusque que je fis en me rejetant en arrière dérangea le coup, qui partit par-dessus mon épaule. Je tenais ma carabine à la main, encore chargée d'un coup ; au moment où le pirate, voyant qu'il m'avait manqué, me frappait à la tête avec la crosse de son pistolet, je lui appliquai le canon de ma carabine en pleine poitrine... et je tirai.

La commotion fut si forte que j'en eus le bras engourdi.

Le pirate tourna violemment sur lui-même, trébucha sur moi, et tomba sur le dos en faisant quelques bonds convulsifs.

Je me reculai, et je marchai sur quelqu'un ; c'était sur Falmouth, qui gisait au pied du grand mât.

— Vous êtes blessé ? — m'écriai-je en me précipitant sur lui.

— Je crois que j'ai quelque chose comme la cuisse cassée ; mais ne vous occupez pas de moi !... — s'écria-t-il. — prenez garde ! voilà un autre de ces brigands qui monte, je vois sa tête... Faites-lui face, ou vous êtes perdu !

A l'aspect de Falmouth étendu sur le pont, j'eus le cœur brisé.

Je ne songeai pas un moment au danger que je pouvais courir ; je voulus avant tout arracher Henry à une mort certaine, car, se trouvant ainsi sans défense, il devait être infailliblement massacré.

Heureusement j'avisai le panneau de l'arrière, qui n'avait pas été refermé (c'était une ouverture de trois pieds carrés, qui communiquait dans le salon commun). Je pris aussitôt Falmouth par-dessous les bras, et je le traînai jusqu'à cette ouverture malgré sa résistance, car il se débattait en criant :

— Voilà ce brigand monté... Il va sauter sur vous !

Sans répondre à Falmouth, et usant de ma force, je l'assis sur le bord du panneau, ses jambes pendantes dans l'intérieur, et je lui dis :

— Maintenant, laissez-vous glisser, vous serez du moins en sûreté.

— Le voilà ! il est trop tard. Vous vous perdez en me sauvant ! — s'écria Falmouth avec un accent déchirant.

Comme il disait ces mots, je le fis, par un dernier effort, glisser dans l'intérieur de la chambre, où il n'avait plus rien à craindre.

Tout ceci s'était passé en moins de temps qu'il n'en faut pour l'écrire.

J'étais encore baissé... un genou à terre, lorsqu'une main de fer me saisit au col, un genou vigoureux s'appuya sur mes reins, et en même temps on me porta un coup violent à l'épaule... Ce coup fut suivi d'une fraîcheur aiguë.

Ma hache était sur le pont, à ma portée ; je la saisis, et, tout en faisant un effort désespéré pour me relever, je lançai derrière moi, et au hasard, un coup furieux qui atteignit sans doute mon adversaire, car ma hache s'arrêta sur un corps dur, et la main qui m'étreignait me lâcha tout à coup.

Je pus alors me redresser.

A peine étais-je debout, que l'homme au capuchon noir qui m'avait attaqué pendant que je descendais Henry dans la chambre du yacht se précipita sur moi.

J'étais sans armes... Ayant laissé tomber ma hache, nous prîmes corps à corps.

Une lutte acharnée commença.

Son caban à capuchon rabattu l'enveloppait presque entièrement et cachait son visage. Il enlaça une de ses jambes nerveuses autour des miennes pour me faire perdre l'équilibre ; puis, me serrant à m'étouffer, il voulut m'enlever du pont et me jeter par-dessus le bord de la goëlette.

S'il était vigoureux, je ne l'étais pas moins.

Le désir ardent de venger Falmouth, la colère, et dirai-je cette puérilité, le dégoût de sentir le souffle de ce brigand sur ma joue, me donnèrent de nouvelles forces.

Dégageant une de mes mains de ses mains nerveuses, je pus heureusement prendre le pirate à la gorge... J'y sentis le cordon d'un scapulaire, je le tordis autour de mon poing, et je donnai brusquement deux ou trois tours.

Je commençais probablement à étrangler mon adversaire, car je m'aperçus que son étreinte faiblissait...

Par un hasard heureux, un mouvement du bâtiment nous fit trébucher tous deux.

Déjà épuisé, le pirate tomba les reins cambrés sur le plat-bord du yacht... un dernier effort, et je le jetais à la mer... J'allais y parvenir en me précipitant sur lui de tout mon poids, lorsqu'il me mordit au visage avec fureur.

Quoique plusieurs coups de feu projetassent à ce moment une vive lueur, et que le capuchon du pirate fût à moitié relevé, je ne pus distinguer ses traits, car sa figure était toute couverte de sang.

Seulement, en me jetant en arrière, je remarquai que ses dents étaient singulièrement blanches, aiguës et séparées...

M'étant de nouveau rué sur lui, je parvins à l'enlever du pont, à le mettre presque en long sur le plat-bord, et enfin à le précipiter par-dessus la lisse du yacht.

Mais lorsqu'il se vit ainsi suspendu au-dessus de la mer, le pirate fit un dernier effort, s'accrocha d'une main à mon collet, de l'autre à mes cheveux, et me tint saisi de la sorte, lui en dehors du bâtiment, moi en dedans...

Je cherchais à me dégager, lorsque je reçus un coup violent sur la tête...

Les mains de l'homme au capuchon s'ouvrirent, et je m'évanouis...

XXX

LE DOCTEUR.

Bien pénible est la tâche que je me suis imposée.

Voici venir encore une des phases de ma vie que je voudrais pouvoir à jamais effacer de ma mémoire... un de ces momens de terrible vertige pendant lesquels...

Mais l'heure de cette fatale révélation n'arrivera que trop tôt.

Étourdi du coup violent que j'avais reçu, je m'étais évanoui au moment où le capitaine des pirates tombait à la mer.

Lorsque je revins à moi, je me trouvai couché dans ma chambre, la tête et l'épaule enveloppées de linges.

Le médecin de Falmouth, dont j'ai oublié de parler, homme grave et fort instruit, était près de moi.

Ma première pensée fut pour Henry.

— Comment va lord Falmouth? — dis-je au docteur.

— Milord va très bien, monsieur; sa blessure n'est heureusement pas dangereuse.

— N'a-t-il pas la cuisse cassée?

— Une très forte contusion, plus douloureuse peut-être qu'une fracture, mais peu grave...

— Et les pirates?

— Ils ont pu échapper et remettre à la voile, après avoir perdu cinq des leurs dans cette attaque, mais sans doute ils emportent un grand nombre de blessés...

— Et nous, avons-nous perdu beaucoup de monde?

— Trois matelots ont un contre-maître ont été tués... de plus, neuf de nos marins sont blessés plus ou moins grièvement.

— Il fait jour, ce me semble? Quelle heure est-il donc, docteur?

— Onze heures, monsieur.

— En vérité, je crois rêver... tout ceci s'est donc passé...?

— Cette nuit...

— Et mes blessures, que sont-elles?

— Une blessure à la tête et un coup de poignard à l'épaule gauche... Ah! monsieur, une ligne plus bas... et cette dernière atteinte était mortelle... Mais comment vous sentez-vous, ce matin?

— Bien; j'éprouve un peu de cuisson à l'épaule gauche, voilà tout; mais Falmouth, Falmouth?

— Milord ne pourra pas marcher d'ici à quelques jours, monsieur. Malgré sa blessure, il a voulu m'aider à vous donner les premiers soins et vous veiller cette nuit; mais, depuis une heure, ses forces l'ont abandonné, et je l'ai fait transporter chez lui: il repose maintenant. Sitôt qu'il sera réveillé, il viendra de nouveau près de vous, car il a bien hâte de vous exprimer toute sa reconnaissance, monsieur.

— Ne parlons pas de cela, docteur.

— Comment ne pas parler de cela, monsieur? — s'écria le docteur. — N'avez-vous pas, au milieu de ce combat acharné, oublié votre propre sûreté pour retirer milord du plus grand péril? N'avez-vous pas été blessé en accomplissant ce trait de courageuse amitié? Ah! monsieur, milord oubliera-t-il jamais que c'est à vous qu'il doit la vie?... Et nous-mêmes, oublierons-nous jamais que c'est à vous que nous devons la conservation de ses jours?

— L'attaque a donc été bien vigoureuse, docteur?

— Partout elle a été terrible... mais nos marins, quoique inférieurs en nombre, l'ont intrépidement repoussée... Ils ont enfin rivalisé d'audace avec vous, monsieur; car votre sang-froid, votre lutte corps à corps avec le capitaine de ces forbans ont fait l'admiration de tout notre équipage.

— Et vous m'assurez que la blessure de Falmouth n'est pas dangereuse?

— Non, monsieur... mais, si vous le permettez, je vais aller voir s'il n'a pas besoin de moi.

— Allez, allez, docteur, et revenez m'avertir quand je pourrai le voir.

Je restai seul.

XXXI

L'AMITIÉ.

Henry me devait la vie!

Je ne saurais dire avec quel orgueilleux bonheur mon cœur répétait, commentait ces paroles!

Combien je bénissais le hasard qui m'avait mis à même de prouver à Falmouth que mon amitié était vive et vraie.

Jusqu'alors, tout en me livrant à l'entraînement de cette affection, j'avais senti qu'il lui manquait la consécration solennelle de quelque grand dévouement.

Si j'attachais quelque prix à mon acte de courage, c'est qu'en m'élevant à mes yeux, c'est qu'en me montrant que j'étais capable d'une résolution généreuse, cet acte me rassurait sur la solidité de mon attachement pour Falmouth.

Or, avec mon caractère, croire en moi, c'était croire en lui; me croire un ami vrai, ardent, dévoué, c'était me croire digne d'inspirer une amitié vraie, ardente et dévouée.

Je ressentais cette confiance intrépide du soldat qui, sûr désormais de se comporter hardiment au feu, attend avec impatience et sécurité une occasion nouvelle de prouver ce qu'il vaut.

La réaction de cette confiance fut telle qu'elle influa même sur mes sentimens passés.

Fier de ma conduite envers Falmouth, je compris alors qu'Hélène, que Marguerite avaient pu m'aimer pour des qualités que leur cœur devinait sans doute, et qui venaient de se révéler à moi.

Pour la première fois enfin je compris, bonheur ineffable!... tout l'amour que ces deux nobles créatures avaient eu pour moi.

. . . .

Une heure après que le docteur m'eut quitté, la porte de ma chambre s'ouvrit, et je vis entrer Falmouth, porté par deux de ses gens.

A peine son fauteuil fut-il approché de mon lit, qu'Henry se jeta dans mes bras.

Dans ce muet embrassement, il appuyait avec force sa tête sur mon épaule; je sentis ses larmes couler, ses mains trembler d'émotion; il ne put me dire que ces mots:

— Arthur... Arthur... mon ami!...

Bien des années se sont écoulées depuis ce beau jour; bien des noirs chagrins ont passé sur cette joie si radieuse, et rien n'en a pu altérer le souvenir, car maintenant encore mon cœur bat délicieusement à ces pensées!

Il est impossible de dire avec quelle délicatesse, avec quelle effusion Falmouth me témoigna sa reconnaissance. Les termes me manquent pour peindre ce que l'accent, ce que l'expression des traits, des regards, de la voix peuvent seuls traduire.

. . . .

Les vents contraires durèrent plusieurs jours et nous empêchèrent d'atteindre Malte aussitôt que nous l'avions espéré.

La blessure de Falmouth marchait rapidement vers sa guérison; mais la mienne fut d'une cure plus lente.

Henry, pendant cette période, me prodigua les soins du frère le plus tendre.

Avec quelle anxiété douloureuse chaque matin il épiait le regard du docteur, lorsque celui-ci levait l'appareil de ma blessure! Que de minutieuses questions sur l'époque probable de ma guérison ! Quelles étaient enfin son impatience ou sa joie, lorsque les prévisions du docteur en éloignaient ou en rapprochaient le terme !

Parlerai-je encore de mille riens, de mille attentions charmantes, qui révélaient sa sollicitude exquise, et dont je me sentais profondément heureux ?

Falmouth me dit toute sa vie, je ne lui cachai rien de la mienne.

Il avait douze ans de plus que moi ; sa parole convaincue, éloquente, nourrie de l'expérience des hommes et des choses, prenait peu à peu sur mon esprit une autorité singulière.

Rien de plus élevé, de plus grandiose que ses convictions morales ou politiques.

Je restais confondu d'étonnement et d'admiration en découvrant ainsi chaque jour de nouveaux trésors de sensibilité exquise, de haute raison et de savoir éminent, sous les dehors ironiques et froids que Falmouth affectait habituellement.

Que dirai-je ! sous le masque sceptique et railleur du don Juan byronien, c'était le chaleureux et vaillant cœur du *Posa* de Schiller, c'était son ardent et saint amour de l'humanité, c'était sa foi sincère dans le bien, c'étaient ses croyances généreuses, ses magnifiques théories pour le bonheur de tous.

Si Falmouth m'avait apparu sous ce nouvel aspect, c'est que pendant nos longs jours de navigation nous avions effleuré, traité, approfondi bien des sujets d'entretien.

Ainsi, j'étais jusqu'alors resté profondément indifférent aux questions politiques ; et pourtant je sentis vibrer en moi de nouvelles cordes, lorsque Henry, encore transporté d'indignation, me racontait les combats acharnés que lui, pair d'Angleterre, avait soutenus dans le parlement contre le parti ultratory, qu'il me peignait comme la honte de son pays !

Je ne pouvais rester froid devant l'émotion douloureuse, devant les regrets poignans de Falmouth, qui déplorait la vanité de ses efforts, et surtout la faiblesse coupable avec laquelle il avait abandonné la lutte, alors que la victoire n'était pas désespérée.

J'entre dans ces détails, parce qu'ils amenèrent un des événemens les plus pénibles de ma vie. . . . . . .

Depuis deux jours, Falmouth me semblait profondément absorbé.

Plusieurs fois je l'avais pressé de me confier le sujet de ses préoccupations ; il m'avait toujours répondu en souriant de ne pas m'inquiéter, *qu'il travaillait pour nous deux*, et que bientôt je verrais le fruit de ses élucubrations.

En effet, un matin Henry entra chez moi d'un air grave, me remit une lettre cachetée, et me dit avec émotion :

Lisez ceci... mon ami, il s'agit de notre avenir...

Puis il me serra la main et sortit.

Voici cette lettre...

Voici ces simples et nobles pages, où la grande âme de Falmouth se révèle tout entière.

— Quelle fut ma réponse !

Ah !... ce souvenir est abominable...

XXXII

LA LETTRE

Lord Falmouth à Arthur.

« A bord du yacht *la Gazelle*, 13 juin 18...

« J'aurais pu vous dire tout ce que je vous écris, mon ami; mais je désire que vous conserviez cette lettre...

» Si les projets dont je vous entretiens se réalisent... un jour nous relirons ceci avec intérêt, en songeant que tel aura été le point de départ de la glorieuse carrière que je rêve pour nous deux.

» Si au contraire le sort nous sépare, ces pages vous resteront comme un récit simple et vrai des circonstances qui m'ont inspiré l'attachement que j'ai pour vous.

» Lorsque je vous rencontrai pour la première fois, ce fut à un déjeuner chez monsieur de Cernay : l'agrément de votre conversation me frappa ; puis, à quelques traits de votre esprit, je vis qu'avec tous les dehors de la bienveillance et de la cordialité, vous deviez pourtant rester à tout jamais séparé des autres hommes par une barrière infranchissable.

» Dès lors je m'intéressai vivement à vous.

» Je savais par expérience que les caractères excentriques tels que le vôtre souffrent cruellement de l'isolement qu'ils s'imposent ; car ces natures fières, délicates et ombrageuses ne peuvent se fondre dans la masse du monde... se sentant toujours meurtries ou blessantes, leur instinct les porte à se créer une triste solitude au milieu des hommes.

» Je partis pour l'Angleterre sous l'empire de ces idées.

» A Londres, je rencontrai plusieurs personnes qui me parlèrent de vous d'une façon qui me confirma dans mon opinion à votre égard.

» Je vous retrouvai quelques mois après chez madame de Pënâfiel, dont vous étiez très occupé.

» Comme je partageais alors les préventions du monde contre elle, et que vous ne m'aviez pas encore appris tout ce qu'elle valait, je m'étonnai de vous voir, vous, chercher le bonheur dans une liaison avec une femme d'une légèreté si reconnue, l'exquise susceptibilité que je vous supposais devant être à chaque instant cruellement froissée dans vos relations avec madame de Pënâfiel.

» Les hommes comme vous, mon ami, sont doués d'un tact, d'une finesse, d'une sûreté extraordinaires qui les empêchent généralement de se méprendre sur les affections qu'ils choisissent : est-ce vrai ? Hélène, Marguerite, n'étaient-elles pas en tout dignes de votre amour ? Aussi, croyez-moi, confiez-vous toujours en aveugle à vos premières impressions.

» Je vous dis cela parce que je sens combien je vous aime, et qu'il doit être dans votre instinct de m'aimer aussi.

» Pardon de cette parenthèse ; revenons à la marquise.

» Tant que je vous vis heureux, vous ne m'intéressiez que par le mal que j'entendais dire de vous.

» Mais bientôt le déchaînement du monde contre votre bonheur devint si général et si acharné, les calomnies devinrent si furieuses, que je commençai à croire que madame de Pënâfiel méritait votre amour comme vous méritiez le sien. Plus tard, vous m'avez tout dit, et je reconnus ma première erreur ; puis vint cette cruelle rupture.

» Vous avez bien douloureusement expié vos doutes ! ! qu'ils vous soient pardonnés !

» Lorsque vous m'avez demandé de vous aider à rendre service à mari de votre cousine Hélène, la délicatesse de vos procédés à son égard fut touchante, que vous grandîtes de beaucoup dans ma pensée ; je ressentis pour vous une estime, une admiration profonde... Oui, mon ami... j'admirai plus encore votre désintéressement que votre manière d'agir... parce que je pénétrais que, par une fatale disposition de votre caractère, vous trouviez moyen de flétrir à vos propres yeux le mérite de cette action, et que vous ne seriez pas même récompensé par votre conscience.

» Depuis longtemps je méditais, par désœuvrement, d'aller en Grèce ; je vous vis si malheureux, que je crus le moment favorable pour vous proposer d'entreprendre ce voyage avec moi. Je l'entourai de mystère pour piquer votre curiosité, et lorsque je vous vis décidé à m'accompagner, je fus bien heureux.

» Pourquoi si heureux, mon ami? parce que, sans vous ressembler en tout, le hasard ou les hautes exigences de mon cœur m'avaient fait jusqu'alors méconnaître les douceurs de l'amitié, et que je me sentais attiré vers vous par de grandes conformités de caractère et d'esprit; parce que je croyais que ce voyage vous serait une utile distraction; parce qu'enfin je trouvais une précieuse occasion de nouer avec vous des rapports solides et durables.

» Je vis que j'aurais auprès de vous de grandes défiances à vaincre, des doutes bien enracinés à combattre... mais je ne me rebutai pas, je me fiai à la persévérance de mon attachement et à la sagacité de votre cœur; il vous avait choisi l'amour d'Hélène, de Marguerite; il devait me choisir, moi... pour votre ami.

» Pourtant, m'apercevant de la lenteur de mes progrès dans votre affection, je craignis quelquefois que vous ne vous fussiez mépris aux dehors de froideur et d'insouciance que j'affectais habituellement. Pourtant peu à peu la confiance vous vint, et quelques jours après notre départ de France, nous étions frères...

» Le développement rapide de notre amitié ne me surprit pas; il y avait entre nous, je crois, une telle affinité, nos deux âmes étaient pour ainsi dire si vivement *aimantées* par la sympathie, qu'au premier contact elles devaient se lier à tout jamais.

» Une fois certain de votre affection, j'examinai mon trésor à loisir.

» Je fis comme ces antiquaires qui, maîtres enfin de la rareté qu'ils convoitaient, se délectent dans l'examen, dans l'admiration de ses beautés. Ce fut ainsi que j'appréciai votre savoir, votre sens profond... Ce fut alors que je cherchai à éveiller les grands instincts que je croyais exister en vous...

» Je ne m'étais pas trompé..... Depuis ces découvertes, vous ne fûtes plus à mes yeux un pauvre enfant nerveux et irritable que l'on aime parce qu'il est faible et parce qu'il souffre, mais un jeune homme fier et hardi, à la forte pensée, à la vaste intelligence, à l'esprit flexible, qui avait tous les défauts de ses qualités éminentes.

» Le mystic sarde nous attaqua : j'eus un horrible pressentiment... je voulais éviter le combat. Cela fut impossible, et je remercie maintenant le destin... car vous êtes presque guéri, et je vous dois la vie.

» Oui, Arthur, je vous dois la vie de l'âme, car vous êtes mon ami.

» Savez-vous que si je ne connaissais pas la puissance de ma gratitude... je serais effrayé?

» Depuis longtemps je cherchais le moyen de faire aussi, moi, quelque chose pour votre bonheur, à vous qui avez tant fait pour le mien.

» Ma tâche était difficile... Vous aviez tout : jeunesse, intelligence, nom, fortune, généreux et noble caractère... mais je m'aperçus qu'une fatale tendance annihilait de si rares avantages !

» Là était la source de vos malheurs. C'est à cette source que je voulus remonter pour la détourner. Que je le délivre à jamais de ses doutes affreux, me disais-je... ne me devra-t-il pas les avantages dont ce doute l'empêche de jouir ?

» Vous m'avez souvent dit que vos accès de défiance et de misanthropie chagrine sont les seuls véritables malheurs de votre vie... Mais savez-vous ce qui les cause, ces accès ?... *l'inaction morale dans laquelle vous vivez!*

» Votre imagination est vive, ardente; n'ayant pas d'aliment, elle vous prend pour victime !...

» De cette réaction continuelle de votre esprit sur votre cœur, de ce besoin insatiable d'occuper votre pensée, naît cette funeste habitude d'analyse qui vous pousse à de si horribles études, qui vous conduit à de si désolantes découvertes chez vous et chez les vôtres!

» Croyez-moi, mon ami; car pendant bien des nuits j'ai profondément réfléchi aux conditions de votre caractère,

et je crois dire vrai ; croyez-moi, du moment où vous aurez donné une glorieuse pâture à l'activité dévorante qui vous obsède, ce sera avec délices, ce sera avec une confiance ineffable que vous vous *indulgerez* dans l'impression dès sentimens tendres. Vous y croirez aveuglément; car vous n'aurez plus le temps de douter.

» Avant de savoir ce que vous valiez, ce voyage de Grèce m'avait semblé pour vous une occupation suffisante; mais maintenant que vous connais mieux, je le sens, ce voyage n'est plus en proportion avec la puissance de conception que j'ai reconnue en vous... Maintenant, enfin, que je compte sur vous comme je compte sur moi, de nouveaux horizons se sont ouverts à ma vue. Ce n'est, plus à des entreprises stériles que je voudrais employer notre courage et notre intelligence... J'ai un plus noble but... peut-être le regarderez-vous comme une chimère ; mais réfléchissez, et vous reconnaîtrez qu'il a de nombreuses chances de succès.

» Le problème que j'avais à résoudre était donc celui-ci : vous rendre heureux sans me nuire, c'est-à-dire sans vous quitter; occuper assez magnifiquement votre esprit pour qu'il ne me disputât plus votre amitié ; appliquer enfin à quelque grand intérêt toutes vos précieuses qualités, qui, laissées sans emploi, se dénaturent et deviennent fatales, comme ces substances généreuses que la fermentation rend délétères.

» Quand je vous ai parlé de l'Angleterre, de son avenir, de la part que je prenais dans les luttes où se débattaient des destinées, je vous ai vu attentif, curieux, ému... de nobles, d'éloquentes paroles vous sont échappées ; vous avez émis, avec toute la naïveté de l'inspiration, des idées neuves, hardies. J'ai bien étudié vos mouvemens, vos traits, votre accent; tout m'a convaincu que si vous le vouliez, mon ami, vous serez appelé à agir puissamment sur les hommes. Votre savoir est vaste, vos études sont profondes, votre caractère est ardent et fier, votre position indépendante, votre nom recommandable..... écoutez mon projet.

» Nous allons d'abord à Malte, pour laisser arriver le terme de votre guérison, et prendre le repos dont vous avez besoin. Nous renonçons au brûlot de Canaris et nous retournons en Angleterre.

» Lors de nos voyages dans mon pays, vous ne vous êtes guère occupé d'études sérieuses; cette fois, guidé par moi, qui partage vos travaux, vous étudierez le mécanisme du gouvernement anglais, ses intérêts, son économie, etc.; puis nous allons demander les mêmes renseignemens à l'Allemagne, à la Russie, aux États-Unis, afin de compléter votre éducation politique.

» Si je ne savais la maturité précoce de votre esprit, mon ami, je vous dirais de ne pas trop vous effrayer de ce grave itinéraire. Tous deux jeunes, riches, gais, intelligens, forts et hardis, comme le sont deux frères qui comptent l'un sur l'autre, nous marchons à notre but en nous reposant de l'étude dans les plaisirs, et des plaisirs dans l'étude.

» Notre position dans le monde et l'espèce même de nos études nous obligeront à parcourir tous les degrés de l'échelle sociale, nous mettent dans chaque pays en rapport avec toutes les supériorités de nom, d'intelligence ou de fortune. Savez-vous enfin quel est l'horizon lointain de cette existence si brillante, de cette ambition qui met en jeu toutes nos facultés, les plus futiles jusqu'aux plus élevées? Savez-vous, enfin, quelle est pour vous la récompense de ces occupations attachantes, mêlées des joies du monde et partagées par l'amitié la plus constante? Le savez-vous?... Peut-être les soins de la destinée d'un grand peuple, car vous pouvez un jour devenir ministre... premier ministre...

» Quant aux moyens à employer pour atteindre ce terme, qui va vous paraître incommensurable, nous en causerons, et vous verrez que votre savoir, que votre nom, que votre fortune, que vos longues études politiques, que l'expérience des hommes et des choses que nous aurons acquise pendant nos voyages vous ouvriront les portes du pouvoir, soit que vous vous présentiez à la chambre des députés, soit que vous entriez dans la carrière diplomatique par quelque emploi important.

» En tout cas, mon ami, votre direction devient la mienne : si vous restez à Paris comme membre du gouvernement, j'accepte près de la cour de France une mission que j'ai longtemps refusée ; si vous êtes envoyé près de quelque cabinet étranger, je puis assez compter sur mon influence pour être sûr d'aller vous rejoindre.

» Sans doute, notre position est telle que ni vous ni moi nous n'avons besoin de ces *places* pour nous retrouver, et continuer les rapports dont nous sommes si heureux ; mais, je vous l'ai dit, il nous faut avant tout combattre votre ennemi mortel.,. le DÉSŒUVREMENT, et le combattre d'une manière grande, élevée, en tout digne de votre intelligence. Or, mon ami, aurons-nous jamais une plus noble ambition ? nous occuper de la destinée de nos deux pays ! voir notre amitié servir de lien à leurs intérêts, les unir, les confondre..... comme elle a uni et confondu nos cœurs !

» Et ne me dites pas que ceci soit un rêve, une chimère... Des gens d'un talent médiocre sont arrivés au terme que je vous propose. Et d'ailleurs, lors même que le succès du voyage serait incertain, la route n'est-elle pas admirable ? De quelle fécondité pour l'avenir ne seront pas nos tentatives, en admettant même qu'elles soient folles ?

» Allons, allons, Arthur, du courage ; usez fièrement, grandement des dons que le destin vous a prodigués, et surtout, mon ami, échappez à cette inaction si funeste à votre repos et à votre cœur...

» Oh ! échappez-lui ; car, je vous l'avoue, maintenant votre amitié m'est si chère, votre bonheur m'est si précieux, que je ferais tout au monde pour les voir l'un et l'autre abrités par quelques noble et légitime ambition.

» Voilà mes projets... voici mes espérances... Qu'en pensez-vous, mon ami ? Je vous ai écrit tout ceci, parce, malgré moi, je craint qu'en vous parlant une raillerie, un doute de votre part ne vînt glacer mon éloquence ; et comme, avant toute chose, je tenais à vous convaincre, j'ai pris le parti de parler seul.

» Afin de pousser la bizarrerie jusqu'au bout, je vous demande une réponse écrite.

» Selon que vous accepterez ou non ces offres d'une amitié sincère, votre lettre datera un des jours les plus heureux ou les plus malheureux de ma vie.

» H. F. »

XXXIII

DÉFIANCE.

Avant de recevoir cette lettre... j'étais profondément heureux... j'étais plein de confiance et de sécurité dans l'affection de Falmouth pour moi, j'étais plein de foi dans celle que je ressentais pour lui ; pourquoi ces pages si simples et si touchantes changèrent-elles tout à coup ce jour brillant en une nuit profonde ?

Deux fois je relus cette lettre...

Ce qui me frappa d'abord fut le sublime, l'inexplicable dévouement de Falmouth, qui, pour m'arracher au désœuvrement qu'il considérait comme si fatal à mon bonheur, m'offrait de partager mes voyages, mes études et jusqu'à la carrière que le succès pouvait m'ouvrir.

Ce qui m'étonna beaucoup aussi... ce qui me blessa presque... fut l'exagération nécessairement moqueuse avec laquelle Falmouth parlait de mon *mérite* ; mérite qui, selon lui, n'allait pas moins qu'à faire de moi un premier ministre... ou un ambassadeur.

Malheureusement, sans doute, je ne suis pas né pour comprendre les magnifiques exaltations de l'amitié ; car la résolution de Falmouth me sembla si exorbitante, si en dehors de toutes proportions humaines, si au-dessus des preuves que j'avais pu lui donner de mon affection, que je me demandai plusieurs fois si c'était bien à moi qu'il faisait cette offre... et comment j'avais pu mériter qu'il me la fît.

Si ce que j'avais fait pour lui n'était pas digne de ce dévouement de sa part... quel était donc le motif qui l'avait engagé à m'offrir tant... pour si peu ?...

Je ne subis pas sans lutte l'influence de ces malheureuses pensées, car je prévoyais quelque prochain et terrible accès de défiance.

Plusieurs fois je voulus détourner mon esprit de la pente fatale où je le voyais s'engager, mais je me sentais entraîné malgré moi vers les noirs abîmes du doute.

Épouvanté, je fus sur le point d'aller trouver Henry et de le supplier de me sauver de moi-même... de m'expliquer pour ainsi dire tout ce qui me semblait si incompréhensible dans son admirable dévouement, de le mettre à la portée de mon esprit, encore peu fait à ces amitiés puissantes et radieuses dont il était si ébloui qu'il ne pouvait les contempler sans vertige... Mais une fausse, mais une misérable honte me retint ; je vis une faiblesse, une lâcheté, un humiliant aveu d'infériorité dans ce qui eût été de ma part une preuve touchante de confiance et d'abandon.

Malgré moi, je sentis avec terreur qu'il allait en être de mon amitié pour Falmouth comme des autres sentiments que j'avais éprouvés. Cette amitié était à son paroxysme, elle devait délicieusement occuper ma vie, agrandir mon avenir... Il me fallait la briser.

J'éprouvais une sensation étrange ; il me semblait que mon esprit descendait rapidement d'une sphère idéale, peuplée des figures les plus enchanteresses, vers un désert sombre et sans bornes.

Une comparaison physique expliquera cette impression toute morale. Les ailes qui m'avaient quelque temps soutenu dans la région des plus divines croyances me manquant tout à coup, je retombai sur le sol aride et dévasté de l'analyse, au milieu des ruines de mes premières espérances !

Ma foi, jusque-là si sincère et si pure à l'amitié, à la sainte amitié, devait, hélas ! augmenter encore ces tristes débris.

. . . .

Plus je songeais à l'admirable proposition de Falmouth, plus j'appréciais la sollicitude exquise, presque paternelle, qui la lui avait dictée... moins je m'en sentais digne.

Je ne pouvais comprendre, je ne pouvais croire que le service que je lui avais rendu en le mettant à l'abri du danger valût une telle abnégation de lui-même. Cet ordre de pensées m'amena bientôt à rabaisser tout ce qu'il y avait eu de véritablement généreux dans ma conduite envers Henry.

Monomanie étrange ! Au contraire de ces hommes qui, faisant des bassesses par nature, emploient toutes les ressources de leur intelligence à prouver que leur conduite est honorable, je parvins à force de sophismes à avilir à mes yeux une noble action dont je devais être fier.

Après tout, me disais-je, quel service si énorme ai-je donc rendu à Falmouth pour qu'il me fasse des offres si magnifiques ? Je lui ai sauvé la vie... soit ; mais Williams, mais le dernier matelot de son yacht se serait trouvé dans une position semblable que je l'aurais également secouru...

C'était donc de ma part un premier mouvement instinctif, et non le fruit de la réflexion.

Et puis, cette action m'avait-elle coûté ? Non, je n'avais pas hésité un instant ; le mérite en était donc médiocre, car la valeur d'une action ne saurait être jugée qu'en raison des sacrifices qu'elle impose.

Un millionnaire donnant un louis à un pauvre m'a toujours peu touché; ce pauvre partageant ce louis avec un plus malheureux que lui me paraîtrait sublime.

Une fois sous l'obsession de ces paradoxes, aussi tristes qu'insensés, je ne m'arrêtai plus.

Ma *bravoure* ne fut pas moins rabaissée à mes propres yeux.

En me montrant si *intrépide* dans ma lutte contre ces pirates, me disais-je, avais-je un moment pensé à l'honneur de soutenir dignement le nom français aux yeux des Anglais, à délivrer la mer des brigands qui l'infestaient, à prouver à Falmouth que, malgré la faiblesse maladive de mon caractère, je possédais au moins le courage d'action; avais-je au moins été emporté par la soif du danger, par une fureur aveugle mais pleine d'audace : non... j'avais sans doute obéi à un instinct machinal de conservation; j'avais rendu coup pour coup; j'avais voulu tuer pour n'être pas tué. Il n'y avait donc pas plus de grandeur et de noblesse dans mon action que dans la rage désespérée de l'animal aux abois qui se rue avec férocité sur l'ennemi qui l'attaque.

Puis, pour dernier argument contre moi-même, je me demandais pourquoi mon cœur se remplissait ainsi de tristesse et d'amertume. Il fallait que mon action ne fût pas complétement grande, puisque les sentimens élevés qu'elle avait éveillés dans mon âme s'effaçaient déjà pour faire place aux doutes les plus odieux sur moi et sur Falmouth.

Hélas! la terrible conclusion de toutes ces imaginations maudites ne devait pas se faire attendre.

Maintenant que je réfléchis de sang-froid à ce cruel aveuglement, je songe que j'étais peut-être poussé à cette impitoyable analyse par une jalousie misérable que je ne m'avouais pas.

N'étant pas capable d'un dévouement semblable à celui de Falmouth, sans doute je voulais le flétrir en lui trouvant une arrière-pensée misérable.

Peut-être encore voulais-je me soustraire à une influence que je redoutais...

Je fis donc une sorte d'inventaire glacial de ce que me *devait* Falmouth et de ce qu'il *m'offrait*... On eût dit l'énumération funèbre des dépouilles d'un mort.

. . . .

Ceci me parut évident, irrécusable, à savoir : que le prix que Falmouth mettait au service que je lui avais rendu était exorbitant.

POURQUOI m'offrait-il ce prix exorbitant?

Je venais de trop me rabaisser à mes yeux, je me sentais trop avili, même par ces doutes, par ces calculs ignobles, pour croire un instant que la sympathie qu'il disait éprouver pour moi fût réelle; ne m'avait-il pas avoué qu'un tact très délicat lui indiquait toujours les âmes d'élite pour lesquelles il devait ressentir quelque affinité?

Comment alors un caractère si généreux pouvait-il éprouver de l'attrait pour *moi*, si indigne, si incapable d'en inspirer?

Quel *intérêt* a-t-il donc à feindre cette exagération?

Son nom est beaucoup plus illustre que le mien, sa fortune est énorme, sa position est des plus éminentes; ce n'est donc pas la vanité qui peut le rapprocher de moi...

Son courage est connu, ce n'est donc pas un défenseur qu'il peut vouloir en moi.

Son esprit est vif, brillant, original; et pendant longues années il a vécu seul, je ne puis donc être à ses yeux une sorte de bouffon...

Je fus longtemps, je l'avoue, à trouver quel était l'*intérêt* qui faisait agir Falmouth.

Tout à coup, à force de creuser l'abîme fangeux des plus hideux instincts, une idée infernale me vint à l'esprit.

J'eus un moment d'exécrable triomphe : *j'avais deviné...*

Je crus tout comprendre, tout expliquer par cette étrange, par cette abominable interprétation.

Un horrible vertige me saisit.

XXXIV

LE DUEL.

J'écrivis à la hâte les lignes suivantes en réponse à l'admirable lettre de Falmouth.

Je sonnai et je lui envoyai le billet.

. . . .
. . . .
. . . .
. . . .
. . . .
. . . .
. . . .
. . . .
. . . . (1)

Comme toujours, une fois cette lettre partie, lorsque je revins à moi, lorsque je réfléchis à cet outrage infâme... je fus épouvanté.

Si je m'étais trompé!!!

. . . .

J'aurais donné ma vie pour ne pas avoir écrit ces lignes terribles.

Il n'était plus temps...

Ma chambre était séparée de celle de Falmouth par une cloison...

Dans une épouvantable anxiété, j'écoutai...

Lorsque le valet qui avait apporté ma lettre à Falmouth eut refermé la porte, il se fit un profond silence.

Puis, tout à coup, un mouvement impétueux renversa une chaise... et j'entendis Falmouth se précipiter à la porte d'un pas lourd et incertain, car il pouvait à peine marcher.

Il allait venir...

Mon cœur battait à se rompre.

Ses pas approchèrent...

Je me sentis mouillé d'une sueur froide... j'eus peur.

Ma porte s'ouvrit brusquement. Il entra se traînant sur sa canne.

De ma vie... non, de ma vie je n'oublierai l'expression de colère fulgurante qui éclatait sur son visage; on eût dit un masque de marbre illuminé par deux yeux flamboyans...

— Vos armes! — s'écria-t-il d'une voix vibrante d'indignation en me montrant la lettre qu'il tenait à la main. — Vos armes!

Un remords affreux me saisit, il fut si violent qu'il m'inspira une lâche rétractation de mon infamie.

— Henry! — lui dis-je en lui montrant cette lettre d'un air désespéré, — pardon...

— Pardon!... Vous ne voulez donc pas vous battre? — s'écria Falmouth avec rage.

Le rouge me vint au front, la honte de me voir soupçonné de faiblesse m'exaspéra, et je lui répondis :

— Monsieur... mes armes seront les vôtres.

— Je vous fais grâce de ces délicatesses. Quelles sont vos armes? finissons-en... — répéta-t-il durement.

J'allais éclater; mais me souvenant que Falmouth était chez lui, je me contins.

(1) Toute cette lettre se trouve soigneusement raturée dans le manuscrit du *Journal d'un inconnu*.

— Vous et moi, — lui dis-je, — nous sommes trop a blessés, je crois, pour pouvoir nous servir de nos épées... le pistolet sera donc l'arme la plus convenable...

— C'est juste, — dit Falmouth en se laissant tomber sur un fauteuil.

Il sonna.

Un de ses gens entra.

— Priez monsieur Williams de descendre, — dit Falmouth.

Le valet sortit.

— Williams et Geordy nous serviront de témoins, — me dit impérieusement Falmouth.

Je fis un signe de consentement machinal... j'étais anéanti...

Williams descendit.

— Où sommes-nous, Williams? Quelle est la terre la plus proche?

— Le vent ayant soufflé du nord depuis ce matin, milord, il nous met en bonne route pour Malte. S'il continue, nous pourrons y arriver demain soir.

— Tâche donc, mon brave Williams, de nous y conduire le plus tôt possible... Mais donne-moi ton bras pour rentrer chez moi.

Je restai seul.

Je n'ai pas besoin de dire l'amertume de mon désespoir.

Ravivée par une fièvre ardente qui se développa, ma blessure me fit de nouveau beaucoup souffrir.

Plongeant à chaque instant dans les vagues soulevées par le vent, dont la violence augmentait d'heure en heure, la goëlette recevait de rudes secousses. Ce tangage me causait un ébranlement si douloureux, que parfois je ne pouvais retenir un cri aigu.

Le docteur vint s'informer de mes nouvelles et me demander comment je me trouvais; par une sorte d'obstination puérile, je lui cachai mes souffrances.

Cet homme appartenait à Falmouth. Un scrupule exagéré m'empêchait d'accepter désormais ses soins.

Quelles heures je passai, mon Dieu! Cette crise fut épouvantable.

Les émotions que je venais de ressentir, jointes à l'ardeur de la fièvre, exaltèrent à ce point ma sensibilité nerveuse, que, replié dans mon lit, je ne pouvais supporter l'éclat du jour; je cachai ma figure dans mes mains, et je pleurai amèrement...

D'habitude, les larmes me soulageaient, mais celles-ci étaient âcres et cuisantes.

Puis, lorsque mon désespoir eut atteint son paroxysme, par un triste besoin de contraste qui m'était familier, je comparai ce qui était à ce qui aurait été... surtout à ce qui aurait été... si je n'avais pas volontairement flétri, brisé, souillé tant de nouvelles chances de bonheur!

Au lieu de chercher à cacher ma honte dans la solitude et dans les ténèbres, au lieu de me plonger dans les idées les plus tristes, au lieu du subir cet isolement que je venais de provoquer si outrageusement, je me serais senti le cœur allègre, épanoui!

Cet homme, qui alors me haïssait, qui me méprisait, qui n'attendait plus que l'heure de laver son injure dans mon sang, eût, comme toujours, été là, près de moi, affectueux et reconnaissant. Ces plaintes que m'arrachait la douleur physique, et que j'étouffais si péniblement, eussent été adoucies par la touchante sollicitude d'un frère!

Et penser... mon Dieu! m'écriai-je, que cette réalité que moi-même j'avais si souvent rêvée en songeant à l'amitié, était là près de moi!

Et penser que cette fois encore, par le plus étonnant concours de circonstances, je n'avais qu'à me laisser aller au bonheur qui m'était offert!

Et penser que cette fois encore, une monomanie fatale, furieuse, m'avait fait abandonner toutes les chances de félicité possibles pour les remords les plus affreux!

Alors, moi voyant si incurablement malheureux, des idées de suicide me vinrent à l'esprit.

Je me reprochai d'être odieusement à charge à moi et

ux autres. Je me demandai à quoi j'étais bon; ce que je faisais des avantages que le hasard avait accumulés sur moi : jeunesse, santé, richesse, force, intelligence et courage.

Jusqu'ici à quoi avais-je employé ces dons précieux? A faire le malheur de tous ceux qui m'avaient aimé!

Aussi je me résolus dans ce duel avec Falmouth d'exposer aveuglément ma vie et de respecter la sienne.

En faisant feu sur lui... j'aurais cru commettre un fratricide...

Par un douloureux caprice, je voulus relire cette lettre...

Inexplicable fatalité!... pour la première fois j'en compris toute la grandeur... toute l'imposante générosité.

Ce fut alors que je pus embrasser d'un regard désespéré la perte immense, irréparable, que je venais de faire! Mais, hélas! il n'était plus temps, tout était fini!

XXXV

LE PILOTE.

Depuis quelques moments, les mouvements de la goëlette devenaient de plus en plus durs. J'entendais au dehors un mugissement continu : quelquefois augmentant progressivement de violence, il finissait par tonner comme la foudre... puis à ces éclats soudains succédait un grondement sourd et lointain.

Tantôt les pas précipités des matelots faisaient résonner le pont au-dessus de ma tête, tantôt ce bruit cessait brusquement, ou était dominé par la voix retentissante de Williams, qui donnait des ordres.

Je ne pouvais en douter, nous étions assaillis par une tempête. Il me fut impossible de rester dans l'inaction.

Quoique faible, je voulus me lever, pensant que peutêtre le grand air me ferait du bien. Je sonnai, et à l'aide de mon valet de chambre je parvins à m'habiller.

J'avais presque complètement perdu l'usage du bras gauche.

Je montai sur le pont; Falmouth ne s'y trouvait pas.

Les vagues étaient furieuses.

Quoiqu'il fût à peine quatre heures, le jour était si bas qu'on se voyait à peine.

A l'horizon, la mer dessinait les sombres ondulations de sa courbe immense sur une ceinture de lumière ardente comme du bronze rougi au feu.

Au-dessus de cette zone empourprée s'étageaient pesamment de lourdes masses de nuages noirs et ocreux; la voûte du firmament reflétait ces ténèbres opaques, et les vagues, perdant leur transparence d'azur ou d'émeraude, ressemblaient à des montagnes de vase marbrée d'écume.

La tempête sifflait dans les cordages par à-coups furieux et retentissans. Quoique impétueux, le vent était chaud; les vagues qu'il fouettait, et dont les lourdes nappes venaient souvent déferler sur le pont du yacht, semblaient presque tièdes.

Bientôt le médecin monta.

— Vous êtes imprudent, — me dit-il, — de quitter ainsi votre chambre.

— J'étouffais en bas, docteur; le mouvement du navire me faisait beaucoup souffrir; il me semble qu'ici je suis mieux.

— Quel horrible temps! — dit le docteur, — pourvu que nous puissions atterrir à Malte avant la nuit!

— Nous ne sommes donc pas éloignés de cette île?

— Nous en sommes très proches, seulement cette brume épaisse nous empêche d'apercevoir les terres. Avant une heure, la goëlette va mettre en panne pour demander un pilote... pourvu toutefois que par un temps pareil on puisse entendre nos coups de canon et voir nos signaux.

Une heure après survint une légère éclaircie dans le ciel.

Nous aperçûmes devant nous, à l'horizon, de hautes terres encore voilées de brouillards; c'était, à ce que me dit Williams, le cap de Harrach, pointe septentrionale de l'île de Malte, au haut duquel s'élevait la tour de L'Espinasse servant de vigie.

Williams mit alors la goëlette en panne, et fit tirer plusieurs coups de canon pour demander un pilote.

— Le vent est si fort, — me dit le docteur, — que les pilotes de Harrach n'oseront peut-être pas s'aventurer en mer.

Néanmoins, après les salves du yacht, nous vîmes plusieurs fois apparaître au sommet des lames et disparaître dans leurs noires profondeurs une petite voile latine hardiment manœuvrée.

— Il faut que ces Maltais soient de biens intrépides marins, — me dit le docteur; — car ils viennent, malgré cette mer épouvantable, presque droit dans le vent;

Le bateau pilote s'approchait de plus en plus; mais comme, en s'approchant, il demeurait quelquefois caché par la hauteur des flots, et se reparaissait ainsi qu'à d'assez longs intervalles, à chacune de ses apparitions progressives sur la crête des lames il semblait tout à coup démesurément grandi.

Je ne sais pourquoi cet effet, fort naturel d'ailleurs, me semblait étrange.

Enfin ce bateau parut à une portée de fusil de la goëlette.

Par ordre de Williams on lui jeta une amarre. Je m'approchai pour mieux voir ces hardis marins.

Ils étaient cinq : quatre occupés à la manœuvre des voiles, l'autre au gouvernail.

Après avoir fort habilement élongé le yacht, pour recevoir le cordage qu'on lui jeta, l'homme qui était au timon profita du moment où la lame élevait le bateau qu'il montait presque au niveau du pont de la goëlette, pour y sauter adroitement en s'accrochant aux haubans.

Une fois cet homme à bord du yacht, les autres matelots allèrent mettre leur embarcation à la remorque de la goëlette.

Le pilote, après avoir salué Williams, commença de marcher sur le pont, malgré le brusque tangage de la goëlette, avec une sûreté de pied qui prouvait une longue pratique de navigation.

Bientôt il s'arrêta, leva la tête et jeta un coup d'œil de connaisseur sur le gréement du yacht, dont il fut sans doute satisfait, car il fit un signe d'approbation muette.

Malgré la tempête et les dangers que la goëlette pouvait courir, car la nuit avançait et la violence du vent ne diminuait pas, cet homme avait une apparence de sécurité telle que la physionomie de l'équipage, jusqu'alors quelque peu assombrie, se raséréna tout à coup... On eût dit que le pilote apportait avec lui cette confiance subite qu'inspire souvent l'arrivée d'un médecin impatiemment attendu par une famille inquiète.

M'étant tenu près du couronnement où je m'appuyais, afin de ne pas être renversé par les secousses du navire, je n'avais encore pu bien voir le pilote; mais bientôt il s'approcha près de moi.

Cet homme pouvait avoir quarante ans. Il était d'une stature élevée, maigre, osseux; ses traits étaient basanés, ses joues creuses, ses yeux vifs, ses sourcils noirs, épais et rudes. Il portait un bonnet de laine à carreaux écossais rouges et bleus, qui lui cachait exactement le front jusqu'aux orbites. Un gros capot de drap brun, ruisselant d'eau de mer et cachant le haut de ses grandes bottes de pêcheur, complétait son costume.

Je ne sais pourquoi il me sembla que cet homme ne m'était pas inconnu. J'avais un souvenir vague de sa physionomie sinistre, quoiqu'il me fût impossible de me rappeler les circonstances de cette rencontre; néanmoins je ressentais une impression désagréable que j'attribuais au malaise et à la fièvre.

— Pourrons-nous mouiller à Malte ce soir, pilote? — lui demanda Williams.

Après s'être approché des boussoles et avoir assez longtemps interrogé l'état du ciel, de la mer et du vent, le pilote répondit en très bon anglais :

— Nous pourrons peut-être aborder dans l'île ce soir... mais non pas dans le port de Malte, monsieur.

— Non !... — s'écria Williams, — et pourquoi?

— Parce que ça n'est pas possible, — dit le pilote avec insouciance.

— Mais, — reprit Williams, — quoique le vent soit très fort et qu'il souffle du nord, il n'est pas assez violent pour nous jeter à la côte. La goëlette manœuvre à merveille, elle saura bien s'élever...

— Et saura-t-elle résister à la rapidité des courans qui filent de sept à huit nœuds à l'heure, monsieur, et qui, comme le vent, portent en pleine côte?

— Je vous dis, pilote, — reprit Williams, — qu'il y a deux ans, je suis entré à Malte par un temps encore plus forcé que celui-là...

— Mais non pas plus forcé que celui qui menace pour cette nuit, — dit le pilote.

— Pour cette nuit?—reprit Williams d'un air incrédule.

— Pour cette nuit. — reprit le pilote avec fermeté.

— Quels indices certains avez-vous du temps qu'il fera cette nuit, pilote?

— La pointe Tamea et les précipices de Kamich sont à cette heure submergés... et c'est toujours le signe précurseur d'une grande tempête.

— Ce sont là des terreurs et des superstitions de bonne femme ! — s'écria Williams.

Le pilote attacha sur lui ses yeux verts et perçans, haussa légèrement les épaules, et sourit.

Lorsque cet homme se prit à sourire, je me crus sous l'obsession d'un rêve ; il me sembla reconnaître les dents blanches, séparées, aiguës, du pirate avec lequel j'avais lutté corps à corps lors de l'attaque de la goëlette.

Mon étonnement fut si grand, que je fis tout à coup deux pas en avant en attachant sur le pilote deux yeux stupéfaits; mais celui-ci supporta mon regard avec la plus parfaite impassibilité, et, je l'avoue, je fus obligé de baisser la tête devant son coup d'œil calme et indifférent.

Williams, impatient du silence du pilote, lui dit, sans s'apercevoir de ma préoccupation :

— Mais enfin, que proposez-vous?

— Si le temps devient trop forcé, comme je n'en doute pas, monsieur, au lieu de risquer de voir le yacht jeté à la côte par la tempête et par les courans avant qu'il n'ait pu atteindre l'entrée du port de Malte, mon avis est de doubler la pointe de Harrach, et au lieu d'aborder du côté nord de l'île, d'aborder à la côte sud... au petit port de Marsa-Siroco, où vous trouverez un très bon mouillage. Si, comme vous le dites, votre goëlette s'élève bien au vent, alors rien ne gênera sa manœuvre une fois sous le vent de l'île... mais au moins, en cas de tempête, elle ne risquera pas d'être jetée à la côte, puisqu'elle aura derrière elle, pour fuir devant le temps, les cent lieues qui séparent l'île de Malte de la côte nord d'Afrique.

— Cette proposition sent trop la timidité, pilote ! — s'écria Williams ; — une ourque flamande aurait plus de hardiesse. D'ailleurs, milord veut absolument mouiller ce soir dans le port de Malte, et moi je maintiens la chose praticable.

— Alors il faut l'exécuter vous-même, monsieur, — reprit le pilote d'un air impassible ; puis, allant à l'arrière, il dit en anglais aux matelots qui restaient dans sa chaloupe : — Holà !... préparez-vous à larguer l'amarre, nous allons retourner à Harrach...

Cette fois encore, en entendant la voix claire et perçante du pilote, sauf la différence d'idiome, il me sembla reconnaître l'accent de l'homme au capuchon noir, qui, un moment avant l'abordage du yacht, avait crié à ses pirates : « *Ne tirez pas ! à l'abordage !* »

Williams, voyant que le pilote s'apprêtait sérieusement à partir, lui dit d'attendre un instant, qu'il allait prendre les derniers ordres du lord, et il disparut en effet.

Je restai sur le pont, dans une perplexité de plus en plus grande.

Il est vrai que j'étais bien certain de reconnaître la voix et la bizarre disposition de dents de cet homme, mais ceci ne pouvait-il pas être un jeu du hasard ? Quelle apparence qu'un homme blessé et jeté à la mer, il y avait huit jours, fût ce même pilote maltais que je retrouvais vigoureux et dispos ?

Je regardais toujours fixement le pilote ; il ne détournait pas la vue. Sans doute fatigué de cette muette observation, il s'avança vers moi, et me dit résolûment :

— Que me voulez-vous donc, monsieur ?

— Vous êtes depuis longtemps pilote à Malte ? — lui demandai-je.

— Depuis sept ans, monsieur.

Et il me montra une large plaque d'argent qu'une longue chaîne du même métal tenait attachée sous son capot.

Sur cette plaque je vis, d'un côté, les armes d'Angleterre, et de l'autre le nom de *Joseph Belmont, pilote royal, n° 18.*

— Mais vous êtes Français ? — lui demandai-je en français.

— Oui, monsieur, — me répondit-il.

Mon étonnement était à son comble.

Williams reparut sur le pont, et s'adressant au pilote :

— Allons, faites comme vous l'entendrez..... milord y consent.

— La mer devient si grosse, — dit le pilote à Williams, — que je vais donner l'ordre à mes matelots de quitter leur amarre et de nous suivre à peu de distance.

En effet, l'embarcation, abandonnant le cordage qui la remorquait, naviga de conserve avec le yacht.

La nuit vint...

Selon l'usage, Williams remit au pilote le porte-voix, insigne du commandement.

Les prédictions de cet homme au sujet du temps se réalisèrent bientôt ; car, quoique cette nouvelle direction nous eût mis en quelques bordées sous le vent de l'île, et conséquemment nous eût beaucoup abrités, la tempête augmentait de violence.

Le pilote, debout près du gouvernail, donnait ses ordres avec un calme parfait, et, au dire de Williams, il manœuvrait avec une sagesse et une habileté rares.

En attendant le lever de la lune, qui devait faciliter notre mouillage, nous louvoyions alors parallèlement à la côte méridionale de l'île de Malte.

La nuit était profonde.

Les lampes des boussoles, renfermées dans leurs boîtes de cuivre, formaient une pâle auréole au pied du grand mât. Cette lumière éclairait seulement le timonnier et le pilote, tandis que le reste du yacht et de l'équipage demeurait plongé dans une obscurité que le contraste de la lumière faisait paraître plus épaisse encore.

Ainsi reflétés en dessous par cette clarté, à peu près comme le sont les acteurs par la rampe de la scène d'un théâtre, les traits du pilote me parurent avoir un caractère étrange d'audace, de ruse et de méchanceté.

Quoique le temps fût affreux, quoique la proue du yacht fût à chaque instant couverte par les lames furieuses, de temps à autre je vis le pilote se frotter les mains avec une sorte de satisfaction farouche, en souriant d'un rire singulier qui montrait ses dents blanches, aiguës et séparées.

Était-ce un sentiment tout contraire, je ne sais... mais dans ce moment il me semblait parfaitement reconnaître le pirate contre lequel j'avais lutté. Cette préoccupation devint telle que, malgré ma résolution de me taire à ce sujet, je ne pus m'empêcher de demander à Williams s'il était bien sûr de cet homme.

— Aussi sûr qu'on peut l'être ! Notre conseil de marine du port de Malte n'accorde jamais de commissions de pilotes qu'à des gens éprouvés... Celui-ci m'a montré sa patente ; elle est fort en règle. Tout en lui révèle, d'ailleurs, un excellent marin... et je commence à croire qu'il avait raison. Quoique nous soyons abrités par la terre, vous le voyez, nous ressentons encore si rudement la violence du vent, que cette tempête, renforcée des courans très rapides qui portent à la côte, aurait bien pu y jeter notre yacht.

— Vous allez trouver mon idée bien étrange, — dis-je en hésitant à Williams, — mais quelquefois il me semble reconnaître dans ce pilote...

— Qui donc, monsieur ?

— Le capitaine des pirates contre lequel je me suis battu et que je croyais tombé à la mer.

— Il fait si noir que je ne puis voir l'expression de vos traits, monsieur, — répondit Williams, — mais je suis sûr que vous riez en me disant cela.

— Je vous parle très sérieusement, je vous jure.

— Mais, monsieur, songez donc que cela est impossible : encore une fois, les fonctions de pilote ne sont confiées qu'à des gens très connus ; ils ne peuvent quitter leur poste que pour venir piloter les bâtimens qui entrent dans l'île. Songez donc encore que ce mystic pirate était déjà mouillé à Porquerolles depuis plus d'un mois, lors de l'arrivée du yacht de milord aux îles d'Hyères... Songez donc que... Mais, — dit Williams en s'interrompant et en me quittant, — voici la lune qui se lève et se dégage des nuages ; sa clarté va nous servir pour atteindre le mouillage... Excusez-moi, monsieur... mais il me faut faire préparer les ancres.

Les raisons que m'avait données Williams, quoique solides en apparence, ne purent tout à fait me convaincre.

Pourtant, voyant que l'heure du débarquement approchait, et qu'en effet, au dire de gens expérimentés, la manœuvre du pilote avait été aussi prudente qu'habile, je fus forcé du moins de suspendre mon jugement, car jusqu'alors on ne pouvait faire aucun reproche à l'homme que je soupçonnais.

Le docteur monta sur le pont, me donna des nouvelles de Falmouth et me demanda des miennes.

— Le grand air me fait du bien, — lui dis-je, — et ma blessure me semble moins douloureuse.

— Dieu merci ! — dit-il, — milord se trouve mieux aussi ; cette contusion aura été violente, mais les suites de peu de durée. Tout à l'heure il vient de marcher seul. Le pilote avait raison, — ajouta le docteur en montrant les vagues ; — voyez comme la mer semble se calmer à mesure que nous approchons des terres de l'île...

En effet, garanties de la violence du vent par la hauteur de la ceinture des rochers à pic qui forment la côte méridionale de Malte, les vagues s'aplanissaient de plus en plus.

Bientôt la lune, se dégageant tout à fait des nuages qui l'avaient jusqu'alors obscurcie, éclaira parfaitement une immense muraille de rochers qui s'étendait devant nous, et dont le pied était baigné par la mer.

La goëlette était alors à une portée de canon du rivage que nous prolongions ; à peu de distance de nous, se tenait le bateau pilote.

— Nous allons bientôt atteindre le port de Marsa-Siroco ? — lui demanda Williams, qui connaissait les différens mouillages de l'île.

— Nous y serons bientôt. Mais comme nous devons passer entre les pierres noires et la pointe de la Wardi, et que ce chenal est très dangereux à cause des brisans, je vais, monsieur, si vous le voulez, prendre le gouvernail, — dit le pilote à Williams.

D'après un signe de ce dernier, le timonnier quitta la barre.

Je me rappelle cette scène comme si elle s'était passée hier.

J'étais assis sur le couronnement.

Devant moi, Williams, très près du pilote qui prit le timon, interrogeait comme lui tour à tour la boussole, la côte et la voilure du yacht.

Le docteur, penché sur la lisse, regardait le sillage du navire... A très peu de distance de nous, on voyait le bateau-pilote, qui me sembla ne plus faire la même route que le yacht; cela me parut singulier...

Devant et très près de nous s'élevait une énorme masse de rochers perpendiculaires.

Quoique la mer fût devenue plus calme, elle était encore sourdement soulevée par une forte houle dont les ondulations immenses allaient se briser sur le rivage avec un bruit formidable.

Le pilote venait de faire déployer une nouvelle voile, sans doute pour augmenter la vitesse du yacht, lorsqu'un cri d'effroi retentit à l'avant, et j'entendis ces mots :

— Toute la barre à bâbord ! nous sommes sur des brisans !...

Je ne sais de quelle manière le pilote obéit à cet ordre et comment il gouverna la goëlette; mais au moment où ce cri venait d'être proféré, un choc épouvantable, suivi d'un long craquement, arrêta subitement la marche du yacht.

La commotion fut si violente que moi, Williams et deux matelots, nous roulâmes sur le pont.

— Le yacht a touché ! s'écria Williams en se relevant... maudit soit le pilote !...

Ma blessure m'empêchait de me redresser avec la même agilité. J'étais encore à terre lorsque quelqu'un passa rapidement près de moi ; un corps lourd tomba à la mer, et je ne vis plus le pilote, ni au timon ni sur le pont.

Songeant à mes pressentimens, oubliant le danger que nous courions, je me relevai, et, à la portée de fusil du yacht, j'aperçus le bateau-pilote ; ses matelots ramaient vigoureusement vers un point noir entouré d'écume, que je distinguais parfois à la clarté de la lune.

C'était le pilote qui nageait pour rejoindre son embarcation.

— Un fusil!... un fusil!... m'écriai-je. — J'étais sûr que c'était lui...

A ce moment, un second choc du yacht sur les brisans fit tomber le grand mât avec un fracas horrible.

Pendant le moment de stupeur et de silence qui suivit cette chute, j'entendis ces mots en français :

— Souvenez-vous du mystic de Porquerolles!

C'était le pirate... le yacht était perdu...

La dernière scène de ce terrible drame fut si rapide, si confuse, que c'est à peine si mes souvenirs peuvent se retracer, à travers le chaos d'émotions précipitées, effrayantes, qui se succédèrent comme les éclats de la foudre pendant un orage.

A un troisième et dernier choc, le yacht, soulevé par une immense lame sourde, retomba de tout son poids sur un banc de rochers aigus.

Déjà crevée, la cale se défonça presque entièrement, j'entendis dans l'intérieur du navire l'eau qui s'y précipitait en bouillonnant comme dans un gouffre.

La mer l'avait totalement envahi !

Malgré ma blessure, un bras fixé contre ma poitrine, j'allais me jeter à la mer, lorsque je vis paraître Falmouth sur le pont; il s'appuyait sur Williams.

A ce moment une autre lame énorme, prenant le yacht par son travers, le chavira complètement.

Je me sentis rouler jusqu'au bord du navire, puis enlevé, étourdi, écrasé par une pesante masse d'eau qui passa sur moi en tonnant comme la foudre.

De ce moment, je perdis à peu près toute perception des événemens.

Ce dont je me souviens seulement, c'est que je ressentis longtemps une oppression effroyable ; j'étouffais quand j'ouvrais la bouche pour respirer ; j'aspirais des gorgées d'une eau amère et tiède ; mes oreilles tintaient doulou-

reusement, un poids énorme me pesait sur les yeux, je me sentais défaillir...

Néanmoins je fis des efforts désespérés pour nager.

Il me parut encore que tout à coup je respirai plus librement, que je vis le ciel, et plus près de moi une masse de rochers rougeâtres...

Je crus enfin sentir une main vigoureuse me soulever par les cheveux, et entendre la voix de Falmouth qui me disait :

— Nous sommes quittes! Adieu!...

Je ne me rappelle rien de plus ; car bientôt je tombai dans un engourdissement douloureux, auquel succéda l'insensibilité la plus profonde.

XXXVI

L'ILE DE KHIOS. — JOURS DE SOLEIL.

Je retrouve ce fragment de journal, écrit un an après le naufrage du yacht de lord Falmouth sur la côte de Malte.

Si j'avais la moindre prétention littéraire, je n'oserais dire que ces pages, tracées sous l'impression du moment, peignent très naïvement la nature enchanteresse au milieu de laquelle je venais de vivre, durant une année, dans le plus doux *far niente* du cœur.

En effet, ce paradis que je m'étais créé vient de renaître pour ainsi dire à mes yeux, avec son luxe de beauté antique, avec son palais de marbre blanc doré par le soleil, avec son ciel d'azur, avec sa verdure d'orangers aux parfums enivrans, avec ses horizons vermeils qui encadraient si magnifiquement les eaux bleues de la côte de l'Asie d'Europe...

Cette année aura peut-être été l'année la plus heureuse de ma vie... car ses jours rapides et fleuris ne m'ont pas causé la moindre souffrance morale.

Je n'ai pas une seule fois, si cela se peut dire, senti mon cœur.

Mais, hélas! pourquoi les sens n'ont-ils pas tué l'âme dans cette lutte? pourquoi le plaisir n'a-t-il pas tué la pensée?

La pensée, cette royauté de l'homme, dit-on... véritable royauté, en effet, car elle est fatale comme toutes les royautés!

La pensée, cette couronne ardente qui brûle et consume le front où elle rayonne !

. . . .

Suivant mon habitude de classer mes souvenirs heureux, j'avais intitulé ce fragment : *Jours de soleil.*

Le ton insouciant, léger et moqueur qui règne parfois dans cet écrit me semble offrir un singulier contraste avec le caractère sombre et désolant des événemens dont je viens d'évoquer la mémoire.

Ile de Khios, 20 juin 18...

Je ne sais ce que l'avenir me réserve; mais, ainsi que je disais autrefois dans mes jours de tristesse et de désolation, *comme il faut plus se défier de soi que de sa destinée,* je veux au moins un jour, en relisant ces pages, revoir les rians tableaux au milieu desquels je vis maintenant si heureux.

J'écris ceci le 20 juin 18... dans le palais Carina situé sur un des côtés de l'île de Khios, environ un an après la perte du yacht.

Lors de ce grand péril, ce pauvre Henry m'a sauvé la vie. Malgré sa blessure, il nageait vigoureusement vers le rivage. Me voyant sur le point de me noyer, car je pouvais à peine me servir de mon bras gauche, Falmouth m'a saisi d'une main, et, de l'autre luttant contre la houle, il m'a déposé mourant sur la grève.

Mes forces s'étaient sans doute épuisées par les émotions du combat, par ma blessure, par mes efforts désespérés lors du naufrage, car je suis resté longtemps en proie au délire d'une fièvre ardente, dont j'ai été guéri par les soins excellens du médecin que Falmouth m'avait laissé.

J'étais si gravement malade qu'on fut obligé de me transporter à Marsa-Siroco, petit bourg maltais voisin de la côte où avait péri la goëlette; je restai dans ce village jusqu'à ma parfaite convalescence. Lorsque le délire me quitta et que je pus causer, le docteur m'apprit les circonstances dont je viens de parler, et me remit une lettre de Falmouth que je joins à ce journal.

« Après tout, j'aime encore mieux, mon cher comte, vous avoir sauvé de la noyade que de vous avoir logé une balle dans la tête, ou d'avoir reçu de vous un semblable souvenir d'amitié.

» J'espère que la vigoureuse *douche* que vous avez reçue pendant ce naufrage sera d'un effet salutaire pour l'avenir, et qu'elle vous aura délivré de vos accès de folie.

» Mes projets sont changés, ou plutot redeviennent ce qu'ils étaient d'abord; plus que jamais je tiens à me passer ma fantaisie du brûlot de Canaris; mais comme la méchanceté diabolique de ce pirate-pilote, et que la potence réclame, a perdu mon pauvre yacht, j'ai freté un bâtiment à Malte et je pars pour Hydra.

» Au revoir. Si nous nous retrouvons un jour, nous rirons fort, je l'espère, de tout ceci.

» H. FALMOUTH. »

» P. S. Je vous laisse le docteur, car on dit les médecins maltais détestables. Il vous remettra une lettre de recommandation pour le lord gouverneur de l'île.

» Renvoyez-moi le docteur à Hydra par la première occasion, quand vous n'en aurez plus besoin. »

Je suis maintenant si engourdi par le bonheur, que c'est à peine si je me souviens des regrets poignans que dut me laisser cette lettre si froidement railleuse.

Une fois à Malte, je vis lord P..., qui fut pour moi d'une obligeance parfaite. Il fit faire les recherches les plus actives pour découvrir le prétendu pilote. Ce misérable avait en effet appartenu à la marine anglaise, mais depuis deux ans il avait quitté les fonctions de pilotage de l'île de Malte.

Son signalement fut envoyé dans tout l'Archipel, où on le soupçonnait d'exercer la piraterie.

Je vis chez lord P... un certain marquis Justiniani, descendant de cette ancienne et illustre maison de Justiniani de Gênes, qui donna des ducs à Venise et des souverains à quelques îles de la Grèce.

Le marquis possédait d'assez grandes propriétés dans l'île de Khios, qui venait d'être récemment ravagée par les Turcs.

Il me parla d'un palais appelé le *palais Carina*, bâti vers la fin du seizième siècle par le cardinal Ange Justiniani. Le marquis avait longtemps loué ce palais à un aga. La description qu'il me fit de cet édifice et du climat me séduisit. Je lui proposai de partir pour Khios, de visiter l'habitation et le parc qui en dépendait, et de lui louer ou de lui acheter le tout, si cela se trouvait à ma convenance.

Nous partîmes.

Après trois jours de traversée nous débarquâmes ici.

Partout les Turcs avaient laissé les traces sanglantes de leur passage; ils tenaient garnison dans le château de Khios. Ma qualité de Français et l'attitude ferme et digne de notre marine et de nos consuls dans le Levant m'assuraient une sécurité parfaite dans le cas où je me serais décidé à habiter Khios.

Je visitai le palais, il me convint; bientôt le marché fut conclu.

Le lendemain, mon interprète me présenta un juif renégat qui me proposa d'acheter une douzaine de belles esclaves grecques provenant de la dernière descente des Turcs dans les îles de Samos et de Lesbos; sur ces douze filles, dont la plus âgée n'avait pas vingt ans, trois seulement étaient, disait-il, d'une nature délicate et toute d'*agrément*.

Les neuf autres, grandes et robustes, quoique très belles, pouvaient travailler soit au jardinage, soit dans l'intérieur de la maison. Il ne me demandait que deux mille piastres par tête (environ 500 fr. de notre monnaie).

Sans doute afin de me décider à l'emplette, le renégat me confia qu'il était en marché avec un reïs tunisien, pourvoyeur du sérail du bey; mais qu'aimant à voir ses esclaves bien traitées, il me donnait la préférence sur le reïs, sachant que ces pauvres créatures auraient fort à souffrir pendant leur traversée sur le chebec barbaresque qui devait les conduire à Tunis.

Je voulus voir les esclaves.

Le type merveilleux de la beauté grecque s'est, depuis l'antiquité, conservé si pur dans ce pays privilégié, que sur ces douze femmes de conditions et de nature si diverses, non-seulement il n'y en avait pas une qui ne fût agréable ou jolie, mais trois d'entre elles étaient de la beauté la plus rare et la plus parfaite.

Le marché conclu, j'achetai les douze femmes; de plus, le renégat me céda, comme contraste, deux nains nègres d'une monstruosité assez pittoresque, et j'envoyai le tout au palais Carina, sous la direction de mon interprète et d'une vieille Cypriote que le juif me recommanda comme excellente femme de charge.

. . . .

Cette résolution subite d'habiter l'île de Khios et d'y vivre paresseusement dans l'oubli de tout et de tous, m'a été suggérée il y a un an par le souvenir cuisant des chagrins affreux que je venais de ressentir.

Après ma rupture avec Falmouth, si indignement provoquée par moi, me reconnaissant incapable ou indigne de toute affection généreuse, puisque j'y cherchais toujours les arrière-pensées les plus misérables, je crus que la vie matérielle ne m'offrirait ni les mêmes craintes ni les mêmes doutes...

Qui m'avait jusqu'alors rendu si malheureux? N'était-ce pas la peur de passer pour dupe des sentiments que j'éprouvais? la crainte d'aimer à faux? Aussi, en concentrant à l'avenir ma vie dans l'adoration des réalités, que pouvais-je risquer?

La nature est si riche, si féconde, si inépuisable, que mon admiration devait être au-dessous des merveilles que la création prodigue.

Sur quoi désormais ma défiance pouvait-elle d'ailleurs s'exercer?

Le parfum d'une belle fleur ne trompe pas, les splendeurs d'un magnifique paysage ne trompent pas... la beauté exquise des formes ne trompe pas; et puis *quel intérêt*, quelle arrière-pensée supposer à la fleur qui embaume l'air? à l'oiseau qui chante? au vent qui murmure dans les feuilles? à la mer qui baigne le rivage? à la nature enfin qui déploie tant de trésors, tant de couleurs, tant de mélodies et tant de parfums?

Sans doute je resterai seul pour jouir de ces merveilles, me suis-je dit; mais, je l'avoue, la solitude me plaît. J'ai en moi un profond sentiment du beau matériel qui pourra suppléer peut-être à la croyance au beau moral, dont je n'ai pas sans doute l'intelligence.

La vue d'une riche nature, d'un beau cheval, d'un beau chien, d'une belle fleur, d'une belle femme, d'un beau ciel, m'a toujours plongé dans une sorte d'extase; et quoique la foi religieuse me manque malheureusement, à l'aspect des magnificences de la création je me suis toujours senti des élans de gratitude ineffable et profonde envers la puissance inconnue qui nous comble de ses trésors.

Tout en regrettant les facultés dont je suis privé, disais-je, je veux au moins profiter de celles qui me restent, et puisque je ne saurais être heureux par l'âme, que je le sois au moins par les yeux et par les sens.

Et je ne me trompais pas, car je n'ai jamais joui d'une félicité plus parfaite.

Falmouth était le meilleur, le plus noble des hommes, je le sais... Je serai toujours désolé de ma conduite à son égard. Mais quand je compare ma vie, maintenant si complétement heureuse, à l'avenir *studieux et politique* qu'Henry me peignait sous de si brillantes couleurs, en vérité, puis-je regretter autre chose que l'amitié que j'ai si follement perdue par mes soupçons affreux.

Et d'ailleurs, Henry avait raison, le désœuvrement m'était fatal ; aussi me suis-je délicieusement occupé à parfaire ici les *tableaux vivans* sur lesquels je repose à chaque instant mes regards ; il m'a fallu du temps, des soins, des études même, pour parvenir à m'entourer, ainsi que je le suis, de toutes les merveilles de la création, pour rassembler toutes les richesses éparses que j'ai concentrées dans cet Éden.

Les *sages* diront que ces bonheurs sont des *enfantillages*, et c'est justement pour cela que ce sont des *bonheurs*.

Les bonheurs *sérieux* immatériels, comme ils les appellent, ont toujours un lendemain, ils sont périssables ; mais les mille petites joies que sait trouver dans ses rêveries un caractère toujours jeune, quoique rapides, légères et mobiles, sont toujours renaissantes, car l'imagination qui les prodigue est inépuisable.

Et puis à cette heure que je me suis fait d'adorables habitudes d'indépendance, la vie du monde avec ses dures exigences me semble une sorte de *confrérie* dont les règles me paraissent d'une observance aussi rigoureuse que celle de l'ordre des trappistes.

Car je ne sais si je n'aimerais pas mieux être à mon aise dans l'ampleur d'une bure grossière, qu'emprisonné dans des habits gênans ; respirer l'air pur et frais du jardin que je cultiverais, que l'air étouffant des raouts ; me tenir sur mes genoux à matines, que sur mes jambes pendant une nuit de fête ; je ne sais enfin si je ne préférerais pas le silence méditatif du cloître au caquetage des salons, et si je ne dirais pas avec le même désintéressement le « *Frère, il faut mourir,* » de l'ordre religieux, que le « *Frère, il faut se divertir,* » de l'ordre mondain.

Une chose seulement m'étonne, c'est d'être resté si long-temps sans savoir où se trouvait le bonheur véritable.

C'est d'être seul à en jouir dans cette île enchantée.

Quand je songe à la vie onéreuse et pourtant étroite, obscure et misérable que le plus grand nombre s'impose par routine, dans des villes infectes, sous un climat pluvieux, presque sans soleil, sans fleurs, sans parfums, au milieu d'une race abâtardie, laide et chétive, lorsqu'il pourrait comme moi vivre sans gêne et en maître absolu parmi les opulentes délices de la création, dans un climat merveilleux... j'ai quelquefois peur que mon paradis soit tout à coup envahi.

Aussi chaque jour je me réjouis de ma détermination ; la plénitude du bonheur me déborde, mes souvenirs les plus cruels s'effacent, mon âme est engourdie dans une félicité si enivrante, que le passé même, autrefois si désolant, me devient indifférent.

Hélène, Marguerite, Falmouth... votre souvenir ne m'apparaît plus que pâle, lointain... voilé.

Je me demande comment j'ai pu tant souffrir pour vous et par vous.

Mais qu'entends-je sous mes fenêtres ?..... C'est le son de la lyre albanaise de Daphné qui invite Noémi et Anathasia à danser la romaïque...

Que la description de tout ce qui m'entoure, que le riant tableau que j'ai sous les yeux, pendant que j'écris ces lignes, ici à Khios, dans le palais Carina, reste sur ces feuilles inconnues comme l'image fidèle d'une réalité charmante...

Sans doute ces détails paraîtraient puérils à tout autre qu'à moi ; mais c'est un *portrait* que je veux, et un portrait d'Holbein, s'il se peut, vu et peint à la loupe avec une fidélité scrupuleuse ; car si jamais je viens à regretter cet heureux temps de ma vie, chaque trait, chaque indication de ce tableau deviendra pour moi d'un prix inestimable.

Khios, palais Carina, 20 juin 18...

Comme presque tous les palais de l'Italie moderne, le palais Carina, bâti par les Génois, lorsque l'île de Khios était une de leurs possessions, le palais Carina est immense et désert ; les appartemens sont splendides, mais démeublés. Le musulman qui l'occupait avant moi avait fait disposer à l'orientale une des ailes de ce vaste édifice.

C'est cette partie que j'habite.

C'est là que je me retire pendant l'ardente chaleur du jour ; car ses fenêtres s'ouvrent au nord, et il y règne une fraîcheur délicieuse.

Des stores d'un jonc odorant, à demi baissés, permettent à la fois de jouir de la vue extérieure, et de rester dans une douce obscurité.

Les murailles, revêtues d'un stuc argenté qui ressemble à une tenture de satin blanc, sont rayées de larges bandes, alternativement lilas et vertes, où se lisent écrits en lettres d'or plusieurs versets du Koran.

Le plafond, richement peint, est divisé en caissons aussi lilas et verts, rehaussés d'une légère dorure en arabesques. Un épais tapis de Perse couvre le plancher.

A l'extrémité de cette pièce, une gerbe d'eau limpide jaillit d'un bassin revêtu de jaspe oriental, et y retombe en cascade avec un doux murmure ; de grands vases de Chine bleu et or, remplis de fleurs, sur lesquels viennent se percher délicatement quelques colombes privées, entourent cette fontaine, et les bouffées aromatiques qui émanent de ces immenses bouquets n'arrivent comme un parfum humide.

Puis, faut-il avouer cette énormité ? les sensualités du goût me sont chères, et je m'occupe délicieusement à les satisfaire ou à les prévenir.

Ainsi, près de moi, sur une table recouverte d'une épaisse nappe turque, fond paille, brodée de fleurs bleues rehaussées de fils d'argent, sont des sorbets à l'orange et à la merise, dans leurs vases poreux qui suintent la neige... des tranches d'ananas couleur d'or, des pastèques et des melons d'eau, à la pulpe rouge et à la pelure verte, disparaissent presque sous la glace brillante qui remplit de grandes jattes de porcelaine ; sur un plat du Japon s'élève une pyramide d'autres fruits exquis que Daphné la brune a entremêlés de fleurs.

Tout à l'heure, la folle Noémi va me verser dans une coupe de cristal les vins généreux de Chypre, de Scyros ou de Madère, sagement laissés à une tiède température dans leurs carafes de Venise aux longs cols émaillés.

Si je veux chercher une douce excitation à la rêverie, alimenter ma paresse et mon *far niente*, Anathasia la blonde m'offrira en souriant mon narguileh rempli d'eau de jasmin, ou ma longue pipe à bout d'ambre dont le fourneau sera rempli par ses mains délicates du tabac parfumé de Latakié.

Enfin si, abandonnant mes songes éveillés, je me livre esprit et âme aux pensées des autres, j'ai là près de moi les œuvres des poëtes que j'aime : Shakespeare, Goëthe, Schiller, Scott, le grand, le divin Scott! le moderne Homère... Byron!... dont je vis hier à l'horizon passer le noir vaisseau.

Quoique un peu frais, l'air est saturé de parfums. Les vapeurs de l'aloès, de la myrrhe et du *baume du sérail*, brûlant dans des cassolettes de vermeil, mêlent leurs vapeurs aux douces exhalaisons des fleurs ; car, vivant pour les sens, je n'ai pas oublié l'olfaction...

Je me suis livré avec idolâtrie à mon goût pour les odeurs, goût malheureusement si dédaigné, si incompris ou si attaqué. J'ai réalisé mon rêve d'une sorte de gamme de senteurs, qui s'élèvent des plus faibles jusqu'aux plus chaudes, et dont l'aspiration cause une sorte d'ivresse, d'extase, qui ajoute à toutes les voluptés une volupté nouvelle et enchanteresse...

Et d'ailleurs comment ne pas vivre pour ainsi dire de parfums lorsqu'on habite Khios..... l'île des parfums ! l'île privilégiée des sultanes, qui seule fournit au sérail les essences de rose, de jasmin et de tubéreuse...

Khios, qui seule produit le précieux lentisque, dont l'odalisque rêveuse et ennuyée pétrit machinalement la gomme odorante entre ses dents d'ivoire ; Khios, dont le commerce même a un caractère d'élégance charmante, car elle trafique de tissus de soie, de teintures éclatantes, de fleurs, de fruits, d'oiseaux, de miel... Et ce sont de jeunes femmes et de jeunes filles, presque toujours belles d'une beauté antique et pure, qui recueillent les trésors de cette île fortunée entre toutes les îles de la douce et féconde Ionie !

Des fenêtres de l'appartement que j'occupe, situé dans une des ailes de cette immense habitation, j'aperçois un admirable tableau...

Que ce souvenir me soit un remords éternel, si jamais je quitte cette adorable retraite pour quelque ville bruyante et sombre, aux horizons de murailles, au sol fangeux, à l'air épais !

A gauche, c'est la façade du palais, dont les portiques découpés à jour, les arcades et les immenses escaliers de marbre blanc fuient à perte de vue.

Depuis sa base incrustée de porphyre jusqu'à sa corniche à balustrades, ornée de statues et de grands vases remplis de myrtes et de lauriers roses, tout l'édifice est inondé par le soleil, et dessine sa silhouette chaude et dorée comme du marbre jaune antique sur un ciel de ce bleu de saphir particulier à l'Orient.

Au loin, l'azur de la mer se joindrait à l'azur du ciel, sans une ligne montueuse d'un pourpre violacé. Ce sont les montagnes de la Romanie, dont les cimes hardies sont baignées d'une vapeur flamboyante.

A ma droite, en opposition merveilleuse avec cette masse éblouissante de marbre et de lumière, je vois, séparé de la façade par une pelouse de trèfle tendre que paissent plusieurs gros moutons de Syrie à la queue traînante, et quelques gazelles au pelage argenté, je vois s'étendre, parallèlement au palais, un bois profond, humide et ombreux.

Les têtes gigantesques des chênes, des cèdres et des platanes séculaires forment un océan de sombre verdure ; le soleil commence à décliner, et cuivre ces flots de feuillage de ses ardens reflets.

Sur ce rideau mouvant, d'un vert opaque et foncé, se détache mille autres nuances de vert, qui deviennent de plus en plus tendres et transparentes à mesure qu'elles se rapprochent des fraîches rives du fleuve Belophano, qui, s'élargissant en face du palais, y forme une sorte de grand canal.

Ses bords sont plantés de baguenaudiers, de pins en parasol au tronc rougeâtre, de peupliers à feuilles satinées, d'arbousiers, d'alaternes vernissés, sur lesquels vient parfois étinceler un rayon de soleil, qui se glisse furtivement sous ces dômes de verdure lorsque la brise de mer agite leurs rameaux...

Tout près de la rive, je vois encore des lataniers en éventail, dont le tronc disparaît sous de grosses touffes de sabiniers à campanules orange, et d'ipoméas, dont les fleurs roses en corymbe sont à l'intérieur du pourpre le plus vif.

Ce sont encore d'immenses allées, à la voûte impénétrable au jour, tapissées de gazon, qui aboutissent à un hémicycle de verdure assez rapproché du palais.

Ces allées sont si touffues, si longues, si obscures, qu'on ne peut en apercevoir la fin à travers la vapeur bleuâtre dont leur perspective indécise est voilée.

Enfin, au premier plan de ce tableau, et de plain-pied

avec ma fenêtre, est une terrasse de marbre blanc à lourds balustres, aussi ornée de vases et de statues, d'où l'on descend par un large escalier circulaire jusqu'aux bords du canal.

Abritée par le palais, une moitié de cet escalier est dans l'ombre ; l'autre est inondée de soleil. Sur une des premières marches, un nain noir, que j'ai fait bizarrement habiller d'un pourpoint écarlate à la vénitienne, est couché près de deux grands lévriers de la plus haute taille et de la plus belle forme.

Par un caprice de la lumière, le nain, chaudement éclairé, se trouve dans la zone d'éblouissante clarté, qui semble couvrir chaque marche d'une poussière d'or tandis que les lévriers sont dans l'ombre, qui se découpe inégalement sur les degrés, et jette ses tons gris, bleuâtres et transparens sur le pelage blanc des chiens accroupis.

Un peu plus loin, en plein soleil, un paon perché sur la rampe de l'escalier fait miroiter son plumage étincelant... On dirait une pluie de rubis, de topazes et d'émeraudes, qui ruisselle sur un fond d'outremer tacheté de noir velouté.

Des cygnes nagent doucement dans les eaux du canal, et semblent traîner après eux mille rubans argentés ; de grands flamans roses se promènent gravement sur ses rives verdoyantes en lustrant leur plumage ; tandis que, plus loin, deux aras au corps cramoisi glacé de vermeil, se disputant les fruits des lataniers, entr'ouvrent leurs ailes bleu turquin, et laissent voir le dessous de leurs longues pennes nuancées de pourpre mordoré...

Enfin, se balançant sur une touffe d'amaryllis, un beau pagegeai d'un jaune soufre, dont le col reflète les nuances prismatiques de l'opale, déploie sa longue queue blanche, pendant que des hirondelles et des martins-pêcheurs effleurent l'eau du canal d'une aile agile. . . . . . .

Je viens de relire ces pages, qui traduisent pour ainsi dire mot à mot le merveilleux spectacle que j'ai sous les yeux. C'est tout, et ce n'est rien ; c'est à la réalité ce que peut être la nomenclature aride du naturaliste aux magnificences de la création. . . . .
. . . .

J'entends des éclats de rire doux et argentins, et je vois paraître au-dessus des dernières marches de l'escalier, dont la projection les cache jusqu'aux épaules, les figures folâtres de quelques-unes des esclaves que j'ai achetées.

Elles se baignent dans le fleuve.

Les unes, élevant leurs beaux bras au-dessus de leur tête, tordent leur longue et brune chevelure, et en font pleuvoir une rosée de perles liquides qui roulent sur leurs seins et sur leur dos nus, fermes et polis.

D'autres, se tenant enlacées, semblent s'avancer d'un pied timide sur le sable du lac ; car elles baissent la tête et paraissent craintives.

Rien de plus délicieux que leur profil pur et fin, qui, tout entier dans la demi-teinte, ressemble à de l'albâtre, et se détache sur le fond lumineux de l'horizon, comme la blancheur mate d'un camée sur sa couche transparente.

Leurs cheveux arrondis en bandeaux sont tressés très bas derrière leur tête, et laissent voir une petite oreille, un col élégant et rond, où semblent commencer les lignes serpentines les plus suaves et les plus heureusement grecques.

Non loin de ce groupe charmant, foulant le gazon fin et ras qui s'étend du côté du bois jusqu'aux rives du canal, vêtues du charmant costume de l'île de Khios, Noémi et Anathasia dansent la *romaïque* aux sons de la lyre albanaise de Daphné.

L'hémicycle de verdure dont j'ai parlé les défend des rayons du soleil de plus en plus obliques ; de grands massifs de rosiers, de giroflées de Mahon, de lilas de Perse et de tubéreuses entourent cette salle de feuillage.

Ces corbeilles de fleurs sont à chaque instant butinées par des myriades de papillons aux plus vives couleurs : c'est l'ulysse aux ailes d'un vert brillant à reflets glacés d'améthyste, le marsyas d'un bleu cuivré, ou le danaé d'un brun de velours rayé de nacre.

Joyeuses filles, comme elles dansent au son de la lyre de Daphné ! une de mes trois esclaves *d'agrément*, ainsi que disait le renégat.

Daphné a été enlevée à Lesbos par les Turcs. Les nobles proportions de cette Lesbienne, son visage d'une beauté sévère, rappellent le type grandiose de la Vénus de Milo.

Elle est assise sur un banc de mousse ; son teint est blanc rosé ; ses yeux, ses sourcils, ses cheveux sont noirs comme l'ébène ; un étroit bandeau, composé de petites pièces d'or, se courbe sur son front hardi et va s'attacher dans la natte épaisse qui réunit ses cheveux derrière sa tête.

Daphné, un peu courbée sur elle-même, vêtue d'une tunique jaune paille et d'une jupe blanche, arrondit avec grâce ses beaux bras nus jusqu'à l'épaule, et joue de la lyre albanaise, qu'elle appuie sur ses genoux. Une de ses jambes plus étendue que l'autre laisse voir une cheville charmante chaussée d'un bas de soie rose vif, tissé dans l'île, et la cambrure d'une petite mule de maroquin noir brodé d'argent.

Selon l'habitude des Grecs modernes, Daphné chantait en s'accompagnant, tandis que les deux jeunes filles qui dansaient au son de sa lyre répétaient son refrain à leur tour.

Voici la traduction de ces paroles ; elles n'ont rien de bien remarquable, et cependant je tressaille à l'accent de langueur passionnée avec lequel j'entends Daphné les chanter : c'est, je crois, un jeune fiancé qui parle à sa fiancée.

« Je suis blessé par ton amour, hélas ! Ah ! jeune fille !
» jeune fille ! ton amour me consume, tu m'as frappé
» au cœur. Laisse-moi posséder tes charmes, et que les
» flammes dévorent ta dot. O jeune fille ! je t'ai aimée de
» toute mon âme, et tu m'as abandonné comme un arbre
» fané. »

Noémi et Anathasia semblent mettre en action les paroles de cette chanson par leur pantomime expressive.

La danse de Noémi la brune, qui remplit le rôle de l'amoureux, est virile et résolue, tandis que les poses d'Anathasia, la blonde fiancée, sont timides, suppliantes et chastes, comme celles d'une jeune fille qui fuie ou qui redoute les caresses de son amant.

Noémi est grande et svelte.

Ses cheveux sont châtain clair à reflets dorés, ses sourcils et ses cils sont très épais et noirs comme du jais ; elle a les yeux d'un gris d'iris.

Rien de plus voluptueux que l'expression de ses yeux démesurément grands, presque toujours nageant, si cela peut se dire, sous une flamme humide ; son teint brun est peut-être un peu animé ; ses lèvres moqueuses et sensuelles sont peut-être d'un incarnat un peu dur, tant sa pourpre vive et sanguine tranche sur l'émail de ses dents ; son sourire, qui relève les coins de sa bouche fortement ombrée d'un duvet blanc, a parfois quelque chose de trop passionné, de trop fougueux ; puis, par une singulière concordance, ses narines très roses et très dilatées semblent s'ouvrir davantage à chacun des mouvements qui soulèvent son sein sous l'étroit yellek ou corsage de soie cerise qui le cache à demi ; deux épaisses et longues tresses de cheveux nattées de ruban cerise s'échappent d'un fez de satin de même couleur qui couvre le sommet de sa tête, et tombent plus bas que sa taille souple, ronde, que l'ampleur des hanches de Noémi fait paraître plus fine encore sous sa jupe orange. Enfin, rien de plus agile, de plus nerveux,

que ses petits pieds chaussés de mules de maroquin rouge brodé d'or.

Anathasia, au contraire, est de petite taille ; ses charmans cheveux blond cendré, que je lui fais natter et descendre le long de ses joues fraîches et roses comme celles d'un enfant, encadrent à ravir son front de neige ; son teint est d'un éclat éblouissant, et ses doux yeux bleus sous leurs longues paupières semblent réfléchir tout l'azur du ciel d'Ionie.

Lorsque l'ardente Noémi, chantant le rôle du fiancé au désespoir amoureux, s'approche d'elle d'un air suppliant et passionné, la petite bouche d'Anathasia, vermeille comme une cerise, devient tout à coup sérieuse et prend une candide et adorable expression de pudeur alarmée ; c'est presque avec effroi... que reculant à pas lents... elle joint ses mains charmantes, qu'on dirait du plus pur ivoire.

Anathasia est toute vêtue de blanc... J'avais quelquefois rêvé une sylphide effleurant à peine le gazon du bout de ses pieds délicats. Telle est Anathasia, dont les mignonnes proportions sont de la plus exquise élégance.

Jamais la nature n'avait réuni sous mes yeux des richesses si variées... Ma fantaisie avait présidé à cet arrangement si complet, qui résumait pour ainsi dire les trésors de la création.

J'étais jeune, tout cela m'appartenait ; ma vie était partagée entre les délices sensuelles et les ravissemens de l'intelligence.

Quel autre bonheur pouvais-je rêver, que de vivre toujours dans ce pays enchanteur, dans l'oubli du passé, et dans l'espoir d'un avenir qui, pour moi, serait toujours tel ; car durant ma vie entière l'or devait m'assurer la possession des biens souverains que j'avais sous les yeux !

Je me trouve si profondément heureux, que je sens comme un besoin ineffable de rendre grâces à la puissance qui me prodigue tant de félicités. . . . . . .
. . . .

XXXVII

CROYANCE.

Ile de Khios, octobre 18...

Je reprends ce journal, interrompu depuis trois mois.

Je l'ai laissé à la description du palais Carina et de ses habitants, description si exacte qu'elle ressemblait assez à l'inventaire d'un architecte ou d'un marchand d'esclaves.

Je consulte mon *thermomètre moral*. Je me sens très bien, l'esprit libre et léger.

Je crois rêver quand, relisant quelques pages d'un journal d'autrefois que j'ai apporté de France, je vois que j'ai été *triste, rêveur et mélancolique*.

Septembre vient de finir ; les pluies qui précèdent toujours ici l'équinoxe commencent à refroidir l'atmosphère. Le vent d'ouest siffle dans les longues galeries du palais. J'ai quitté le rez-de-chaussée pour un logement plus clos et plus chaud.

Je suis abasourdi...

Tout à l'heure, les aras, les paons et les papegeais, déployant toute la sagacité de leur instinct, ont sans doute pressenti le changement prochain de la température, car ces pénétrans oiseaux se sont mis à pousser en chœur des cris affreux... Cette preuve de leur intelligence m'a d'abord prodigieusement agacé les nerfs.

Pourquoi aussi la nature est-elle si inégale dans ses dons ? Plumage éclatant, voix discordante.

Ce n'est pas tout : épouvanté par ce vacarme, les lévriers s'y sont joints et ont hurlé avec fureur. Alors les nains sont venus, à grand renfort de coups de fouet et de glapis-semens, augmenter ce tapage infernal en voulant le faire cesser...

Je me suis réfugié ici... mais les damnés cris des perro-quets me poursuivent encore. Sans doute tous ces char-mans *accessoires* des tableaux qui m'entourent sont mer-veilleux de couleur et d'éclat... quand ils sont à leur place; mais je n'aime décidément pas les tableaux hur-lans et glapissans.

Des bêtes passons aux humains; la transition ne sera pas difficile, car mes belles esclaves n'ont pas l'intelligence beaucoup plus développée que les aras et les papegeais, et si parfois elles sont aussi bruyantes qu'eux, leurs cris n'ont pas même l'avantage de m'annoncer la pluie ou le beau temps.

A propos de cris, je suis fâché de la querelle de Noémi et de Daphné; mais l'excessive violence de ces bonnes créatures tient à leur éducation quelque peu sauvage: pourtant, malgré ma tolérance, il me semble que donner à sa compagne un coup de couteau dans le bras est un emportement blâmable; aussi ai-je sérieusement grondé Noémi.

Je soupçonne fort Anathasia la blonde, avec son air en-fantin et candide, d'être l'objet de cette jalousie, et d'a-voir sournoisement excité ces deux braves filles l'une con-tre l'autre, comme deux coqs de perchoir. Il est vrai que c'est la vieille Cypriote qui m'a fait ce méchant rapport, et qu'elle déteste tout ce qui est jeune et beau.

Noémi devient d'ailleurs de plus en plus irascible. L'au-tre jour elle a largement souffleté Chloé, ma jardinière, qui a les dents si blanches et les yeux si noirs... Elle l'a souffletée parce qu'elle avait apporté les fruits trop tard, et que mon dessert en avait été retardé.

Après tout, Noémi a du bon... mais elle est diablement ombrageuse et farouche.

Une chose m'étonne, c'est que ces filles soient complète-ment insensibles aux beautés de la nature.

A l'aide de mon grec de collège, je suis parvenu à com-prendre et à parler passablement le grec moderne. Vingt fois j'ai essayé de faire vibrer en elles quelques cordes poétiques: tout est resté muet.

Rien d'ailleurs de plus inculte, de plus barbare que leur esprit.

A l'exception de quelques chants populaires, elles sont d'une ignorance effroyable, ne sachant ni lire, ni écrire; leurs rivalités, leurs jalousies, leurs médisances, quelques récits exagérés des cruautés des Turcs, font le texte habi-tuel de leur entretien.

Au demeurant, ce sont les meilleures filles du monde.

Je me souviens d'une scène qui peint à merveille les nuances du caractère de mes trois Grecques *d'agrément,* comme disait le renégat.

Un jour je montais pour la première fois un cheval de Syrie qu'on m'avait amené. Il se défendit, fit une pointe, et se cabra si droit qu'il se renversa sur moi.

Noémi prit une houssine, courut au cheval, le saisit à la bride et le frappa.

Daphné se précipita sur moi pour me secourir.

Anathasia resta immobile, fondit en larmes et s'évanouit.

Il y a quelque temps, je voulus éveiller dans l'âme de ces jeunes filles le souvenir de la patrie absente; souve-nir si doux et si précieux aux natures un peu sauva-ges!

Ce ne fut pas sans hésitation que je tentai cette épreuve; j'avais comme un remords d'évoquer de pareils regrets, de raviver de pareilles douleurs.

Pauvres filles! elles vivaient en esclavage, et bien sou-vent leur pensée errante et mélancolique avait dû aller se reposer tristement sous les beaux ombrages où s'était a-brité leur jeunesse! Pauvres hirondelles prisonnières, elles m'attendaient, hélas! sans doute, que le moment de regagner leur nid à tire-d'ailes...

C'était donc un jeu cruel, je le sentais, que de leur don-

ner un fol espoir; néanmoins j'assemblai ma *maison fé-minine,* et j'annonçai aux douze esclaves que j'allais quit-ter l'île et les renvoyer dans leurs familles, qui à Samos, qui à Lesbos, qui à Scyros...

Je déclare avec un certain orgueil qu'alors éclatèrent des pleurs, des cris et des sanglots qui n'eussent pas été dé-placés aux funérailles d'Achille ou dans la mythologie fu-nèbre de quelque illustre chef albanais.

Daphné s'enveloppa silencieusement la tête dans son voile, s'assit par terre et resta immobile; on eût dit la sta-tue de la Douleur antique.

Noémi manifesta son désespoir en battant avec rage un des nains noirs qui ricanait méchamment dans un coin; tandis que la blonde Athanasia, tombant à mes genoux, me prit timidement la main qu'elle baisa en levant vers moi ses beaux yeux bleus baignés de larmes, et me dit d'une voix suave, dans le doux parler d'Ionie:

— O seigneur! seigneur! après vous que deviendront, s'il vous plaît, vos pauvres filles grecques?...

— Et vos vieux pères... et vos tendres mères... et vos braves frères... et vos beaux fiancés?... — m'écriai-je, — vous n'y songez donc plus, oublieuses que vous êtes!

Comptant sur l'effet de ces paroles magiques, je me dra-pai dans ma pelisse d'un air magistral.

Mais les cris, mais les sanglots redoublèrent, et toutes s'écrièrent avec une résolution qui me parut très mena-çante:

— Nous ne voulons pas quitter le toit du *bon Franc!!* nous sommes bien à Khios; nous resterons à Khios *avec le bon Franc!*

Tout *bon Franc* que j'étais, je ne pouvais m'empêcher d'avoir une pauvre idée des sentiments naturels de ces da-mes lesbiennes, samiennes et scyriotes; mais intérieure-ment je me sentais, je l'avoue, assez flatté de la préfé-rence qu'elles accordaient sur le sol natal, et sur ses accessoires.

Je voulus tenter un nouvel essai, je leur annonçai que je donnerais à chacune d'elles deux mille piastres, les ha-bits qu'elles portaient, et qu'elles pourraient s'en aller où bon leur semblerait, car je voulais quitter l'île.

Aux imprécations que souleva mon innocente propo-sition, je craignis un instant d'avoir à subir le sort d'Or-phée.

Abandonnant son nain, à la grande satisfaction de ce dernier qui se frottait tristement les épaules, Noémi fondit sur moi comme une tigresse, me saisit par mon yelick, car j'étais vêtu fort commodément à l'albanaise, et me dit les yeux étincelans de colère:

— Si tu veux t'en aller ou nous chasser d'ici, nous met-trons le feu à ton palais, nous t'enlacerons dans nos bras, et nous nous y brûlerons toutes avec toi!...

La majorité des révoltées sembla singulièrement goûter ce projet, car toutes s'écrièrent avec une fureur crois-sante:

— Oui, oui, enlaçons *le bon Franc* dans nos bras, et brûlons-nous toutes avec lui dans son palais!...

Je remarquai comme un trait digne de l'observation de La Bruyère, que la douce Anathasia était un des plus for-cenés partisans de l'incendie.

Quoique la fin dont me menaçaient ces dames sentît fort son Sardanapale, et eût assez bon air, je jugeai à pro-pos de m'en abstenir; désormais bien convaincu de l'af-fection que j'inspirais ici, bien certain, comme on dit, d'être *adoré* dans mon intérieur, j'annonçai que j'aban-donnais mes projets de départ.

Ma modestie m'empêche de dire avec quelle effusion, avec quels transports frénétiques cette nouvelle fut accueil-lie par ces bonnes filles.

Toutes les douze se prirent par la main et formèrent une ronde.

Noémi improvisa en manière de théorie antique ces pa-roles plus que naïves, que ses compagnes répétèrent en chœur sur l'air national de la chanson des hirondelles.

A Khios nous restons,
Dansons, mes sœurs, dansons ;
A Khios nous restons,
Nous restons avec le bon Franc.

Il ne nous bat jamais, et il nous garde.
Dansons, mes sœurs, dansons.
Nous aurons toujours de beaux fez,
De beaux yelleks brodés,
De belles ceintures de soie.

Nous aurons du tendre chevreau rôti,
Des perdrix grasses et des cailles,
Du miel de l'Hymette, du bon vin de Scyros.
Dansons, mes sœurs, dansons ;
Le bon Franc nous garde.

Dansons, mes sœurs, dansons ;
Nous ne labourerons plus la terre,
Nous n'irons plus caillouter les chemins.
Dansons, mes sœurs, dansons.

Nous nous baignerons sous les sycomores,
Nous ne ferons rien que de cueillir
Des fruits et des fleurs pour lui.
Dansons, mes sœurs, dansons ;
Le bon Franc nous garde.

Si j'avais été aveuglé par un ridicule amour-propre, je me serais sans doute piqué de voir que le chevreau rôti, les perdrix grasses, le vin de Scyros, les beaux habits et la paresse, entrassent pour beaucoup dans la somme d'affection que ces naïves jeunes filles ressentaient pour moi.

Mais, Dieu merci ! je suis plus sage, à cette heure que je considère les choses sous un point de vue essentiellement raisonnable.

Autrefois je doutais de mes qualités, et j'avais probablement raison ; mais aujourd'hui ; comment pourrais-je ne pas croire absolument aux charmes dont je suis doué, et qui m'attachent irrésistiblement mes esclaves ?

Ces charmes ne sont-ils pas évidens ? Ce sont les chevraux rôtis, les perdrix grasses, les ceintures de soie, les yelleks brodés.

Or, avenir enchanteur ! !... tant qu'il y aura des pourvoyeurs, des brodeurs et des tisseuses de soie dans l'île de Khios, me voilà sûr et convaincu de plaire !

Moi qui jusqu'ici n'ai jamais cru à aucun sentiment sans lui chercher une arrière-pensée, je suis bien obligé de croire aveuglément à l'affection que j'inspire.

En effet, quel intérêt ont-elles, ces véridiques créatures, à me dire qu'elles aiment beaucoup à être élégamment vêtues, à être délicatement nourries et à ne pas être battues ? M'est-il donc si difficile de croire qu'elles trouvent agréable de ne rien faire autre chose que de me cueillir des fleurs ou des fruits, ou de se baigner à l'ombre des platanes, dans des bassins de marbre ?...

Pour que je doute d'elles... m'ont-elles dit qu'elles préféreraient abandonner la vie paresseuse et sensuelle qu'elles mènent ici pour aller s'occuper des soins grossiers du ménage ?

M'ont-elles dit que ce serait avec ivresse qu'elles retourneraient labourer la terre ou caillouter les routes ; fonctions viriles dont les femmes épirotes et albanaises entre autres s'occupent, il faut l'avouer, avec le plus honorable succès ?

Non, elles m'ont naïvement offert de se brûler avec moi, dans mon palais, à la seule proposition que je leur ai faite de quitter la soie pour la bure, le *far niente* pour le travail, la folle joie pour les devoirs de famille.

Elles ont énergiquement déclaré qu'elles voulaient rester avec le *bon Franc*, et je les crois...

D'après les raisons qu'elles ont pour y rester, qui ne les croirait pas ?

Cette fois, l'égoïsme est si évident et si naïf que je n'ai pas à souffrir du tourment de le soupçonner.

Mais qu'entends-je !... Le canon... qu'est-ce que cela?

. . . .

XXXVIII

RECONNAISSANCE.

. . . .

Il n'y a rien de bien étrange dans l'incident dont je vais parler ; néanmoins ma curiosité et mon intérêt sont vivement excités.

Quoi de plus simple, pourtant ? Une frégate russe vient d'arriver de Constantinople ; craignant un coup de vent pour cette nuit, elle relâche dans le port de Khios au lieu de mouiller à Smyrne ou aux îles d'Ourlach.

Cette frégate a tiré le canon pour demander un pilote ; c'est ce qui m'explique les salves de ce matin.

. . . .

Quelle est cette femme qui, aussitôt après le mouillage de la frégate, malgré la violence du vent, est descendue à terre pour s'y promener ?

La vue de cette simple capote de moire bleue, de ce grand châle de cachemire noir, bien long et bien collé aux épaules, de ce petit pied si bien chaussé, de cette petite main si bien gantée, opère une révolution rétrograde dans mes idées sur la beauté...

Du type antique grec je reviens au type parisien.

Je donnerais maintenant toutes les Noémi, toutes les Anathasia, toutes les Daphné du monde et avec elles tous leurs fez, tous leurs yelleks, toutes leurs ceintures brodées, clinquant maudit ! ! pour pouvoir offrir mon bras à cette jolie étrangère : car elle est jolie, à ce que j'ai pu voir par le treillis de mon kiosque ; de plus elle est grande, elle est mince, elle a surtout de beaux yeux bleus, ce qui est charmant pour une brune à peau blanche,

L'homme qui lui donne le bras est d'un âge mûr ; sa figure est fine et spirituelle.

Quels sont donc ces étrangers ?

. . . .

Khios, octobre 18...

Singulière rencontre ! les événemens deviennent en vérité si bizarres que ce journal vaut bien la peine d'être continué.

Hier j'avais envoyé ma vieille Cypriote chercher un renégat calabrais, qui remplit les fonctions de capitaine du port et fait les affaires du marquis Justiniani, pour savoir de lui quels étaient les passagers de cette frégate.

Ce bâtiment est aux ordres du duc de Fersen, ex-ambassadeur de Russie auprès de la Sublime-Porte ; il se rend à Toulon avec la princesse sa femme et plusieurs passagers de distinction. C'est monsieur et madame de Fersen que j'ai vus hier se promener sur la côte.

Ce matin, vers une heure, j'étais fort mollement étendu sur mon divan, près d'un gros braséro de bois d'aloès, fumant mon narguileh dont Noémi tenait le fourneau, pendant qu'Anathasia jetait quelques parfums dans une cassolette d'argent.

Tout à coup les rideaux de la porte de l'appartement crient sur leurs tringles, et je vois entrer Daphné conduisant triomphalement un groupe d'étrangers parmi lesquels était madame de Fersen.

J'aurais étranglé Daphné, car j'étais furieux d'être surpris dans mon costume oriental.

J'avais la barbe et les cheveux longs, le cou nu.

Je portais la longue jupe blanche des Albanais, une veste cramoisie brodée de soie orange; des guêtres de maroquin rouge brodé d'argent et un châle de cachemire orange pour ceinture.

Cela pouvait être fort *pittoresque* à voir, mais cela me parut si terriblement ridicule et ressembler si fort à une mascarade, que je rougis de honte... comme une jeune fille qu'on surprendrait à jouer à la poupée (la comparaison n'est peut-être pas très en harmonie avec le sujet, mais je n'en trouve pas d'autre).

Pourtant, espérant être pris pour un véritable Albanais, je me résignai, comptant sur la gravité de mon maintien pour compléter l'illusion.

Le prince, accompagné de son interprète grec, s'avança, et, par l'organe de ce dernier, me demanda pardon de son indiscrétion, me priant d'excuser la curiosité de sa femme, car elle avait trouvé le palais si beau, les jardins si enchanteurs qu'elle avait cru pouvoir demander à les visiter pendant que la frégate attendait en rade un vent favorable pour remettre à la voile.

Je répondis par un salut fort sérieux, à la mode des Albanais musulmans, en portant la main gauche à mon cœur et la droite à mon front; puis je m'inclinai respectueusement du côté de la princesse, sans quitter mon divan...

J'allais dire quelques mots de politesse à l'interprète, lorsque j'entendis une voix criarde s'exclamer sur la monstruosité de mes nains, et en même temps je vis arriver dans l'appartement... Qui?... du Pluvier!!!

Je restai stupéfait.

C'était bien lui, toujours ridicule, toujours chamarré de chaînes et de gilets brodés, bruyant, bavard, inquiétant par sa mobilité continuelle.

Le petit homme était plus rouge et plus gros que jamais. Il appartenait sans doute à l'ambassade de France à Constantinople, car il portait sur son habit bleu des boutons au chiffre du roi.

Cet infernal fâcheux amenait un de mes nains par l'oreille; il s'écria en le montrant à madame de Fersen:

— Voilà, j'espère, princesse, un monstre joliment moyen âge!...

Puis, sur un signe du prince qui lui fit comprendre que le maître de la maison était là, du Pluvier se retourna de mon côté.

Je frémis... j'étais reconnu.

Il est impossible de peindre le prodigieux étonnement de du Pluvier: ses yeux s'arrondirent, ses pupilles s'écarquillèrent, il ouvrit à demi les bras, avança une jambe et s'écria:

— Comment! vous ici, mon cher Arthur! vous déguisé en mamamouchi!... Voilà une drôle de rencontre pour moi, par exemple, qui ne vous ai pas vu depuis la première représentation du *Comte Ory* à l'Opéra, où vous étiez avec la marquise de Pënâfiel...

Le prince, sa femme, l'interprète, quelques officiers russes qui accompagnaient l'ex-ambassadeur et qui entendaient parfaitement le français, ne furent pas moins étonnés.

Madame de Fersen, tout en me regardant avec une très grande curiosité, ne put retenir un sourire qui me sembla singulièrement malin et moqueur.

Je me mordis les lèvres en maudissant de nouveau le costume albanais, Daphné, et surtout cet insupportable du Pluvier, que je donnais au diable, et qui redoublait de protestations cordiales pendant que tous les yeux étaient fixés sur nous.

Il me fallait nier opiniâtrement que je fusse moi-même, et faire passer le petit homme pour un fou, ou avouer cette ridicule mascarade...

Je pris bravement ce dernier parti.

Je me levai.

J'allai respectueusement saluer madame de Fersen, et, lui demandant mille fois pardon de l'avoir un instant trompée, je lui avouai franchement que, surpris par sa visite en flagrant délit d'orientalisme et de harem, j'avais préféré rester à ses yeux un Albanais sauvage que de passer pour un Français ridicule.

Elle accueillit cette excuse avec une grâce toute charmante, qui fut pourtant nuancée d'un peu de malice lorsqu'elle exprima son étonnement de retrouver un homme du monde ainsi travesti.

Il est inutile de dire que madame de Fersen parle français comme un Russe, c'est-à-dire sans le moindre accent.

XXXIX

COMPARAISON.

Khios, octobre 18...

J'ai repris le costume européen, dont je m'étais si paresseusement déshabitué, et je suis allé à bord de la frégate *l'Alexina* rendre visite à madame de Fersen et à son mari.

Madame de Fersen est moins jeune que je ne l'avais cru d'abord, elle doit avoir de trente à trente-trois ans.

Ses cheveux sont très noirs, ses yeux très bleus, sa peau très blanche, sa main et son pied sont charmans, sa physionomie est vive et expressive: elle m'a semblé avoir beaucoup d'inattendu dans l'esprit, de la malice, mais, je crois, point de méchanceté.

Ce qui m'a paru surtout prédominer en elle, c'est la prétention de connaître à merveille la politique de l'Europe.

Il m'a été impossible de juger si cette prétention était fondée, car je suis d'une ignorance complète sur ces questions; et je l'ai très naïvement avoué à madame de Fersen, qui en a beaucoup ri sans pourtant vouloir absolument y croire.

Monsieur de Fersen est un homme d'esprit fin, agréable et cultivé. Sans doute comme distraction à ses hautes fonctions diplomatiques, il s'est particulièrement adonné à l'étude de la petite littérature française; goût bizarre qu'il partage d'ailleurs avec le doyen des diplomates de l'Europe, monsieur le prince de Metternich.

Je suis resté confondu de la mémoire de monsieur de Fersen, en l'entendant me citer, avec la fidélité d'un catalogue, les titres des vaudevilles les plus inconnus, et m'en réciter des passages et des couplets entiers; car il avait aussi été possédé de la manie de jouer la comédie.

Je suis malheureusement aussi ignorant en vaudevilles qu'en politique; je n'ai donc pas pu apprécier le savoir de monsieur de Fersen dans cette spécialité.

Le prince n'exprimait qu'un vœu, celui d'arriver à Paris, pour pouvoir admirer les grands acteurs des petits théâtres, à la fois ses héros et ses rivaux.

Monsieur et madame de Fersen avaient les formes les plus parfaites, et semblaient en tout nés pour le grand état qu'ils tenaient dans le monde.

A une extrême dignité naturelle ils joignaient cette affabilité charmante, cette gaieté cordiale et spirituelle qu'on rencontre souvent chez les personnes distinguées de la haute aristocratie russe. Car ce serait peut-être là seulement qu'on retrouverait maintenant les traditions de l'élégante vivacité de l'esprit français au dix-huitième siècle.

. . . .

Je suis allé aujourd'hui à bord de la frégate, j'y ai passé une soirée charmante.

Nous étions peu de monde, madame de Fersen, son mari, le capitaine de *l'Alexina*, jeune officier fort remarquable, du Pluvier et moi.

Du Pluvier s'était fait attacher à l'ambassade française

à Constantinople. Mais bientôt, ennuyé de ces fonctions, il avait demandé à revenir en France, et profitait de l'occasion de la frégate russe qui allait à Toulon.

Il y avait si longtemps que je m'étais trouvé dans le monde, que cette soirée eut pour moi tout l'attrait, tout le piquant de la nouveauté.

J'ai beaucoup étudié madame de Fersen... elle a tracé cinq ou six portraits, entre autres celui de l'ambassadeur anglais à Constantinople, avec une verve, une malice, une sûreté de trait incroyables.

Je n'ai jamais connu l'honorable sir ***, mais sa physionomie reste désormais ineffaçable dans ma mémoire.

Je croyais que rien n'était plus insupportable qu'une femme qui parlait politique; je suis en partie revenu de mes préventions en écoutant madame de Fersen. Sa politique n'est pas nuageuse, abstraite; quelquefois elle explique les événemens les plus graves par le jeu des passions humaines, par le ressort des intérêts privés, et, remontant des effets aux causes, elle arrive ainsi des infiniment grands aux infiniment petits, et il naît de ce contraste des effets très piquans et très inattendus.

Ces théories sont trop de mon goût pour que je ne les juge pas sans doute avec une extrême partialité; pourtant, je ne crois pas me tromper en considérant madame de Fersen comme une femme d'une intelligence très éminente.

Le prince ayant été chargé de nombreuses missions dans les divers États de l'Europe, et sa femme s'étant ainsi trouvée en relations avec les gens les plus distingués de chaque nation, rien n'était plus curieux que son entretien, où elle passait en revue ces figures si variées avec une finesse charmante.

Sa toilette était délicieuse, et, ce qui me ravit, d'une élégance toute française; car madame de Fersen devait faire venir ses modes de Paris.

Aussi, fut-ce avec un plaisir inouï que je vis les longues tresses noires et lisses de ses beaux cheveux, à demi cachées par les barbes d'un charmant bonnet de blonde, orné d'une branche de géranium rouge. Elle portait une robe blanche de mousseline des Indes, de la plus adorable fraîcheur, et ses petits pieds étaient chaussés de souliers de satin noir à cothurnes...

Tout cela était presque nouveau pour moi, et me fit trouver affreux, horribles, les yeuks de couleurs tranchantes et les fez brodés des filles grecques, dont le clinquant me rappelait alors terriblement les danseuses de corde.

. . . .

Je ne sais si je dois me réjouir ou m'effrayer de ce que j'éprouve...

C'est d'abord un soudain dégoût pour la vie que je mène ici depuis plus d'une année...

Quand je compare mes grossiers plaisirs ou mes rêveries solitaires à la conversation que je viens d'avoir avec cette femme belle, jeune, spirituelle, à cet échange de pensées fines et gracieuses, à ce besoin de déguiser avec adresse tout ce qui pourrait choquer la délicatesse...

Quand je compare ma vie de satrape indolent, qui ordonne et à qui l'on obéit, à cette charmante nécessité de plaire, à cette coquetterie, à cette recherche de langage et de manières que vous impose toujours une femme comme madame de Fersen, lors même qu'on ne songe pas à s'occuper d'elle...

Quand je compare enfin le présent au passé... je m'étonne d'avoir pu si longtemps vivre ainsi que j'ai vécu.

J'ai pourtant vécu bien heureux à Khios pendant dix-huit mois! Si l'avenir s'offre sous un aspect que je crois plus séduisant... il ne faut pas flétrir des jours que je regretterai peut-être...

Enfin, je me trouve dans une perplexité étrange...

Que faire?...

Si je dois rester ici avec des regrets, si la vie que je mènerai désormais à Khios doit m'être pesante, autant me résoudre à l'instant à quitter l'île... Monsieur de Fersen m'a

fort obligeamment proposé de me prendre avec lui pour retourner en France.

Je ne sais que faire... je verrai...

D'ailleurs, du Pluvier vient demain déjeuner avec moi; je compte l'interroger sur madame de Fersen.

XL

LE DÉPART.

A bord de la frégate l'*Alexina*, octobre 18...

C'en est fait, j'ai abandonné l'île.

. . . .

Hier matin, du Pluvier est venu déjeuner avec moi. Il avait l'air singulièrement préoccupé.

— Ah çà! mon cher, — m'a-t-il dit, — vous vivez ici absolument en pacha... en sybarite, en véritable odalisque... C'est charmant, ma parole d'honneur! je n'en reviens pas, ni la princesse non plus.

— Comment cela?

— Parbleu! elle et le prince font des suppositions à perte de vue sur les raisons qui ont pu vous engager à mener la vie que vous menez ici. La princesse surtout paraît fort intriguée; mais comme je n'en sais rien, je n'ai pu leur rien apprendre à ce sujet.

— Mon cher du Pluvier, dites-moi, avez-vous beaucoup vu monsieur et madame de Fersen pendant votre séjour à Constantinople?

— Je les ai vus très souvent, presque tous les jours; car l'ambassade russe était une des maisons les plus agréables de tout le quartier franc. On y jouait la comédie deux fois par semaine, et mes fonctions m'empêchaient de manquer la moindre répétition.

— Vos fonctions?

— J'étais sous-souffleur... notre premier secrétaire était naturellement premier souffleur.

— La hiérarchie le voulait sans doute ainsi... Mais, à Constantinople, que disait-on de madame de Fersen?

— Oh! oh! c'est une fière femme, allez; une Jeanne Darc. Elle menait l'ambassade à la baguette; elle faisait tout. On dit même qu'elle correspondait directement avec le czar, et, pendant ce temps-là, cet excellent prince jouait les rôles de Potier. C'est qu'il y était parfait, dans les rôles de Potier!... Je lui ai vu jouer *les Frères féroces:* c'était à crever de rire!

— Et madame de Fersen jouait-elle aussi la comédie?

— Du tout, du tout; elle avait bien autre chose à faire, ma foi! Après cela, vous me croirez si vous voulez, mais on n'a jamais dit un mot... jamais un traître mot sur son compte.

— La politique l'absorbait entièrement, sans doute?

— Elle ne pensait qu'à cela; ce qui ne l'empêchait pas d'être gaie, comme vous l'avez vue. Mais, quant au cœur... c'était un protocole sans signature.

— Vous êtes toujours infiniment spirituel, — dis-je à du Pluvier qui souriait de sa plaisanterie. — Mais qui vous fait croire à l'insensibilité de madame de Fersen?

— Parbleu! les plaintes des gens qu'elle a repoussés: d'abord notre premier secrétaire, le souffleur en titre... Villeblanche!... Vous savez bien, Villeblanche? Eh bien! il a perdu son temps comme les autres. Et pourtant, si quelqu'un devait réussir, assurément c'était Villeblanche.

— Qu'est-ce que c'est que Villeblanche?

— Eh bien! c'est Villeblanche... le beau Villeblanche... parbleu! vous connaissez bien Villeblanche, peut-être?...

— Mais non, vous dis-je...

— Comment, vous ne connaissez pas le beau Villeblanche? un des espoirs de notre diplomatie! un garçon rempli de moyens ! à qui les relations étrangères doivent l'invention des cachets volans *cire sur ciré*, dits à la Villeblanche... Ah çà ! comment se fait-il que vous ne le connaissiez pas ?

— Que voulez-vous ! il y a des ignorances comme cela.

— Mais c'est surtout au congrès de Vérone que la fortune diplomatique de Villeblanche s'est développée ; car c'est là qu'il a rendu au gouvernement ce fameux service... que lui seul peut-être pouvait lui rendre.

— Mais je croyais que le grand homme que la France avait le bonheur d'avoir pour la représenter à ce congrès, pouvait seul revendiquer l'honneur des négociations.

— Qui ça ? Châteaubriand ?

— Oui.. Châteaubriand.

— Je ne veux certainement pas rabaisser la gloire de Châteaubriand ; mais s'il a pensé... Villeblanche a agi, et Châteaubriand, avec tout son génie, n'aurait jamais pu faire ce qu'a fait Villeblanche ; et, après tout, c'est aux actes et non aux paroles qu'on doit juger les gens.

— Mais encore ?...

— En vérité, je ne comprends pas que vous ne sachiez pas cela... C'est européen ! Eh bien ! sachez donc que, lors du congrès, Villeblanche, chargé des dépêches les plus importantes, est allé d'abord de Vérone à Paris, et de Paris à Madrid, où il est resté une heure ; puis de Madrid il est revenu à Paris afin de repartir de suite pour Saint-Pétersbourg. Vous croyez que c'est tout ? Point... De Saint-Pétersbourg il revient à Vérone, d'où il repart à l'instant, comme l'éclair, pour Madrid en repassant par Paris... Ce n'est rien encore : de Madrid il revient pour la seconde fois à Vérone en passant par Paris, et enfin il retourne à Paris en passant par Vienne et par Berlin ; et ça, toujours comme un éclair !... Voilà, mon cher... ce que c'est que le beau Villeblanche...

— Mais ça doit-être un véritable livre de poste que les états de service de ce diplomate-là ? — lui dis-je.

— Et penser, — continua du Pluvier avec admiration, — et penser que Villeblanche ne s'est jamais arrêté dans chaque capitale que le temps nécessaire pour prendre et remettre ses dépêches !... et que pourtant, en descendant de voiture, il était toujours aussi charmant, aussi fraîchement habillé que s'il eût sorti d'une boîte... c'est ce qu'aucun de nos collègues n'a pu comprendre encore, — ajouta du Pluvier d'un air mystérieux. — Car enfin, rester près de deux mois en voiture sans débrider ! — reprit-il, — c'est pour tout le monde horriblement échauffant, harassant, tandis que ce satané Villeblanche a trouvé, malgré cela, le moyen d'être toujours frais et pomponné. C'est stupéfiant !!! Du reste, ça lui a fait horriblement d'ennemis, c'est-à-dire de jaloux, car on parle maintenant de le nommer ministre auprès d'une cour d'Allemagne.

— Je suis de votre avis ; notre Châteaubriand, avec tout son génie, n'aurait jamais fait impunément tout ce chemin-là ; mais heureusement pour notre diplomatie que les Villeblanche y sont nombreux. Ah çà ! dites-moi, comment madame de Fersen est-elle restée insensible à tant de mérite ?... Elle a craint sans doute... que par habitude le beau diplomate ne lui fît voir trop de chemin ?

(Je déclare que je ne me permis cette plaisanterie stupide que par un sentiment d'hospitalité peut-être exagéré... que par égard pour l'intelligence de mon hôte.)

Je fus bien récompensé de ce sacrifice aux dieux du foyer, car du Pluvier me témoigna sa reconnaissance par des éclats de rire qui firent aboyer les chiens et glapir les perroquets. Quand il fut un peu calmé, il reprit :

— Oui, mon cher Arthur, madame de Fersen a résisté à Villeblanche et à toute la fleur des pois de la diplomatie étrangère de Constantinople. C'est assez vous dire, hélas ! que sa vertu est hors de toute atteinte, — ajouta du Pluvier avec un profond soupir.

— Pourquoi soupirez-vous ainsi ?

— C'est que la vertu de madame de Fersen me rappelle toutes les colossales vertus contre lesquelles j'ai échoué

depuis que je suis dans le monde... car c'est effrayant comme les femmes sont vertueuses ! —dit du Pluvier avec un air de profond découragement. — Et pourtant, — reprit-il, — à entendre certains médisans, il n'y aurait qu'à vouloir pour pouvoir.

— En admettant, — dis-je à du Pluvier pour le consoler un peu, — en admettant que ces gens-là ne soient pas des médisans, mais des indiscrets ; ne vaut-il pas mieux savoir comme vous, lorsque vous vous occupez d'une femme, lui inspirer l'amour le plus exalté pour ses devoirs, la rendre folle de son mari tel désagréable qu'il soit, que de lui donner le coupable désir de troubler le repos de sa famille ? Car enfin, mon cher, votre rôle est cent fois plus beau, plus flatteur que celui d'un séducteur, le bien étant beaucoup plus difficile à faire que le mal...

— Vous avez raison, c'est ce que je me dis souvent, — reprit du Pluvier, — c'est bien plus moral ; mais je vous jure que c'est mortel à la longue... Je suis entré dans la diplomatie parce que je croyais que cette position faciliterait mes succès dans le monde. Eh bien ! pas du tout.

— J'ai senti cela comme vous... Voyant avec effroi que les principes devenaient de plus en plus rigoureux... et voulant d'ailleurs respecter les lois sociales, j'ai cherché une nature plus primitive, et je me suis établi ici, où on ne parle guère plus de certains principes et des lois sociales qu'à Otahiti.

— C'est à quoi je pensais, — me dit du Pluvier d'un air méditatif. — Depuis que je vous ai vu si bien établi, il m'est venu une idée ; je me suis dit... « Voyons, quel est mon avenir. Si je retourne à Paris, je ne m'y amuserai certainement pas plus que je ne m'y suis déjà amusé. Je suis libre comme l'air, — le cher comte est tout seul comme un Robinson dans son île. Un compagnon est toujours agréable, nécessaire même... car enfin on peut tomber malade ; eh bien ! comme j'aime beaucoup ce cher Arthur... prouvons-lui mon amitié : à l'œuvre on reconnaît l'artisan. Eh bien ! s'il est Robinson, soyons son Vendredi... Restons avec lui six mois, un an, dix ans ; enfin tant qu'il voudra demeurer dans son île, et vivons là, pardieu !... comme une paire de sultans. » Voilà, mon cher, le fruit de mes réflexions de la nuit... Eh ! eh ! que dites-vous de cela ? Vous voyez, la nuit porte conseil... Je me déclare votre Vendredi !!!

J'étais épouvanté, car je n'avais jamais réfléchi à une pareille occurrence.

Je fis néanmoins bonne contenance, et, pour ne pas irriter le désir de cet infernal fâcheux par la contradiction, j'eus d'abord l'air d'être ravi de son projet, puis peu à peu je fis naître mille difficultés.

Mais du Pluvier détruisait mes objections avec la plus désespérante abnégation de lui-même.

Si je lui représentais que le palais était immense, mais seulement habitable dans la partie que j'occupais, — il lui était indifférent de camper, il se contenterait d'un à peu près.

Si je lui parlais des descentes que pouvaient faire les Turcs, — il ne craignait rien avec moi, car il savait que j'étais brave comme un lion.

Si j'exagérais les dépenses de cette maison qu'il me demandait à partager, — il venait justement d'hériter d'un oncle de Saintonge qui lui laissait une fortune considérable.

Si, acculé, mis aux abois, je lui représentais que mon goût, que ma passion pour la solitude, étaient devenus une sorte de monomanie qui me faisait rester des jours, des mois entiers sans vouloir rencontrer personne, — il devait disparaître comme un sylphe (quel sylphe !) et attendre que ma chagrine disposition d'esprit fût passée.

Si enfin, pour dernier argument, je lui disais presque brutalement qu'il me serait impossible, par des considérations particulières, de lui donner asile au palais Carina, — il devait facilement trouver quelque villa dans les environs, étant bien décidé, me disait—il, à vivre à la turque, et surtout à ne pas me quitter.

Ceci prenait un caractère de gravité très alarmant.

Du Pluvier, entêté, opiniâtre comme tous les esprits étroits, pouvait s'obstiner dans son projet, et alors l'île me devenait insupportable.

Cette idée, jointe à la singulière révolution que la vue de madame de Fersen avait opérée dans mon esprit, me fit songer sérieusement à abandonner Khios.

Peut-être, sans la singulière fantaisie de du Pluvier, aurais-je hésité à prendre cette détermination : peut-être aurais-je combattu ces velléités de rentrer dans la vie du monde.

Mais placé entre cette alternative, de partir pour la France avec madame de Fersen, que je trouvais charmante, ou de rester à Khios avec mes esclaves, qui m'étaient devenues odieuses, et de partager avec du Pluvier cette solitude ainsi déflorée de son premier prestige... je n'hésitai pas à quitter l'île.

J'ai toujours très rapidement pris les décisions les plus graves.

Comme du Pluvier renouvelait ses instances, je lui dis que jusqu'alors je n'avais pas voulu lui confier la véritable raison de mon refus ; mais que, puisqu'il m'y forçait, j'étais obligé de lui avouer que j'étais résolu de retourner en France.

— Quitter ce palais admirable!... ces femmes adorables!... qui allument votre pipe, qui vous versent à boire ! qui vous dansent des pas comme à l'Opéra ! ! ! de vraies houris ! mais c'est impossible !

— Malheureusement, mon cher du Pluvier... il est de ces aveux qui coûtent à faire, même à ses amis... mais un dérangement passager survenu dans ma fortune m'oblige à réformer tout ceci et à retourner en France pour y vivre un peu moins en sultan.

— Vraiment... vraiment... mon cher comte, — me dit du Pluvier d'un air réellement attendri, — vous ne sauriez croire combien je suis touché de ce que vous me dites là... Mais qu'allez-vous donc faire de tout cet établissement?

— Je vais donner la liberté aux femmes, aux oiseaux, aux chiens et aux nains, payer une indemnité au marquis Justiniani, et vendre les meubles à Khios.

— Vous êtes bien décidé à cela ? me dit du Pluvier.

— Très décidé...

— Positivement décidé?

— Oui, oui, cent fois oui.

— Alors, mon cher Arthur, vous ne me reprocherez pas de profiter de vos dépouilles ?

— Comment cela, que voulez-vous dire ?

— Voici mon projet. La vie que vous menez dans ce paradis terrestre m'a tourné la tête. Voulez-vous me vendre tout ceci, palais, femmes, chiens, nains et perroquets ?

Je crus que du Pluvier plaisantait, et je le regardai d'un air incrédule.

— Est-ce marché fait ? Vous y perdrez moins avec mo qu'avec tout autre, — reprit-il d'un air résolu. — Mais quel est le prix des esclaves et des meubles ?

— Il est inutile que vous payiez les esclaves, car je ne vous les laisse qu'à la condition que vous me promettrez de les rendre à la liberté lorsque vous quitterez l'île.

— Mais comment partirez-vous ?

— Je crois facilement obtenir, à la recommandation de monsieur de Fersen, l'autorisation de passer à votre place sur la frégate.

— Mais la frégate part ce matin.

— Que m'importe ?... si vous êtes véritablement décidé, je partirai ce matin...

— Mais je suis on ne peut plus décidé. Touchez là, mon cher Arthur ; je vous demande seulement le temps de retourner à bord pour prendre mes bagages.

— C'est convenu...

Et du Pluvier me quitta.

La résolution si subite que prit le petit homme d'habiter l'île à ma place ne m'étonna que médiocrement. Du Pluvier était une de ces natures essentiellement imitatives qui, n'ayant aucune idée en propre, s'emparent étourdiment des idées d'autrui et s'en affublent, sans regarder si elles vont ou non à leur esprit. Semblable à ces gens qui mettent un costume sans s'inquiéter qu'il soit fait ou non à leur taille, du Pluvier avait sans doute été frappé de l'excentricité de mon existence, et il croyait être fort original en la continuant.

Sans doute encore, les passagers de la frégate avaient dû, en causant de cette étrangeté, louer, blâmer ou exagérer la singulière disposition de caractère qui conduisait un homme du monde à vivre ainsi de la sorte ; mais comme ils avaient probablement, malgré les louanges ou le blâme, considéré cette résolution comme peu vulgaire, du Pluvier crut se mettre dans la même disposition de non-vulgarité en prenant ma place. Peut-être enfin avait-il été séduit par les rivalités de cette vie sensuelle. . . . .

Je me disposai donc à quitter l'île.

Un moment, je l'avoue, j'éprouvai une vague tristesse : j'abandonnais le certain pour l'incertain. Sans doute cette vie matérielle que je dédaignais avait ses désenchantemens ; mais est-il rien de complet au monde? La vie la plus éthérée, la plus quintessenciée n'a-t-elle pas aussi ses désillusionnemens?

Mais pouvais-je hésiter quand je voyais du Pluvier s'obstiner à demeurer avec moi?. . . . .

. . . .

Avant de partir, je voulus assurer le sort des esclaves; je les fis venir, et, sans leur parler de mon projet ni de la cession que je faisais de leurs personnes, je leur remis à chacune cinq cents francs, somme considérable pour elles, et qu'elles reçurent pourtant avec assez d'insouciance.

Puis, ayant mandé le renégat de Khios qui faisait les affaires du marquis Justiniani, je lui appris que je mettais du Pluvier à mon lieu et place comme locataire du palais et comme maître des esclaves, lui recommandant expressément de n'avertir celles-ci de ce changement que lorsque la frégate serait sous voile. . . . .

Du Pluvier revint enchanté.

Il me pria de lui laisser mes costumes albanais, voulant, disait-il, entrer de suite en jouissance, et n'ayant pas le temps de se faire costumer.

J'y consentis, et je l'aidai même à se travestir : il était impayable ainsi.

Il me demanda ensuite de le présenter aux esclaves comme leur maître futur.

Je m'en gardai bien, ayant la fatuité de croire à une sorte d'émeute parmi ces dames si elles se voyaient abandonnées par moi.

Je leur dis au contraire que j'allais à bord du vaisseau comme cela m'arrivait souvent depuis quelques jours, et qu'elles eussent à tenir compagnie à mon ami en mon absence...

Noémi regarda du Pluvier d'un air sournois, Daphné sourit avec mépris, et Anathasia prit une expression boudeuse.

Assez inquiet sur les dispositions futures des *femmes* de du Pluvier, je lui serrai la main, et, véritablement ému, je quittai le palais. . . . .

. . . .

La chaloupe de la frégate m'attendait, je fus bientôt à bord.

Monsieur de Fersen se montra d'une très gracieuse obligeance pour moi, et mon passage sur le bâtiment russe me fut accordé par le capitaine avec le plus aimable empressement.

Deux heures après mon départ du palais, nous mîmes à la voile. . . . .

. . . .

La résolution de du Pluvier fit assez longtemps le texte de nos plaisanteries.

Après quelques bordées, nous arrivâmes en vue du palais Carina, qui s'élevait à mi-côte. Une partie du parc descendait sur le rivage.

A l'aide d'une longue-vue, je regardais avec tristesse cet admirable pays... que je quittais à tout jamais, lorsqu'un singulier spectacle attira mon attention.

Sans doute averties de mon abandon par le renégat et par le départ de la frégate, je vis les esclaves descendre précipitamment et en désordre le long de la prairie, et s'assembler sur le bord de la mer en étendant les bras vers le vaisseau d'un air désespéré.

Puis, voyant qu'il s'éloignait toujours, Noémi, dans un accès de fureur extravagant, arracha son fez... le foula aux pieds, et bientôt son épaisse chevelure brune flotta au vent. Elle était belle comme une Euménide...

Daphné, concevant peut-être quelque espoir, agitait son écharpe de soie en manière de signal, tandis qu'Anathasia la blonde était agenouillée sur la grève.

Bientôt je vis du Pluvier, beaucoup plus qu'à l'aise dans mon costume albanais, accourir aussi précipitamment sur le rivage, suivi de la vieille Cypriote et des deux nains qui faisaient mille gambades.

Sans doute le nouveau sultan venait engager les odalisques à rentrer au sérail.

Mais, malheureusement, les odalisques étaient d'un caractère assez rétif et d'un esprit assez peu persuasif; car, après quelques paroles échangées par l'intermédiaire de la vieille Cypriote, toutes les femmes fondirent comme des furies sur du Pluvier, qui disparut complétement au milieu de leurs bras levés et menaçans.

Je ne pus voir la fin de cette scène divertissante, car la saillie d'un promontoire que nous doublions vint complétement masquer cette partie de la côte.

Une demi-heure après, le capitaine russe me dit :

— Je voudrais bien savoir ce que c'est que cette épaisse fumée qu'on voit s'élever au-dessus des terres de Khios... dans la direction du palais que vous habitiez?

L'idée de Noémi de brûler le palais si je l'abandonnais me revint aussitôt à l'esprit.

Ce projet venait-il d'être mis à exécution par ces folies? qu'était devenu du Pluvier?... avait-il été brûlé par ses esclaves *enlacé ou non dans leurs bras?* c'est ce que j'ignorais absolument, et nous perdîmes bientôt de vue les côtes de l'île de Khios, dans une profonde inquiétude sur le sort du pauvre du Pluvier.

MADAME LA PRINCESSE DE FERSEN.

XLI

L'ALEXINA.

Telles étaient les impressions que m'avait laissées mon séjour d'une année dans l'île de Khios; telles étaient les motifs de mon brusque départ pour la France, à bord de la frégate russe l'*Alexina*.

Ce fragment de mon journal d'autrefois intercalé à sa place, je reprends mon récit.

Je me trouve dans une disposition d'esprit parfaitement convenable pour faire cette narration et en suivre tous les incidens, qu'ils soient tristes, gais, tendres ou dramatiques.

Les dernières et violentes émotions que j'ai ressenties, depuis mon voyage d'Orient jusqu'à ce moment où j'écris ces lignes, ont tellement usé mon cœur, je me trouve si insouciant de l'avenir et du passé, que je puis raconter ce nouvel épisode de ma vie avec le désintéressement le plus profond, et comme s'il ne s'agissait pas de moi.

La lecture que je viens de faire de ces pages datées de l'île de Khios, écrites en Orient il y a trois ans, a encore augmenté mon indifférence pour ce qui me touche.

Lorsque le calme et la raison me reviennent, je me trouve si mobile, si inquiet, si fou, si fait pour le bonheur dont le destin m'a toujours comblé (parce qu'il savait sans doute que je n'en profiterais jamais), que je me juge avec une extrême et peut-être avec une injuste sévérité.

Du point de vue où je me suis placé, m'estimant peu, étant prévenu contre moi, dépourvu de tout orgueil, de tout amour-propre de *moi à moi*, j'exagère encore mes défauts, et mon caractère assez peu vaniteux m'empêche souvent d'évaluer à leur prix quelques actions vraiment généreuses dont je pourrais m'enorgueillir.

Aussi, je crois que si ces pages étaient jamais connues (ce qui ne peut arriver, car j'y mettrai bon ordre), elles donneraient une bien triste opinion de mon caractère.

Et pourtant beaucoup auraient-ils agi ainsi que j'ai agi?

Car enfin, si autrefois j'ai supposé à Hélène les plus odieuses arrière-pensées... n'ai-je pas dans mon désespoir tout tenté, tout fait pour réparer ma faute? Ne lui avais-je pas, si elle eût accepté ma main, abandonné ma fortune? Et plus tard, lorsque j'ai su que Frank était pauvre, ne suis-je pas venu à son secours aussi délicatement que je l'ai pu?

Si j'ai été bien injustement cruel envers Marguerite, au moins je l'avais longtemps et courageusement défendue contre les calomnies du monde, et cela avant d'être connu d'elle.

Et ce duel?.... ce duel acharné qu'elle a toujours ignoré? . . . .

. . . . (1).

Si, égaré pour un accès d'incurable folie, j'ai outrageusement insulté Falmouth, ne lui avais-je pas sauvé la vie en risquant la mienne?

Sans doute le mal que j'ai fait n'empêche pas le mal qu'on peut me reprocher; mais n'est-il pas affreux de songer que ce qu'il y a eu de noble et de bon dans ma conduite disparaîtra toujours sous le flot d'amertume et de haine que ma défiance a soulevé!

Mais après tout, que m'importe maintenant le passé! C'est pour revoir le tableau de ma vie se dérouler à mes yeux que j'écris ces lignes; c'est pour raccourcir les longues heures de la solitude où je vis à cette heure à Serval, dans le triste et vieux château paternel, si longtemps abandonné par moi.

. . . .

Ce fut donc dans l'ignorance complète du sort de du Pluvier que nous abandonnâmes l'île de Khios.

Quoique nous entrassions dans l'équinoxe, la traversée, souvent retardée par des vents contraires, fut assez belle.

L'aspect des marins russes me parut tout autre que celui des marins anglais.

Quoique ceux-ci soient soumis aux duretés de la discipline militaire la plus despotique; quoique par habitude et par nature ils se montrent pleins de déférence et de respect pour les officiers appartenant à la haute aristocratie,

---

(1) Ici quelques lignes étaient raturées dans le *Journal d'un inconnu*. Le récit de ce duel ne se trouvant pas dans l'épisode de madame de Pénafiel, et Arthur y faisant encore une autre allusion lors du combat des pirates contre le yacht, il est probable que cette omission résulte d'un oubli involontaire ou calculé.

(*Note de l'Auteur* E. S.) .

fficiers dont ils s'honorent surtout, ainsi que les nègres se montrent plus fiers d'avoir pour maître un blanc qu'un mulâtre, tout révèle en eux cet indomptable orgueil national, cette insolente fierté bretonne qui rendent le matelot anglais un des meilleurs matelots du monde, parce qu'il est toujours poussé ou soutenu par le sentiment outré de sa propre valeur, par sa foi profonde dans la supériorité de son pays sur les autres nations maritimes.

Or, quelque insensés qu'ils soient, le fanatisme ou la fo opèrent toujours des prodiges.

Les matelots russes témoignaient au contraire une obéissance passive presque religieuse, une résignation aveugle et un dévouement machinal à la volonté de leurs chefs, auxquels ils semblaient presque reconnaître une nature supérieure à la leur. Aussi on sentait qu'un mot, qu'un signe de ces officiers pouvait élever la résignation et le dévouement intrépide des marins russes jusqu'à l'héroïsme de l'abnégation personnelle.

Singulière différence entre le génie de ces deux peuples et celui des Français !... des Français, quelquefois rigoureusement soumis, mais jamais respectueux ; obéissant gaiement à des supérieurs dont ils se moquent, ou se faisant admirablement tuer pour des causes qu'ils insultent.

Je fus amené à faire ces différens rapprochemens en observant les habitudes calmes, presque claustrales, qui régnaient à bord de la frégate russe, et qui, après quelques jours de navigation, eurent une réaction très singulière sur nous autres passagers.

Rien en effet de plus singulier que l'aspect de ce bâtiment : c'était le silence au milieu de la solitude des mers.

A part les commandemens des officiers, on n'entendait jamais un mot.

Muet et attentif, l'équipage ne répondait aux ordres de ses chefs que par le bruit de la manœuvre qu'il exécutait avec une précision mécanique.

Au soleil couchant, l'aumônier lisait la prière ; tous les marins s'agenouillaient pieusement, puis ils descendaient dans la batterie.

Mais toujours et partout un silence inexorable... S'ils étaient battus de cordes pour une faute, jamais un cri ; s'ils se reposaient de leurs fatigues, jamais un chant.

Le capitaine de la frégate et son lieutenant, avec lesquels madame et monsieur de Fersen vivaient ainsi que moi, étaient des hommes parfaitement bien élevés, étaient de fort bons marins, mais leur esprit n'avait rien de saillant.

Monsieur de Fersen lisait presque continuellement une collection d'ouvrages dramatiques français.

Nous restions donc, madame de Fersen et moi, très esseulés au milieu de cette petite colonie ; ni les choses, ni les hommes, ni les événemens ne devaient nous distraire de nos préoccupations individuelles.

Au milieu de ce calme profond, de cet isolement, de ce silence, les moindres fantaisies de la pensée devaient donc fortement s'empreindre sur la trame unie d'une vie si simple ; en un mot, et cela peut se dire, jamais toile ne fut plus également préparée pour recevoir les inspirations du peintre, quelque variées, quelque bizarres qu'elles fussent.

A midi, nous nous rassemblions pour déjeuner, puis venait une promenade sur le pont ; ensuite monsieur de Fersen retournait à la lecture de ses chers vaudevilles, et les officiers à leurs observations nautiques.

Madame de Fersen se tenait habituellement dans la galerie de la frégate ; je causais donc ainsi chaque jour avec elle sans être presque jamais interrompu, depuis deux heures jusqu'au moment où elle allait faire, pour dîner, une toilette toujours fraîche et charmante.

Après dîner, quand le temps le permettait, on servait le café sur le pont. On y faisait ensuite une nouvelle promenade ; puis, sur les neuf heures, nous nous réunissions de nouveau dans la galerie.

Madame de Fersen, excellente musicienne, se mettait souvent au piano, à la grande joie du prince, qui la suppliait de lui accompagner quelques airs de vaudeville qu'il fredonnait véritablement à merveille.

D'autres fois, un des officiers de la frégate, qui avait une fort jolie voix, nous chantait des chansons nationales très naïves et très agréables.

La musique et la conversation, à laquelle monsieur de Fersen prenait alors part et qu'il animait par une gaieté de très bon goût, nous conduisaient jusqu'à onze heures ; on servait le thé, et chacun se retirait quand bon lui semblait.

On le voit, à part l'*étendue* des promenades, nous menions la vie de château la plus intime et la plus concentrée.

Le troisième jour depuis notre départ de Khios, survint un singulier incident, très puéril en apparence, mais qui eut... mais qui devait avoir une bien étrange influence sur ma destinée...

Madame de Fersen avait une petite fille de six ans nommée Irène, pour laquelle elle témoignait un amour qui semblait aller jusqu'à l'idolâtrie.

Il était impossible de rêver quelque chose de plus accompli, de plus idéal que cette enfant.

Elle était d'une beauté sérieuse et grave ; bien des mères, je le crois, eussent préféré pour leur fille une figure plus enfantine et plus riante ; car, je l'avoue, je ne pouvais moi-même quelquefois échapper à un ressentiment de tristesse en contemplant cet adorable visage, qui exprimait une mélancolie indéfinissable et incompréhensible pour un âge encore si tendre.

Le front d'Irène était vaste, saillant ; son teint hardiment pâle, car ses joues fermes et rondes annonçaient une santé florissante. Ses cheveux châtain foncé, très abondans, très fins et très soyeux, bouclaient naturellement autour de son col ; ses yeux fort grands, d'un noir humide et velouté, avaient un regard d'une singulière profondeur, surtout lorsque, par cette faculté naturelle aux enfans, Irène vous contemplait longtemps et fixement sans baisser les franges de ses longues paupières brunes.

Son nez était mince et charmant, sa bouche petite, vermeille, et je dirais que sa lèvre inférieure un peu saillante était dédaigneuse... si le dédain ne semblait pas incompatible avec cet âge. Enfin sa taille, ses mains et ses pieds étaient d'une perfection rare.

Irène, par une touchante superstition de sa mère avait été vouée au blanc après une longue maladie ; la simplicité presque religieuse de ce vêtement donnait un nouveau caractère à sa physionomie.

Je l'ai dit, c'était le troisième jour après notre départ de Khios.

Irène, qui jusqu'alors avait paru m'observer avec une sorte de défiance inquiète, et qui s'était peu à peu apprivoisée, vint résolument me dire avec une solennité enfantine :

— Regardez-moi, que je voie si je vous aimerai bien.

Puis après avoir attaché sur moi un de ces longs regards fixes et pénétrans dont j'ai parlé, et devant lequel, je l'avoue, je fus obligé de baisser la vue, Irène ajouta :

— Oui, je vous aimerai bien. — Puis, après un nouveau silence, elle reprit en se retournant vers madame de Fersen : — Oui, ma mère, je l'aimerai beaucoup, je l'aimerai comme j'ai aimé Ivan !...

Sa petite figure prit en disant ces mots une si ravissante expression de gravité réfléchie que je ne pus m'empêcher de sourire.

Mais quel fut mon étonnement lorsque je vis madame de Fersen jeter tour à tour des regards presque stupéfaits sur Irène et sur moi, comme si elle eût attaché une grande importance à ce que sa fille venait de me dire !

— Quoique je n'aie maintenant rien à envier à l'heureux Ivan, voilà un aveu, madame, qui sera, je le crains bien, oublié dans dix ans d'ici, — dis-je à la princesse.

— Oublié!... monsieur!... Irène n'oublie rien... Voyez ses larmes au souvenir d'Ivan...

En effet, deux grosses perles roulaient sur les joues de l'enfant, qui continuait d'attacher sur moi son regard à la fois triste, doux et interrogatif.

— Mais quel était donc cet Ivan, madame?

Les traits de madame de Fersen s'assombrirent, et elle me répondit avec un soupir :

— Ivan était un de nos parens, monsieur, qui est mort très jeune... — et elle hésita un moment, — mort d'une mort violente et affreuse, il y a de cela deux ans... Irène l'avait pris en si extrême affection que j'en étais devenue presque jalouse. Je ne saurais vous dire la douleur incroyable de cette enfant lorsqu'elle ne vit plus Ivan, qu'elle demandait sans cesse ; elle avait alors quatre ans, elle ressentit un chagrin si profond qu'elle tomba très gravement malade et faillit mourir. C'est à cette époque que je l'ai vouée au blanc, en suppliant Dieu de me la rendre... Mais ce qui m'étonne extrêmement, monsieur, c'est que, depuis deux ans, vous êtes la seule personne à qui Irène ait dit qu'elle l'aimerait.

Irène, qui avait attentivement écouté sa mère, me prit la main, et me dit d'un air presque inspiré en levant au ciel ses grands yeux encore humides de larmes :

— Oui, je l'aimerai comme Ivan, parce qu'il ira bientôt là-haut comme Ivan.

— Irène!... mon enfant!... que dites-vous!!! Ah! monsieur, pardon... — s'écria madame de Fersen... presque avec effroi, en me regardant d'un air suppliant.

— Quand je devrais l'acheter par la fin du pauvre Ivan, — lui dis-je en souriant, — laissez-moi du moins, madame, jouir d'une si charmante affection.

.   .   .   .

Je ne suis ni faible ni superstitieux, mais je ne pourrais dire la singulière impression que me causa cet enfantillage : j'expliquerai tout à l'heure pourquoi.

Il n'y a pas de moyen terme : ou de pareils incidens sont du dernier ridicule, ou ils agissent puissamment sur certains esprits.

.   .   .   .

Heureusement, en venant prier sa femme de noter l'air d'À *soixante ans il ne faut pas remettre*, etc., monsieur de Fersen mit un terme à cette scène étrange.

Je remarquai que madame de Fersen ne parla pas à son mari du singulier aveu qu'Irène m'avait fait.

Ce jour-là, après dîner, la princesse se plaignit d'une migraine, et se retira aussitôt chez elle.

XLII

MADAME LA PRINCESSE DE FERSEN.

Le lendemain, madame de Fersen ne parut pas au déjeuner; elle était souffrante, me dit le prince, et elle avait passé une nuit assez agitée. Puis, presque sans transition, et à mon grand étonnement, il me fit les confidences les plus étendues sur le caractère, sur l'esprit, sur les habitudes et sur la vie passée de sa femme, peut-être afin de me prévenir de la vanité de mes tentatives, dans le cas où j'aurais songé à m'occuper de madame de Fersen, car je ne puis m'expliquer autrement son incompréhensible fantaisie d'entrer avec moi dans de pareils détails.

Tel est à peu près le résumé de ce que m'apprit monsieur de Fersen sur sa femme :

Mademoiselle Catherine Metriska, fille du comte Metriski, gouverneur d'une des provinces asiatiques de l'empire russe, avait dix-sept ans lorsqu'elle fut mariée à monsieur de Fersen. Elle joignait à beaucoup d'esprit naturel une éducation très cultivée et un jugement d'une maturité précoce. Lors de son mariage, le prince était ambassadeur à Vienne.

Il avait d'abord craint l'inexpérience de sa femme, chargée si jeune de toutes les responsabilités qui pèsent sur l'ambassadeur d'une grande puissance auprès d'une cour aussi sévère, aussi grave et aussi digne dans son étiquette que la cour d'Autriche. Mais madame de Fersen, merveilleusement douée, satisfit aux moindres exigences de sa position, grâce au tact exquis, aux nuances délicates, à la mesure parfaite qu'elle sut apporter dans des relations si difficiles.

« Toute jeune, pétrie de grâce et d'esprit, — me dit le prince, — vous jugez si madame de Fersen fut aussitôt entourée, courtisée par la fine fleur de tous les étrangers qui arrivaient à la cour de Vienne.

» Quoiqu'un mari ne doive pas plus parler de la vertu de sa femme qu'un gentilhomme de sa race, — ajouta monsieur de Fersen en souriant, — je crois, je sais que *la femme de César n'a jamais été soupçonnée*, et pourtant César avait cinquante ans... Et pourtant je m'étais marié moins peut-être par amour, quoique Catherine fût charmante, que parce qu'il est certaines ambassades que l'on ne donne pas aux célibataires, et puis parce que dans ma position je voulais avoir près de moi un être candide et désintéressé, sur l'esprit duquel je pourrais essayer l'effet de certaines combinaisons... à peu près, sauf la férocité de la comparaison, — ajouta le prince en riant, — comme quelques patriciens de Rome essayaient des poisons sur leurs esclaves. L'expérience m'a prouvé que l'excessive pureté était souvent bien plus difficile à tromper que l'excessive duplicité, car les enfans devinent presque toujours les pièges qu'on leur tend. Aussi, lorsque je vois Catherine admettre certains projets, certaines idées assez habilement déguisées, pour que son naturel sensible, délicat et généreux n'en soit pas choqué, je ne crains pas plus tard, en émettant cette idée, d'irriter la susceptibilité de mes chers collègues, dont la conscience est généralement fort coriace.

» Peu à peu, — continua le prince, — madame de Fersen prit goût à la politique, car, pour continuer mes expériences, je lui confiai, sous différens aspects, beaucoup de questions que j'avais à résoudre. Mais n'allez pas croire que sa politique fût sèche ou égoïste... non, non, l'amour exalté de l'humanité était le seul mobile de la sienne. A l'entendre parler des nations européennes, on eût dit qu'elle parlait de ses sœurs chéries et non des rivales de son pays... J'ai l'air d'un vieil enfant en vous parlant si sérieusement de ce que vous prenez sans doute pour les rêveries d'une jeune femme romanesque, et pourtant vous ne sauriez croire l'excellent parti que je tire de sa disposition d'esprit à étonnamment enthousiaste de la paix et du bonheur de chacun... La sagesse consiste toujours, n'est-ce pas ! à se tenir dans un terme moyen également éloigné de toute extrémité. Or, lorsque je dois prendre une détermination importante, la politique généreuse et conciliatrice de madame de Fersen me marque une limite, notre politique traditionnelle de fourberie et d'égoïsme me marque l'autre. Il m'est donc alors très facile de choisir un sage et prudent milieu entre ces deux exagérations.

» Enfin, j'ai dû à cette tendance de l'esprit de madame de Fersen un autre avantage... celui de pouvoir affirmer que *la femme de César n'avait jamais été soupçonnée*... car, voyez-vous, lorsque la partie essentiellement aimante et dévouée du cœur de la femme trouve un brillant emploi de ses facultés, la femme ne cherche pas à les occuper ailleurs, surtout lorsque son orgueil féminin est flatté de l'influence qu'elle acquiert en les satisfaisant.

» Joignez à cela ce dont j'aurais dû vous parler d'abord; mais, ainsi que l'a dit une de nos femmes célèbres, madame de Sévigné, je crois, souvent le sujet d'une lettre est dans son *post-scriptum*. Eh bien! sans vous parler de mon attachement pour ma femme, et de son attachement pour moi, sans vous parler de la sévérité toute puritaine de ses principes, savez-vous ce qui l'a surtout préservée des légèretés de la jeunesse? C'est l'amour absolu, l'amour passionné qu'elle a pour sa fille. Vous ne sauriez, monsieur, en comprendre tout l'excès, toute l'exaltation... Sans doute notre Irène mérite cette tendresse, mais quelquefois j'en frémis pourtant, lorsque je songe que si un malheur imprévu, comme celui qui a déjà failli nous frapper, nous enlevait cette enfant, certainement sa mère mourrait ou deviendrait folle. »

. . . .

Monsieur de Fersen était dans la maturité de l'âge; sa réputation de diplomate consommé était presque européenne; tout en lui annonçait l'homme supérieur, appelé par ses éminentes qualités à exercer les hautes fonctions qu'il avait toujours remplies; aussi ne pouvais-je assez m'étonner des confidences qu'il me faisait, à moi si jeune et qui lui étais si complétement étranger.

Comme je ne pouvais supposer qu'un homme depuis longtemps habitué à traiter les affaires les plus épineuses et les plus graves pût agir avec légèreté lorsqu'il était question de ce qui le touchait personnellement, je pensais que tout ce que m'avait dit monsieur de Fersen devait être profondément calculé... que ce n'était pas sans dessein qu'il avait ainsi oublié la réserve que lui commandaient nos positions et nos âges respectifs.

Aussi, je le répète, je ne pouvais voir à ces confidences, au moins bizarres, d'autre but, que celui de me prouver l'impossibilité de réussir auprès de madame de Fersen.

Et pourtant, d'un autre côté, j'avais été désagréablement frappé en entendant le prince me parler de sa femme comme d'un instrument nécessaire à sa diplomatie. I, m'avait semblé voir percer la sécheresse du cœur la plus grande dans sa manière de me parler d'elle; d'ailleurs, dans ses rapports habituels avec madame de Fersen, non-seulement il ne se montrait pas jaloux (il était trop du monde pour tomber dans ce ridicule), mais il me paraissait même indifférent.

Alors je me demandais dans quel but il m'avait fait les confidences dont j'ai parlé...

Je restai ainsi dans une extrême perplexité.

. . . .
. . . .

XLIII

LA TRADITION.

Je n'avais pas revu madame de Fersen depuis le jour où Irène m'avait fait la singulière prédiction dont sa mère avait paru si épouvantée.

L'affection singulière que me témoignait cette enfant m'étonnait beaucoup.

Dès qu'elle était seule, elle s'approchait de moi. Si je lisais dans la galerie, craignant sans doute de m'être importune, elle s'asseyait sur un coussin, appuyait son menton dans ses deux petites mains, et je ne pouvais lever les yeux sans rencontrer son regard profond et toujours sérieux.

Quelquefois j'essayais de l'amuser des jeux familiers aux enfans; mais elle ne s'y prêtait qu'avec répugnance, et me disait gravement de sa voix enfantine :

— J'aime mieux rester là, près de vous, à vous regarder comme je regardais Ivan.

J'ai été beaucoup plus superstitieux que je ne le suis; mais en pensant au singulier sentiment d'attraction que j'inspirais à cette enfant, je me rappelais, non sans un certain serrement de cœur (j'avoue cette misère), une bizarre tradition sanscrite que mon père m'avait souvent

lue, parce qu'il avait, disait-il, été témoin de deux faits qui en confirmaient le texte.

Selon cette tradition, *les gens prédestinés à une mort fatale et précoce avaient le pouvoir de charmer les enfans et les fous.*

Or, en effet, Ivan avait *charmé* Irène, et il était mort d'une mort fatale.

Je *charmais* aussi Irène, et elle m'avait prédit une mort violente, en toute ignorance de la tradition.

Ces singuliers rapprochemens étaient au moins bien étranges; quelquefois ils me préoccupaient malgré moi.

Maintenant même que le temps a passé sur ces événemens, cette prédiction d'Irène me revient quelquefois à l'esprit.

Quant à cette tradition, elle avait été traduite par mon père, et se trouvait écrite avec quelques autres notes sur un cahier contenant le récit d'un de ses voyages en Angleterre et aux Indes. J'avais emporté de France ce manuscrit, ainsi que d'autres papiers qui échappèrent au naufrage du yacht.

Le lendemain du jour où elle avait été souffrante, la princesse vint dans la galerie sur les deux heures; j'y étais seul avec sa fille.

La figure de madame de Fersen était pâle et triste.

Elle me salua gracieusement; son sourire me sembla plus affectueux qu'à l'ordinaire.

— Je crains bien, monsieur, que ma fille ne vous soit importune, — me dit-elle en s'asseyant et en prenant Irène sur ses genoux.

— C'est moi plutôt, madame, qui l'importunerais, car elle m'a plusieurs fois témoigné par la gravité de ses manières et de son langage, qu'elle me trouvait beaucoup trop de son âge... et pas assez du mien.

— Pauvre enfant! — dit madame de Fersen en embrassant sa fille. — Vous ne lui en voulez donc pas de son étrange, de sa folle prédiction?

— Non, madame, car je vais à mon tour lui en faire une, et alors nous serons quittes. Mademoiselle Irène, — lui dis-je très sérieusement, en prenant sa petite main dans les miennes, — je ne vous dirai pas que vous irez *là-haut*, mais je vous promets que dans dix ou douze ans d'ici, il viendra tout exprès de *là-haut*, ici-bas, un bel ange, beau comme vous, bon comme vous, charmant comme vous, et qui vous conduira dans un palais magnifique, tout d'or et tout de marbre, où vous vivrez bien longtemps, bien longtemps, on ne peut pas plus heureuse avec ce bel ange, car il vous aimera comme vous aimez votre mère; et puis un jour, ce palais n'étant plus assez beau pour vous, vous vous envolerez tous deux pour en aller habiter un plus magnifique encore...

— Et vous y serez avec ma mère, dans ce palais? me demanda l'enfant en attachant à tour ses grands yeux interrogatifs sur madame de Fersen et sur moi.

Ce fut une folie, mais je fus charmé du rapprochement que faisait Irène, en parlant de sa mère et de moi.

Je ne sais si madame de Fersen remarqua ce sentiment, mais elle rougit, et dit à sa fille, sans doute pour éluder de répondre à sa question :

— Oui, mon enfant, j'y serai... je l'espère du moins.

— Mais vous y serez avec lui?... — répéta l'enfant en me montrant du bout de son petit doigt.

Soit qu'elle fût contrariée de la singulière insistance d'Irène, soit qu'elle en fût embarrassée, madame de Fersen la baisa tendrement au front, la pressa sur son cœur et la serra dans ses bras, en lui disant :

— Vous êtes une petite folle; dormez, mon enfant... — Puis elle ajouta d'un air distrait, en regardant à travers la fenêtre de la galerie : — Il fait un bien beau temps aujourd'hui, monsieur; que la mer est calme!

— Très calme, — répondis-je avec assez de dépit, en voyant la conversation prendre cette tournure.

Irène ferma ses yeux et parut vouloir dormir; sa mère, avec une grâce indicible, ramena quelques grosses boucles de cheveux sur les yeux de l'enfant, et lui dit à voix basse cette puérilité maternelle :

— Dormez, mon enfant, maintenant que j'ai fermé vos jolis rideaux...

Il y a dans les premières phases de l'amour naissant des riens adorables dont savent jouir les âmes délicates.

Je trouvais charmant de pouvoir parler à demi-voix à madame de Fersen, sous le prétexte de ne pas éveiller sa fille. Il y avait dans cette nuance si différente en apparence quelque chose de tendre, de mystérieux, de voilé qui me ravissait.

Irène ferma bientôt ses longues paupières.

— Comme elle est belle ainsi!... — dis-je tout bas à sa mère ; — qu'il y a de bonheur écrit sur son beau front!

Dirai-je que j'attendais presque avec anxiété la réponse de madame de Fersen, afin de savoir si elle aussi me parlerait tout bas?...

Dirai-je que je fus heureux... oh! bien heureux, en l'entendant garder le même accent?...

— Puissiez-vous dire vrai, monsieur ! — reprit-elle. — Puisse-t-elle être heureuse !...

— Je ne pouvais lui faire à elle toute ma prédiction, madame, elle ne l'aurait pas comprise ; mais voulez-vous que je vous dise, à vous... mon rêve pour elle ?...

— Sans doute...

— Eh bien! donc, madame, ne parlons pas du bonheur qui lui est assuré tant qu'elle vivra près de vous... ce serait une prédiction trop facile... parlons de ce moment toujours si cruel pour une mère, de ce moment où elle doit abandonner son enfant idolâtrée aux soins d'une famille étrangère, aux soins d'un homme étranger... Pauvre mère, elle ne peut le croire... sa fille d'une nature si timide, si craintive, si exquise qu'à sa mère seulement elle parlait sans rougir et avec une joyeuse assurance ; sa fille, qu'elle n'a jamais quittée, qu'elle a veillée le jour, qu'elle a veillée la nuit ; sa fille! son orgueil, son étude, sa jalousie, sa gloire, sa fille! cet ange de candeur et de grâce dont elle seule peut comprendre, peut deviner toutes joies, toutes les angoisses, toutes les susceptibilités, toutes les délicatesses inquiètes... la voilà au pouvoir d'un homme étranger, qui a dû se faire chérir en venant pendant deux mois l'entretenir chaque jour, sous les yeux de ses parens, de banalités puériles, ou des devoirs d'une femme envers son mari... Ils sont donc unis ; et ici, madame, je vous fais grâce de cet appareil monstrueusement grossier et significatif avec lequel on *mène la jeune fille à l'autel*, à la face d'une foule effrontée, en grande pompe, au grand jour, à grand renfort de musique et d'éclat..... A Otahiti, on y met plus de pudeur, ou du moins plus de mystère. Enfin, après la messe, l'homme emmène sa proie dans sa maison, en lui disant... « Viens, ma femme... » Eh bien! madame, si ma prédiction se réalise... celui qui, devant Dieu et devant les hommes, aurait le droit de dire si brutalement à mademoiselle votre fille... « *Viens, ma femme...* » lui dira d'une voix douce, timide et suppliante... « *Venez, ma fiancée.* »

Madame de Fersen me regarda d'un air étonné.

— Oui, madame, car avant tout... oh! avant tout, celui-là respectera avec une pieuse adoration, avec une religieuse délicatesse, cette terreur si chastement sublime de la jeune fille, qui dans les bras de sa mère, qui de son lit virginal, se voit tout à coup jetée dans une maison étrangère... Ces frayeurs profondes et involontaires, ces regrets navrans de sa femme, il les calmera peu à peu par les soins charmans, par les prévenances naïves qui n'effaroucheront pas ce pauvre cœur encore tout dépaysé... Enfin il saura d'abord se faire aimer comme le meilleur des frères... dans l'espoir de l'être un jour comme le plus heureux des amans.

— Quel dommage que ce rêve ne soit qu'une charmante folie, — dit madame de Fersen en soupirant.

— Oh! n'est-ce pas, madame! car avouez que rien ne serait plus adorable que toutes les phases mystérieuses de cet amour, exalté comme l'espérance, passionné comme le

désir, et pourtant légitime et permis ! N'est-ce pas que le jour où, après une cour assidue, la jeune femme, enivrée de tendresse, confirmerait par un enivrant aveu les droits si ardemment attendus que son mari n'a voulu tenir que d'elle... n'est-ce pas que ce souvenir serait bien durable et bien délicieux à son cœur? à elle? ainsi librement obtenue? N'est-ce pas que, plus tard, les galanteries, les empressemens du monde lui sembleraient bien pâles auprès de ces jours de bonheur radieux... et brûlans, toujours présens à sa pensée? N'est-ce pas qu'un tel souvenir garantirait presque sûrement une femme de toutes les séductions coupables, qui ne lui causeraient jamais les ravissemens ineffables qu'une légitime et sainte union lui aurait fait si délicieusement éprouver !...

A mesure que je parlais, madame de Fersen me regardait avec un étonnement croissant ; enfin elle me dit :

— Comment, monsieur, vous auriez véritablement sur le mariage ces idées d'une délicatesse peut-être exagérée ?...

— Sans doute, madame, ou du moins je les emprunte, dans ma prédiction, à celui qui un jour doit être assez heureux pour se charger du bonheur de votre fille... Aussi ne trouvez-vous pas qu'un mari tel que je le lui prédis..... beau, jeune, bien né, spirituel et charmant, qui penserait ainsi... lui offrirait de grandes chances de félicité durable ; car, j'en suis sûr, mademoiselle Irène sera douée de toutes les précieuses qualités de l'âme qui peuvent inspirer et apprécier un tel amour.

— Ah! sans doute, ce serait un beau rêve... je vous le répète; seulement ce qui m'étonne beaucoup, c'est que vous fassiez de pareils rêves, — me dit-elle d'un air assez moqueur.

— Mais pourquoi, madame ?

— Comment? vous, monsieur, qui êtes venu chercher en Orient l'idéalité de la vie matérielle !...

— Cela est vrai, madame, — lui dis-je à voix basse en la regardant fixement ; — mais aussi, n'ai-je pas à l'instant quitté cette vie, lorsque j'ai dû au hasard de connaître, c'est-à-dire de pouvoir adorer une idéalité toute contraire, celle de l'esprit, de la grâce et du cœur?...

Madame de Fersen me jeta un coup-d'œil sévère.

Je ne sais ce qu'elle allait me répondre, lorsque son mari entra pour me demander si je savais l'air d'*Anacréon chez Polycrate*.

. . . .

Depuis le jour où je lui avais fait un aveu, madame de Fersen me parut vouloir éviter avec soin de se trouver seule avec moi, quoique devant nos compagnons de voyage ses manières n'eussent pas changé.

Mais, grâce à la singulière affection que j'inspirais à Irène, la princesse put difficilement accomplir son projet.

Dès que je paraissais sur le pont ou dans la galerie, l'enfant me prenait par la main et m'amenait près de madame de Fersen, en me disant :

— Venez, j'aime à vous voir près de ma mère...

D'abord je ne pus m'empêcher de sourire du dépit de madame de Fersen, qui se trouvait ainsi quelquefois obligée à ce tête à tête qu'elle voulait éviter.

Puis craignant que cette contrariété, que je lui causais involontairement, me fît prendre en aversion de elle, j'essayai de me refuser aux instances d'Irène. Voyant qu'elle s'opiniâtrait, deux ou trois fois je la renvoyai assez durement.

La pauvre enfant ne dit pas un mot, deux grosses larmes roulèrent le long de ses joues, et elle alla silencieusement s'asseoir loin de moi et loin de sa mère.

Celle-ci voulut s'approcher d'elle pour la consoler, mais Irène repoussa doucement ses caresses.

Le soir, elle ne voulut pas manger, et sa gouvernante, qui passa la nuit à la veiller, assura qu'elle avait à peine dormi, et qu'à d'assez longs intervalles elle avait silencieusement pleuré.

Monsieur de Fersen, qui ignorait la cause de l'indisposition passagère de sa fille, n'y fit pas une grande attention, et l'attribua à l'excessive susceptibilité nerveuse de l'enfant.

Mais madame de Fersen me jeta un regard irrité.

Je le compris.

Mon aveu, en la mettant en défiance, avait dû lui faire éviter les occasions de se trouver désormais seule avec moi.

Irène ressentait un assez grand chagrin de cette sorte de rupture ; nécessairement la princesse me regardait comme la cause première de la tristesse de sa fille, qu'elle aimait avec une folie passion.

Madame de Fersen avait donc raison de me haïr. Je résolus de mettre un terme à la douleur d'Irène.

Je profitai d'un moment où j'étais seul avec madame de Fersen pour lui dire :

— Pardonnez-moi, madame, un aveu bien insensé... Je le regrette d'autant plus qu'il n'a pas été étranger au chagrin et aux souffrances de votre pauvre enfant... Je vous donne donc ma parole, madame, de ne jamais plus vous dire un seul mot qui puisse apporter de nouveau le moindre trouble dans les joies de votre amour maternel, et m'exposer ainsi à perdre vos bonnes grâces qui me sont si précieuses...

Madame de Fersen me tendit la main avec un mouvement de reconnaissance charmante, et me dit :

— Je vous crois, et je vous remercie du fond de l'âme, car ainsi vous ne me séparerez plus de ma fille !

XLIV

LES ADIEUX.

Bientôt je regrettai d'avoir promis à madame de Fersen de ne jamais lui dire un mot de galanterie; car, depuis qu'elle se trouvait tout à fait en confiance avec moi , elle me semblait de plus en plus charmante, et chaque jour je m'en éprenais davantage.

Fidèles à nos rendez-vous de la galerie, presque toujours seuls avec Irène, nos rapports furent bientôt d'une familiarité tout amicale.

J'exploitais fort habilement ma complète ignorance en politique , pour la bannir tout à fait de nos entretiens. Ainsi maître de la conversation, je l'amenais toujours sur mille questions relatives aux sentiments tendres ou aux passions.

Quelquefois, comme si elle eût redouté la tendance de ces entretiens, madame de Fersen voulait absolument parler politique. Mais alors j'arguais de mon ignorance, et la princesse me reprochait spirituellement d'agir comme ces amoureux qui prétendent toujours ne pas aimer la chasse, afin de pouvoir rester avec les femmes pendant que les maris vont arpenter la plaine.

Lorsque les longueurs de la navigation eurent établi quelques rapports d'intimité entre moi et les officiers russes de la frégate, notre conversation étant souvent tombée sur madame de Fersen, je fus frappé du respect profond avec lequel ils parlaient toujours d'elle.

« La médisance, — disaient-ils, — l'avait constamment épargnée, soit en Russie, soit à Constantinople, soit dans les diverses cours où elle avait résidé. »

Une réputation d'irréprochable pureté est, je crois, une séduction irrésistible, surtout lorsqu'elle se rencontre chez une femme jeune, belle, spirituelle, et placée dans une position très éminente; car il faut qu'elle possède une puissante autorité morale pour désarmer l'envie ou pour émousser ses traits, et inspirer, comme l'inspirait madame de Fersen, un sentiment général de bienveillance et de respect.

C'était en comparant l'amour que j'avais ressenti pour madame de Pénaflel à mon amour pour madame de Fersen que j'appréciais le charme généreux et entraînant de cette séduction.

Sans doute Marguerite avait été indignement calomniée : j'en avais eu des preuves flagrantes; mais, si absurdes que soient les bruits qui outragent la femme que vous aimez, ils vous causent toujours un ressentiment pénible.

En admettant même que vous parveniez à vous convaincre de leur fausseté, vous reprochez alors à la femme qui en est victime de n'avoir pas l'esprit de sa vertu.

La vie d'Hélène avait été bien pure , et pourtant le monde l'avait attaquée. Mes soins pour elle avaient seuls causé ces bruits odieux, et pourtant, dans mes accès d'injustice je l'accusais de n'avoir pas su se mettre au-dessus des soupçons.

A part la grâce, l'esprit et la beauté de madame de Fersen, ce qui contribuait surtout à me la faire adorer, c'était, je le répète, sa réputation de haute et sereine vertu.

Lorsqu'ils s'opiniâtrent à combattre la résistance d'une femme sérieusement attachée à ses devoirs, la plupart des hommes ne sont souvent animés que par l'amour de la lutte, que par l'espoir d'un orgueilleux triomphe.

Ce n'étaient pas ces sentiments qui me faisaient persister dans mon amour pour madame de Fersen, c'était une sorte de confiance sans bornes dans la pureté de son cœur, dans la noblesse de son caractère; c'était la certitude de pouvoir l'aimer avec toutes les chastes voluptés de l'âme, sans craindre d'être dupe d'une sévérité feinte ou d'une menteuse pruderie.

Je m'étais d'ailleurs si grossièrement matérialisé pendant mon séjour à Khios, que j'avais un désir inexprimable de me livrer à toutes les délicatesses exquises d'un sentiment pur et élevé.

* * *

Contrariée par les vents d'équinoxe , notre traversée, y compris une longue quarantaine obligée au lazaret de Toulon, dura environ six semaines.

Je ne croyais pas avoir fait de progrès dans l'affection de madame de Fersen ; car ses manières avec moi étaient devenues de plus en plus franches et amicales. Elle m'avait naïvement avoué que mon esprit lui plaisait beaucoup, et qu'elle espérait, à Paris, continuer aussi souvent que possible *nos entretiens de la galerie.*

Évidemment, madame de Fersen me regardait comme absolument sans conséquence. Quelque pénible que fût cette découverte pour mon orgueil, j'aimais tant Catherine que je ne voulais qu'au bonheur de la voir le plus souvent possible... confiant mes espérances à la sincérité de mon affection pour elle.

* * *

Notre quarantaine terminée, nous débarquâmes à Toulon, où nous restâmes quelques jours pour visiter le port. Monsieur de Fersen me proposa de ne pas nous quitter encore, et de voyager ensemble jusqu'à Paris.

J'acceptai.

Je fis venir ma voiture, que j'avais renvoyée à Marseille lors de notre départ de Porquerolles, et nous nous mîmes en route pour Paris vers le commencement de novembre.

Monsieur de Fersen voyageait avec sa femme dans une diligence , sa fille avec sa gouvernante dans une autre. Comme ma voiture de voyage était de même sorte et qu'on n'y pouvait tenir commodément que deux personnes, tous les jours, lorsque nous nous remettions en route après déjeuner, monsieur de Fersen me priait d'aller tenir compagnie à sa femme pendant qu'il faisait sa sieste habituelle dans ma voiture.

Irène, qui avait témoigné un chagrin profond à la seule idée de se séparer de moi, s'y trouvait toujours en tiers avec nous, et nos *entretiens de la galerie* continuèrent de la sorte jusqu'à Paris.

La veille de notre arrivée, je voulais, malgré la promesse que j'avais faite à madame de Fersen, tenter un nouvel aveu.

J'avais jusqu'alors scrupuleusement tenu ma parole, parce que je craignais, en y manquant, de perdre les avantages du tête à tête pendant la route.

Tout mon espoir avait été de devenir, au moins pour Catherine, une des habitudes de sa pensée, et d'intéresser ou de captiver assez son esprit pour que peu à peu ma présence ou mon absence lui devinssent sensibles.

Ce but, je le croyais atteint; j'aimais profondément madame de Fersen; j'avais un excessif désir de lui plaire, et, sauf le mot d'amour que je ne prononçais jamais, je mettais dans mes soins pour elle tout l'empressement, toute la tendresse de l'amant le plus passionné.

Sans rechercher beaucoup ma conversation, je m'étudiais à ne parler à Catherine que de sujets nouveaux pour elle.

Elle ne connaissait ni Paris, ni la France, ni l'Angleterre, ni l'Espagne, que je connaissais à merveille. Je tâchais donc de l'amuser par mes récits, par les tableaux que je lui faisais des mœurs, des habitudes de ces nations.

J'y parvenais presque toujours, et je m'apercevais de ce succès à l'attention réfléchie, aux questions bienveillantes que faisaient naître mes paroles; alors, malgré moi, je trahissais mon bonheur et ma joie d'avoir réussi à l'intéresser.

Madame de Fersen avait beaucoup trop de tact pour ne pas s'apercevoir de la vive impression qu'elle continuait de faire sur moi; aussi paraissait-elle me savoir gré de ma réserve.

Toutes les fois surtout que je trouvais moyen, sans trop chagriner Irène, d'éluder les rapprochemens que la singulière affection de cette enfant pour moi faisait naître à tout moment, madame de Fersen me remerciait par un coup d'œil enchanteur.

Ainsi, un des grands plaisirs d'Irène était de me prendre la main et de la mettre dans les mains de sa mère... puis de nous regarder silencieusement.

Cette légère faveur m'eût été bien douce, si je l'avais due à un tendre mouvement de madame de Fersen; mais, ne voulant pas la surprendre ainsi, chaque fois qu'Irène avait cette fantaisie, je portais aussitôt ses petits doigts à mes lèvres, sans lui donner le temps de mettre ma main dans celle de sa mère.

La veille du jour de notre arrivée à Paris, j'étais donc décidé à risquer un nouvel aveu, lorsqu'un incident bizarre, qui semblait devoir m'encourager à cette démarche, me donna des pensées contraires.

Je n'avais pas encore pu pénétrer si madame de Fersen était ou non jalouse de l'attachement de sa fille pour moi; si quelquefois elle m'en avait parlé d'une manière fort moqueuse et fort gaie, d'autres fois au contraire c'avait été avec tristesse et presque avec amertume.

Ce jour-là, Irène, en tiers avec nous dans la voiture de sa mère, lui avait demandé si j'aurais une belle chambre à Paris.

Je m'étais hâté de répondre à l'enfant que j'habiterais dans ma maison à moi, et non pas dans la sienne.

A ces mots, selon son usage, Irène s'était mise à pleurer silencieusement.

Madame de Fersen, voyant ses larmes, s'écria avec une impatience chagrine :

— Mon Dieu !... qu'a donc cette enfant ?... pourquoi vous aime-t-elle ainsi ?... C'est odieux !

— Elle m'aime peut-être par la même raison qui lui faisait aimer Ivan, lui — dis-je.

Comme madame de Fersen ne semblait pas me comprendre, je lui expliquai alors le sens que j'attachais à ces paroles, en lui parlant de la tradition sanscrite.

Madame de Fersen crut que je raillais.

J'ai dit que cette tradition était écrite dans un livre rempli de notes de la main de mon père, relatives à un de ses voyages en Angleterre.

Heureusement ce manuscrit se trouvait dans ma voiture, car récemment j'avais cherché quelques renseignemens dans ces notes, afin d'expliquer à madame de Fersen la perpétuité de certains usages d'Écosse.

A un relais, j'allai chercher le manuscrit et je le montrai à madame de Fersen.

Sa date était si précise, l'écriture était si ancienne que Catherine ne pouvait douter de son authenticité.

Je n'oublierai jamais le regard voilé de larmes que madame de Fersen attacha longtemps sur moi en laissant retomber le livre sur ses genoux...

Sans doute elle éprouvait l'émotion étrange que je ressentis, lorsque je rapprochai l'affection d'Irène pour Ivan, et la mort de celui-ci, de la lettre de cette étrange tradition :

« *Les gens qui doivent périr d'une mort fatale savent charmer les enfans et les fous !* »

Irène avait pour moi le même attachement qu'elle avait eu pour Ivan... mon sort ne pouvait-il pas être celui d'Ivan ?...

Pour comprendre d'ailleurs tout l'intérêt que cette découverte inspirait à madame de Fersen, il faut savoir que très souvent je lui avais avoué naïvement que j'étais extrêmement superstitieux, ce qui est vrai... et de plus j'avais même éveillé en elle quelques germes de la même faiblesse, en lui racontant beaucoup d'histoires singulières qui l'avaient fort impressionnée.

Je l'avoue... il me sembla lire dans le regard de madame de Fersen, dans son émotion, dans son trouble, plus que de l'amitié... plus que l'expression d'un regret touchant.

Ivre d'espoir, un nouvel aveu me vint aux lèvres..., mais heureusement je le retins, car j'aurais commis une faute irréparable...

Si les sentimens de madame de Fersen étaient véritablement tendres... n'eût-il pas été stupide à moi d'en avertir sa vigilante vertu, qui eût étouffé sous l'impérieuse volonté du devoir ce vague et premier instinct d'amour qui s'éveillait dans son cœur ?

Si, au contraire, l'intérêt que madame de Fersen me témoignait était simplement amical, ma présomptueuse croyance m'eût couvert de ridicule à ses yeux...

Le tour que prit bientôt la conversation amena naturellement une proposition que je voulais faire à madame de Fersen, autant dans l'intérêt de sa réputation que dans l'intérêt de ma tendresse.

Nous causions d'Irène.

— Pauvre enfant, — dis-je à sa mère, — comment, maintenant, pourra-t-elle se déshabituer de me voir ?...

— Mais elle conservera, je l'espère pour elle et pour moi, cette douce habitude, — me répondit Catherine; — car il est bien convenu qu'une fois à Paris,... *nos entretiens de la galerie*, comme nous les appelons, continueront toujours... La position de monsieur de Fersen et la mienne étant des plus indépendantes à la cour de France, je ne serai soumise qu'aux devoirs que je voudrai bien m'imposer, et je vous assure que nulle distraction, nul plaisir ne me feront manquer à ces amicales et bonnes causeries de chaque jour, si toutefois, — ajouta madame de Fersen en souriant, — si toutefois vos anciens amis vous laissent le loisir de penser aux nouveaux... Mais, je compte beaucoup sur ma qualité d'étrangère, et sur votre galanterie toute française, pour vous forcer à être mon cicérone, et à me faire les honneurs de Paris, car je ne veux rien voir, rien admirer que guidée par vous...

Il me fallut, je l'avoue, un grand courage, un grand amour, une grande terreur des flétrissantes calomnies du monde, pour venir renverser l'avenir charmant que madame de Fersen rêvait pour nous deux.

Après quelques minutes de silence :

— Madame, — lui dis-je avec une tristesse, avec une émotion profondes, — vous ne mettez pas en doute... mon respectueux attachement pour vous?

— Quelle question!... mais j'y crois fermement au conraire... Oui... j'y crois... je serais malheureuse de ne pas y croire...

— Eh bien! madame, permettez à un ami vrai... dévoué... de vous dire... ce qu'il dirait à une sœur; et puis quand vous m'aurez entendu, ne vous laissez pas entraîner à votre première impression, car elle me sera peu favorable... mais la réflexion vous prouvera bientôt que ce que je vais vous dire m'aura été dicté par l'affection la plus sérieuse et la plus sûre.

— Mais parlez... je vous prie... parlez... vous m'effrayez.

— Jamais, jusqu'ici, madame, vous n'avez connu la calomnie; elle ne devait pas, elle ne pouvait pas vous atteindre... C'est cette confiance souveraine dans l'élévation de votre caractère, dans le respect qu'il a toujours inspiré, qui vous a empêchée de craindre la médisance... Pourtant, croyez-moi, madame... si j'acceptais cet adorable avenir d'intimité que vous me proposez... l'irréprochable pureté de vos principes ne saurait vous garantir des attaques les plus perfides.

— Jamais je ne sacrifierai mes amis à la crainte, ma conscience me suffit, — me dit madame de Fersen avec l'insouciance courageuse d'une femme sûre d'elle-même...

— Et qu'en savez-vous, madame! — m'écriai-je; — avez-vous lutté, pour être si certaine de vaincre? Jamais!... Jusqu'ici la rayonnante pureté de votre vie a suffi pour vous défendre... En quoi auriez-vous pu donner prise à la calomnie? Mais songez donc que je suis venu de Khios avec vous! de Toulon à Paris avec vous! Je suis absolument sans conséquence, je le sais; vous me connaissez maintenant assez pour ne pas croire que j'exagère mon importance par une misérable et sotte fatuité; mais qu'est-ce que cela fait au monde, pourvu qu'il médise?... Ne sait-il pas d'ailleurs que sa médisance sera d'une portée d'autant plus odieuse que l'objet du coupable amour qu'il suppose sera moins digne de cet amour? Nos sociétés seront les mêmes, madame: chaque jour on me verra chez vous, on me verra dans les promenades avec vous, dans le monde avec vous; et vous croyez, et vous voulez que la jalousie, que l'envie, que la haine ne saisissent pas cette précieuse occasion de se venger de votre esprit, de votre beauté, de votre grande position, et par-dessus tout, de votre éclatante vertu, la plus précieuse perle de votre noble couronne!... Mais vous n'y songez pas, madame; le type de nos juges-bourreaux a dit: « Donnez-moi quatre lignes de l'écriture du plus honnête homme du monde, et je me charge de le faire pendre!... » Le monde, cet autre juge-bourreau, peut dire avec la même assurance: « Donnez-moi quatre jours de la vie de la plus honnête femme du monde, et je me charge de la déshonorer. »

Depuis longtemps madame de Fersen me regardait avec un étonnement qu'elle ne pouvait dissimuler; elle parut d'abord presque choquée de mon refus et de mes observations.

Je m'y étais attendu... Pourtant ses traits prirent une expression plus bienveillante; et elle me dit avec une nuance de froideur:

— Je ne vous conteste assurément pas votre connaissance du monde... et surtout de la société parisienne, que je sais des plus brillantes et des plus dangereuses... mais je crois que vous vous exagérez les périls qu'on y peut courir, et surtout l'influence que la médisance aurait sur moi.

— Et pourquoi donc, madame, la médisance n'aurait-elle pas d'influence sur vous? Que vous suis-je pour que plus tard vous hésitiez une minute à me sacrifier aux impérieuses exigences de votre réputation? Mettrez-vous seulement en balance le soin de votre honneur, votre responsabilité de l'avenir de votre fille, avec le plaisir de nos conversations de chaque jour? Non, sans doute, et vous aurez raison; car si vous persistiez dans votre projet, car si j'avais la lâcheté de vous y encourager, lorsque la médisance vous aurait atteinte, vous auriez le droit de me dire avec mépris: « Vous prétendiez être mon ami? Vous men-

tiez, monsieur... Vous avez abusé de mon irréflexion pour m'entraîner dans une intimité dont les apparences peuvent m'être fâcheuses... Allez... je ne vous verrai plus!... » Et, encore une fois, vous auriez raison, madame. Après tout, savez-vous ce qu'il me faut de courage pour vous dire ce que je vous dis? pour refuser ce que vous m'offrez?... Songez donc à ce que vous êtes!... à tout ce que vous êtes!... et dites si la vanité, si l'orgueil d'un moins honnête homme que moi ne seraient pas enivrés de ces bruits auxquels je veux vous soustraire... car enfin, que risqué-je, moi, à me mettre de moitié avec vous pour vous compromettre, que risqué-je? D'aider le monde à interpréter, à flétrir avec sa méchanceté ordinaire nos relations, tout innocentes qu'elles sont? Mais vous me banniriez alors de votre présence, dites-vous. Qu'importe! Savez-vous comment le monde traduirait cet exil mérité? Il dirait que c'est une rupture... S'il était bienveillant pour vous... il dirait que c'est vous qui me quittez pour un autre amant... S'il vous était hostile, il dirait que c'est moi qui vous quitte pour une autre maîtresse.

— Ah! monsieur, monsieur!... — s'écria madame de Fersen en joignant les mains presque avec effroi... — Quel tableau!... Puisse-t-il n'être pas vrai!...

— Il ne l'est que trop, madame; si le monde était, comme on le suppose, sagace et pénétrant, il serait moins dangereux, car il serait vrai... mais il n'est pas bavard, méchant et grossièrement crédule, c'est ce qui le rend si nuisible!... Lui, pénétrant!... Mais il est trop pressé de calomnier pour se donner le temps d'être pénétrant. Est-ce qu'il a le loisir d'étudier les sentiments qu'il suppose! il aime bien mieux s'en tenir aux dehors et *deviner* les apparences qu'on lui montre sans défiance, parce qu'elles sont souvent innocentes... cela suffit à l'infernale activité de son envie. Ah! croyez-moi, madame, je n'aurais pas la triste expérience que j'ai des hommes et des choses, que l'instinct de mon attachement pour vous m'éclairerait... car vous ne saurez jamais combien tout ce qui vous touche m'est précieux, combien je serais désespéré de voir obscurcir cette radieuse auréole qui vous embellit encore... Je vous le répète, l'honneur de ma mère, de ma sœur, ne me serait pas plus cher que le vôtre; aussi, songez à ce qu'il y aurait d'affreux pour moi si j'étais la cause d'une calomnie qui porterait atteinte... à ce trésor dont mon amitié est si jalouse... Et puis, je vous avouerai encore une faiblesse... Eh bien! oui, il me serait odieux de penser que le monde parle avec son insolente et brutale moquerie de ce qui fait mon bonheur, de ce qui fait mon orgueil... Oui, tout mon rêve serait que cette intimité charmante, qui restera un des plus adorables souvenirs de ma vie, fût ignorée de ce monde, car sa parole effrontée en souillerait la pureté... et ce rêve... je le réaliserai...

— Ainsi donc, — me dit madame de Fersen d'un air presque solennel, — il faut renoncer à nous voir à Paris?

— Non, madame... non... mais vous me verrez le soir de vos jours de réception, comme tous les hommes que vous recevrez; plus tard, peut-être, me permettrez-vous quelques rares visites du matin...

Madame de Fersen resta longtemps silencieuse et méditative, sa tête baissée sur son sein; tout à coup elle la releva; son visage était légèrement coloré, son accent profondément ému, et elle me dit:

— Vous êtes un noble cœur. Votre amitié est austère, forte et généreuse... je comprends les devoirs qu'elle m'impose... j'en serai digne. De ce moment, — et elle me tendit la main, — vous vous êtes acquis une sincère et inaltérable amitié.

Je baisai respectueusement sa main.

Presque au même instant nous atteignîmes un des derniers relais.

Je descendis de la voiture de madame de Fersen, et j'allai trouver son mari, qui dormait dans la mienne.

— Mon cher prince, — lui dis-je, — il faut que vous me rendiez un service.

— Parlez, mon cher comte.

— Pour un motif que j'ai lieu de tenir secret, je désirerais qu'il fût ignoré de tout le monde que je viens de Khios, et naturellement que j'ai voyagé depuis Toulon jusqu'à Paris avec vous... Je suis un personnage trop peu important pour que mon nom ait été remarqué sur notre route. Je vais m'arrêter au prochain relais, faire un long détour pour gagner Fontainebleau, où je séjournerai quelques jours, et j'arriverai ainsi à Paris après vous... Tout ce que j'ose seulement réclamer de votre amitié, c'est de me promettre d'accueillir favorablement la prière d'un de mes amis qui vous demandera de me présenter à vous... car je serais aux regrets de voir s'interrompre des relations si précieuses pour moi...

Monsieur de Fersen, avec son tact parfait, ne me fit pas la moindre objection, et me promit tout ce que je voulus.

Au relais voisin, j'annonçai à madame de Fersen que j'étais malheureusement obligé de la quitter; chargeant le prince, présent à mes adieux, de lui expliquer pourquoi j'étais privé du plaisir de continuer la route avec elle.

Elle me tendit sa main, que je baisai...

Puis j'embrassai tendrement Irène, en jetant sur la mère un triste regard d'adieu...

Les chevaux étaient attelés aux voitures du prince; elles partirent et je restai seul.

J'avais le cœur brisé.

Peu à peu la conscience d'avoir noblement agi envers madame de Fersen apporta quelque douceur à mes pensées.

Puis je songeai qu'ainsi je saurais, sans exposer en rien sa réputation, si madame de Fersen éprouvait pour moi une véritable amitié, peut-être même un sentiment plus tendre... ou bien si j'avais dû à l'isolement, au *far niente* et à l'absence de tout terme de comparaison, l'intérêt qu'elle avait ressenti pour moi...

Si elle m'aimait... cette contrainte, cette obligation de ne pas me voir lui pèseraient, lui coûteraient peut-être beaucoup, et ce chagrin, ce regret devaient se trahir d'une façon ou d'une autre...

Si au contraire je n'avais été pour elle qu'un causeur assez spirituel, qui l'avait aidée à passer les longues heures de la traversée, je devais être, sans aucun doute, sacrifié à la première causerie plus aimable que la mienne, ou au moindre propos du monde.

C'était une sorte d'expulsion à laquelle je ne me serais jamais exposé, voir qu'ainsi j'évitais sûrement.

Sans doute je devais avoir beaucoup à souffrir en reconnaissant que le sentiment de madame de Fersen pour moi était assez faible pour céder à si peu; mais en agissant autrement j'aurais eu le même chagrin, et de plus la honte.

Je restai huit jours à Fontainebleau, et je partis pour Paris.

XLV

UN MINISTRE AMOUREUX.

Ce ne fut pas sans un certain serrement de cœur que je rentrai dans Paris, dont j'étais absent depuis dix-huit mois. J'avais un vague espoir, ou plutôt une vague inquiétude de rencontrer Hélène ou Marguerite.

Je me croyais complétement guéri de ma fatale monomanie de défiance; mon amour profond pour madame de Fersen avait, à mes yeux, opéré ce prodige. Aussi m'étais-je bien promis, dans le cas où j'aurais rencontré ma cousine ou madame de Pënâfiel, de leur demander franchement pardon de mes torts, et de tâcher d'effacer, par les

soins de l'amitié la plus affectueuse, les détestables folies de l'amant d'autrefois.

Je retrouvai monsieur de Cernay, qui, de l'Opéra, avait transporté ses amoureux pénates à la Comédie-Française, à la suite de mademoiselle ***, très agaçante soubrette.

Monsieur de Pommerive était plus gros, plus médisant, plus fâcheux que jamais. Cernay m'accueillit avec une incroyable effusion de cordialité, me demanda des nouvelles de mon voyage avec Falmouth, car rien n'avait encore transpiré.

Comme je me tins fort sur la réserve à ce sujet, autant par caractère que par malice, Cernay et Pommerive finirent par faire les suppositions les plus inouïes sur le prétendu mystère de mes aventures.

Ainsi que j'en étais convenu avec le prince, je priai un homme de ma connaissance, fort lié avec monsieur l'ambassadeur de Russie, de me présenter à madame de Fersen.

Le prince avait loué un fort bel hôtel meublé dans le faubourg Saint-Germain.

Bientôt son salon fut un des rendez-vous habituels du corps diplomatique et de l'élite de la société parisienne, sans distinction d'opinion politique.

L'apparition de madame de Fersen dans le monde fut une sorte d'événement. Sa beauté, son esprit, sa réputation de femme politique mêlée aux plus grands intérêts de notre temps, le respect qu'elle savait inspirer, tout concourut à la placer très haut dans l'opinion publique.

Bientôt à la juste appréciation des rares qualités qui la distinguaient, succéda l'enjouement le plus prononcé.

Les femmes qui partageaient la sévérité de ses principes furent très heureuses et très fières de se recruter un pareil auxiliaire; celles qui auraient au contraire pu craindre sa froideur, et y voir une censure muette de leur légèreté, furent aussi charmées que surprises de sa bienveillance extrême. Certaines d'ailleurs de ne pas trouver en elle une rivale, elles se montrèrent fort enthousiastes de la belle étrangère.

Je ne saurais dire avec quel bonheur je jouissais des succès de madame de Fersen.

J'allai pour la première fois chez elle, un soir, cinq ou six jours après mon arrivée à Paris.

Quoiqu'il fût assez tard, il y avait peu de monde encore. Elle m'accueillit avec beaucoup de grâce; mais je remarquai en elle je ne sais quoi de contraint, d'inquiet, de chagrin.

Il me semblait qu'elle eût désiré me parler en particulier.

Je tâchais de deviner quelle pouvait être sa pensée, lorsque, dans le courant de la conversation, monsieur de Serigny, alors notre ministre des affaires étrangères, parla d'enfans, à propos d'un admirable portrait que Lawrence venait d'exposer au Salon...

Madame de Fersen me jeta aussitôt un coup d'œil rapide, et se plaignit de ce que sa fille se trouvant sans doute fort dépaysée, était triste et souffrante depuis son arrivée à Paris; aucune distraction n'avait pu l'arracher à sa mélancolie : ni les jeux, ni la promenade dans le grand jardin de l'hôtel.

— Mais, madame, — dis-je à madame de Fersen, espérant être compris, — ne devriez-vous pas envoyer plutôt mademoiselle votre fille aux Tuileries? Elle y trouverait beaucoup de compagnes de son âge, et, sans aucun doute, leur gaieté la distrairait.

Un touchant regard de madame de Fersen me prouva que j'étais entendu, car elle reprit avec vivacité :

— Mon Dieu! vous avez raison, monsieur; je suis désolée de n'avoir pas songé à cela plus tôt. Aussi, dès demain, j'enverrai ma fille aux Tuileries, je suis sûre qu'elle s'y plaira infiniment, et d'avance je la considère comme guérie...

A ce mystérieux échange de pensées, je fus heureux de voir que le cœur de madame de Fersen devinait le mien.

De nouvelles visites coupèrent la conversation, le cercle

s'agrandit, je me levai et j'allai causer avec quelques femmes de ma connaissance.

— Ah! mon Dieu, — dit madame de ***, — monsieur de Pommerive ici!... cet homme-là va donc partout?

En effet, je vis arriver Pommerive, l'air un peu moins effronté que d'habitude, et suivant pas à pas le chargé d'affaires d'une petite cour d'Allemagne, qui le conduisait sans doute auprès de madame de Fersen.

— C'est une présentation, — me dit madame de ***.

— Si l'on était juste, — repris-je, — ce serait une exposition...

— Mais aussi comment madame de Fersen peut-elle bénévolement recevoir un homme si médisant et si perfide? — reprit madame de ***.

— Pour prouver sans doute l'impuissance des calomnies de cet homme, — lui dis-je.

Pommerive salua profondément madame de Fersen, se remit à la suite du chargé d'affaires, et tous deux allèrent à la recherche de monsieur de Fersen.

Quelques minutes après je me trouvai face à face avec Pommerive.

— Tiens! vous êtes ici? — s'écria-t-il.

Cette exclamation était si ridiculement impertinente que je lui répondis :

— Si j'étais moins poli, monsieur de Pommerive, c'est moi qui m'étonnerais ne vous rencontrer ici.

— Moi, je ne m'en étonne pas du tout, — me dit Pommerive avec une impudente sécurité qu'il devait à son âge et à une réputation de lâcheté cynique, dont j'ai omis de dire qu'il faisait parade... — Je ne m'attendais pas à vous voir... voilà tout. Mais écoutez donc. — Puis, me prenant par le bras, il me dit en m'amenant dans une embrasure de croisée : — Est-ce que vous connaissez beaucoup le prince de Fersen?

Malgré l'éloignement que m'inspirait Pommerive, j'étais assez curieux de savoir si le monde était instruit de mon voyage avec la princesse. Or, Pommerive, qui ne laissait pas tomber le moindre bruit, qu'il fût faux ou véritable, pouvait parfaitement m'éclairer à ce sujet.

— Je ne connais pas plus monsieur de Fersen que vous ne le connaissez, — lui dis-je.

— Mais alors vous le connaissez beaucoup, — reprit-il avec fatuité.

— Comment cela?

— Certainement... j'ai dîné hier avec lui, affreusement dîné, il est vrai, chez le baron ***, chargé d'affaires de ***, qui vient de m'amener ici tout à l'heure dans sa voiture... Et quelle voiture! une infâme calèche à vasistas... qui a l'air d'une melonière... C'est, du reste, une voiture qui semble faite tout exprès pour aider à digérer ses exécrables dîners, tant elle est dure... car ce pingre-là, j'en suis sûr, amasse des dots à ses six monstres de filles avec ses frais de table; et il a raison, car, sans dot, qui diable en voudrait de ses filles? Mais je reviens au prince...

— C'est bien malheureux pour lui, monsieur de Pommerive.

— Oh! du tout! je le ménage, ce cher prince, car il m'apprécie, et je viens prendre jour avec lui pour notre travail.

— Et quel travail, monsieur de Pommerive? Peut-on, sans indiscrétion, pénétrer le secret diplomatique?

— Oh! c'est tout simple : il a demandé à ce pingre de baron... — et ici Pommerive ouvrit une parenthèse pour placer une nouvelle méchanceté. — Or, à propos, ce pingre de baron, — reprit-il, — croiriez-vous que lorsqu'il donne ses affreux dîners, une espèce de maître Jacques fait une seule fois le tour de la table avec une malheureuse bouteille de vin de Champagne non frappé, qu'il serre précieusement entre ses bras comme une nourrice serre son nourrisson, en vous disant très vite et en passant plus vite encore : « Monsieur ne veut point de vin de Champagne... » sans point d'interrogation, le misérable! mais au contraire avec un accent d'affirmation...

— Voyez un peu à quoi sert pourtant la ponctuation, monsieur de Pommerive! Mais revenez donc au prince.

— Eh bien! monsieur de Fersen ayant demandé au baron de lui enseigner quelqu'un d'un goût sûr et éclairé qui pût lui faire une sorte de cours théâtral et le renseigner sur les acteurs, le baron a eu le bon sens de m'indiquer.

— Ah je comprends, — lui dis-je ; — vous allez servir de cicérone dramatique à monsieur de Fersen.

— C'est tout bonnement cela ; mais, entre nous, je trouve, moi, ce goût théâtral singulièrement ridicule chez un homme comme le prince. A en juger d'après cet échantillon, ça doit être un bien pauvre sire que ce Fersen. Aussi je ne m'étonne pas si on dit que sa femme se charge de toutes les affaires diplomatiques. Elle a d'ailleurs bien la figure d'une maîtresse femme... l'air sec et dur... et par là-dessus, dit-on, une vertu à trente-six karats... Qu'est-ce que cela me fait à moi, sa vertu ? je ne la lui dispute pas, quoiqu'il n'y ait qu'une voix là-dessus... C'est surprenant!...

— Il y a quelque chose de bien plus surprenant que cela, monsieur de Pommerive ?

— Quoi donc, mon cher comte ?

— C'est qu'un galant homme n'ait pas le courage d'aller répéter mot pour mot à monsieur de Fersen toutes les impertinences que vous venez de vous permettre de débiter sur son compte... afin de vous faire chasser de sa maison.

— Parbleu!... c'est bien certain que personne n'ira lui répéter ce que je dis sur lui ! j'y compte bien, et encore on irait que cela me serait égal, et je n'en démordrais pas....

— Vous vous vantez, monsieur de Pommerive!

— Je me vante ! Ça n'empêche pas qu'une fois on avait été rapporter à Verpuis... vous savez bien Verpuis, qui était si duelliste... que j'avais dit de lui qu'il n'avait que le courage de la bêtise... Verpuis vient à moi avec son air matamore, et me dit devant vingt personnes : « Avez-vous tenu ce propos-là, monsieur, oui ou non ? — Non, monsieur, — lui répondis-je d'un air aussi très matamore : — j'ai dit au contraire que vous n'aviez que la bêtise du courage. »

— Vous ne lui avez pas dit cela, monsieur de Pommerive.

— La preuve que je lui ai dit, c'est qu'il m'a donné un coup de pied... je lui ai répondu qu'il fallait être bien misérable pour insulter quelqu'un qui ne se battait jamais, et il a gardé ça pour lui.

Cette ignoble forfanterie de lâcheté, car Pommerive n'en était pas tout à fait descendu à ce degré de platitude, me révoltait. Je tournai le dos à cet homme, mais je n'en étais pas quitte.

— Vous allez revoir, — me dit-il, — une de vos anciennes adorations, la jolie petite madame de V***, dont monsieur de Serigny, le ministre des affaires étrangères, est amoureux comme un fou... On dit véritablement qu'il est à faire enfermer depuis qu'il s'est affolé de cette petite créature... il ne sait plus ni ce qu'il dit ni ce qu'il fait : aussi ce céladon diplomatique serait-il à mourir de rire s'il ne faisait pas pitié. Mais le voici... il faut que j'aille le prier de ne pas oublier ma recommandation pour mon neveu, pourvu toutefois que son ridicule amour ne lui ait pas fait perdre la mémoire comme il lui a fait perdre l'esprit...

Et l'impudent personnage alla se confondre en salutations auprès de monsieur de Serigny.

A ce moment on annonça madame de V***

Je ne l'avais pas vue depuis mon retour à Paris. Je la trouvai, si cela peut se dire, rajeunie, tant cette vive et folle physionomie avait de fraîcheur, de gentillesse et d'éclat.

Madame de V*** se mettait d'une manière à elle, mais sans rien de voyant ni de bizarre, et toujours avec le goût le plus parfait.

Le ministre, qui s'était débarrassé de Pommerive, suivait d'un œil inquiet et jaloux les nombreux saluts que madame V*** rendait de tous côtés avec sa pétulante coquetterie

Enfin il me parut un peu rassuré lorsqu'il vit madame de V*** assise entre lady Bury et une autre femme.

Monsieur de Serigny, alors ministre des affaires étrangères, était un homme de cinquante ans environ, d'un extérieur insignifiant et quelque peu négligé. Il affectait des dehors de brusquerie, de *laisser aller* irréfléchi, qui, calculés ou non, l'avaient toujours, disait-on, singulièrement servi dans les affaires. C'était un homme d'esprit fin et délié, mais dans le monde il usait rarement de cet esprit ; sa grande supériorité se résumait par le silence, ainsi que toute l'expression de sa physionomie se concentrait dans son sourire. Or, ce silence et ce sourire se commentant, se complétant, s'interprétant l'un par l'autre, savaient tour à tour être si admirablement flatteurs, ironiques, malins ou distraits, que ce langage muet avait réellement une très grande signification.

Jaloux à l'excès, sa passion pour madame de V*** était en effet d'une violence extrême, du moins au dire du monde, dont Pommerive n'était que l'écho fidèle.

Lorsqu'un homme de l'âge, du caractère et de la position de monsieur de Serigny s'éprend sérieusement d'une femme aussi légère, aussi coquette que l'était madame de V***, sa vie amoureuse ne doit être qu'une longue torture.

Voulant voir monsieur de Serigny dans son emploi de martyr, je passai derrière la causeuse où était madame de V***, et j'allai la saluer.

Je connaissais la vivacité de ses manières, et je m'attendais à l'explosion d'une reconnaissance amicale. J'avais autrefois refusé les conditions qui auraient pu me faire réussir auprès d'elle, mais je l'avais quittée dans les meilleurs termes, en tenant très secret tout ce qui s'était passé entre nous ; or, madame de V***, qui par malheur s'était souvent exposé à être peu ménagée, devait me savoir gré de ma réserve.

En effet, à peine eut-elle entendu ma voix, que, se retournant brusquement, elle me tendit la main en s'écriant avec sa volubilité habituelle :

—Quelle bonne surprise ! et que je suis heureuse de vous revoir !... Mais vous êtes donc tombé des nues, qu'on ne savait rien de votre retour ? et moi qui ai justement tant de remercîmens à vous faire ! Mais, tenez, donnez-moi votre bras, nous allons nous établir dans quelque coin solitaire du salon voisin ; car vous ne savez pas tout ce que j'ai à vous dire.

Et la voilà qui se lève, qui perce la foule, qui fait le tour de la causeuse, qui vient prendre mon bras, et nous quittons le grand salon pour une autre pièce où il n'y avait presque personne.

Debout et causant à la porte de cette pièce étaient madame de Fersen et monsieur de Serigny.

Madame de V*** avait en tout des façons si compromettantes, qu'avec elle rien n'était insignifiant ; aussi trouva-t-elle moyen, pendant le court trajet d'une pièce à l'autre, de se faire remarquer par son affectation à me parler à l'oreille, en s'interrompant de temps à autre pour rire aux éclats.

Au moment où nous passâmes devant madame de Fersen, celle-ci, étonnée des façons bruyantes de madame de V***, me jeta un regard qui me parut inquiet et presque interrogatif.

Le ministre me toisa sournoisement, modela son plus affable sourire, et dit à madame de V*** d'un air coquet sans être entendu de la princesse :

—Vous allez fonder là-dedans une colonie d'admirateurs qui sera bientôt plus considérable que la métropole.

—Surtout si vous ne vous mêlez pas de son administration, répondit madame de V*** en riant comme une folle ; puis elle ajouta tout bas :—Avouez qu'il n'y a rien de tel que l'amour pour vous rendre stupide. Monsieur de Serigny est un homme d'esprit, et vous l'entendez pourtant. Est-il réellement flatteur d'inspirer un sentiment qui doit s'exprimer si niaisement, sous le prétexte qu'il est sincère ?

Disant ces mots, elle s'assit près d'une table couverte d'albums, je pris place près d'elle, et nous causâmes.

Pendant le cours de cet entretien, deux ou trois fois je rencontrai les regards de madame de Fersen, qui, chaque fois qu'elle s'aperçut de mon attention, détourna précipitamment la vue.

Monsieur de Serigny observait continuellement madame de V***, et semblait être au supplice.

Une heure passa, madame de Fersen lui prit le bras, et elle rentra dans le salon.

Le ministre allait sans doute nous rejoindre, lorsqu'il fut arrêté par le baron de ***, qui, selon Pommerive, faisait des dots à ses filles avec ses frais de représentation.

Je ne sais si les affaires dont il entretenait monsieur de Serigny étaient fort importantes, mais je doute que le ministre leur ait accordé une grande attention, occupé qu'il était à épier madame de V***

—Ah çà !—avais-je dit à celle-ci,—c'est donc vrai ! vous tenez donc dans ces mains charmantes le sort de l'Europe ? Le règne des femmes souveraines et des ministres esclaves va donc revenir ? Quel bonheur ! cela sent son *rococo* d'une lieue, et a fort bon air... Tenez, par exemple, dans ce moment-ci, vous me paraissez furieusement embrouiller les destinées du grand-duché de ***, car le chargé d'affaires de cette pauvre cour me paraît à bout de raisonnemens, et votre ministre le regarde comme s'il lui parlait ture.

—Épuisons, une bonne fois pour toutes, ce triste sujet de conversation, — me dit vivement madame de V***, — et n'y revenons plus. Eh bien ! oui, monsieur de Serigny s'occupe de moi avec acharnement, je ne refuse pas ses soins, et je suis même très coquette pour lui ; parce que je ne trouve rien de plus amusant que de dominer un homme aussi haut placé ; et puis, comme on me suppose autant d'influence sur lui qu'on lui suppose de confiance en moi, vous n'avez pas idée des pièges que me tend le corps diplomatique pour me faire parler... Or, pour me divertir, je fais naïvement les demi-confidences les plus saugrenues... Mais vous voyez qu'au bout du compte tout cela peut à peine passer pour des distractions de pensionnaires. Voilà ma confession ; absolvez-moi donc, au moins par pitié, car monsieur de Serigny est un ennuyeux péché. Maintenant, à votre tour, voyons, dites-moi vos voyages, vos aventures, vos amours ; et je verrai si je puis vous absoudre.

—Pour parler votre langage, je vous avoue d'abord que mon plus grand péché est de vous aimer toujours.

—Tenez, — me dit madame de V*** en changeant d'accent, de manières, de physionomie, et prenant un ton sérieux que je ne lui connaissais pas encore : — Vous vous êtes noblement conduit envers madame de Pénafiel ; elle valait mille fois mieux que moi, je la haïssais, je l'enviais peut-être... car elle méritait tout votre amour ! Je vous ai demandé une lâcheté qui pouvait la perdre, vous avez refusé. Pour vous, rien de plus simple... Mais cette honteuse proposition que je n'ai pas rougi de vous faire, vous l'avez tenue secrète ; vous ne vous êtes pas servi de cette arme pour frapper une femme que tout le monde attaque parce qu'elle le mérite peut-être... Aussi, vrai, vrai comme je suis une folle, je n'oublierai de ma vie combien vous avez été bon et généreux pour moi dans cette circonstance ! — Et madame de V*** me regardait d'un air attendri, et je vis une larme rouler un moment dans ses grands yeux, ordinairement si gais et si brillans.

Je fus d'abord tenté de prendre cette larme égarée pour un savant *effet de regard*; mais l'esprit de cette femme était si mobile, si changeant, que je crus à la sincérité de cette émotion passagère ; j'en fus touché ; mais, chez elle, la sensibilité ne pouvant être qu'un accident, je repris :

—J'ai fait pour vous ce que tout galant homme aurait fait ; mais vous, faites donc pour moi quelque chose de méritoire... voyons, aimez-moi franchement à votre manière ; en coquette, en étourdie, en infidèle si vous voulez, je vous imiterai, et comm' on n'est jamais plus aimable que lorsqu'on a des torts à se faire pardonner, nous serons sûrs d'être toujours charmans; rien ne sera plus délicieux; nous nous confierons fidèlement toutes nos trahisons; nous nous tromperons enfin le plus loyalement du monde !...

— Monsieur Arthur, — me dit madame de V***, toujours d'un air sérieux, attendri, et avec un accent qui me semblait presque ému, — je vais vous dire quelque chose qui paraîtrait, à tout autre qu'à vous, très inconvenant et très incompréhensible; mais rappelez-vous ceci, et croyez-le, je vous honore trop... je vous aime trop... pour vous faire passer pour le successeur de monsieur de Serigny...

Malgré moi, je fus frappé de l'expression avec laquelle madame de V*** me dit ces mots.

Mais son accès de sensibilité dura peu, car bientôt elle se mit à répondre avec sa malice et sa gaieté habituelles aux galanteries du ministre, qui, s'étant à grand'peine débarrassé du baron de V***, venait de se rapprocher de nous.

Me souciant fort peu d'être en tiers avec monsieur de Serigny, je me levai. Madame de V*** me dit :

— N'oubliez pas que je reste chez moi tous les jeudis matin... afin de ne jamais venir me voir ces jours-là, qui sont le patrimoine des ennuyeux; mais si les autres jours vos succès vous laissent un moment, n'abandonnez pas trop une ancienne amie; vous me trouverez assez souvent le matin, et quelquefois même le soir avant ma toilette, en *prima sera*..:—Puis, accompagnant ces mots du plus gracieux sourire, elle se leva, prit le bras de monsieur de Serigny, et lui dit : — Je voudrais une tasse de thé, car j'ai froid...

— Je suis à vos ordres, madame, — dit le ministre, qui avait très heureusement placé son sourire distrait et indifférent, pendant que madame de V*** m'invitait à venir la voir.

Rentré dans le grand salon, je cherchai des yeux madame de Fersen; je rencontrai son regard, qui me sembla sévère.

Je revins chez moi.

Lorsque je ne fus plus sous le charme de la délicieuse figure de madame de V***, et que je comparai cette légèreté hardie à la grâce sérieuse et digne de madame de Fersen; quand je comparais le respect profond, la réserve presque obséquieuse avec laquelle les hommes l'abordaient, aux façons cavalières dont ils usaient envers madame de V***, j'éprouvais de plus en plus combien est puissante la séduction de la vertu, et je sentais mon amour pour Catherine s'en augmenter encore.

J'étais ravi de l'espoir de rencontrer le lendemain Irène aux Tuileries, et d'avoir été si bien compris par madame de Fersen; puis encore il me semblait (était-ce une illusion de l'amour?) que madame de Fersen avait paru presque triste de ma longue conversation avec madame de V***.

XLVI

LES TUILERIES.

J'attendis avec une extrême impatience l'heure d'aller aux Tuileries, pour y rencontrer Irène.

J'attachais mille pensées d'amour et de dévouement généreux à la présence de cette enfant, qui allait arriver toute parfumée des baisers de sa mère, et chargée sans doute pour moi de mille vœux secrets.

Vers une heure, quoiqu'il fît un léger brouillard d'automne, je vis venir Irène avec sa gouvernante, femme excellente, qui avait aussi élevé madame de Fersen.

Ordinairement, à Toulon, à Lyon, par exemple, où nous nous étions arrêtés quelques jours, une des femmes de la princesse, suivie d'un valet de pied, avait été chargée de mener promener Irène.

Je vis avec plaisir que madame de Fersen, en confiant cette fois sa fille à sa gouvernante, dont elle connaissait l'attachement et la sûreté, avait compris la nécessité de tenir ces rendez-vous secrets.

Les larmes me vinrent aux yeux en voyant combien Irène était changée... Sa délicieuse figure était pâle et souffrante, non plus de son habituelle pâleur, délicate et rosée, mais d'une pâleur maladive; ses grands yeux étaient battus, et ses joues, ordinairement si fermes et si rondes, se creusaient légèrement aux pommettes.

Irène ne m'aperçut pas d'abord; elle marchait à côté de sa gouvernante, sa jolie tête tristement baissée, ses bras pendants, et elle refoulait du bout de ses petits pieds les feuilles mortes qui encombraient les allées,

— Bonjour, Irène, — lui dis-je.

A peine eut-elle entendu le son de ma voix qu'elle poussa un cri perçant, se jeta dans mes bras, ferma les yeux et s'évanouit.

Un banc était tout près, je l'y portai, aidé de madame Paul, sa gouvernante.

— Je craignais cette secousse, monsieur, — me dit celle-ci; — heureusement j'ai emporté des sels... Pauvre enfant! elle est si nerveuse!

— Tenez... tenez, — lui dis-je, — le coloris reparaît sur ses joues; ses mains sont moins froides; elle revient à elle.

En effet, cette crise passée, Irène se souleva, et dès qu'elle fut sur son séant, elle se pendit à mon cou en pleurant silencieusement de grosses larmes que je sentis couler brûlantes sur ma joue.

— Irène, Irène, mon enfant, ne pleurez pas ainsi... je vous verrai chaque jour.

Et je serrais ses mains en cherchant son regard.

Alors elle se redressa, et, par un mouvement de tête plein de grâce et de vivacité qui lui était familier, elle rejeta en arrière les grosses boucles de cheveux qui cachaient à demi ses yeux tout baignés de pleurs. Puis, attachant sur moi un de ses longs regards pénétrans et attentifs, elle me dit :

— Je vous crois... vous viendrez me voir ici, n'est-ce pas, vous promettez que vous ne pouvez pas venir dans notre maison?

— Oui, mademoiselle Irène, — dit la gouvernante, — monsieur viendra vous voir chaque jour, mais si vous lui promettez d'être sage... de ne pas pleurer, et de faire ce que le médecin ordonnera...

— Sans doute, mon enfant, sans cela... vous ne me verriez plus, — ajoutai-je gravement.

— Vous ne verriez plus jamais monsieur, — répéta madame Paul d'un air sévère,

— Mais, Paul, — s'écria Irène en frappant du pied avec une adorable mutinerie, — vous savez bien que maintenant je ne pleurerai plus seule, et que je ne serai plus malade, puisque je le verrai tous les jours.

La bonne gouvernante me regarda d'un air attendri. J'embrassai vivement Irène, et je lui dis :

— Mais expliquez-moi donc, mon enfant, pourquoi vous avez tant de plaisir à me voir ?...

— Je ne sais pas, — répondit-elle en levant ses épaules et en secouant sa tête brune avec une charmante expression d'ignorance naïve. — Quand vous me regardez, je ne puis m'empêcher d'aller à vous... vos yeux m'attirent... et puis quand vous ne me regardez plus, alors je me sens mal là. — Elle mettait sa main sur son cœur. — Et puis, la nuit, je vous vois en rêve, avec moi et les anges, là-haut... — Et elle leva son petit doigt et ses grands yeux vers le ciel avec solennité... Puis elle ajouta avec un soupir : — Et puis vous êtes bon comme Ivan...

Je ne pus m'empêcher de tressaillir...

Madame Paul, sans doute instruite de cette mystérieuse aventure, s'écria :

— Mademoiselle, songez donc à ce que madame votre mère vous a dit.

Mais absorbée dans ses pensées, et sans paraître avoir entendu l'observation de sa gouvernante, Irène continua :

— Seulement, quand je rêvais d'Ivan et des anges... je ne voyais jamais ma mère... là-haut ; mais, depuis que je rêve de vous... ma mère est toujours avec nous... aussi je lui dis cela, à ma mère ! — ajouta gravement Irène.

Madame Paul me regarda de nouveau, fondit en larmes, et s'écria :

— Ah ! monsieur, toute ma frayeur est que cette enfant ne vive pas... Elle est d'une beauté, d'un sérieux, qui, comme ses idées et son caractère, ne sont pas de son âge.. ne sont pas de ce monde. Croiriez-vous qu'excepté à madame la princesse, à vous et à moi, jamais elle ne parle à personne de ce qu'elle vient de vous dire là ?... Madame la princesse lui a bien recommandé de ne pas dire qu'elle vous verrait ici, et je suis bien sûre qu'elle ne le dira jamais... Ah ! monsieur, je prie tous les jours le ciel qu'il nous conserve cette enfant.

— Et il la conservera, croyez-le ! les enfans silencieux et pensifs sont toujours rêveurs et tristes ; il n'y a rien d'étonnant à cela... Rassurez-vous... Allons, adieu, Irène ; et vous, madame Paul, assurez madame la princesse de Fersen de mes respects, et dites-lui combien je suis reconnaissant de la promesse qu'elle m'a faite de m'envoyer ainsi chaque jour ma petite amie... A demain donc, Irène, — et je l'embrassai tendrement.

— A demain, — me dit l'enfant toute souriante d'un bonheur grave et mélancolique.

Puis sa gouvernante l'enveloppa dans sa pelisse, et Irène s'en alla, non sans se retourner plusieurs fois en me disant encore adieu de sa main.

. . . .

Superstitieux comme je le suis, prédisposé aux sentimens tendres et exaltés par mon amour pour Catherine, cette conversation avait soulevé en moi des émotions les plus contraires, émotions à la fois sombres et rayonnantes, cruelles et radieuses.

J'étais heureux... car les prédictions étranges de cette enfant, qu'elle répétait à sa mère, devaient, si Catherine m'aimait, me rappeler chaque jour à son cœur... et c'était la voix de son enfant... de son enfant adorée qui lui disait sans cesse mon nom !

Et puis encore, ce rapprochement fatal, étrange, entre la mort d'Ivan et le sort qui pouvait m'atteindre, ne devait-il pas vivement agir sur l'imagination de madame de Fersen, et exciter son intérêt pour moi ? Enfin, si elle me voyait peu, ne savait-elle pas que cette réserve de ma part était un sacrifice cruel que je m'imposais pour elle ?

Mais aussi d'autres fois, j'avoue cette faiblesse, la persistance d'Irène dans ses prédictions me frappait malgré moi.

J'éprouvais une sorte de vertige, de charme terrible, assez pareil à celui qui vous fait regarder malgré vous au fond de l'abîme que vous côtoyez. . . . .

. . . .

A moins que le temps ne fût trop froid ou trop pluvieux, chaque jour la gouvernante d'Irène me l'amenait.

Peu à peu sa santé redevint florissante.

Environ quinze jours après notre première entrevue, Irène m'apporta un gros bouquet de roses, en me disant que c'était de la part de sa mère ; mais qu'elles n'étaient pas malheureusement aussi belles que les roses de Khios.

Ce souvenir de Catherine me charma, car je lui avais en effet parlé avec enthousiasme de ces admirables roses. Depuis, chaque jour Irène me donnait toujours des roses ; puis, chaque jour aussi, elle me disait tout bas d'un air mystérieux, sans jamais se tromper en rien, ce que sa mère devait faire le soir... soit qu'elle dût aller à la cour, dans le monde ou au spectacle.

Grâce à cette aimable prévenance de madame de Fersen, je la rencontrais fort souvent. J'allais régulièrement à ses réceptions, je la voyais donc presque tous les soirs ; mais comme dans le monde je me bornais à la saluer très respectueusement et à échanger avec elle quelques mots cérémonieux, nos rencontres restaient inaperçues.

Une ou deux fois j'allai à ses matinées ; mais, par un singulier hasard, ou plutôt à cause de l'empressement dont elle était l'objet, je ne l'avais jamais trouvée seule.

J'aurais pu la prier de m'accorder une entrevue qu'elle ne m'eût pas refusée ; mais, fidèle à mon plan de conduite, je ne voulais pas la lui demander encore.

Et d'ailleurs, un sourire, un regard que nous échangions mystérieusement dans la foule, ne me payaient-ils pas mille fois de ma réserve et de ma discrétion !

Moi, surtout, qui donnerais les prévenances les plus marquées, les plus évidentes pour la plus légère faveur ignorée de tous !

Malgré les relations quotidiennes que je conservais avec madame de Fersen par l'intermédiaire d'Irène, malgré nos échanges de fleurs (car chaque jour aussi j'apportais à Irène un beau bouquet de roses que sa mère portait le soir), personne ne soupçonnait cette intimité charmante.

Pour plus de prudence, je voyais tour à tour Irène aux Tuileries, au Luxembourg, à Mousseaux ou sur les boulevards ; je ne me servais pas de mes chevaux pour aller à ces rendez-vous, de crainte d'attirer l'attention.

Je m'enveloppais dans un manteau ; enfin je me plaisais à mettre autant de mystère dans ces entrevues que s'il se fût agi de madame de Fersen elle-même.

C'était une folie... mais j'attendais l'heure de voir cette enfant innocente et candide avec une impatience amoureuse, inquiète, ardente ; je comptais les minutes, les secondes, je craignais, j'espérais tour à tour, j'éprouvais enfin toutes les irritantes et délicieuses angoisses de l'amour le plus passionné...

C'est qu'aussi j'avais tant de hâte de commencer chaque mot d'Irène, pour y chercher, pour y deviner la secrète pensée de sa mère ! !.... Et, quand je croyais pouvoir interpréter cette pensée d'une manière plus tendre que d'habitude, je retournais chez moi le paradis dans le cœur...

Trésors inépuisables d'un amour chaste et pur !... les sages, les athées ou les esprits forts en amour vous railleront sans doute ! Moi-même, avant mon séjour à Khios, je n'en aurais pas compris tout le charme.

J'étais donc plus amoureux que jamais.

Madame de Fersen prenait chaque jour, par le rare assemblage de ses qualités, une grande autorité dans le monde ; la calomnie elle-même l'admirait, la louait outre mesure, afin de se donner sans doute une couleur d'impartialité qui devait rendre ses autres accusations plus dangereuses.

Mes entrevues avec Irène duraient depuis trois semaines environ.

Un soir, à une des réceptions de madame de Fersen, le prince me dit en confidence :

— L'air subtil et léger de Paris est mortel aux idées sérieuses ; les futilités du monde l'emportent sur la raison... Croiriez-vous que la *femme de César* devient fort indifférente aux intérêts de l'empire ? En un mot, croiriez-vous que madame de Fersen devient d'une insouciance inimaginable en politique ? concevez-vous quelque chose à cela ?

Rapprochant ce symptôme des marques d'impatience ou d'inquiétude que Catherine avait témoignées pendant le long entretien que j'avais eu chez elle avec madame de V***, je résolus de pousser plus loin cette observation.

Le lendemain, à un bal de l'ambassade d'Angleterre,

où se trouvait madame de Fersen, je rencontrai madam de V***.

Toute la soirée je m'occupai d'elle avec assiduité ; j'observai la physionomie de madame de Fersen : elle fut impassible.

Le lendemain, je craignis ou plutôt j'espérai qu'Irène ne viendrait pas à son heure accoutumée, ou qu'elle viendrait peut-être sans bouquet ; j'aurais vu dans ce changement une preuve de dépit ou de jalousie de la part de madame de Fersen... Mais Irène et le bouquet de roses parurent comme à l'ordinaire.

Piqué de cette indifférence, voulant m'assurer si elle était réelle, et aussi complétement égarer l'opinion du monde, je persistai à rendre les soins les plus évidens à madame de V***.

Celle-ci, enchantée de trouver le moyen de faire damner le ministre et de le tenir toujours en éveil et en émoi, m'encourageait de toutes ses forces.

Elle appelait ce manége de coquetterie cruelle, *a jeter du bois dans le feu...* »

Or, au risque de passer pour une bûche (aurait dit du Pluvier), j'alimentai si bien la jalousie dévorante du ministre, qu'après huit ou dix jours de cette espèce de cour, moi et madame de V*** nous nous trouvâmes horriblement compromis ; et il fut généralement convenu et prouvé que le règne ou plutôt que l'esclavage du ministre était fini.

Je m'aperçus de la gravité de ces bruits ridicules à l'air affectueux, courtois et familier du ministre, qui était beaucoup trop du monde pour paraître froid ou maussade avec le rival qu'on lui supposait.

Cette découverte m'éclaira sur l'étourderie de ma conduite, qui pouvait non-seulement chagriner beaucoup madame de Fersen si elle m'aimait, mais qui devait encore me faire un tort irréparable dans son esprit. Par instinct, je sentis que j'avais poussé l'épreuve trop loin...

Ce qui aggrava ces craintes fut une circonstance singulière.

Un soir, à un concert chez lord P***, j'étais resté longtemps à causer avec madame de V***. Nous étions dans un petit salon où quelques personnes s'étaient d'abord réunies ; peu à peu elles se retirèrent pour aller prendre le thé ; et nous nous trouvâmes seuls, madame de V*** et moi.

La cause de ma préoccupation était naturelle ; madame de V*** venait de m'apprendre qu'une lettre de Rome lui annonçait l'arrivée de madame de Pënâfiel dans cette ville.

Pendant cet entretien, je jetai par hasard les yeux sur une glace qui reflétait la porte du salon : quel fut mon étonnement d'apercevoir madame de Fersen qui attachait sur moi un regard douloureux !

Je me levai, elle disparut.

. . . .

J'attendis le lendemain avec angoisse.

Irène vint, comme à l'ordinaire, avec son bouquet de roses, et me dit que sa mère allait le soir aux *Variétés.*

Je lui fis répéter deux fois ce renseignement, car le choix de ce théâtre me semblait singulier ; mais pensant au goût du prince pour les vaudevilles, je me l'expliquai.

J'envoyai prendre une stalle, et j'allai le soir à ce théâtre.

XLVII

L'OURS ET LE PACHA.

On donnait ce soir-là aux Variétés, entre autres pièces, *l'Ours et le Pacha*, triomphe de monsieur de Fersen, qui avait rempli, à Constantinople, le rôle de *Schaabaham* avec le plus grand succès, et qui brûlait du désir de voir *Brunet* jouer le même personnage.

Madame de Fersen arriva sur les neuf heures, avec son mari et madame la duchesse de ***. Elles se placèrent dans une avant-scène de baignoires aux grilles à demi levées.

Catherine m'aperçut et me fit un salut très gracieux.

Je la trouvai pâle et changée.

On joua je ne sais plus quelle pièce, et dans l'entr'acte j'allai voir madame de Fersen.

Elle était souffrante. Je la regardais avec intérêt, lorsque le prince me dit :

— Soyez notre juge ; vous voyez rarement madame de Fersen, et vous pouvez mieux que personne vous apercevoir de ce changement : ne trouvez-vous pas qu'elle a beaucoup maigri ?

Je répondis que non ; que madame de Fersen me paraissait jouir d'une santé parfaite. Le prince me dit que j'étais un infâme courtisan, etc.

La toile se leva, je sortis de la loge.

Je revins à ma stalle.

On commença *l'Ours et le Pacha.*

Cette bouffonnerie ne dérida pas madame de Fersen, mais monsieur de Fersen applaudit avec frénésie, et j'avoue que je partageai l'hilarité générale.

Un des rieurs les plus bruyans était un homme placé absolument devant moi, et dont je ne voyais que les cheveux épais, gris et crépus.

Je n'avais jamais entendu d'éclats de rire si joyeux et si francs ; ils allaient quelquefois jusqu'à la convulsion. Dans ces cas extrêmes, l'homme se cramponnait à deux mains à la barre qui sépare les stalles de l'orchestre des musiciens, et, fort de ce point d'appui, il s'en donnait à cœur joie.

Rien n'est plus contagieux que le rire ; or, déjà mis fort en gaieté par les lazzis de la pièce, la folle hilarité de cet homme me gagna malgré moi, et bientôt je ne fus plus pour ainsi dire que son écho, car je répondais à chacun de ses éclats immodérés par une explosion de ris non moins désordonnés...

En un mot, je ne m'aperçus pas que madame de Fersen avait quitté la salle avant la fin de la pièce.

La toile baissée, je me levai.

L'homme qui riait si fort en fit autant, se tourna de mon côté en mettant son chapeau, et dit ces mots avec un reste de profonde jubilation :

— Farceur d'Odry ! va !!!

Stupéfait, je m'appuyai sur le dossier de ma stalle...

Je reconnus le pirate de Porquerolles, le pilote de Malte...

Je restai cloué à ma place, qui se trouvait la dernière au fond de l'orchestre.

La sienne étant en face de la mienne, personne n'avait à passer devant nous, et les spectateurs s'écoulaient lentement.

C'était bien lui !

C'était bien son regard, c'était bien sa figure osseuse et cuivrée, ses sourcils noirs et épais, ses dents aiguës, séparées et pointues, car il souriait de son singulier sourire en me regardant avec audace.

La rampe du théâtre se baissait, l'obscurité envahissait la salle.

— C'est vous !... — m'écriai-je enfin en sortant de ma stupeur, et comme si ma poitrine eût soulevé un poids énorme.

— Eh ! sans doute, c'est moi ! vous me reconnaissez donc ?... Porquerolles et Malte ! voilà le mot d'ordre.

— Misérable !... — m'écriai-je.

— Comment, misérable ? — reprit-il avec une incroyable effronterie. — Nous nous sommes pourtant cognés bon jeu bon argent, j'espère ! Si dans l'abordage je vous ai donné un coup de poignard à l'épaule, vous m'avez répondu par un fameux coup de hache sur la tête, mon bon ami ! D'un autre côté, si vos chiens d'Anglais ont échiné l'équipage de mon mystic, j'ai eu l'avantage de crever le ventre au yacht de votre lord sur les brisans de la Wardi; nous sommes donc quittes. Maintenant, nous nous rencontrons tous les deux à rire comme des bossus à l'*Ours et le Pacha*, et, au lieu de trouver la rencontre originale, vous vous fâchez! Savez-vous que c'est joliment bourgeois, ça, mon bon ami!

Je l'avoue, tant d'audace me paralysait.

— Mais si je vous faisais arrêter? — lui criai-je en me levant et en lui mettant la main au collet.

Toujours impossible, le pirate me répondit sans essayer de se débarrasser de moi.

— Et vous feriez là un joli métier, je m'en vante! Sans compter que ça vous serait encore facile de faire comprendre et de prouver à un imbécile de commissaire de police de Paris, comme quoi j'ai abordé votre yacht par le travers du cap Spartel, et comme quoi je l'ai fait naufrager sur les roches de la Wardi... au sud quart sud-ouest de la côte sud de l'île de Malte!... Il croirait que vous parlez turc, et il vous prendrait pour un fou, mon bon ami... Or, pour fou, je déclare que vous ne l'êtes pas. Vous êtes même un gaillard qui avez le poignet rude et qui n'avez pas froid aux yeux. Aussi, si ma vie n'appartenait pas pour le quart d'heure à ma fiancée, à mon intéressante fiancée, — ajouta-t-il d'un air goguenard et en appuyant sur ce mot, — je vous proposerais de reprendre la conversation où nous l'avons laissée lors de l'abordage du yacht; mais, foi d'homme! ma petite femme m'attend... et j'aime mieux cette conversation-là.

— Allons, allons, messieurs, on va fermer les portes, — dit le contrôleur de l'orchestre.

— C'est vrai, nous bavardons là comme des pies. Jeune homme, adieu, au revoir! — me dit le pirate.

Et en deux bonds il disparut.

J'étais tellement confondu qu'il fallut un nouvel avertissement du contrôleur pour me faire sortir de la salle.

. . . .

Lorsque, rentré chez moi, je songeai à l'étonnement stupide que m'avait causé l'étrange rencontre du pirate de Porquerolles, je m'accusai d'abord de faiblesse, je me reprochai de n'avoir pas fait arrêter ce brigand; mais, ainsi que celui-ci me l'avait judicieusement fait observer, il m'eût été assez embarrassant de prouver immédiatement ce que j'avançais; aussi, réfléchissant aux difficultés de l'entreprise, je trouvai ma conduite plus rationnelle que je ne l'avais cru d'abord.

Néanmoins, je voulus instruire monsieur de Serigny de la présence de ce misérable à Paris et de son double crime, qui intéressait spécialement l'Angleterre; monsieur de Serigny pouvant seul, comme ministre des affaires étrangères, appuyer et favoriser les démarches que tenterait nécessairement lord Stuart, alors ambassadeur de cette nation, pour rassembler les preuves du délit et obtenir l'extradition du coupable.

Le lendemain, j'écrivis donc un mot au ministre pour lui demander quelques momens d'entretien.

XLVIII

L'ENTREVUE.

Je me disposais à sortir pour me rendre au Luxembourg, où j'espérais rencontrer Irène, lorsque je reçus une lettre de madame de Fersen qui me priait de passer chez elle vers deux heures.

Depuis son arrivée à Paris, je ne l'avais pas vue seule.

A quoi devais-je attribuer le désir qu'elle m'exprimait? au besoin de me voir? au secret dépit des bruits qui couraient sur ma liaison prétendue avec madame de V***?

bruits que Catherine croyait peut-être fondés, depuis qu'au concert de lord P*** elle m'avait surpris en tête à tête avec madame de V***?

Je ne sais, mais j'attendis notre entrevue avec un bonheur inquiet et un trouble involontaire.

J'allais revoir Catherine, la revoir seule! A cette pensée mon cœur battit d'espoir et d'ivresse; enfin, un mot d'elle allait récompenser ma résignation, les courageux sacrifices que je m'étais imposés, les soins assidus auxquels son enfant devait presque la santé.

J'allais puiser dans cet entretien de nouvelles forces pour mieux me dévouer encore; et puis, j'avais tant à lui dire! J'étais si orgueilleux de mon amour! si heureux de me sentir le cœur assez jeune pour apprécier les joies pures qui me ravissaient! de me sentir assez confiant dans la force, dans la sincérité de mon attachement, pour espérer de me faire aimer un jour!. . . . .

A l'heure dite, je me rendis chez madame de Fersen.

Elle me reçut dans un petit salon où elle se tenait habituellement, où je ne connaissais pas encore.

— Qu'il y a donc longtemps que je ne vous ai vue! — m'écriai-je avec effusion en lui tendant la main.

Madame de Fersen me donna froidement la sienne, et me répondit:

— Mais j'ai eu, je crois, le plaisir de vous voir hier aux Variétés, monsieur!...

— Vous appelez cela nous voir! — lui dis-je avec un triste étonnement. — Ah!... j'avais bien raison de craindre que les *entretiens de la galerie* ne fussent bientôt oubliés par vous!

— Je n'oublierai jamais, monsieur, un si agréable voyage, — reprit madame de Fersen avec le même froideur. — Je vous suis très obligée de la peine que vous avez prise ce matin... de venir me voir... je désirais vous remercier mille fois, monsieur, de la complaisance avec laquelle vous vous êtes prêté aux fantaisies de ma fille... elle se trouve tout à fait bien maintenant, et je craindrais... et il ne me convient pas d'abuser plus longtemps de votre excessive obligeance à son égard, monsieur...

L'accent de madame de Fersen était glacial, presque dédaigneux. Ce qu'elle disait paraissait si vrai, si naturel, si peu dicté par le dépit, que je fus atterré... Je souffrais cruellement; je ne pouvais trouver un mot à répondre.

Mon silence fut assez expressif pour que madame de Fersen se crût obligée d'ajouter très sèchement:

— Je vous parais sans doute bien ingrate, monsieur?

Par deux fois je cherchai à interroger son regard, ordinairement si bienveillant, pour voir s'il serait d'accord avec la dureté de ses paroles..... mais je ne pus le rencontrer.

— Madame, — lui dis-je avec une émotion profonde, — je ne sais ce qui a pu me mériter un pareil accueil...

— Et quel accueil pouviez-vous donc prétendre de moi, monsieur? — me dit fièrement madame de Fersen.

Mon douloureux étonnement était à son comble; un moment pourtant je voulus me faire encore illusion, attribuer à la jalousie cette réception si différente de celle que j'espérais; mais, je le répète, la physionomie de madame de Fersen ne trahissait en rien une émotion contrainte ou combattue.

Je pris résolûment mon parti. Je ne pouvais répondre à la question de madame de Fersen sans lui rappeler tout ce qu'il y avait eu de bien et de noble dans ma conduite envers elle; ne voulant pas descendre jusqu'aux reproches, je me tus à ce sujet, et je lui dis en tâchant de ne pas trahir mon émotion:

— Le but de l'entretien que vous désiriez avoir avec moi étant sans doute rempli, madame, oserai-je vous demander si vous n'avez pas quelque ordre à me donner?

— Aucun, monsieur, mais je vous réitère encore l'expression de toute ma reconnaissance, — me répondit madame de Fersen en se levant.

Cette dureté me révolta. J'allais peut-être répondre avec

aigreur, lorsqu'une remarque que je n'avais pas encore faite me laissa une lueur d'espérance.

Pendant cet entretien, madame de Fersen n'avait pas une fois levé les yeux de dessus la tapisserie à laquelle elle travaillait.

Voulant m'assurer encore de la justesse de ma remarque, je demeurai quelques instans sans parler.

Catherine resta les yeux baissés, au lieu de m'interroger du regard pour savoir la cause de ma présence muette.

— Adieu, madame, — lui dis-je.

— Adieu, monsieur.

Je la quittai donc sans qu'elle m'eût accordé un seul regard de regret ou de pitié.

Sa main seulement me parut légèrement trembler sur sa tapisserie quand elle me dit adieu.

Je sortis... la mort dans le cœur.

. . . .

J'avais une trop grande et une trop naturelle défiance de moi-même et de mon mérite pour conserver quelque espérance de réussir auprès de Catherine.

Sans revenir à mes habitudes de suspicion envers les autres, car j'avais une foi inaltérable dans la sincérité de madame de Fersen, je doutai du sentiment que je croyais lui avoir inspiré. Elle n'éprouve aucune tendre affection pour moi, me dis-je, et son amitié même a pâli devant les brillantes distractions du monde. »

Et puis, je n'étais jamais près d'elle ; or, l'absence a des effets et des résultats extrêmes.

Quelquefois elle fortifie, elle alimente la sympathie secrète d'une femme, en forçant sa pensée de se concentrer dans le souvenir de celui qu'elle a remarqué, et de qui elle s'exagère encore le charme par ce lointain mirage. Et puis une femme trouve une sorte de jouissance fière, triste et mystérieuse dans l'amertume de ses regrets solitaires : elle méprise les indifférens, car ils occupent inutilement près d'elle une place qu'elle voudrait voir si précieusement remplie ; et elle hait les empressés, parce qu'ils ont la lâcheté d'*être là* tandis que le préféré n'y est pas...

Mais, souvent aussi, l'absence c'est l'oubli... Car certains cœurs sont comme les miroirs : ils ne réfléchissent que les objets présens.

Je me crus donc entièrement oublié de madame de Fersen. Comme cet événement cruel était entré dans mes prévisions, s'il me causa une douleur profonde, au moins ne m'étonna-t-il pas.

Dans le paroxysme de mon désespoir, je formais mille projets. Je voulais secouer ce chagrin, me livrer à toutes les dissipations de la vie, chercher d'amoureuses distractions dans une autre liaison ; mais il faut bien du temps, bien de la volonté, pour qu'un cœur profondément épris puisse changer d'amour.

Lorsqu'ils se savent aimés, et qu'ils possèdent la femme qu'ils aiment, jamais les hommes n'éprouvent le moindre scrupule à faire infidélité ; mais lorsqu'ils désirent passionnément, et qu'ils sont encore à espérer un aveu, l'inconstance leur est presque impossible. Ils n'ont le courage d'être fidèles que tant qu'ils n'ont pas le droit de l'être.

XLIX

UNE MISSION.

Le lendemain de mon entrevue avec madame de Fersen, j'étais très tristement absorbé, lorsqu'on m'annonça monsieur de Serigny.

Je fus assez étonné de sa visite, qu'il m'expliqua fort gracieusement, d'ailleurs, en me disant que, passant de-

vant ma porte en allant à la Chambre, il était entré à tout hasard, afin de m'épargner la peine de me rendre au ministère, au sujet de l'entretien que je lui avais demandé.

Cet empressement ne me parut pas d'abord naturel ; mais, réfléchissant aux bruits qui couraient sur moi et sur madame de V***, je pensai que le ministre avait sans doute voulu faire quelque chose de très bon goût en se montrant si prévenant.

En peu de mots je lui racontai l'histoire du pirate, et notre singulière rencontre aux Variétés.

Monsieur de Serigny me dit qu'il allait immédiatement en conférer avec l'ambassadeur d'Angleterre, et qu'il s'aviserait aux mesures à employer pour tâcher de saisir un pareil scélérat.

Notre conversation étant ensuite tombée sur les voyages, monsieur de Serigny s'informa avec intérêt de ceux que j'avais faits, fut très flatteur, très insinuant, très aimable, me dit qu'il avait beaucoup connu mon père sous l'empire ; que c'était un homme de haute capacité, de grande résolution, de tact très fin, qui connaissait à merveille le monde et les hommes, et que l'empereur l'aurait employé assurément en dehors du service militaire, en lui confiant de hautes missions, si le caractère entier, absolu de mon père avait pu se plier à toutes les volontés de Napoléon.

Je cherchais à deviner la tendance des discours flatteurs de monsieur de Serigny, lorsqu'il me dit avec une bonhomie charmante :

— Voulez-vous permettre à un ancien ami de votre famille de vous faire une question ! Si elle vous semble indiscrète, ne l'attribuez qu'à l'intérêt que je vous porte au nom de monsieur votre père.

— Je vous écoute, monsieur, je ne puis être que sensible à la bienveillance que vous me témoignez.

— Eh bien ! comment se fait-il qu'avec votre éducation, votre nom, votre fortune, votre position ; qu'avec l'expérience que vous ont donnée vos nombreux voyages, qu'avec toutes vos excellentes relations enfin, vous n'ayez jamais songé à vous occuper un peu sérieusement ? à entrer, par exemple, dans les affaires ?

— Mais, — répondis-je au ministre, — d'abord je suis loin de réunir les avantages que vous me supposez, et puis je n'ai pas la moindre ambition, et ma vie paresseuse me plaît fort.

— Mais votre pays ?

— Comment, mon pays ?

— Ne lui devez-vous pas au moins quelques années de votre existence ?

— Et que voulez-vous qu'il fasse d'un pareil cadeau ?

— Allons, allons, il est impossible que vous vous abusiez à ce point sur vous-même, tel modeste que vous soyez. Vous savez bien qu'on n'a pas le succès que vous avez dans le monde sans une valeur très remarquable. Vous êtes certainement un des hommes de la société qui se prodigue le moins et dont on parle le plus ; or, voyez-vous, à moins d'avoir un des grands noms historiques de France, à moins d'être un grand poëte, un grand artiste ou un grand homme d'État, ce qu'il y a de plus rare à acquérir dans le monde, croyez-en ma vieille expérience, c'est ce je ne sais quoi qui fait qu'on se retourne quand on vous annonce dans un salon... Eh bien ! vous jouissez de ce privilége-là : vous êtes très jeune, et pourtant vous avez de l'influence, de l'action sur le monde, puisqu'il se préoccupe beaucoup de ce que vous faites ou de ce que vous ne faites pas.

Ces flatteries exagérées me parurent si transparentes que je vis clairement que monsieur de Serigny voulait, qu'on excuse cette vulgarité, *me prendre par les sentimens* pour m'engager à renoncer par point d'honneur à madame de V***. Quoique je fusse dans une triste disposition d'esprit, cette comédie m'amusa, et je tâchai de la faire durer le plus longtemps possible en paraissant me laisser prendre aux louanges de monsieur de Serigny.

— Mais, — lui dis-je avec un sourire modeste, — en admettant, monsieur, ce qui n'est, je crois, qu'une illusion de votre bienveillance, en admettant, dis-je, que j'aie quelque succès dans le monde, et que même, relativement à mon âge, j'y sois un peu compté, je ne vois pas trop quelle utilité *mon pays* peut tirer de ces avantages.

— Personne mieux que moi ne peut vous en instruire, — me répondit le ministre avec un empressement assez maladroit, car il me prouva qu'il attendait cette question de ma part. — On fait de grands mots, de grandes phrases à propos de ce qu'on appelle la diplomatie; or, le grand art de la diplomatie, savez-vous ce que c'est? — me demanda-t-il en accompagnant ces paroles d'un sourire rempli de bonhomie. Je fis un signe de tête humblement négatif. — Eh bien! c'est tout uniment l'art de plaire... Comme il s'agit toujours de demander ou de refuser, celui qui sait plaire sait presque toujours obtenir; tandis que, s'il est obligé de refuser, il sait mettre assez de grâce dans ses refus pour qu'ils ne soient pas blessans. Voilà tout le secret.

J'eus beaucoup de peine à réprimer une forte envie de rire; car il me vint à l'esprit que le ministre, jaloux de mes assiduités auprès de madame de V***, allait finir par me proposer de m'attacher à quelque ambassade pour se débarrasser de moi.

C'était sans doute le dénoûment de cette scène, mais je la trouvais si divertissante que je ne voulus pas la brusquer.

— Je croyais, — lui dis-je, — que les habiles négociateurs d'un des siècles les plus féconds en grands traités et en grands travaux diplomatiques, je croyais, dis-je, que les d'Avaux, que les Courtin, que les d'Estrades, que les Ruvigny, que les de Lyonne possédaient d'autres talens que celui de plaire.

— S'il n'avaient pas l'art de plaire, — me dit avec quelque embarras monsieur de Serigny, qui me parut ignorant dès traditions historiques de sa spécialité, comme un véritable ministre constitutionnel qu'il était, — s'il n'avaient pas l'art de plaire, ils employaient une autre séduction.

— Vous avez raison, — lui dis-je, — ils avaient de l'or à discrétion.

— Vous voyez donc bien! — s'écria le ministre, — c'est toujours la même chose; seulement, dans les sociétés modernes, l'art de plaire a dû remplacer la séduction opérée par l'argent.

— C'est d'abord plus économique, — lui dis-je.

— Et plus sûr, — ajouta-t-il; car enfin tous les trônes ne sont pas représentatifs: il y a, dieu merci! en Europe des rois qui sont tout seuls, et qui marchent sans lisières; eh bien! ces rois-là sont hommes, après tout, et comme hommes, ils sont sujets aux sympathies et aux antipathies, Or, souvent l'ambassadeur on leur envoie, fût-il un homme du plus grand génie, du plus grand caractère, n'obtient rien de ce qu'il leur demande pour sa cour; et pourquoi cela? tout bonnement parce qu'il déplaît; tandis qu'au contraire un homme d'un talent médiocre obtiendra souvent, par le seul ascendant de ses manières, parce qu'il *saura plaire* enfin, obtiendra, — dis-je, ce que l'homme de génie n'aura pas su obtenir.

— C'est très juste, et votre système est d'une application d'autant plus facile que les gens *de plaisance* sont encore plus nombreux que les hommes de génie.

— Mais sans doute !... ainsi, vous, par exemple, je suis convaincu mais intimement convaincu que, si vous vouliez, je suppose, entrer dans la carrière diplomatique, vous pourriez rendre à la France les plus grands services; car, non-seulement vous avez l'art de plaire, vos succès dans le monde le prouvent, mais vous avez encore des qualités très solides et très éminentes.

J'avais deviné juste: la proposition que je soupçonnais allait sans doute suivre l'éloge de mon mérite. Voulant me prêter de bonne grâce à cette fantaisie du ministre, je répondis, en feignant un étonnement confus de modestie:

— Y pensez-vous? Moi, monsieur, moi entrer dans une carrière si épineuse! mais je n'ai jamais eu la folle ambition de prétendre à un tel avenir.

— Écoutez-moi, — me dit monsieur de Serigny d'un air grave et paternel. Et il me fit la confidence suivante, qui me parut un affreux mensonge. — Monsieur votre père m'a rendu un service... — Ici le diplomate fit une pause et un profond soupir... puis il leva les yeux au ciel en répétant: — Oh! oui, un grand service!... aussi mon cher monsieur de***, je ne saurais vous dire combien je m'estimerais heureux de pouvoir vous témoigner, à vous son fils, toute ma gratitude, puisque j'ai été assez malheureux pour ne pouvoir pas la lui témoigner à lui-même.

— J'ignorais complètement cette circonstance, dont mon père ne m'a jamais instruit, monsieur.

— Je le crois bien, et moi-même je ne puis vous donner aucun détail à ce sujet! — s'écria monsieur de Serigny, — car cet important service intéresse aussi un tiers... et l'honneur m'impose le silence. Enfin, — reprit-il, — je vous le répète, je crois trouver en ce moment l'occasion de reconnaître les bontés de monsieur votre père, et de donner un digne serviteur de plus à mon pays, si toutefois vous êtes disposé à vouloir utiliser les rares avantages dont vous êtes doué.

— Mais, je vous le dis, monsieur, malgré le désir que je pourrais avoir d'entrer dans votre honorable carrière, sous d'aussi heureux auspices que les vôtres, jamais je ne croirai mon mérite à la hauteur de cette ambition...

— Mais, encore une fois, vous ne vous connaissez pas, ou vous ne voulez pas vous connaître, — reprit le ministre avec impatience, — et heureusement votre opinion ne fait rien à l'affaire... Quant à moi, il est évidemment prouvé que, si vous le voulez, vous pouvez remplir avec distinction une mission importante; car vous sentez bien que vous n'êtes pas de ces jeunes *beaux* qui, n'ayant que leur nom et leur fortune, doivent s'estimer très heureux quand on les nomme attachés d'ambassade. Non, non, ce n'est pas à vous qu'on fait de pareilles propositions! il faut que vous entriez par la belle porte; il faut surtout que vous soyez à même de vous montrer dans toute votre valeur. Malheureusement, chez nous, — ajouta-t-il en hésitant, — les exigences, les traditions de la hiérarchie sont si impérieuses, que les missions en Europe sont très restreintes, et dans ce moment-ci elles sont toutes remplies...

Je regardai monsieur de Serigny. Il fallut tout mon empire sur moi-même pour ne pas éclater de rire. A la tournure que prenait sa proposition, il ne s'agissait plus pour moi d'un exil mais d'une véritable déportation.

— Mais vous sentez bien, — lui dis-je en conservant tout mon sang-froid, — que, dans le cas où ceci aurait quelque suite, je n'ai pas la prétention ridicule d'ambitionner de prime saut une mission en Europe.

— Et puis, comprenez bien une chose, — ajouta le ministre avec une satisfaction croissante, — c'est que les missions ne sont que ce qu'on les fait; il y en a de fort insignifiantes en Europe, il y en a au contraire de la dernière importance... en Asie, par exemple... Car, il ne faut pas se le dissimuler, — ajouta gravement monsieur de Serigny, — ce n'est pas en Europe que doit se décider à l'avenir le sort de l'Europe, c'est en Orient!! Toute la politique future d'Europe est en Orient! L'Europe a les yeux fixés sur l'Orient! l'Orient est le champ de bataille diplomatique où doivent se former les grands négociateurs de notre temps! Ainsi, par exemple, — me dit monsieur de Serigny en me regardant fixement, — dans ce moment-ci je voudrais trouver un homme bien né, d'un esprit fin, flexible, agréable, d'un caractère ferme et résolu, afin de lui confier une mission des plus délicates; car il s'agit de s'assurer l'affection et l'appui d'une grande puissance orientale, sans éveiller les soupçons, les susceptibilités jalouses de l'Angleterre et de la Russie, nos deux éternelles rivales en Orient.

— Cette mission me paraît en effet devoir être fort belle, — lui dis-je de l'air le plus désintéressé du monde.

— N'est-ce pas?... Eh bien!... cette mission, je me fais

presque fort de vous la faire obtenir... tant j'ai confiance dans votre mérite, tant j'ai à cœur de m'acquitter envers monsieur votre père.

— A moi une pareille mission !—m'écriai-je en feignant la stupeur.

Monsieur de Serigny, prenant un air mystérieux et profond, me dit :

—Monsieur de ***, je parle à un galant homme; or, que vous acceptiez ou non la proposition que je viens de vous faire, me donnez-vous votre parole que tout ceci demeurera secret entre nous ?

— Je vous la donne, monsieur.

—Eh bien ! — continua-t-il non moins mystérieusement, — il s'agit, sous le prétexte frivole de porter de riches présens au schah de Perse, de la part de Sa Majesté le roi de France, il s'agit, dis-je, de s'insinuer assez adroitement, assez habilement, assez puissamment dans l'esprit de ce prince asiatique pour le disposer à accueillir un jour avec faveur les ouvertures considérables que l'on ferait ultérieurement connaître la teneur à l'envoyé chargé de cette importante négociation ; mais ces intérêts sont, je vous l'avoue, de la dernière imminence. Les présens sont prêts, les instructions rédigées, le bâtiment attend... et il faudrait partir dans le plus bref délai.

Mon hilarité intérieure était au comble en entendant le ministre me proposer sérieusement de m'en aller immédiatement essayer mon art de plaire sur le schah de Perse, à propos d'une mission de la plus ridicule insignifiance, quoique monsieur de Serigny eût tâché de lui donner un magnifique relief.

Le ministre attendait ma réponse avec une anxiété visible.

J'eus presque un remords de faire jouer à un homme de son âge et de sa condition un rôle si niais en prolongeant davantage cette comédie.

Pourtant cette proposition, tout inacceptable qu'elle était, avait éveillé en moi certaines pensées endormies. Malheureux dans mon affection pour madame de Fersen, sachant qu'il me serait impossible pendant quelque temps de m'occuper d'un autre amour, redoutant surtout l'oisiveté, je résolus d'utiliser, si je pouvais y réussir, le bon vouloir de monsieur de Serigny.

— Monsieur, — lui dis-je, — bien que nos âges soient disproportionnés, voulez-vous me permettre, à mon tour, de vous parler avec la plus entière, je dirais presque avec la plus brutale franchise.

— Sans doute, — me dit le ministre fort étonné.

— Si, par les louables et bienveillans motifs que vous m'avez exposés, monsieur, vous avez la ferme intention de m'essayer dans la carrière diplomatique, j'espère que vous ne vous formaliserez pas de ce que je tâche de vous donner la mesure de ma pénétration ?

— Que voulez-vous dire, monsieur ?

— Tenez, monsieur de Serigny, parlons franchement : vous êtes épris d'une femme charmante que nous connaissons tous deux ; mes assiduités auprès d'elle vous portent ombrage, et vous voulez m'envoyer auprès du schah de Perse pour vous débarrasser de moi.

— Monsieur ! — s'écria le ministre d'un air très offensé.

— Permettez-moi de continuer, — lui dis-je. — Je n'ai pas besoin de partir pour vous rassurer... je vous donne ma parole que mes relations avec la personne dont j'ai l'honneur de vous parler ont été tout amicales, et qu'excepté quelques coquetteries fort innocemment échangées, rien ne peut justifier vos soupçons...

Monsieur de Serigny me parut d'abord dans un violent état d'irritation : toutefois, il me dit avec un sourire forcé :

— Après ce qui vient de se passer entre nous, monsieur, il faut presque que nous nous coupions la gorge ou que nous soyons amis.

— Mon choix sera le vôtre, monsieur.

— Il est fait, — me dit monsieur de Serigny en me tendant la main.

Il y eut tant de cordialité dans son mouvement, il lui fallait tant d'empire sur lui-même pour refouler ainsi les susceptibilités de l'orgueil et de l'amour-propre en présence d'un homme de mon âge, que, vivement touché de son procédé je lui dis :

— Si vous pensez de moi tout le bien que vous m'avez dit en penser, monsieur, vous n'attacherez aucune importance à cet entretien... D'ailleurs n'attribuez qu'à votre éminente réputation de finesse mon violent désir de vous montrer que je pouvais pénétrer vos vues. Pardonnez-moi donc d'avoir été si étourdiment fier de ma première victoire, car elle était bien flatteuse. Quant à me croire votre rival auprès de certaine femme charmante, ma parole a dû vous rassurer sur le présent et sur le passé... Pour l'avenir, je n'ai qu'un moyen immanquable d'écarter vos soupçons, c'est de vous demander un service. Lié à vous par la gratitude, porter la moindre atteinte à votre bonheur serait une lâcheté.

Après quelques momens de silence et de réflexion, monsieur de Serigny me dit avec beaucoup de bonhomie :

— Vous accentuez tellement les choses, qu'il est impossible, je le vois, de parler avec vous à mots couverts ; il faut tout nier ou tout avouer : je me résigne à ce dernier parti, car je vous sais galant homme et très secret ; mais tout ceci n'en est pas moins bizarre. Me voilà, moi, à mon âge, en confidence d'amourettes avec un jeune homme qui s'est très spirituellement moqué de moi, qui me l'a dit en face, et qui m'a tellement embarrassé par les confidences qu'il m'a faites, non pas sur lui, parbleu ! mais sur moi, que je me trouve dans la plus sotte position du monde. Heureusement que vous me dites que je puis vous être bon à quelque chose... ça me sauve du ridicule, — ajouta-t-il avec une grâce parfaite.

— Eh bien donc ! monsieur, voici, ce dont il s'agirait : quoique je ne me reconnaisse pas assez de mérite pour aller séduire le schah de Perso...

— Ne parlons plus de cela, — s'écria gaiement monsieur de Serigny ; — vous frappez un ennemi à terre...

— Je vous l'avoue, vos propositions ont éveillé en moi, non pas de l'ambition, mais le vif désir de connaître assez les affaires politiques pour voir si véritablement mon esprit pourrait s'y ployer un jour... Je ne sais si vous me trouvez toujours la même capacité...

— Ah ! monsieur le comte ! monsieur le comte ! — me dit monsieur de Serigny en me menaçant du doigt.

— En l'admettant, alors, tout ce que je réclamerais de votre bonté ce serait, dans le cas où vous manqueriez plus tard de secrétaire intime, de m'admettre chaque jour quelques heures dans votre cabinet ; en cette qualité, je me mettrais là tout à vos ordres, vous me confieriez les travaux que vous croiriez pouvoir confier à un homme secret et sûr. D'après cet essai, je saurai réellement si j'ai quelque aptitude aux affaires ; et plus tard, si je croyais pouvoir remplir avec succès une modeste mission diplomatique, je vous rappellerais alors qu'il vous reste à acquitter la dette que vous avez contractée envers mon père.

— Encore une épigramme ! dit monsieur de Serigny, — mais qu'importe ! Ah ça ! véritablement, des fonctions si ennuyeuses ne vous effrayeraient pas ? Vous auriez le courage de venir travailler avec moi trois ou quatre heures par jour dans mon cabinet?

— J'aurai ce courage.

— Vous n'allez peut-être pas croire que votre proposition arrive singulièrement à propos ; et pourtant il est notoire que mon secrétaire intime vient d'être attaché à la légation de Florence... Je ne vous offre pas sa place; mais je vous offre la part qu'il prenait à mon travail.

— Et j'accepte de grand cœur et avec une profonde reconnaissance... Mais, —lui dis-je touché de son obligeance, et voulant effacer le dépit qu'il pouvait conserver de l'espèce d'avantage que j'avais eu sur lui dans cet entretien, — mais voyez donc la bizarrerie de l'esprit humain, et comme on arrive au même but par des moyens contraires. Vous êtes venu chez moi avec deux idées très nettement formulées ; vous vouliez écarter un rival auquel vous faisiez l'honneur de le redouter, et attacher au service de votre pays un homme dont vous pressentiez, dites-vous, le mérite... J'ai positivement refusé vos offres ; et pourtant, non par le fait de votre volonté, mais par le fait de la mienne, vous arrivez absolument au même but ; car maintenant je ne puis plus être pour vous un objet de jalousie, et je vais partager vos travaux... Après cela, osez dire encore que c'est moi qui ai joué ! — m'écriai-je.

— Allons, allons, monsieur de Serigny, je suis obligé de reconnaître que vous êtes mille fois au-dessous de votre brillante réputation, et ce que j'appelais ma victoire n'est qu'une heureuse défaite.

Je pris rendez-vous pour le lendemain avec le ministre, et nous nous séparâmes.

L

DIPLOMATIE.

Lorsque monsieur de Serigny m'eut quitté, je retombai dans l'amertume des réflexions dont son entretien m'avait un moment distrait.

Malgré tous mes efforts pour chasser de ma pensée le souvenir de madame de Fersen, ce souvenir était toujours là.

Je souffrais beaucoup ; mais ce chagrin, quoique profond, n'était pas sans une sorte de douceur que je ne connaissais pas encore.

J'avais la conscience de m'être noblement conduit envers Catherine, de ne pas mériter les injustes rigueurs dont elle m'accablait, et je puisais dans cette conviction consolante une fière et courageuse résignation.

J'ai toujours hardiment envisagé les phases les plus cruelles de ma vie. Il ne me restait aucun espoir d'être jamais aimé de madame de Fersen, je rassemblai donc religieusement dans mon cœur et dans ma mémoire les moindres traces de cet amour ineffable, comme on conserve les restes précieux et sacrés d'un être qui n'est plus, pour venir chaque jour les contempler avec une tristesse rêveuse, et leur demander le charme mélancolique des souvenirs.

Pourtant, ne voulant pas me laisser abattre, et espérant trouver quelque distraction dans le travail, j'allai assidûment chez monsieur de Serigny.

C'était véritablement un excellent homme.

Il se montra pour moi plein de bienveillance. Sans doute informé de ma réserve habituelle, il me donna bientôt une marque de flatteuse confiance en me chargeant de faire un résumé clair et succinct de sa correspondance diplomatique, résumé qui devait être mis chaque jour sous les yeux du roi.

Il est vrai de dire que ce travail semblait beaucoup plus important qu'il ne l'était réellement, puisqu'il n'y avait alors aucune grande question politique pendante en Europe. La presque totalité de ces dépêches, généralement écrites en assez pauvre français ou de la manière la plus pâle, ne contenaient presque toujours que des renseignemens vagues ou puérils sur les cours étrangères, renseignemens que les journaux avaient même quelquefois publiés.

Je pus me convaincre de ce que j'avais toujours soupçonné : à savoir que dans les temps modernes et dans un gouvernement représentatif comme le nôtre, la diplomatie qu'on pourrait dire *courante* était à peu près nulle, les in-

térêts vitaux des nations se débattant sur les champs de bataille, dans les chambres ou dans les congrès.

Ainsi, la plupart du temps (seulement, je le répète, sous un gouvernement représentatif), les emplois diplomatiques sont de véritables sinécures, dont les ministres se font des moyens d'action ou de corruption, en les répartissant selon la nécessité de leur politique.

Je devais être d'autant plus frappé de la nullité des correspondances que j'avais sous les yeux, qu'autrefois mon père m'avait presque fait faire un cours de droit politique, et que j'avais étudié avec lui les plus célèbres négociateurs de la dernière moitié du dix-septième siècle... Notre trisaïeul ayant rempli plusieurs missions conjointement avec messieurs d'Avaux, de Lyonne et Courtin, nous possédions à Serval un double de ses dépêches et des leurs ; aussi, je l'avoue, cette lecture et ces études m'avaient rendu fort difficile.

Monsieur de Serigny lui-même était un homme de capacité médiocre ; mais il avait assez de finesse, de tact et de pénétration pour suffire aux modestes exigences de sa position. Lorsqu'à la Chambre il combattait l'opposition, il avait l'art d'éteindre, de noyer la discussion la plus chaleureuse dans le vague limpide de sa parole abondante, froide et monotone comme une chute d'eau.

D'ailleurs, au point de vue constitutionnel, monsieur de Serigny eût été tout aussi bien ministre de la marine, de la justice ou des finances, que ministre des affaires étrangères ; car, au point de vue réel, spécial de ces ministères, il était incapable d'en remplir aucun.

Mais je gardais secrète ma manière de juger monsieur de Serigny. Il s'était montré très bienveillant pour moi, et je n'étais pas un Pommerive. Au contraire, je défendais *mon ministre* de toutes mes forces.

Les fonctions que je remplissais m'amusaient donc assez, par cela même que leur nullité contrastait d'une manière flagrante avec leur importance présumée.

Mais au moins la connaissance de ces réalités éveilla en moi des sentiments charitables ; je devins très tolérant pour la suffisance gourmée, impitoyable, grâce à laquelle la plupart de nos agens diplomatiques en imposent toujours au public sur la valeur et sur la nécessité de leur emploi.

Sans ce prestige ils ne seraient pas.

Or, je l'avoue, si je n'ai jamais eu la fantaisie de me faire le compère ou la dupe d'un jongleur, jamais, lorsque j'ai cru deviner ses tours, je n'ai eu la méchanceté de le dire tout haut, pour priver ce pauvre diable de son auditoire, parce que je n'aurais jamais pu supposer comment se pourvoirait à l'avenir un jongleur délaissé. Aussi les parens pauvres qui destinent leurs enfans à la carrière diplomatique devraient-ils, ce me semble, être assez sages, assez prévoyans, pour leur faire aussi apprendre quelque bon et solide métier, qui serait un jour d'une utile ressource, si des malheurs imprévus les privaient de leur premier état.

Ceci n'est pas un paradoxe brutal : la spécialité essentielle de nos diplomates consistant à dignement représenter la France, c'est-à-dire à avoir aux frais de l'État un assez grand état de maison, à mener une vie somptueuse, mondaine et divertissante, à recevoir ou à écrire des dépêches insignifiantes, il devient difficile de trouver l'emploi de ces belles qualités, lorsqu'on n'exerce plus la profession qui les exigeait.

Ma nouvelle position auprès de monsieur de Serigny, bientôt ébruitée, me donna une singulière autorité dans le monde. On savait que ce n'était pas une *place* que j'avais cherchée en me livrant aux travaux assez assidus dont je m'occupais, et l'on concluait que mon apprentissage devait nécessairement aboutir aux plus hautes destinées.

Quelques circonstances dues au hasard vinrent augmenter ces exagérations.

C'était à un bal chez madame la duchesse de Berry. Monsieur de Serigny, souffrant de la goutte, n'avait pu y assister. Lord Stuart, alors ambassadeur d'Angleterre, qui avait vivement sollicité notre gouvernement de faire les plus actives recherches pour découvrir le pirate de Porquerolles, vint me dire qu'on était sur les traces de ce misérable, qu'on espérait l'atteindre, et me demanda quelques nouveaux renseignemens sur cette affaire. Il me prit par le bras, et nous causâmes dans l'embrasure d'une fenêtre pendant une demi-heure.

Il n'en fallut pas davantage pour faire croire que j'étais fort avant dans ce qu'on appelle si bénévolement les *secrets d'État*.

Ce ne fut pas tout : vers les onze heures, j'allais sortir du bal, lorsque je me trouvai sur le passage du roi au moment où il se retirait.

J'avais eu l'honneur de lui être présenté ; il s'arrêta devant moi, et me dit avec son habituelle et gracieuse affabilité :

—Je lis tous les jours votre rapport... j'en suis très content; il m'intéresse beaucoup; c'est très substantiel, et, grâce à vous, j'ai ainsi la moisson sans m'être donné la peine de la récolter...

— Le roi me comble, — dis-je à Sa Majesté, — et son approbation est une faveur qui m'impose de nouveaux devoirs, dont je tâcherai de me montrer digne.

Au lieu de quitter le bal, le roi s'assit sur un canapé placé près de lui, et me dit :

— Mais racontez-moi donc cette histoire dont vient encore de m'entretenir lord Stuart : c'est très extraordinaire ; ça a l'air d'un roman.

Lorsque le roi s'était assis en me parlant, les personnes qui l'accompagnaient s'étaient tenues discrètement à l'écart.

Je racontai donc au roi l'histoire du pirate de Porquerolles ; il m'écouta avec intérêt, me fit plusieurs questions, me remercia très gracieusement et se retira.

Le roi parti, je fus le centre de tous les regards ; on n'y concevait rien : Sa Majesté s'en allait, elle me rencontre, et voilà qu'elle demeure plus d'un quart d'heure en conversation particulière avec moi...

Décidément je devais être un homme de la dernière importance.

Sachant que rien n'est plus ridicule que de paraître vouloir jouir de son évidence après une scène pareille, j'allais quitter le bal lorsque je vis venir à moi madame de Fersen, que je n'avais pas rencontrée depuis quelque temps; elle me parut si changée, si maigrie, que sa vue me fit un mal affreux...

Je la saluai sans l'attendre, et je me retirai, quoique son regard fût suppliant, et qu'elle se fût évidemment rapprochée de moi dans l'intention de me parler. . . . . . .

Le lendemain je reçus une lettre d'elle.

Elle me priait dans les termes les plus affectueux de venir la voir, s'excusant de son ingratitude, et faisant quelques gracieuses allusions au passé.

Mon premier mouvement fut de me rendre chez Catherine.

Mais je réfléchis bientôt que cette entrevue ne changerait rien sans doute à la destinée de mon amour. D'ailleurs je me souvins de la dureté avec laquelle madame de Fersen m'avait traité, et je mis une sotte dignité à ne pas me rendre à sa première avance.

Je lui écrivis une lettre très froide et très polie, dans laquelle je m'excusais de ne pas aller chez elle, pour des motifs qu'elle devait comprendre.

Elle ne me répondit pas.

Pensant qu'elle n'avait pas grande envie de me revoir puisqu'elle n'insistait pas, je m'applaudis de ma résolution.

J'appris bientôt que le prince avait reçu de sa cour l'ordre de retourner en Russie ; et, je l'avoue, je fus étonné de voir que sa femme ne l'avait pas suivi.

Quant à madame de V***, je l'avais conjurée, au nom de l'amitié qu'elle prétendait avoir pour moi, de ne pas tourmenter si cruellement monsieur de Serigny, lui déclarant que je ne voulais plus me prêter à son manège de coquetterie ; qu'elle se compromettait d'ailleurs horriblement, et que tôt ou tard elle se verrait fort mal reçue dans le monde.

Elle me répondit que je parlais comme un quaker, mais que, pour la rareté du fait, elle voulait se mettre à vivre sans l'ombre de coquetterie.

Un mois après cette belle détermination, elle vint me dire avec reconnaissance que cette nouvelle vie lui semblait ennuyeuse à périr, mais que cela faisait un effet prodigieux, et que des paris énormes avaient été ouverts pour savoir si elle persisterait ou non dans sa conversion. Quant au ministre, disait-elle, comme il avait passé de la stupidité d'irritation jalouse à la stupidité d'adoration aveugle, elle n'avait ni gagné ni perdu à ne plus le tourmenter.

. . . .

Naturellement, les bruits qui avaient couru sur madame de V*** et sur moi cessèrent bientôt, et on m'accusa de l'avoir sacrifiée à l'ambition.

Quelquefois je ne pouvais m'empêcher de sourire en voyant l'obséquiosité dont j'étais entouré, car je continuais, pour ainsi dire par désœuvrement, mon travail chez monsieur de Serigny.

Cernay, que je rencontrais quelquefois, cachait surtout son envie sous les dehors de l'admiration la plus hyperbolique.

— Vous êtes un habile homme, — me disait-il, — il vous faut et vous aurez tous les genres de succès. Vous voici maintenant homme d'État... vous voici dans l'intimité des ministres et des ambassadeurs. Le roi vous distingue fort ; on compte avec vous ; aussi, mon cher, maintenant vous n'avez plus qu'à vouloir... car vous êtes d'une adresse ! ! passez-moi le terme... d'une rouerie ! !

— Comment cela ?

—Allons, faites donc l'innocent ! A ce bal des Tuileries, où vous avez eu tour à tour deux conférences si remarquables et si remarquées, l'une avec lord Stuart et l'autre avec le roi, qui s'est arrêté à causer si longtemps avec vous, au lieu de s'en aller, comme il en avait d'abord manifesté le désir, qu'avez-vous fait? en homme habile que vous êtes, au lieu d'agir comme tant d'autres qui seraient niaisement restés à se pavaner après de pareilles distinctions, vite vous vous êtes éclipsé. C'était là la rouerie ou plutôt le génie !... aussi vous avez fait, par votre absence, un effet prodigieux...

— Le secret de cette disparition est bien simple, mon cher Cernay : j'avais une horrible migraine, et je voulais rentrer chez moi.

— Allons donc ! — me dit Cernay avec une naïveté charmante, — vous ne me ferez pas croire qu'on a la migraine quand on vient de causer une heure avec le roi.

. . . .

Il y avait quinze jours que j'avais rencontré pour la dernière fois madame de Fersen au bal des Tuileries, lorsqu'un de mes gens d'affaires entra chez moi d'un air consterné.

Il s'agissait de prévenir le désastre d'une banqueroute qui pouvait me faire perdre environ cinquante mille écus, que je croyais placés dans une des meilleures maisons du Havre.

La faillite n'était pas déclarée encore, mais elle menaçait, on la soupçonnait.

Mon homme d'affaires me proposait donc de partir sur-le-champ avec lui, et d'aller retirer mes fonds de cette maison.

La somme était si considérable, que je n'hésitai pas un moment à me rendre au Havre. Une procuration, si étendue qu'elle eût été, n'aurait pas pourvu à toutes les éventualités de cette affaire ; et, dans de telles circonstances, la présence d'un intéressé est souvent d'une très grande autorité.

J'écrivis un mot à monsieur de Serigny, en lui disant que de graves motifs m'appelaient au Havre, et je laissai ordre chez moi de m'envoyer mes lettres dans cette ville...

Deux heures après j'étais en route.

Nous allions atteindre le dernier relais qui précède le Havre, lorsque j'entendis le bruit du galop précipité de deux chevaux, le claquement retentissant d'un fouet, et une voix qui ne m'était pas inconnue s'écrier :

— Arrête ! arrête !

Mes postillons me regardèrent indécis... Je leur fis signe d'arrêter, et tout à coup je vis arriver à la portière de ma voiture le courrier de madame de Fersen : son cheval, blanc d'écume, était déchiré de coups d'éperons.

Cet homme était si haletant de la rapidité de sa course, qu'il ne put me dire que ces mots en me remettant une lettre :

— Monsieur le comte... c'est de la part de madame la princesse... J'ai gagné quatre heures sur monsieur le comte... c'est tout ce que j'ai pu faire.

Cette lettre ne contenait que ces mots :

« *Ma fille se meurt, se meurt... je n'espère qu'en vous.* »

— Vous allez doubler le relais, retourner à la poste, — criai-je aux postillons. — Et toi, — dis-je au courrier, — peux-tu courir jusqu'à Paris, et me faire préparer mes chevaux ?

— Oui, monsieur le comte...

— Alors, à cheval.

Et le brave garçon retourna ventre à terre dans la direction de Paris.

— Mais, monsieur, — s'écria mon homme d'affaires en pâlissant, — vous ne pouvez pas retourner à Paris ! nous voici arrivés au Havre.

Je le regardai avec étonnement...

— Et pourquoi cela ?

— Mais cette faillite, monsieur, — s'écria-t-il, — songez bien qu'une heure de retard peut tout perdre... qu'il s'agit de sauver ou non cinquante mille écus !...

J'avais tout à fait oublié l'objet de mon voyage.

— Vous avez raison, — lui dis-je. — Vous êtes au plus à une demi-lieue du Havre, obligez-moi d'y aller à pied... et arrangez cela pour le mieux.

Et je fis ouvrir la portière.

— Mais, monsieur, encore une fois, c'est impossible, — reprit l'homme d'affaires stupéfait ; — sans vous je ne puis rien... je n'ai pas même de procuration... Encore une fois, sans vous ma présence sera absolument inutile. Venez au moins au Havre ; uous irons chez un notaire, vous me donnerez une procuration, et alors...

Je bouillais d'impatience.

— Monsieur, — lui dis-je rapidement, — vous irez au Havre sans moi, ou vous retournerez à Paris avec moi. La portière est ouverte ; descendez ou restez...

— Mais, monsieur...

— Fermez la portière, et à Paris ! — criai-je.

L'homme d'affaires descendit aussitôt, en me disant d'un air désespéré :

— Comme vous voudrez, monsieur, mais je n'aurai rien à me reprocher... vous pouvez regarder ces cinquante mille écus comme bel et bien perdus... Envoyez-moi au moins une procuration enregistrée, etc., etc...

Je n'entendis pas le reste de sa phrase.

Les chevaux brûlèrent le pavé.

De ma vie je n'ai voyagé avec une telle rapidité.

A Versailles, je donnai ordre d'arrêter à Paris un peu avant la porte de l'hôtel de madame de Fersen.

Quand j'y arrivai, je vis une épaisse couche de litière dans la rue.

Pensant à la possibilité d'un séjour chez madame de Fersen, et voulant le tenir secret, j'ordonnai à mon domestique de reconduire la voiture chez moi, de dire à mes gens que j'étais resté au Havre, et que, voulant revenir par le bateau à vapeur, j'avais renvoyé ma diligence.

J'entrai dans l'hôtel.

LI

IRÈNE.

Les moindres détails de cette scène terrible sont encore présents à ma pensée.

Minuit sonnait lorsque j'entrai dans l'antichambre de l'appartement de madame de Fersen.

Il était sombre, je n'y trouvai aucun de ses gens ; cela me parut étrange. Guidé par une lueur douteuse, je traversai plusieurs salons dont un seul était faiblement éclairé ; mon cœur se serrait d'épouvante.

J'arrivai près d'une porte entr'ouverte.

Alors seulement quelques sanglots étouffés parvinrent à mon oreille.

Je poussai la porte sans bruit.

Quel tableau, mon Dieu ! !

Le berceau d'Irène, placé à côté du lit de sa mère, occupait le fond de cette chambre qui faisait face à la porte.

A droite du lit, Catherine à genoux tenait dans ses mains une des mains de son enfant.

Je ne pouvais voir la figure de cette mère infortunée... Seulement, de temps à autre, un mouvement brusque et convulsif faisait tressaillir ses épaules.

A gauche était Frank, le grand peintre, le mari d'Hélène...

Assis sur une chaise basse, il dessinait la figure mourante d'Irène.

Suprême et affreux souvenir, que voulait sans doute conserver madame de Fersen !

Frank, au moyen d'un abat-jour, avait disposé la lampe de façon qu'elle pût éclairer en plein la physionomie d'Irène.

Le reste de l'appartement était plongé dans une profonde obscurité.

Un grand vieillard, vêtu d'une pelisse fourrée, s'appuyait au pied du lit de l'enfant. Ses cheveux étaient blancs ; son front chauve saillant était poli comme du vieil ivoire, un reflet de vive lumière dessinait son profil hardiment accentué.

C'était le docteur Ralph, le médecin de madame de Fersen.

Il semblait épier d'un œil inquiet chaque imperceptible mouvement de la figure d'Irène.

Assise dans un coin obscur de la chambre, la gouvernante, appuyant sa tête sur la muraille, pouvait à peine étouffer ses sanglots.

Au moment où j'arrivai, ils devinrent si douloureux, que, désespérant de les comprimer, elle sortit en tenant son mouchoir sur sa bouche.

Moi aussi je pleurai... amèrement à l'aspect de cette angélique figure d'enfant, si résignée, si douce, et qui, malgré les approches de la mort, conservait un caractère de sérénité sublime...

Vivement éclairée, sa figure pâle et brune se détachait lumineuse sur la blancheur des oreillers... ses beaux cheveux noirs tombaient en désordre et couvraient son front... Ses grands yeux, à demi fermés et cernés d'une auréole bleuâtre, laissaient voir sous leurs paupières appesanties une prunelle presque éteinte. De sa petite bouche entr'ouverte, de ses lèvres jadis si vermeilles et alors si décolorées, s'échappait un souffle précipité, et souvent un murmure faible et plaintif. Ce pauvre visage, autrefois si rond, si fraîchement enfantin, était déjà livide.

De temps à autre, la malheureuse enfant agitait ses petites mains dans le vide, ou retournait pesamment sa tête sur son oreiller, en poussant un profond soupir. Puis elle redevenait d'une effrayante immobilité.

La figure de Frank, que je n'avais pas vu depuis deux ans, avait une expression de tristesse navrante...

Lui non plus ne pouvait retenir ses larmes, toutes les fois qu'il arrêtait son regard sur la figure mourante d'I-rène.

Le calme, le silence désespéré de cette scène, que j'embrassai d'un coup d'œil, me fit une telle impression, qu'un instant je restai immobile à la porte.

Madame de Fersen tourna la tête vers la pendule, puis secoua la tête avec un geste de désespoir.

Je la compris... Sans doute elle commençait à douter de moi !

Je poussai la porte.

Catherine me vit, fut d'un bond près de moi, et m'entraînant auprès du berceau, elle s'écria avec un accent déchirant :

— Sauvez-la ! ayez pitié de moi, sauvez-la !

La voix de madame de Fersen était brève, saccadée ; et quoique son beau visage fût abattu et marbré par les larmes et par la fatigue, on sentait sous ces apparences de faiblesse l'énergie surhumaine qui soutient toujours une mère tant que son enfant a besoin d'elle.

— Un moment.... — dit le docteur Ralph d'une voix basse et grave. — Ceci est notre dernier espoir... ne l'aventurons pas.

La malheureuse femme cacha sa tête dans ses mains.

— Je vous l'ai dit, madame, — le docteur montra une fiole remplie d'une liqueur brune, — cette potion doit ranimer les esprits de cette enfant, doit rallumer la dernière parcelle d'intelligence qui existe peut-être en elle... Alors la vue de la personne qui exerce sur elle un si singulier empire opérera peut-être un prodige pour rappeler votre fille à la vie.

— Je le sais... je le sais, — dit Catherine en dévorant ses larmes, — je suis préparée à tout... ainsi... à tout. Mais le breuvage ! quel sera son effet ?

— Je puis répondre de son effet immédiat, mais non des suites que cet effet peut amener.

— Que faire donc ?... mon Dieu ! que faire ? — s'écria Catherine dans une affreuse angoisse.

— N'hésitez pas, madame, — m'écriai-je, — puisqu'on la croit perdue. Acceptez au moins la seule chance qui vous reste !

— C'est aussi mon avis... madame, n'hésitez pas, — dit Frank, qui partageait notre émotion.

— Faites, monsieur ! ! ! — murmura madame de Fersen avec un accent de résolution désespérée ; et elle tomba agenouillée près du berceau de sa fille.

Elle se mit à prier.

Elle, Frank et moi, nous attachions des regards douloureux et presque inquiets sur le docteur.

Seul calme au milieu de cette terrible scène, il s'avança silencieusement et à pas lents près du berceau d'Irène.

A voir sa haute taille, sa figure austère, ses longs cheveux blancs, son vêtement bizarre, on eût dit un homme doué d'une puissance occulte, prêt à accomplir par un philtre quelque charme mystérieux.

Il versa quelques gouttes de la liqueur que contenait la fiole dans une cuillère d'or.

Madame de Fersen la prit et l'approcha des lèvres de sa fille.

Mais sa main tremblait tellement, qu'elle renversa le breuvage.

— J'ai peur ! — dit-elle d'un air égaré.

Et elle rendit la cuillère au médecin.

Celui-ci la remplit de nouveau, et d'une main ferme la présenta aux lèvres d'Irène.

L'enfant but sans répugnance.

Il serait impossible d'exprimer avec quelle angoisse mortelle, avec quel effroi nous attendîmes l'effet de ce breuvage.

Le médecin lui-même, avidement penché sur le lit, couvait la figure d'Irène d'un œil ardent.

Bientôt la liqueur opéra.

Peu à peu Irène agita ses bras et ses mains, ses joues se colorèrent d'une faible rougeur... Elle retourna plusieurs fois vivement sa tête sur son oreiller... poussa quelques petits cris plaintifs... ferma ses yeux, puis les rouvrit..

La lumière était en face d'elle. Cette vive clarté lui fut douloureuse, car elle porta ses mains à ses yeux.

— Elle voit... elle voit ! — dit le médecin avec une vivacité qui nous sembla de bonne augure.

— Elle est sauvée ! — s'écria Catherine joignant ses mains comme si elle eût remercié le ciel.

— Pas de fol espoir ! madame, — reprit sévèrement et presque durement le docteur Ralph. — Je vous l'ai dit, cette apparence de vie est factice... C'est le galvanisme qui fait mouvoir un cadavre : un souffle peut briser l'imperceptible lien qui attache encore cette enfant à la vie. — Puis il ajouta en se retournant vers moi : — Tout à l'heure, monsieur, ce sera à vous d'essayer à renouer cette trame si faible. Mais, je le déclare, si cette enfant vit, ce qu'hélas ! je n'ose espérer, c'est à vous qu'elle le devra, monsieur !... la science connue n'opère pas de pareils miracles.

— Il n'y a que Dieu qui les puisse opérer, — dit Frank d'une voix imposante.

— Ou certaines influences mystérieuses et sans doute magnétiques qu'on est obligé d'admettre sans les comprendre, — ajouta le médecin.

L'excitation causée par le breuvage sur Irène se prononçait de plus en plus ; deux ou trois fois elle soupira profondément, étendit les bras, puis enfin elle murmura d'une voix faible :

— Ma mère !... Arthur !

— Maintenant, — s'écria vivement le médecin, — qu'une des mains de l'enfant soit dans les vôtres, monsieur, et que l'autre soit dans celles de sa mère... approchez-vous d'elle le plus possible... et appelez-la... doucement... lentement... que le son ait le temps d'arriver à son oreille affaiblie.

Je pris une des mains de l'enfant, sa mère prit l'autre. Cette main était humide et glacée.

Je m'approchai d'Irène. Ses grands yeux encore agrandis par la maladie erraient çà et là autour d'elle, comme s'ils eussent cherché quelqu'un.

— Irène... Irène... me voici. — lui dis-je à voix basse.

— Irène... mon enfant... ta mère est aussi là... — dit Catherine avec un accent de passion et d'affreuse anxiété impossible à rendre.

L'enfant ne parut pas d'abord nous avoir entendus.

— Irène... c'est votre ami... c'est Arthur et votre mère... n'entendez-vous pas sa voix ?...

— Ta mère... mon Dieu !... mais ta mère est là !... — répéta Catherine.

Cette fois le regard de l'enfant n'erra plus... et elle fit un brusque mouvement de tête, comme si un accent lointain l'eût tout à coup frappée.

— Comment est sa main ? — nous demanda le docteur à voix basse.

— Toujours froide, — lui dis-je.

— Toujours froide, — répondit sa mère.

— Tant pis... vous n'êtes pas encore en rapport... continuez.

— Irène... mon enfant... mon ange... m'entendez-vous !... c'est moi... Arthur... — lui dis-je.

Irène leva les yeux et rencontra mon regard.

J'avais souvent entendu parler de la fascination magnétique, cette fois j'en éprouvai l'action et la réaction.

J'attachais un regard avide et désolé sur le pâle regard d'Irène... Peu à peu, comme s'il se fût vivifié sous le mien, son œil devint moins terne, il s'éclaira, il brilla, il rayonna d'intelligence.

Sur sa physionomie, qui semblait renaître à la vie, je

pus suivre les progrès de sa raison, de sa pensée, qui se réveillaient.

Elle me tendit les bras, et un sourire d'ange effleura ses lèvres.

Trop faible pour tourner la tête, elle chercha sa mère du regard.

Catherine se penchait sur le lit, tenant toujours comme moi une des mains d'Irène.

Après nous avoir un instant contemplés, l'enfant approcha doucement la main de sa mère de la mienne; son regard devint humide, puis ses larmes coulèrent en abondance.

Lorsque je touchai la main de Catherine, je reçus au cœur une commotion rapide et fulgurante... Un moment je n'entendis plus, je ne vis plus; ma main serrait celle de Catherine, celle d'Irène, et ces points de contact ne m'étaient plus sensibles.

Il me semblait qu'un torrent d'électricité nous entourait, nous confondait tous trois.

Ce fut une impression inexplicable, profonde, presque douloureuse. Lorsque je revins à moi, j'entendis le docteur s'écrier :

— Elle a pleuré, elle est sauvée !...

— Vous me l'avez rendue ! — dit Catherine en tombant à genoux devant moi.

LII

LE BOCAGE.

Cette crise salutaire sauva Irène.

Pendant un mois que dura la convalescence, je ne la quittai pas un seul jour, pas une seule nuit.

Aux premiers jours du printemps, le docteur Ralph engagea madame de Fersen à aller habiter la campagne avec sa fille, et comme position indiqua de préférence les environs de Fontainebleau.

Madame de Fersen ayant été voir une fort jolie maison appelée le *Bocage*, située près du village de Moret, s'en arrangea, y fit faire les réparations nécessaires, et il fut décidé que nous irions l'habiter avec elle et Irène au commencement de mai.

Si ma présence continuelle chez madame de Fersen eût été connue, elle eût été odieusement interprétée. Aussi, le lendemain de la crise qui avait été si favorable à Irène, je dis à sa mère qu'il fallait interdire l'entrée de son appartement à tout le monde, excepté au médecin, à la gouvernante et à une autre des femmes de madame de Fersen, dont elle était très sûre. J'avais habité pendant la maladie d'Irène un entresol inoccupé, et dont les fenêtres s'ouvraient sur un terrain désert; aussi tout le monde avait-il ignoré mon retour à Paris et mon séjour chez Catherine.

Madame de Fersen n'emmenait à Fontainebleau que les mêmes gens qui l'avaient entourée lors de la maladie de sa fille, sa gouvernante et deux femmes. Le reste de sa maison demeurait à Paris.

Elle me demanda de me précéder de deux jours au Bocage.

Elle partit.

Le lendemain, je reçus les indications les plus précises pour me rendre à la petite porte du parc du Bocage.

A l'heure dite, j'étais à cette porte; je frappai, elle s'ouvrit.

Le soleil était sur le point de se coucher, mais il jetait encore quelques chauds rayons à travers la verte dentelle d'un berceau de glycinées à grappes violettes sous lequel je trouvai Catherine, qui m'attendait avec Irène, qu'elle tenait par la main.

Était-ce souvenir, était-ce un effet du hasard, je ne sais; mais, comme le jour où je la vis pour la première fois à bord de la frégate russe, Catherine portait une robe de mousseline blanche et un bonnet de blonde avec une branche de géranium rouge.

Quoique les chagrins l'eussent beaucoup maigrie, elle était toujours belle, et plus charmante encore que belle. C'était toujours son élégante et noble taille, sa physionomie à la fois imposante, gracieuse et réfléchie; ses grands yeux d'un bleu si pur et si doux frangés de longs cils noirs, ses cheveux d'ébène, dont les nattes épaisses encadraient son front blanc, fier et mélancolique, et descendaient sur ses joues, que la douleur avait pâlies.

Irène était, comme sa mère, vêtue de blanc; ses longs cheveux bruns, tressés de rubans, tombaient sur ses épaules, et son adorable figure, quoique toujours sérieuse et pensive, semblait à peine se ressentir de ses souffrances passées.

Le premier mouvement de Catherine fut de prendre sa fille dans ses bras et de la mettre dans les miens, en me disant avec la plus vive émotion :

— Maintenant, n'est-ce pas aussi votre Irène?...

Et son regard brilla de reconnaissance et de joie à travers ses larmes.

Il est des sensations qu'il faut renoncer à décrire, car elles sont immenses comme l'infini.

Ce premier élan de bonheur passé, madame de Fersen me dit :

— Maintenant il faut que je vous mène chez vous.

Je lui donnai le bras, Irène prit ma main, et je me laissai guider par Catherine.

Nous restâmes longtemps silencieux...

Après avoir suivi une longue allée très obscure, car le soleil déclinait rapidement, nous arrivâmes à une éclaircie sur la lisière du bois.

— Voici votre chaumière, — me dit madame de Fersen.

Ma *chaumière* était une sorte de chalet suisse à demi caché dans un massif d'acacias roses, de tilleuls et de lilas, et bâti au bord d'un très bel étang, sur de gros blocs de rochers de grès particuliers aux environs de Fontainebleau. Cette *fabrique* ayant été destinée sans doute à servir de point de vue, on avait tiré tout le parti possible des moindres accidens de sa position charmante.

Un épais tapis de pervenches, de lierre, de mousse et de fraisiers sauvages couvrait presque entièrement les rochers blanchâtres, et de chacun de leurs interstices sortait une touffe d'iris, de rhododendrons ou de bruyères.

Au delà de l'étang, une belle pelouse de gazon entourée de bois montait en pente douce jusqu'à la façade de la maison que devait habiter madame de Fersen, et qu'on apercevait au loin.

La vue s'arrêtait de tous côtés sur un horizon de verdure formé par un bois épais qui contournait les hautes murailles du parc et les cachait entièrement.

Sans doute on eût pu désirer mieux pour la variété des aspects; mais comme notre vie au *Bocage* devait être entourée du mystère le plus profond, cette immense et impénétrable barrière de feuillage devenait très précieuse.

Au bout de quelques minutes, nous étions au pied de l'escalier du chalet. Madame de Fersen tira une petite clef de sa ceinture, et ouvrit la porte du rez-de-chaussée.

D'un coup d'œil je vis qu'elle avait présidé à l'arrangement de deux petits salons qui le composaient. Tout y était de la plus extrême mais de la plus élégante simplicité. Là je trouvai des fleurs partout, un piano, un chevalet pour peindre, les livres qu'elle m'avait entendu citer comme mes préférences.

Enfin, me montrant un cadre d'ébène à portes richement incrustées de nacre, madame de Fersen me pria de l'ouvrir : j'y trouvai d'un côté l'admirable esquisse que Frank avait faite d'Irène mourante, et de l'autre un récent portrait d'Irène, peint aussi par Frank.

Je pris la main de Catherine, que je portai à mes lèvres avec un sentiment de reconnaissance ineffable.

Elle-même pressa sa main contre mes lèvres, par un mouvement plein de tendresse.

Puis elle se mit à embrasser sa fille avec passion.

Je refermai le cadre, non sans être encore vivement touché de cette marque de souvenir de Catherine, à qui j'avais dit mes idées sur les portraits exposés indifféremment à tous les yeux.

Lorsque nous quittâmes le chalet, le soleil jetait ses reflets de pourpre et d'or dans les eaux paisibles de l'étang. Les acacias secouaient leur neige rose et embaumée. On n'entendait aucun bruit... de tous côtés l'horizon était borné par de grandes masses de verdure... nous nous trouvions au milieu de la solitude la plus profonde, la plus paisible, la plus mystérieuse...

Sans doute émue à la vue de ce tableau d'une mélancolie si douce, Catherine s'accouda sur le balcon du chalet, et resta quelques minutes rêveuse.

Irène s'assit à ses pieds et se mit à cueillir des roses et des chèvrefeuilles pour faire un bouquet.

Je m'appuyai sur la porte, et malgré moi j'éprouvai une angoisse douloureuse en contemplant madame de Fersen...

J'allais passer de longs jours auprès de cette femme si passionnément aimée... et la délicatesse devait m'empêcher de lui dire un mot de cet amour si ardent, si profond, que tous les événemens passés avaient encore augmenté...

Et je ne savais pas si j'étais aimé... ou plutôt je désespérais d'être aimé ; il me semblait que la destinée qui nous avait réunis, madame de Fersen et moi, auprès du lit de mort de sa fille, pendant un mois de terribles angoisses, avait été trop fatale pour se terminer par un sentiment si tendre...

J'étais absorbé dans ces tristes pensées, lorsque madame de Fersen fit un mouvement brusque comme si elle se fût éveillée d'un songe, et me dit :

— Pardon; mais il y a si longtemps que je n'ai respiré un air vif et embaumé comme celui-ci, que je jouis de cette admirable nature en égoïste.

Irène partagea son bouquet en deux, en donna un à sa mère, me donna l'autre, et nous nous remîmes en marche vers la maison.

Nous y arrivâmes après une longue promenade, car le parc était fort grand.

LIII

JOURS DE SOLEIL.

Au Bocage, 10 mai 18... (1).

Il est onze heures du soir; je viens de quitter madame de Fersen. Me voici donc dans le chalet que je dois désormais habiter près d'elle !

J'éprouve une sensation étrange.

Les événemens se sont succédé si rapidement depuis un mois, mon cœur a été bouleversé par des émotions si di-

(1) Arthur, selon son habitude, intercale ici des fragmens de son journal, interrompu depuis Khios, et sans doute repris lors de son arrivée au Bocage. Les chapitres précédens sont destinés à remplir la lacune qui séparait les deux époques, et pendant laquelle Arthur semble avoir négligé de tenir ce memorandum.

verses, que je sens le besoin de me rendre compte de mes souvenirs, de mes vœux et de mes espérances.

C'est pour cela que je reprends ce journal, interrompu depuis mon départ de Khios.

Les idées se pressent si confuses dans mon esprit que j'espère les éclaircir en les écrivant; j'agis à peu près comme les gens qui, ne pouvant faire un calcul de tête, sont obligés de le faire sur le papier.

Quel sera pour moi la fin de cet amour? Le docteur Ralph a formellement signifié à madame de Fersen que ma présence serait longtemps indispensable à la parfaite guérison d'Irène, et que, pendant deux ou trois mois encore, il fallait surtout songer à calmer l'imagination de cette enfant, et à ne pas lui donner la moindre secousse ou le moindre chagrin, ces émotions étant d'autant plus dangereuses pour elle qu'elle les concentrait profondément.

L'attraction que j'inspire à Irène, attraction que le docteur Ralph attribue à des affinités magnétiques et mystérieuses, dont il cite mille exemples, soit chez les hommes, soit chez les animaux, mais qu'il avoue ne pouvoir expliquer; cette attraction, dis-je, me met dans une position singulière.

L'action de ma présence ou de mon absence sur cette enfant est un fait acquis, irrécusable. Depuis près d'une année Irène a eu trois ou quatre crises légères, graves ou presque mortelles, qui n'ont pas eu d'autres causes que son chagrin de ne plus me voir, et surtout de ne plus me voir auprès de sa mère... car sa gouvernante m'a dit depuis que même nos entrevues des Tuileries n'avaient pas complètement satisfait Irène, qui regrettait toujours le temps de son séjour à bord de la frégate.

Ma présence est donc pour ainsi dire le lien qui attache Irène à la vie.

Sans mon amour, sans ma passion pour Catherine, sans l'intérêt profond que m'inspire son enfant, cette impérieuse obligation de ne jamais quitter Irène me serait pénible et embarrassante.

Mais j'adore sa mère ! Mais si je le compare aux autres sentimens que j'ai éprouvés, celui qu'elle m'inspire est le plus profond de tous... et il faut que la voyant chaque jour, que rapproché d'elle par les circonstances les plus saisissantes, les plus mystérieuses, les plus faites pour porter l'amour le plus calme jusqu'à l'exaltation, il faut que je me taise, que Catherine soit pour moi une sœur, une amie !

Ce serait donc au nom de mon dévouement passé, presque au nom de l'influence fatale que j'exerce involontairement sur Irène, que je viendrais parler à Catherine des espérances de mon amour !

Ce rôle serait lâche... serait méprisable.

Et si la malheureuse mère allait croire, mon Dieu ! que j'exige son amour pour prix de ma présence auprès de sa fille !...

Ah ! cette pensée est horrible !

* * *

Aussi mon parti est bien pris, irrévocablement pris. Jamais un mot d'amour ne sortira de ma bouche.

* * *

Au Bocage, 11 mai 18...

Mes bonnes actions me portent malheur... Encore une raison de plus pour garder le silence le plus complet.

Ce matin on a apporté les journaux dans le salon.

Madame de Fersen en ouvrit un et s'est mise à le lire.

Tout à coup je l'ai vue interrompre sa lecture, tressaillir, rougir beaucoup; puis, avec l'expression d'une surprise muette, elle a abaissé lentement ses mains sur ses genoux en secouant sa tête, comme si elle eût dit : « Est-ce bien possible ! »

Jetant ensuite sur moi un regard voilé de larmes, elle s'est brusquement levée, et est sortie.

Ne sachant à quoi attribuer cette vive émotion, je ramassai le journal, et bientôt les lignes suivantes m'expliquèrent l'étonnement de madame de Fersen.

« On sait que la maison *** et compagnie du Havre a fait, il y a un mois, une faillite qui s'élève, dit-on, à plusieurs millions. Le chef de cette maison s'est embarqué secrètement pour les États-Unis. Quelques créanciers, prévenus des bruits alarmans qui couraient sur la solidité de cette maison, avaient retiré à temps une partie de leurs fonds. M. Dumont, agent d'affaires de M. le comte Arthur de ***, compromis dans cette faillite pour la somme de cent cinquante mille francs, n'a pas été aussi heureux : manquant de pouvoirs nécessaires, quoiqu'il fût venu au Havre pour parer à ce désastre, il a déposé sa plainte au parquet de M. le procureur du roi, la banqueroute devant être évidemment regardée comme frauduleuse; mais, en présence de l'actif qui se monte à peine à quatre-vingt mille livres, les nombreux créanciers de la maison *** doivent considérer leurs fonds comme perdus. »

Madame de Fersen avait su mon départ précipité pour le Havre, puisque son courrier m'avait atteint avant mon arrivée dans cette ville. J'en étais revenu immédiatement; l'époque de ce retour coïncidait avec la date de la faillite. Il était donc évident pour Catherine que mon empressement à me rendre auprès d'Irène mourante m'avait seul causé cette perte. Aussi, maintenant, plus que personne, je dois craindre de paraître demander le prix de mon sacrifice.

En parcourant machinalement le journal, au-dessous de la nouvelle que je viens de citer, je lus la note suivante, qui m'intéressait.

La feuille que je lisais était une feuille semi-officielle; on pouvait la regarder comme bien renseignée.

« On parle de quelques mutations prochaines dans notre corps diplomatique. On cite parmi les personnes qui pourraient être appelées à un emploi très éminent dans les affaires étrangères, M. le comte Arthur de ***, qui, très jeune encore, a tout droit à cette faveur par ses voyages, par ses études, et par des travaux consciencieux auxquels il s'est longtemps livré comme chef du cabinet particulier de S. E. M. le ministre des affaires étrangères. Ces renseignemens, que nous pouvons donner pour certains, prouvent assez que, lorsque la distinction de la naissance et les avantages de la fortune accompagnent une capacité éminente et reconnue, on doit tout attendre de l'appui et des encouragemens des ministres du roi. »

Cette note émanait du cabinet de monsieur de Serigny, qui croyait, pendant mon absence, m'être fort agréable en demandant sans doute au roi quelque faveur pour moi.

Assez indifférent, je l'avoue, à cette nouvelle, j'allai retrouver Catherine.

Je la rencontrai dans une allée du parc.

— Je sais tout, — me dit-elle en me tendant la main...
— Encore cela !... encore cela !... mon Dieu !... — ajouta-t-elle en levant les yeux au ciel. — Et moi, qu'ai-je donc fait pour lui ?

Ces mots m'allèrent au cœur et me causèrent une émotion si douce, si profonde, que mes espérances se réveillèrent malgré moi... Mais bientôt, réprimant ces pensées, et voulant changer le sujet de la conversation, je lui dis :

— Vous ne me faites donc pas compliment de mes succès futurs ?

Elle me regarda d'un air étonné.

— Quels succès ?
— Vous n'avez donc pas lu le journal d'aujourd'hui ?
— Si... mais de quels succès parlez-vous ?
— On dit, dans ce journal, que je serai appelé très prochainement à un emploi important dans les affaires étrangères.

Catherine reprit sans paraître m'avoir entendu :
— Voulez-vous me faire une promesse ?
— Quelle est-elle ?
— Je vais vous envoyer Irène au chalet... mais je ne désire pas vous voir aujourd'hui... Vous ne m'en voudrez pas ? — me dit-elle en me tendant tristement la main.

— Non sans doute, — lui dis-je très étonné de cette résolution subite.

Au Bocage, 13 mai 18...

. . . .

Depuis combien de temps ce journal est-il interrompu... je ne sais... je ne m'en souviens plus.

Et d'ailleurs maintenant sais-je quelque chose ? ai-je des souvenirs ?

Tout ce qui m'arrive n'est-il pas un songe, un songe si éblouissant que je me demande où est la limite du réel, où finit le rêve, où commence le réveil ?

Songe, souvenir, réveil ! ! ! ce sont là des mots vains et décolorés... que j'employais avant ce jour...

Je voudrais maintenant des mots nouveaux pour peindre ce que je n'avais pas encore ressenti.

Non-seulement me servir des termes d'autrefois pour dire mes émotions d'aujourd'hui me semble impossible... mais encore j'y vois un blasphème... une profanation...

Ne serais-je pas le jouet d'une illusion ?... Est-ce bien moi... moi... qui écris ceci *au Bocage*... dans le chalet ?...

Oui, oui, c'est moi... je regarde cette pendule, elle marque cinq heures... je vois l'étang réfléchir les rayons du soleil, j'entends les arbres frémir sous la brise, je sens le parfum des fleurs, et au loin j'aperçois sa demeure à *elle*.

Ce n'est donc pas un songe ?

Voyons, rassemblons mes souvenirs... remontons pas à pas jusqu'à la source de ce torrent de félicité qui m'enivre...

Quel jour sommes-nous, aujourd'hui ?... je ne sais plus... Ah ! c'est dimanche... elle est allée à la messe ce matin... et elle y a pleuré... beaucoup pleuré.

Bénies soient ces précieuses larmes !

Mais quand donc avons-nous reçu ces journaux ?... Les voici, c'était avant-hier.

Avant-hier !... chose étrange !... Des années se seraient passées depuis ce jour qu'il ne me paraîtrait pas plus lointain ! ! !

Entre le passé d'hier, qui nous était presque indifférent, et le présent d'aujourd'hui, qui est tout pour nous... il y aurait donc un siècle de distance !...

Oui, c'était avant-hier... que Catherine m'a prié de la laisser seule.

Je lui ai obéi ; mais il me semble que cela m'a beaucoup attristé.

Irène est venue jouer sur les marches du chalet.

La cloche du dîner a sonné...

Au lieu de paraître à table comme à l'ordinaire, Catherine m'a fait prier de dîner seul, car *elle* était souffrante !

Le soir, le temps était lourd... Catherine est descendue dans le salon... je l'ai trouvée très pâle...

— J'étouffe chez moi, — m'a-t-elle dit, — je suis inquiète... agitée... nerveuse... ce temps est si orageux !

Puis elle m'a demandé mon bras pour se promener dans le parc... Contre son habitude, elle a dit à madame Paul, gouvernante d'Irène, de nous suivre avec sa fille.

Nous avons pris l'allée tournante du bois, et nous sommes arrivés près la petite tonnelle recouverte de glycinées, où *elle* m'avait attendu avec Irène le premier jour de mon arrivée au Bocage...

Je ne sais si ce fut l'émotion, ou la fatigue, ou la souffrance, mais Catherine se trouva fatiguée, et voulut s'asseoir sur un banc de gazon.

Le soleil était couché, le ciel couvert de nuages empourprés par les derniers rayons du soleil et à chaque instant sillonnés par d'éblouissans éclairs de chaleur qu'Irène suivait d'un air curieux et rassuré.

Catherine ne disait rien... et semblait profondément absorbée.

Le crépuscule commençait à obscurcir le bois, lorsque Irène, que sa gouvernante tenait sur ses genoux, s'endormit.

— Madame, mademoiselle Irène s'endort, — dit madame Paul ; — monsieur le docteur a bien recommandé de ne pas la laisser exposée à la fraîcheur du soir...

— Rentrons, — me dit Catherine... Et elle se leva.

Elle était si faible, qu'elle s'appuyait sur mon bras de tout son poids.

Nous marchâmes ainsi quelques pas... mais très lentement ; madame Paul nous précédait avec Irène.

Tout à coup je sentis Catherine presque défaillir, elle me dit à voix basse :

— Je ne puis faire un pas de plus... je suis brisée...

— Tâchez, — lui dis-je, — d'atteindre seulement le chalet, il est tout proche... vous vous reposerez sur le banc qui est à la porte...

— Mais Irène ! — s'écria-t-elle avec inquiétude.

Une sinuosité de la route nous cacha la gouvernante, qui nous avait déjà de beaucoup devancés.

Je soutins Catherine, et quelques secondes après elle fut assise devant la porte du chalet.

Les nuages orageux s'étaient dissipés ; à nos pieds nous voyions l'étang dans lequel les étoiles commençaient à se réfléchir... Le parfum des fleurs, que les temps lourds et chauds rendent plus pénétrant, saturait l'air... il n'y avait pas un souffle de brise, pas un bruit.

La nuit était si douce, si belle, si transparente, qu'à son indécise clarté je distinguai parfaitement les traits de Catherine... Toute ma vie semblait concentrée dans mon cœur, qui battait avec force.

Comme Catherine, je me sentais aussi accablé, énervé par l'atmosphère tiède et embaumée qui nous entourait.

Madame de Fersen était assise et accoudée sur des coussins ; son front se reposait avec peine dans ses mains.

Le calme était si profond, que j'entendais le bruit précipité de la respiration de Catherine. Je tombai dans une rêverie profonde, à la fois douce et triste.

Jamais peut-être je ne devais rencontrer une occasion plus favorable de dire à Catherine tout ce que je ressentais ; mais la délicatesse, mais la crainte de paraître parler au nom d'un service rendu me rendaient muet.

Tout à coup elle s'écria :

— Je vous en supplie, ne me laissez pas à mes pensées ; que j'entende votre voix... Dites-moi ce que vous voudrez... mais parlez-moi ; au nom du ciel ! parlez-moi.

— Que vous dirai-je ? — repris-je avec résignation.

— Qu'importe ! — s'écria-t-elle en joignant les mains d'un air suppliant ; — qu'importe !... mais parlez-moi, mais arrachez-moi aux pensées qui m'obsèdent... ayez pitié... ou plutôt soyez sans pitié... accusez-moi, accablez-moi, dites-moi que je suis une femme assez ingrate, assez égoïste... assez lâche pour n'avoir pas le courage de la reconnaissance, — s'écria-t-elle en s'animant malgré elle, et comme si elle eût laissé échapper un secret trop longtemps contenu ; — ne ménagez pas vos reproches, car vous ne savez pas combien votre résignation me fait mal... vous ne savez pas combien je désirerais vous trouver moins généreux. Car enfin... que dire d'une femme qui, rencontrant un ami sûr, discret, se laisse pendant six mois entourer par lui des soins les plus délicats, les plus assidus et les plus respectueux, qui le voit se dévouer aux moindres caprices d'un pauvre enfant souffrant... et puis qui, un jour, pour toute reconnaissance, et par le plus vain, le plus honteux des motifs, congédie brutalement cet ami... Et ce n'est pas tout, cette femme, dans une circonstance épouvantable, a de nouveau besoin de lui... lui seul peut sauver la vie de sa fille... elle l'appelle aussitôt, car elle sait qu'elle peut tout attendre de l'abnégation de ce cœur héroïque ; lui, sa-

criflant tout, accourt à l'instant pour arracher l'enfant à la mort...

— Je vous en prie... ne parlons pas de ces tristes souvenirs.... ne songeons qu'au bonheur présent, — lui dis-je.

Mais Catherine ne parut pas m'avoir entendu, et continua avec un degré croissant d'exaltation qui m'effraya :

— Et cela sans que cet ami si bon, si noble ait jamais osé dire un mot qui pût faire la moindre allusion à son admirable conduite ! Génie tutélaire de cette femme et de son enfant, quand tous deux souffrent... il se contente d'être là... toujours là... doux, triste, résigné... et puis, quand il a fini de les sauver, car sauver l'enfant c'est sauver la mère, il s'en va, fier, silencieux et réservé... heureux sans doute du bien qu'il a fait, mais semblant craindre l'ingratitude ou dédaigner la reconnaissance qu'il inspire...

La voix de Catherine devenait de plus en plus brève et plus saccadée ; j'étais enivré de ses paroles, mais elles me paraissaient presque arrachées à Catherine par une excitation fiévreuse ; elles contrastaient tant avec sa réserve habituelle, que je craignais que cette raison, jusqu'alors si ferme et si sereine, ne subît enfin la réaction tardive des effroyables secousses qui, depuis six semaines, l'avaient ébranlée...

— Catherine, Catherine ! — m'écriai-je, — vous aimez trop votre enfant pour que j'aie jamais pu douter de votre gratitude ! ma plus chère, ma plus précieuse récompense...

Quoiqu'elle eût entendu ma réponse, puisqu'elle y fit allusion, Catherine reprit avec un accent de plus en plus passionné :

— Oh ! oui, oui ; dites-moi bien que le sentiment délicieux... invisible, qui me charme et qui m'enivre à cette heure... c'est de la reconnaissance... dites-moi bien que rien n'est plus saint, que rien n'est plus religieux, plus légitime que ce que je ressens... Une femme a bien le droit de dévouer sa vie à celui qui lui a rendu son enfant, surtout quand celui-là... aussi généreux que délicat... n'a jamais osé dire un mot de ses justes espérances... aussi... n'est-ce pas que c'est à elle... à elle... de venir... lui demander... avec bonheur, avec orgueil... comment jamais récompenser tant d'amour.

— En le partageant !... — m'écriai-je.

— En avouant... qu'on l'a toujours partagé... — dit Catherine d'une voix faible.

Et elle laissa tomber ses mains dans les miennes avec accablement.

Au Bocage, 16 mai 18...

Malheur !... malheur !...

Depuis hier je ne l'ai pas vue. Le docteur Ralph est arrivé ici cette nuit, il la trouve dans le plus grand danger... il attribue cette fièvre dévorante, cet affreux délire à la réaction de toutes les angoisses que la malheureuse femme a contenues pendant la maladie de sa fille.

Mais il ne sait pas tout...

Ah ! que ses remords doivent être terribles ! combien elle doit souffrir, et je ne suis pas là, et je ne puis pas être là.

Oh ! oui, je l'aime... je l'aime de toutes les forces de mon âme, car ce souvenir enivrant qui me rendait hier presque fou de bonheur, maintenant je le maudis !

La vue d'Irène me fait mal... Aujourd'hui cette enfant est venue à moi, je l'ai repoussée... elle est fatale à sa mère, comme elle sera peut-être fatale à moi-même. . . . .

Le docteur Ralph sort d'ici... il n'y a pas de mieux.

J'ai remarqué en lui un changement singulier.

Ce matin, comme toujours, en arrivant, il m'a donné

la main avec cordialité ; ordinairement sa figure austère exprimait un sentiment de bienveillance en m'abordant... Ce soir, je lui ai tendu la main, il ne l'a pas prise. Son regard m'a semblé sévère, interrogatif... Après m'avoir instruit brièvement de l'état de la santé de Catherine, il est sorti d'un air glacial.

Dans l'égarement de la fièvre... Catherine aurait-elle parlé ?...

Oh ! cette pensée est horrible... heureusement il n'y a près d'elle que la gouvernante d'Irène et que le docteur Ralph.

Mais qu'importe !... qu'importe ?... cette gouvernante est une de ses femmes, ce médecin est un étranger ! et elle si fière, parce qu'elle avait toujours eu le droit d'être fière... la voilà peut-être désormais forcée de rougir devant ces gens-là !

Si elle a parlé... elle ne le sait pas, elle ne le saura sans doute jamais ; mais ils le savent eux... ils ont peut-être son secret et le mien !...

Si d'un mot on pouvait anéantir deux personnes... je le dirais, je crois...

Au Bocage, 17 mai 18...

Que faire, que devenir, si la maladie continue de marcher avec cette rapidité ? Le docteur Ralph ne veut plus se charger seul de cette responsabilité... il réunira alors plusieurs médecins consultans et. . . . .

Je ne puis continuer à écrire, les sanglots me suffoquent.

Il m'est arrivé ce matin une chose étrange.

Lorsque le docteur m'a annoncé que la maladie de Catherine empirait... je suis revenu ici, dans le chalet ; j'ai voulu écrire ce que je ressentais, car je ne puis ni ne veux confier à personne mes joies ou ma douleur ; aussi, lorsque mon cœur déborde de félicité ou de malheur, j'éprouve un grand soulagement à faire au papier ces confidences muettes.

En apprenant le nouveau danger que courait Catherine, j'ai tant souffert, que j'ai voulu écrire mes angoisses... c'est-à-dire les épancher...

Cela m'a été impossible... je n'ai pu que tracer d'une main tremblante les mots qui commencent cette page, et qui ont été bien vite interrompus par mes larmes.

Alors je suis sorti dans le parc.

Là, pour la première fois, j'ai amèrement regretté, oh ! bien amèrement regretté de n'avoir ni la foi ni l'espérance religieuse.

J'aurais pu prier pour Catherine !

Sans doute il n'y a rien de plus accablant que de reconnaître l'épouvantable vanité des vœux qu'on adresse au ciel pour un être adoré que vous tremblez de perdre ; mais, au moins, vous avez une minute d'espoir... mais, au moins, c'est un devoir que vous remplissez... mais, au moins, votre douleur a un langage, vous ne la croyez pas stérile ! ! !

Mais ne pouvoir dire à aucune puissance humaine ou surhumaine « sauvez-la ! ! ! » c'est affreux.

Je sentis si douloureusement cette impuissance, qu'éperdu je tombai à genoux sans savoir à qui j'adressais mon ardente prière. Mais profondément convaincu, dans ce moment d'hallucination, que ma voix serait entendue, je m'écriai :

« Sauvez-la !... sauvez-la !... »

Puis, malgré moi, j'eus une lueur d'espérance, j'eus pour ainsi dire la conscience d'avoir accompli un devoir.

Plus tard, je rougis de ce que j'appelais ma faiblesse, ma puérilité.

Puisque mon esprit ne pouvait comprendre et conséquemment ne pouvait croire les affirmations qui constituent les différentes religions humaines, quel dieu implorai-je ?...

Quel pouvoir avait pu m'arracher cette prière, le dernier cri, la dernière formule du désespoir.

. . . .

La crise que le docteur redoutait n'a pas eu lieu...

Catherine n'est pas mieux, mais elle n'est pas plus mal... Pourtant le délire continue.

La froideur du docteur Ralph à mon égard est toujours extrême.

Depuis que sa mère est malade, Irène donne de fréquentes preuves de sensibilité et de tendresse enfantine, mais sérieuse et résolue comme son caractère.

Ce matin elle m'a dit :

— Ma mère souffre beaucoup, n'est-ce pas ?

— Beaucoup, ma pauvre Irène !

— Quand un enfant souffre, sa mère vient souffrir à sa place pour qu'il ne souffre plus, n'est-ce pas ? — me demanda-t-elle gravement.

Étonné de ce singulier raisonnement, je la regardai attentivement sans lui répondre ; et elle reprit :

— Je veux souffrir à la place de ma mère... menez-moi au médecin.

Cet enfantillage, qui m'aurait fait sourire dans d'autres circonstances, me navra... et j'embrassai Irène pour cacher mes larmes.

Au Bocage, 17 mai 18...

Il y a de l'espoir... le délire cessé.... un abattement profond lui succède. Le docteur Ralph redoutait l'ardeur, l'activité de son sang enflammé.

Maintenant il redoute l'atonie, la faiblesse.

La connaissance lui est revenue... son premier mot a été le nom de sa fille.

La gouvernante m'a dit que le docteur n'avait pas encore permis qu'on la lui amenât.

Vingt fois j'ai été sur le point de demander à madame Paul si Catherine s'était informée de moi... mais je ne l'ai pas osé.

. . . .

Au Bocage, 18 mai 18...

Aujourd'hui, pour la première fois, le docteur Ralph a permis à la gouvernante de conduire Irène auprès de madame de Fersen.

J'attendais avec une impatience douloureuse et inquiète le moment où je verrais Irène, espérant avoir par elle quelques renseignemens sur sa mère... et peut-être... un mot, un souvenir de Catherine.

Une fois revenue à elle, je ne sais quel parti madame de Fersen prendra envers moi.

Souvent, pendant le paroxysme de remords désespérés qui suivent une première faute, les femmes haïssent l'homme auquel elles ont cédé... de toute la violence de leurs regrets, de toute l'énergie de leur douleur ; elles l'accablent de reproches, car sur lui seul que doit peser toute la responsabilité du crime ; elles n'ont pas été ses complices, mais ses victimes.

Si leur âme est restée pure malgré un moment d'égarement involontaire, elles prennent la résolution sincère de ne plus voir celui qui les a séduites et de... n'avoir au moins à pleurer qu'une trahison, qu'une surprise.

Cette résolution, elles y sont d'abord fidèles.

Elles cherchent, non à excuser, mais à racheter leur faute à leurs propres yeux par le rigoureux accomplissement de leurs devoirs ; mais le souvenir de cette faute est là... toujours là...

Plus le cœur est noble, plus la conscience est sévère, plus le remords est implacable... alors elles souffrent affreusement, les malheureuses !... car elles sont seules, car elles sont forcées de dévorer leurs larmes solitaires et de sourire au monde.

Alors, quelquefois effrayées de cette solitude, de cette concentration muette de leurs peines, elles se résignent à demander des consolations, de la force, à celui qui les a perdues. Au nom de leurs remords, elles le supplient d'oublier un moment d'erreur... de n'être plus pour elles qu'un ami sincère, que le confident des chagrins qu'il a causés. Mais presque toujours les femmes n'ont pas encore pleuré toutes leurs larmes.

L'homme, grossier comme son espèce, ne comprend pas cette lutte sublime de l'amour et du devoir dont elles souffrent. Ces martyres de tous les instans, ces terreurs menaçantes que soulèvechez elles le souvenir de l'honneur, de la famille, de la religion outragés ; ces épouvantables tortures, l'homme les traite de *caprice ridicule*, de *scrupule de pensionnaire*, ou de *sotte influence de confessionnal*.

Si la lutte se prolonge, si la pauvre femme épuisée use sa vie à sauver les apparences d'une douleur qui la déshonore, et résiste vaillamment à commettre une autre faute, l'homme s'irrite, se révolte contre ces *pruderies* qui le blessent dans son amour-propre, dans le vif de sa passion avide et brutale ; une dernière fois il injurie à tant de vertu, à tant de malheur et à tant de courage, en disant à cette femme désolée que *ce regain de principes est un peu tardif ;* et, ivre d'une ignoble vengeance, il court aussitôt afficher une autre liaison, avec le cynisme de sa nature.

Et il a été aimé, et il est aimé ! et une femme, et belle et vertueuse, a risqué pour lui son bonheur, son avenir, celui de ses enfans ; tandis que lui eût lâchement reculé devant le moindre de ces sacrifices !...

Pourquoi donc si misérable et pourtant si adoré ?... Parce que les femmes aiment bien plus les hommes pour les qualités qu'elles sont obligées de leur rêver, et dont leur exigeante délicatesse les pare que pour celles qu'ils possèdent réellement.

Si au contraire, par une bien rare exception, un homme comprend tout ce qu'il y a de saint et d'adorable dans les remords, s'il tâche de calmer les douleurs qu'il a causées, sa douceur, sa résignation ont pour une femme de plus grands dangers encore...

Catherine éprouva-t-elle ces remords incessans ?

Ou bien, comme les femmes qui, par une soif insatiable de dévouement, ou par la pudeur du chagrin, cachent leurs peines et ne laissent voir que leur félicité, Catherine voudra-t-elle me laisser ignorer ses angoisses ?...

La connaissant comme je la connais, je crois pouvoir presque deviner quels seront ses sentimens pour moi d'après ce que Irène me rapportera de sa conversation.

Aussi j'attends l'arrivée de cette enfant avec une impatience ardente.

. . . .

Joies du ciel ! ! ! je la vois accourir avec un bouquet de roses à la main.

. . . .

Mon cœur ne me trompe pas : c'est Catherine qui me l'envoie.

Elle me pardonne mon bonheur.

LIV

UNE FEMME POLITIQUE.

Là s'arrêtent les fragmens de journal que j'ai autrefois écrits au Bocage. . . . .

. . . .

Pendant les quatre mois qui suivirent l'aveu de Catherine, et que nous passâmes dans cette profonde solitude, ma vie fut si complétement remplie par les enivremens de notre tendresse toujours renaissante, que je n'eus ni le temps ni le besoin de retracer tant de délicieuses émotions.

Alors Catherine m'avoua que depuis notre départ de Khios elle avait ressenti pour moi un vif intérêt.

Quand je lui demandai pourquoi elle m'avait un jour si durement traité en me priant de ne plus voir sa fille, elle me dit que son désespoir de se sentir de plus en plus dominée par l'affection qu'elle éprouvait pour moi, joint à la jalousie et à son chagrin de me savoir épris d'une femme aussi légère que madame V***, l'avait seul décidée à mettre un terme à la mystérieuse intimité dont Irène était le lien, quoique cette détermination lui eût horriblement coûté.

Apprenant ensuite la fin de ma prétendue liaison avec madame de V***, et voyant que l'absence, au lieu de diminuer l'influence que j'avais sur elle l'augmentait encore, Catherine avait plusieurs fois tenté de renouer nos relations d'autrefois. Irène commençait d'ailleurs à s'affecter gravement de ne plus me voir. « Mais l'amour est si inexplicable dans ses contrastes et dans ses délicatesses, — me dit Catherine, — que cette raison même, jointe à votre apparence de dédain et de froideur, me fit toujours hésiter de venir franchement à vous, craignant que ma démarche ne vous parût seulement dictée par ma sollicitude pour la santé de ma fille. Pourtant, l'état de cette pauvre enfant empirait tellement, qu'à ce bal du château j'étais bien résolue de vaincre ma timidité et de tout vous dire ; mais votre accueil fut si glacial, votre départ si brusque, que cela me fut impossible... Le lendemain, je vous écrivis... mais vous ne me répondîtes pas... Il fallut, hélas ! que la vie d'Irène fût désespérée pour que j'osasse de nouveau vous écrire au Havre. Dieu sait avec quelle admirable générosité vous m'avez entendue ! » . . . .

. . . .

La première amertume de ses remords passée, l'amour de Catherine pour moi fut calme, digne et presque serein.

On sentait qu'après avoir fait tout pour résister à une passion invincible, cette femme était disposée à subir avec une courageuse résignation les conséquences de sa faiblesse.

Les quatre mois que nous passâmes au Bocage furent pour moi, furent pour elle l'idéal du bonheur.

Mais à quoi bon parler de bonheur?... tout ceci maintenant est une cendre amère et froide !...

Qu'importe, hélas ! continuons la triste tâche que je me suis imposée.

. . . .

Lorsque je pus arracher quelques minutes à mon amour, j'écrivis à monsieur de Scrigny pour le remercier de ses intentions bienveillantes, dont j'avais été instruit par la note d'un journal officiel, et aussi pour le prévenir que je resterais encore absent pendant quelques mois ; que je ne pouvais lui dire le lieu de ma retraite, mais que je le priais, dans le cas où l'on s'informerait de moi auprès de lui, de répondre de telle sorte qu'on me crût en pays étranger.

Au mois de septembre, Catherine, apprenant que son mari devait arriver à la fin de l'année, m'annonça qu'elle désirait revenir à Paris.

Ce désir de Catherine m'étonna et m'affligea.

Nous avions beaucoup agité la question de savoir si je continuerais ou non les fonctions dont je m'étais chargé auprès de monsieur de Serigny.

Catherine avait constamment persisté à m'y engager.

En vain je lui représentais que ces heures d'insignifiant travail seraient dérobées à notre amour, et que je ne trouverais plus aucun attrait dans cette occupation, où je n'avais cherché qu'une distraction à mes chagrins. En vain je lui disais que toute la correspondance dont j'étais chargé ne roulait que sur les sujets les plus mesquins du monde, et ne m'offrait aucun intérêt.

A cela elle me répondait que, vers une époque plus ou moins rapprochée, de grandes questions seraient nécessairement agitées dans les hautes régions politiques, et que je regretterais alors d'avoir quitté cet emploi. Elle se montrait enfin si fière, si heureuse des distinctions que mon mérite, disait-elle, m'avait déjà attirées de la part du roi ; elle s'avouait si orgueilleuse de mes succès, que je finis par lui promettre tout ce qu'elle voulut à ce sujet.

Il fut donc résolu entre nous que je reprendrais ma position auprès de monsieur de Serigny.

Afin de ne pas arriver à Paris en même temps que madame de Fersen, et de faire croire que j'étais resté quelque temps en voyage, je devais partir du Bocage pour Londres, et revenir ensuite à Paris rejoindre Catherine.

Après quinze jours passés en Angleterre, j'étais de retour à Paris auprès de madame de Fersen.

Monsieur de Serigny m'avait servi à souhait ; dans le monde, on crut généralement qu'une mission importante m'avait retenu pendant six mois à l'étranger.

Le ministre me parut fort aise de me voir partager de nouveau sa table de travail ; car le roi, me dit-il, avait bien voulu souvent s'informer de l'époque de mon retour, témoignant son regret de ce que le résumé des dépêches ne fût plus fait par moi.

Aux yeux du monde, je ne vis pas d'abord madame de Fersen beaucoup plus assidûment qu'avant notre départ pour le Bocage ; mais peu à peu mes visites devinrent un peu plus fréquentes, sans être pour cela plus remarquées. Mon caractère d'*homme ambitieux*, complétement absorbé par les affaires d'État, était alors trop généralement accrédité, la réputation de madame de Fersen trop solidement assise dans l'opinion publique, pour que le monde, fidèle à ses habitudes routinières, ne continuât pas de nous accepter ainsi, et il eût fallu bien des apparences contraires à ces idées pour lui faire changer de manière de voir à notre égard.

Le mystère impénétrable qui entourait notre bonheur le doublait encore.

Si souvent je regrettais nos radieuses journées du Bocage, ces journées d'un bonheur si calme, si facile, souvent aussi, lorsqu'à Paris j'échangeais avec Catherine un tendre regard inaperçu de tous, mais bien compris par nous, je ressentais cette joie orgueilleuse qu'on éprouve toujours lorsqu'on possède un secret à la fois formidable et charmant, d'où dépendent l'honneur, l'existence, l'avenir d'une femme adorée.

Quelque temps avant son départ, monsieur de Fersen m'avait confié que sa femme devenait indifférente aux intérêts politiques, dont elle s'était beaucoup occupée jusqu'alors.

De retour à Paris, je vis avec étonnement Catherine reprendre peu à peu ses anciennes relations.

Son salon, que je fréquentais assidûment, était, comme autrefois, le rendez-vous habituel du corps diplomatique. Bientôt les sujets d'entretien qu'on y traitait journellement devinrent si sérieux, qu'à l'exception des ministres et de quelques orateurs influens des deux chambres, la société française élégante et futile disparut presque entièrement des réunions de madame de Fersen.

Quoique sérieuses, ces conversations n'avaient pas une véritable importance : ou elles s'élevaient si haut qu'elles allaient jusqu'aux théories les plus abstraites et les moins praticables ; ou elles descendaient à des intérêts si mesquins et si positifs qu'elles étaient étroites et misérables.

C'étaient encore des discussions aussi stériles qu'infinies sur ce thème usé : La Restauration devait-elle résister ou céder à l'influence démocratique ? etc., etc.

Catherine m'étonnait toujours par la flexibilité de son esprit et par les tendances généreuses de ses convictions. Un de ses triomphes surtout était la démonstration des avantages que devait trouver la France à préférer l'alliance russe à l'alliance anglaise. Lorsque je la complimentais à ce sujet, elle me disait en riant que *j'étais la France*, et que tout le secret de son éloquence était là.

J'aurais pu lui répondre aussi avec ma diplomatie, c'était elle ; car, pour lui plaire, je surmontai ma profonde antipathie pour le commérage européen des diplomates qui se donnaient rendez-vous chez elle, et je conservai

mes habitudes de travail auprès de monsieur de Serigny. Peut-être aussi demeurai-je dans cet emploi par un sentiment d'orgueil que je ne m'avouais pas, et que faisaient naître sans doute les distinctions dont le roi continuait de m'honorer, et la sorte d'importance dont je jouissais dans le monde ; et puis enfin, grâce à mes fonctions, ma présence assidue chez madame de Fersen pouvait être attribuée à des relations purement politiques.

Ce qui me charmait dans Catherine était beaucoup moins l'influence que je lui savais acquise sur son entourage, que la grâce charmante avec laquelle elle abdiquait près de moi cette influence si respectée. Cette femme, d'un esprit solide, élevé, et même un peu magistral, qu'on écoutait avec une rare déférence, dont on commentait les moindres paroles avec recueillement, se montrait dans notre intimité ce qu'elle avait été au Bocage, bonne, simple, gaie, d'une tendresse pleine d'effusion, et je dirais presque d'une soumission remplie de grâce, de prévenance ; toujours à mes pieds mettant ses triomphes, et riant avec moi de leur vanité.

Alors je la suppliais au nom de notre amour d'abandonner cette vie si inutilement occupée.

Sur ce sujet seulement, je trouvais toujours Catherine intraitable. Elle m'objectait que monsieur de Fersen allait revenir à Paris, qu'elle avait commis une faute... une grande faute, et qu'elle devait au moins l'expier à force de dévouement aux intentions de son mari. Or, avant son départ, il lui avait expressément enjoint de conserver, d'étendre même les relations qu'elle s'était créées. Aussi obéissait-elle à ces volontés plutôt par suite de reproches que lui faisait sa conscience que par goût.

Autant que moi, elle regrettait ces heures si tristement employées ; autant que moi, elle regrettait nos anciens *entretiens de la galerie* à bord de la frégate, et surtout nos quatre mois passés au Bocage, « *ce temps de paradis du cœur,* » comme elle disait, ces jours sans prix qui ne rayonnent qu'une fois dans la vie et qu'on ne retrouve jamais... pas plus qu'on ne retrouve sa jeunesse passée.

Il n'y a rien de plus exclusif, de plus follement absolu que la passion. Tout en reconnaissant la vérité des observations de Catherine, je ne pouvais m'empêcher d'être malheureux de ces obligations que lui imposait le remords d'une faute que je lui avais fait commettre.

Pourtant Catherine se montrait si tendre, si attentive, elle trouvait avec une incroyable adresse de cœur tant de moyens de me parler indirectement de nous au milieu des entretiens les plus sérieux en apparence, que je prenais *mon bonheur en patience.*

En effet, il n'y a rien de si charmant que ce jargon de convention au moyen duquel les amans savent se parler d'eux-mêmes, de leurs espérances et de leurs souvenirs, au milieu du cercle le plus solennel. Rien ne m'amusait tant que de voir les hommes les plus graves prendre innocemment part à nos entretiens à double sens.

Mais aussi ces personnages me faisaient souvent cruellement payer ces joies mystérieuses... D'abord ils me dérobaient presque toutes les soirées de Catherine, qui les passait généralement chez elle ; et souvent, dans la matinée, une lettre de leur part, demandant un rendez-vous à madame de Fersen, venait changer tous nos projets.

Catherine souffrait autant que moi de ces obstacles. Mais qu'y faire ?... Sous quel prétexte refuser l'entrevue qu'on sollicitait d'elle ?... Moi qui avais poussé jusqu'à la plus scrupuleuse délicatesse la crainte de compromettre en rien sa réputation, pouvais-je l'engager dans une démarche dangereuse ?...

Non... non, sans doute ; mais je souffrais cruellement de ces mille obstacles toujours renaissans, qui irritaient sans cesse la jalouse impatience de mon amour.

Notre bonheur avait été si complet au Bocage ! !... Saison enchanteresse, pays charmant, solitude profonde, mystérieuse et extrême liberté, tout avait été si adorablement réuni par le hasard, que la comparaison de ce passé au présent était un chagrin de tous les instans.

Mais ces regrets ne m'empêchaient pas de jouir des momens délicieux qui nous restaient. J'avais une foi profonde dans l'amour de madame de Fersen ; mes accès de défiance de moi et des autres n'avaient pu résister à l'influence de son noble caractère et à la conviction que j'avais cette fois de m'être conduit pour Catherine comme peu d'hommes se seraient conduits à ma place, et ainsi de mériter toute sa tendresse.

J'étais enfin si sûr de moi, que j'avais bravé certaines pensées d'analyse qu'autrefois j'aurais redoutées ; en un mot, j'avais impunément cherché quelle pouvait être l'arrière-pensée de l'amour de madame de Fersen ; et j'avoue que, la voyant très grande dame, très influente, fort riche et fort considérée, je ne pus, malgré toute ma sagacité inventive, malgré toutes les ressources de mon esprit soupçonneux, je ne pus, dis-je, trouver quel *intérêt* Catherine pouvait avoir à feindre de m'aimer.

. . . .

LV

PROPOS DU MONDE.

C'était au commencement du mois de novembre, un vendredi, mon jour néfaste.

Depuis quelque temps madame de Fersen, instruite du prochain retour de son mari, et voulant détourner tout soupçon, avait cru devoir être toujours chez elle et ne refuser sa porte à personne. Pourtant elle m'avait promis de me donner quelques heures.

Nos entrevues devenaient si rares, si difficiles, grâce à l'entourage qui l'obsédait, que j'attachais comme elle un grand prix à cette journée de bonheur. Catherine l'avait longtemps préparée à l'avance, en remettant ou en terminant mille riens qui sont autant de liens invisibles dans lesquels une femme du monde, quoique libre en apparence, est journellement enlacée. Enfin la veille, à l'heure du thé, Catherine m'avait encore réitéré sa promesse devant son cercle habituel, en me disant selon nos conventions, qu'*elle espérait qu'il ferait beau le lendemain pour sa promenade.*

Je me souviens que l'encyclopédique baron de ***, qui se trouvait là, ayant ouvert à propos de cet espoir de *beau temps* une savante parenthèse météorologique et astronomique, une vive discussion s'éleva sur les influences planétaires et sur les causes atmosphériques.

Plusieurs fois Catherine et moi nous ne pûmes nous empêcher de sourire en songeant à la cause charmante et mystérieuse qui servait de point de départ aux doctes élucubrations de tant de savans personnages. Il nous fallut un très grand sang-froid pour ne pas éclater de rire aux excellentes raisons que donnait le nonce du pape pour prouver qu'il devait nécessairement faire le lendemain un temps magnifique. J'étais si fort de son avis, que je me lançai à l'aventure dans son parti, et nous eûmes l'avantage sur un diabolique chargé d'affaires des États-Unis, qui s'acharnait, l'envieux républicain qu'il était ! à prédire un temps exécrable.

Je quittai donc Catherine, ivre d'un espoir aussi impatient qu'aux premiers temps de notre tendresse.

Il me semblait l'aimer encore plus ce jour-là qu'un autre jour ; j'avais fait mille rêves d'or sur cette entrevue, mon cœur débordait d'amour et d'espoir.

Ce soir-là, elle m'avait paru encore plus belle, encore plus spirituelle, encore plus écoutée, encore plus admirée que d'habitude ; et, il faut le dire à notre honte, c'est presque toujours l'éloge ou le blâme des indifférens ou des envieux qui font les alternatives d'ardeur ou de refroidissement que subit l'amour.

Le lendemain, j'allais sortir, lorsque je reçus un mot d'elle... Notre entrevue était impossible : elle apprenait qu'une discussion de la dernière importance, et qu'on croyait ajournée, devait avoir lieu le jour même à la chambre des députés, et elle était obligée de s'y rendre avec monsieur P. de B***, ambassadeur de Russie.

Mes regrets, mon dépit, ma colère, mon chagrin furent extrêmes.

L'heure de la séance n'était pas arrivée, je me rendis chez madame de Fersen.

Le valet de chambre, au lieu de m'annoncer, me dit que madame la princesse avait défendu sa porte, et qu'elle était en conférence avec le ministre de Prusse.

Toute la lignée du marquis de Brandebourg eût été dans le salon que j'y serais entré, j'ordonnai donc au valet de chambre de m'annoncer.

Catherine, pour comble de désespoir, n'avait jamais été plus charmante ; mon dépit, mon humeur s'augmentèrent encore.

Elle me sembla un peu surprise de ma visite, et le vénérable comte de W*** n'en fut pas moins contrarié ; ce qui, je l'avoue, me fut fort égal.

Il quitta la princesse en lui disant qu'ils reprendraient plus tard leur entretien.

— Combien je suis malheureuse de ce contre-temps !— me dit tristement Catherine. — Mais voilà bientôt une heure... la séance commence à deux, et notre ambassadeur...

— Eh ! madame ! — m'écriai-je en l'interrompant et en frappant du pied avec violence,—laissons là les chambres et les ambassadeurs, il faut opter entre les intérêts de mon amour ou les intérêts des peuples auxquels vous vous dévouez... Le rapprochement est fort ridicule, je le sais... mais c'est votre incroyable manière d'être qui le provoque. — Madame de Fersen me regarda avec un étonnement profond et douloureux, car je ne l'avais pas habituée à ces formes acerbes. Je continuai : — Je suis d'ailleurs ravi de trouver cette occasion de vous dire, une bonne fois pour toutes, que vos colloques, que vos verbiages continuels avec tous ces ennuyeux et suffisans personnages me déplaisent et m'impatientent au delà de toute expression... Jamais je ne vous trouve seule... vous êtes toujours entourée de ces gens-là, qui trouvent fort commode de faire de votre salon une succursale de leur chancellerie... J'aimerais mille fois mieux que vous fussiez entourée de jeunes gens les plus élégans et les plus spirituels, dussiez-vous vous montrer pour eux aussi coquette que madame de V*** ! Au moins je pourrais être jaloux de quelqu'un ; je pourrais lutter de soins et de tendresse avec un rival... Mais ici... contre qui voulez-vous que je lutte ? A qui m'en prendre ? aux nations... Or, je vous déclare que je ne trouve rien de plus pitoyable, de plus humiliant, que d'être réduit à être jaloux de l'Europe, ou à disputer le cœur de la femme que j'aime aux orateurs de la Chambre... ainsi que je le fais encore aujourd'hui...

— Mon ami... parlez-vous sérieusement ? — me dit madame de Fersen avec une incertitude à la fois timide, craintive et un peu railleuse, qui m'eût paru charmante si Catherine n'eût pas été désespérément belle, et si certaines contrariétés ne vous rendaient pas aussi fous que méchans. D'ailleurs la question de madame de Fersen m'exaspéra, car je me fis apercevoir que ma colère était véritablement fort près d'être comique.

— Les cœurs dévoués, les esprits généreux devinent les impressions et n'interrogent pas... Si vous en êtes réduite à me demander ce que j'éprouve, je vous plains... Quant à moi, je suis plus pénétrant... et je ne comprends que trop... que vous ne m'aimez pas...

— Je ne vous aime pas ! — dit madame de Fersen en joignant les mains avec une stupéfaction douloureuse ; puis elle répéta de nouveau : — Je ne vous aime pas... vous me dites cela... à moi ?...

— Si vous m'aimiez, vous me sacrifieriez tout cet entourage que je hais, parce qu'il me gêne, parce qu'il est inutile, parce qu'il vous oblige à fausser votre esprit. Si vous m'aimiez enfin, vous sacrifieriez la satisfaction de votre amour-propre à mon bonheur.

— Mon amour-propre!... c'est par amour-propre que je conserve... que je cultive ces relations! Mon Dieu! faut-il vous répéter, Arthur, ce que je ne dis jamais sans honte et sans douleur... J'ai été bien coupable, au moins laissez-moi tout faire pour ne pas aggraver ma faute.

— Nous voici aux remords, — lui dis-je durement, — la rupture n'est sans doute pas loin... mais vous pourrez être prévenue...

— Ah!... que dites-vous là?... c'est affreux!... l'ai-je donc mérité!!! — s'écria Catherine les yeux baignés de larmes.

— Son Excellence monseigneur l'ambassadeur de Russie! — annonça le valet de chambre.

Madame de Fersen n'eut que le temps de disparaître derrière la portière du salon, et d'entrer dans sa chambre à coucher.

— J'attends comme vous madame de Fersen, — dis-je à monsieur P. de B***, — elle est sans doute encore à sa toilette... Vous allez à la Chambre, je crois?

— Oui... rien ne sera plus brillant et plus intéressant que cette séance; on dit que Benjamin Constant, Foy et Casimir Périer doivent prendre la parole, et monsieur de Villèle leur répondra.

Catherine entra, calme et posée, comme s'il ne se fût rien passé entre nous.

Son empire sur elle-même me révolta.

Après quelques paroles insignifiantes, monsieur P. de B*** lui fit observer qu'il était tard, et qu'il fallait partir pour trouver encore quelques places dans la tribune diplomatique. Il offrit son bras à madame de Fersen, qui me proposa de les accompagner, appuyant cette demande d'un regard suppliant, auquel je fus insensible.

Je sortis de chez madame de Fersen irrité, mécontent d'elle et de moi...

Je me fis descendre aux Tuileries pour me promener.

Par hasard je rencontrai Pommerive.

Je ne l'avais pas vu depuis mon départ de Paris. J'étais si triste, si maussade, que je ne fus pas fâché de trouver une distraction à mes pensées.

— D'où venez-vous donc, monsieur de Pommerive? — lui dis-je.

— Ne m'en parlez pas... j'ai été passer trois mois en Franche-Comté, à Saint-Prix, chez les d'Arancey... c'est révoltant!

— Ceux-là sont pourtant assez riches pour vous faire faire de ces excellens dîners que vous aimez tant, et dont vous vous montrez si reconnaissant, monsieur de Pommerive.

— La seule manière de prouver qu'on est reconnaissant d'un bon dîner, c'est de le manger avec plaisir, — dit le cynique. — Aussi je ne me plains pas de la table de d'Arancey: on y fait une chère de fermier général. Le père d'Arancey a, pardieu! bien assez volé dans les fournitures et partout; il a assez démoli de châteaux, assez fait de banqueroutes frauduleuses et autres, pour que son impertinent de fils puisse afficher ce luxe-là... À propos, vous savez qu'il s'appelle d'Arancey comme moi Jéroboam I! il s'appelle tout bonnement quelque chose comme Polimard; or, ce nom roturier a offusqué ce monsieur... et, au moyen d'une légère modification, en substituant fort adroitement d'Aran à Poli, et cey à mard, il a ainsi changé le beau nom de Polimard en d'Arancey... Il aime mieux ça... Vous me direz que ce fils de banqueroutier n'avait aucun motif pour tenir à son nom, vu qu'il n'en avait pas du tout, n'ayant pas été reconnu par le Polimard père, mort victime d'une épizootie qui désola son département... mais ce n'est pas une raison pour prendre le nom des d'Arancey et, qui pis est, leurs armes, que son impudente et vulgaire petite femme appelle, ma foi! ses armes, et qu'elle fait mettre, je crois, jusque sur les tabliers de ses filles de cuisine. Voilà qui est joliment agréable pour le blason des

d'Arancey, dont le nom est malheureusement éteint; car, sans cela, ce serait à faire fouetter les Polimard et marquer les Polimard mâle et femelle, ainsi qu'aurait dû l'être le père Polimard, premier du nom!

Je n'eus pas cette fois le courage de blâmer Pommerive: ces gens-là étaient en effet de si grossiers parvenus, leur effronterie était si bourgeoise, leur insolence de laquais si ridicule, que je les lui abandonnai de bon cœur.

— Mais qui vous a donc révolté chez vos excellens amis, monsieur de Pommerive?

— Tout... parce que tout est bien, et que la présence de ces êtres-là sait tout gâter! Au milieu de ce ménage de petites gens, je croyais toujours être avec le régisseur et la femme de charge de quelque grand seigneur absent, qui faisaient chère-lie en l'absence de leur maître... Mais ce n'est pas tout... est-ce que ce Polimard-d'Arancey ne s'était pas imaginé d'avoir un équipage de chasse!... est-ce qu'il n'avait pas osé prendre pour premier piqueur le fameux La Brisée, qui sortait de la vénerie de monseigneur le duc de Bourbon!... Mais vous sentez bien que j'ai fait tant de honte à La Brisée de donner à courre à un monsieur Polimard, que je l'ai fait fait déserter, en le recommandant au marquis D. H*** chez lequel il serait au moins honorablement placé et apprécié.

— Je vois, monsieur de Pommerive, que vous êtes peu changé... Vous êtes toujours le plus bienveillant des hommes.

— Mais vous... que faites-vous? Toujours homme d'État? diplomate?... Ah! à propos de diplomate, est-ce que vous allez encore chez cet imbécile de prince russe, cette mauvaise doublure de Potier et de Brunet? Moi, je ne remets plus les pieds chez lui, c'est-à-dire chez sa femme, car lui, il nous a fort heureusement débarrassés de sa personne...

— Et pour quelle raison madame la princesse de Fersen est-elle donc privée de l'honneur de vous voir, monsieur de Pommerive?

— Pourquoi?... parce que je fais généralement comme tout le monde; et, à l'exception des diplomates et de quelques étrangers, personne de la société ne met plus les pieds chez la princesse.

— Et pourquoi cela? — demandai-je machinalement à monsieur de Pommerive.

— Parbleu!... ce n'est pas un secret; tout le monde le sait : c'est que cette belle Moscovite est tout bonnement une ESPIONNE dans le grand style...

LVI

DERNIÈRE SOIRÉE.

Encore un effort, et cette cruelle tâche sera accomplie...

En vain j'interroge ma mémoire, je ne me rappelle plus ce que je dis à Pommerive, je ne crois même pas lui avoir répondu.

Je me souviens seulement que je ne me sentis ni indigné ni irrité, comme je l'eusse été si cet homme m'avait paru proférer une calomnie ou une insulte; au contraire... je restai anéanti devant cette épouvantable accusation! Elle éclaira tout à coup le passé d'une lueur sinistre... elle éveilla brusquement mes doutes implacables, dont je sentis aussitôt les morsures aiguës.

La douleur me donna le vertige...

Je rentrai machinalement chez moi, retrouvant ma route par instinct.

Peu à peu je mis de l'ordre dans mes idées.

J'avais déjà tant souffert pour des causes pareilles, que

je voulus lutter de toutes mes forces contre ce nouveau doute.

J'espérais dégager la vérité de l'erreur, en soumettant le passé à l'horrible interprétation qu'on donnait à la vie de madame de Fersen.

Armé de cette accusation infâme, froid et calme comme un homme qui va jouer sa vie et son honneur sur une chance, je me mis à cette œuvre de détestable analyse.

Cette fois aussi j'écrivis mes pensées pour les éclaircir ; je retrouve cette note.

Elle contraste cruellement avec les pages radieuses... avec ces *jours de soleil* autrefois tracés au Bocage.

Paris, 13 décembre.

Examinons les faits.

On accuse madame de Fersen d'être ESPIONNE...

Quelle créance sa conduite peut-elle donner à ce soupçon infâme ?

Je rencontre Catherine à Khios. Après quelques jours d'intimité, je hasarde un aveu qu'elle repousse sévèrement ; alors je l'entoure de prévenances et de respects, je lui donne les conseils les plus délicats et les plus généreux ; si je ne prononce pas le mot amour, tout dans mes soins tendres et empressés révèle ce sentiment.

Elle y reste insensible et m'offre son amitié.

Je retrouve Catherine à Paris. Malgré mon dévouement aveugle aux douloureux caprices d'Irène, malgré les preuves sans nombre de la passion la plus noble, la plus profonde, un jour, sous un prétexte frivole, sans hésitation, sans regret, sans motif, Catherine rompt brutalement avec moi.

Plus tard elle me dit, il est vrai, que la jalousie seule a dicté sa conduite...

Elle dit cela ; mais moi je me souviens de la sécheresse de son accent, de la dureté de son regard... qui me firent tant de mal.

Elle dissimulait sans doute. Elle sait donc feindre ; elle est donc fausse... je ne le croyais pas.

La mystérieuse affection dont Irène était le lien est donc brisée... Catherine ne m'aime pas ; elle se montre même amie ingrate. Je ne la vois plus.

Désespéré, je cherche une distraction dans le travail. J'accepte auprès du ministre un emploi en apparence important ; l'opinion publique m'attribue une part exagérée dans les affaires d'État. De ce moment, madame de Fersen, jusqu'alors si inflexible pour moi, perd peu à peu de sa froideur lorsqu'elle me rencontre dans le monde ; ses regards, le son de sa voix, démentent le vague insignifiant de sa conversation ; enfin, à un bal du château, elle vient résolument à moi, dans le but de renouer nos relations rompues. Je reste froid à ses avances, et le lendemain elle m'écrit.

Ceci, elle me l'a avoué... ce revirement soudain de son affection, elle l'attribue à sa joie de ma rupture avec madame de V*** et à l'état alarmant où se trouvait de nouveau sa fille.

Je veux la croire... car il serait bien odieux de penser que l'espoir de s'assurer une créature à elle, au sein du cabinet français, eût si brusquement changé son dédain pour moi en tendresse...

Je pars pour le Havre... Irène se meurt ; sa mère m'appelle... j'accours, je la sauve.

Pendant un mois que je passe près de sa fille, Catherine me dit-elle un mot de vive gratitude, un mot de tendresse ?

Non...

Nous allons au Bocage ; elle me témoigne le même attachement, calme et froid...

Mais un jour, une feuille officielle annonce que je vais être appelé à un poste éminent où aboutissent les secrets d'État...

Le soir de ce jour... cette femme, jusque-là si sévère,

si réservée, si chaste, se jette brusquement dans mes bras...

Il est vrai qu'elle s'est dite entraînée par son admiration reconnaissante pour un sacrifice qu'elle ignorait.

S'il faut la croire... qu'est-ce donc que son cœur ?

J'avais sauvé la vie de sa fille... et Catherine était restée insensible...

Je subis une perte d'argent, et Catherine oublie tout pour moi...

Enfin, j'aime mieux croire Catherine plus touchée des sacrifices matériels et presque indifférente au dévouement de l'âme... que de penser qu'elle s'est effrontément donnée au futur confident du ministre des affaires étrangères...

Ces quatre mois passés au Bocage sont radieux... oh ! bien radieux *pour moi*... dont le bonheur est pur et sans honteux mélange.

Seulement, maintenant, des circonstances qui ne m'avaient pas frappé me frappent...

Au Bocage, Catherine me fait mille questions sur mes travaux auprès de monsieur de Serigny, interroge minutieusement les impressions ou les souvenirs qu'ils peuvent m'avoir laissés. Et, lorsque, lui avouant franchement toute leur nullité, je préfère lui parler d'amour, elle se dépite, elle me boude ; elle me reproche ma discrétion ou ma légèreté...

Si je veux quitter la carrière stérile que j'ai embrassée par désœuvrement, Catherine emploie toutes les ressources de son esprit, toute son influence, tout son ascendant sur moi... pour me détourner de ce projet de retraite...

Il est vrai que ces questions, que ces instances me furent toujours faites par elle au nom de l'intérêt profond qu'elle prenait à mon sort...

Je le crois... car il serait outrageux de reconnaître, dans sa crainte de me voir abandonner ma carrière, la crainte de perdre le fruit de sa faute si longuement préméditée...

Depuis mon retour à Paris, quelle a été sa vie ?... A-t-elle sacrifié à mes instances ses relations habituelles ? Non, elle les a encore augmentées ; son salon est devenu le centre de toutes les intrigues diplomatiques.

Nos longues journées de tendresse sont remplacées par des occupations qui ne sont pas celles d'une femme absolument dominée par l'amour...

Si je lui reproche avec douleur ce triste changement, elle me répond qu'elle doit obéir à la volonté expresse de son mari... volonté qui lui est devenue d'autant plus sacrée que sa faute a été plus condamnable...

Je la crois, cette fois, sans réticence aucune... je la crois très désireuse de complaire au prince...

Mais... moi aussi j'ai quelques droits sur elle...

J'ai sauvé la vie de sa fille...

Qu'a-t-elle fait pour moi ?

Elle s'est donnée... Oui, elle s'est donnée...

Ou ce sacrifice de son honneur, de ses devoirs, a été à la fois enivrant et terrible... ou il n'a été qu'un infâme, qu'un odieux calcul !...

Si cette preuve d'amour a été pour elle ce qu'elle est toujours pour une femme vertueuse et passionnée, le plus redoutable pas franchi me frappent... pourquoi m'a-t-elle si opiniâtrement refusé la concession de quelques intérêts qui devaient lui sembler nuls en comparaison de la faute irréparable qu'elle avait commise ?

Ces intérêts lui sont donc plus chers que son amour ? son amour leur est donc subordonné ?

Il n'est donc que leur moyen, que leur prétexte ?

Allons, soit, j'ai été le jouet d'une intrigante, mais elle était belle, et je ne suis dupe qu'à moitié.

· · · · · · · · · · · · · · · ·

Tel fut le thème monstrueux que je développai avec une infernale puissance de paradoxes.

J'étais si insensé que je crus fermement avoir lutté contre ces doutes affreux ; et j'arrivai à la conviction de ces horreurs avec l'espèce de satisfaction amère de l'homme qui découvre l'indigne piége où il est tombé.

Je frappais en bourreau et je gémissais en victime...

Le souvenir d'Hélène, de Marguerite, de Falmouth... rien ne put me rappeler à la raison...

De l'affirmation de tant d'ignominies à la haine, au mépris qu'elles devaient inspirer, il n'y avait qu'un pas... ma monomanie farouche le franchit bientôt.

A ce point de vue, tout ce qu'il y avait eu de noble et de généreux dans ma conduite me parut du plus honteux ridicule.

J'étais sous le poids de ces impressions lorsqu'on m'apporta cette lettre de Catherine :

« C'est une pauvre suppliante bien triste, bien malheu-
» reuse, qui vient vous demander d'être indulgent et bon
» pour elle; elle veut se faire pardonner tout ce qu'elle a
» souffert aujourd'hui; elle espère être seule ce soir; elle
» vous attendra... venez... elle est d'ailleurs bien décidée
» à ne plus vous donner l'EUROPE POUR RIVALE... »

Dans ma disposition d'esprit, cette lettre à la fois tendre et suppliante, cette innocente allusion à mes reproches, me sembla si humblement insolente, si froidement injurieuse, que je fus sur le point d'écrire à madame de Fersen que je ne la reverrais jamais.

Mais je changeai d'idée.

Je lui écrivis que je me rendais chez elle le soir.

J'attendis cette heure avec une affreuse anxiété.

J'avais mon projet...

A dix heures j'allai chez madame de Fersen, je croyais la trouver seule.

Mille pensées confuses se heurtaient dans ma tête. La colère, la haine, l'amour, un remords anticipé du mal que j'allais faire, un vague instinct de l'injustice de mes soupçons, tout me mettait dans un état de fièvre et d'exaspération dont je ne pouvais prévoir les suites.

Contre mon espoir, Catherine avait plusieurs personnes chez elle.

Cette nouvelle preuve de ce que j'appelais sa duplicité me révolta; un moment je fus sur le point de retourner chez moi et de renoncer ainsi à mes desseins; mais une force irrésistible me poussa, et j'entrai...

La vue du monde, et l'empire que j'ai toujours eu sur moi, changèrent aussitôt la colère violente qui me transportait en une ironie polie, froide et acérée.

Cette scène m'est encore présente... Catherine, assise près de la cheminée, causait avec un homme de ses amis.

Sans doute mon premier regard fut bien terrible, car madame de Fersen, interdite... pâlit tout à coup.

La conversation continua; j'y pris part avec le plus grand calme, j'y montrai même quelque supériorité. Je fus fort gai, assez brillant.

Pour les indifférens, il ne se passait là rien d'étrange; c'était une paisible soirée d'intime causerie, comme mille autres soirées; mais, entre Catherine et moi, il se passait une scène muette, mystérieuse et fatale.

Notre habitude de nous comprendre à demi-mots, de chercher et de deviner la valeur d'une inflexion de voix, d'un geste, d'un sourire, me servait cette fois à lui faire subir la réaction de mes odieuses pensées.

A mon entrée dans le salon, Catherine était restée stupéfaite.

Pourtant elle tâcha de se remettre, et, pour me prouver sans doute qu'elle avait reçu du monde contre son gré, elle remercia fort gracieusement monsieur de *** d'avoir forcé sa porte pour venir lui apprendre le résultat du scrutin de la séance, qui s'était prolongée fort tard.

— Sans cela, — ajouta Catherine, — j'aurais été privée du plaisir de voir plusieurs de nos amis, qui ont heureusement profité de la brèche que vous avez faite pour envahir ma solitude.

Un regard suppliant qu'elle me jeta accompagna ces paroles.

Tout en continuant de causer avec monsieur de ***, mon

voisin, j'y répondis par un sourire si méprisant, que Catherine fut sur le point de se trahir.

Que dirai-je ?... Toutes les tentatives qu'elle fit indirectement pour calmer ou pour pénétrer le sujet d'un ressentiment qu'elle supposait être profond, furent ainsi cruellement repoussées.

Elle connaissait trop bien toutes les nuances de ma physionomie, son cœur avait trop l'instinct du mien, elle était d'une nature trop sensitive pour ne pas deviner qu'il s'agissait cette fois, non plus d'une bouderie d'amans, mais de quelque grand danger qui menaçait son amour.

Elle pressentait ce danger... elle en cherchait la cause avec désespoir, et elle était obligée de sourire et de suivre une conversation indifférente.

Cette torture dura une heure.

Pourtant sa force et son empire sur elle-même l'abandonnèrent peu à peu; deux ou trois fois ses distractions étranges avaient été remarquées; enfin ses traits s'altérèrent si visiblement, que monsieur de *** lui demanda si elle était souffrante.

A cette question elle se troubla, elle répondit qu'elle se trouvait bien, et sonna pour demander le thé.

Il était alors onze heures.

Elle saisit le prétexte du dérangement momentané que cause ce service pour s'approcher de moi et pour me dire :

— Voulez-vous voir un tableau qu'on me propose d'acheter ? il est là dans le petit salon.

— Quelque pauvre connaisseur que je sois, — lui dis-je, — je vous offre, madame, sinon des conseils, du moins mon impression sincère.

Je la suivis dans cette pièce.

Au risque d'être vue, elle me prit la main et me dit d'une voix presque éteinte :

— Arthur, ayez pitié de moi! ce que je souffre est au-dessus de mes forces et de mon courage.

A ce moment, monsieur de *** entra aussi pour voir le tableau.

Madame de Fersen avait si complétement perdu la tête, qu'il fallut que je retirasse brusquement ma main d'entre les siennes.

Je crois que monsieur de *** s'aperçut de ce mouvement, car il parut interdit.

— Ce tableau est fort bien, — dis-je à Catherine; — l'expression est ravissante. Jamais l'art ne s'est plus rapproché de la nature.

Madame de Fersen était si faible qu'elle s'appuyait sur un fauteuil.

Monsieur de *** admirait complaisamment le tableau. On vint prévenir la duchesse que le thé était servi.

Nous rentrâmes dans le salon; elle se soutenait à peine.

Selon son usage, elle s'occupait à faire le thé, debout, près de la table; elle m'en offrait une tasse, en me regardant d'un air presque égaré, lorsque des claquemens de fouet et de grelots se firent entendre dans la cour.

Frappée d'un affreux pressentiment, Catherine laissa échapper la tasse de sa main, au moment où j'allais la prendre, et s'écria d'une voix altérée :

— Qu'est-ce que cela ?...

— Mille pardons de ma maladresse, madame, et du bruit de ces misérables. Comme je pars ce soir, je m'étais permis de demander ici ma voiture de voyage, ne voulant pas perdre une minute du temps précieux qu'on peut passer auprès de vous...

Catherine ne put résister à cette dernière secousse; elle s'oublia complétement, et s'écria d'une voix étouffée, et appuyant ses mains tremblantes sur mon bras :

— Cela est impossible... vous ne partez pas... vous ne partirez pas!!... je ne veux pas que vous partiez !...

Au mouvement de stupéfaction générale, et à l'expression confuse, embarrassée des spectateurs de cette scène, je vis que la réputation de madame de Fersen, jusque-là si respectée, était à jamais perdue.

Je fus inflexible

Dégageant doucement mon bras de ses mains, je lui dis :
— Je suis si heureux et si fier, madame, du regret que semble vous causer mon départ, que déjà je songerais à mon retour, s'il ne m'était pas malheureusement impossible de le prévoir... — Puis j'ajoutai en la saluant : — Voici, madame, les renseignemens que vous m'avez demandés...

C'était un double de l'odieux commentaire que j'avais écrit sur son amour.

Catherine ne m'entendait plus, elle retomba anéantie dans son fauteuil, tenant machinalement la lettre en ses mains.

Je sortis.

. . . .

. . . .

Le lendemain soir j'étais ici... à Serval.

Il y a trois mois que j'ai appris qu'Irène était morte... morte de chagrin sans doute de ne plus me voir.

Madame de Fersen est retournée en Russie près de son mari.

J'ai aussi appris, pour mettre le comble à mes remords et à mon désespoir, que le prince de Fersen avait été sur le point d'obtenir l'ambassade de Russie en France, mais qu'il y avait tout à coup renoncé.

Ainsi s'expliquait la persistance de Catherine dans ses relations diplomatiques.

Elle voulait aider son mari à obtenir un poste éminent, afin de rester en France et de ne pas me quitter.

. . . .

Depuis le lendemain de cette effroyable soirée, j'habite Serval, ce vieux et triste château paternel.

Lorsque j'appris la mort d'Irène, j'ai failli devenir fou. Je me hais comme son meurtrier.

La vie que je mène ici est solitaire et désolée.

Depuis six mois je n'ai vu personne... personne...

Chaque jour je vais méditer longtemps devant le portrait de mon père...

Je m'étais imposé d'écrire ce journal...

Ma tâche est remplie...

J'ai bien fait souffrir quelques innocentes créatures... mais aussi j'ai bien souffert ! mais je souffre bien , mon Dieu !

Quel est mon avenir ?

Devant moi la vie est sombre et noire, les remords du passé me poursuivent...

Quelle sera ma destinée ?...

Périrai-je par le suicide... périrai-je par la mort violente qu'Irène m'a prédite ?...

Quelles pensées !...

Et aujourd'hui même j'ai vingt-huit ans !...

Serval, juillet 18...

MARIE BELMONT.

LVII

MARIE BELMONT.

Serval, 20 janvier 18...

Qui m'eût dit, il y a six mois, que je reprendrais ce journal... ou plutôt que je sortirais de l'apathie de cœur et d'esprit dans laquelle j'étais plongé depuis ma rupture avec madame de Fersen, depuis la mort d'Irène ?

Cela est cependant...

Et pourtant mon désespoir a été affreux !

Mais aujourd'hui, quoique je souffre encore, en évoquant

ces pensées, une lointaine espérance... des émotions nouvelles affaiblissent ces ressentimens.

Je souris avec tristesse en lisant dans mon journal que je viens de parcourir ces mots si souvent répétés :

« ... Jamais chagrin ne fut plus vif... »

« ... Jamais bonheur ne fut plus grand... »

« ... Jamais je n'oublierai... »

Et pourtant de nouvelles joies ont fait évanouir ces chagrins... de nouveaux chagrins ont fait pâlir ces joies...

Et pourtant, chaque jour, l'oubli, cette vague sombre et froide, monte, monte... et engloutit dans le noir abîme du passé les souvenirs décolorés par le temps.

Ma mère !... mon père !... Hélène !... Marguerite ! Catherine !... vous à qui j'ai dû tant de peines et tant de félicités ! l'espace ou la tombe nous séparent; à peine ai-je maintenant une pensée pour vous !...

Et sans doute il en sera de même, hélas ! des sentimens, des impressions qui à cette heure occupent mon esprit.

Et pourtant, à cette heure, je ne puis m'empêcher de croire à leur longue durée.

Ah ! mon père... mon père !... vous me disiez une bien terrible, une bien menaçante vérité , en m'affirmant que « l'oubli était la seule réalité de la vie ! »

Je vais donc rouvrir ce journal que je croyais à tout jamais fermé.

Je croyais aussi mon cœur à tout jamais fermé aux impressions tendres et heureuses.

Puisque j'éprouve encore... écrivons encore...

Il y a environ trois mois qu'un matin je suis sorti par une triste journée d'automne; il tombait un brouillard épais et froid. Je pris par la ceinture de la forêt, et je m'en allai rêveur, suivi d'un vieux poney noir, le vénérable Black, qu'autrefois ma cousine Hélène avait souvent monté.

En me promenant, la tête machinalement baissée, je revis fraîchement la voie d'un grand sanglier.

Voulant chercher quelque distraction dans les exercices violens, j'avais fait venir de Londres une trentaine de fox-hounds (1), et j'avais monté un assez bon équipage, à la grande joie du vieux Lefort, un ancien piqueur de mon père, que j'avais conservé comme garde général.

En suivant par curiosité la voie du sanglier, dont on n'avait pas encore eu connaissance dans la forêt, je quittai la ceinture du bois, je m'enfonçai dans les enceintes, et, après environ trois lieues de marche, j'arrivai à une petite métairie, appelée la ferme des Prés, située sur la lisière de prairies immenses où je perdis les traces du sanglier.

Cette ferme venait d'être récemment affermée à une veuve appelée madame Kerouët. Mon régisseur m'avait dit beaucoup de bien de l'activité de cette femme, qui arrivait des environs de Nantes, la mort de son mari lui ayant fait quitter l'exploitation qu'elle dirigeait avec lui en Bretagne.

Je voulus profiter de l'occasion qui me conduisait près de la métairie, pour voir ma nouvelle fermière.

La ferme des Prés était dans une situation très pittoresque. Son bâtiment principal, entouré d'une vaste cour, s'adossait aux confins de la forêt. Cette habitation, jadis consacrée aux rendez-vous de chasse , était bâtie en manière de petit château , flanquée de deux tourelles. Une porte cintrée , surmontée d'un écusson de pierre sculptée, conduisait au rez-de-chaussée.

Le temps avait donné une couleur grise à ces vieilles murailles, bâties avec une antique solidité. Les tuiles de la toiture étaient couvertes de mousse , et des nuées de pigeons fourmillaient sur le cône pointu d'une des tourelles changée en colombier.

Contre l'habitude peu soigneuse de nos fermiers, la cour de cette métairie était d'une extrême propreté : les charrues, les herses, les rouleaux, peints fraîchement d'une

_____

(1) Chiens de renard.

belle couleur vert olive, étaient symétriquement rangés sous un vaste hangar, ainsi que les harnais des chevaux de trait, ou les jougs des bœufs de labour.

Un treillage épais, coupant la cour dans toute sa longueur, la séparait en deux parties, dont l'une était abandonnée aux volatiles de toute espèce, tandis que l'autre, bien sablée d'un sable jaune comme de l'ocre, conduisait à la porte cintrée du petit manoir, de chaque côté de laquelle s'élevait un modeste massif de roses trémières et de soleils.

J'examinais avec plaisir l'intérieur de cette ferme, lorsque j'entendis, avec une incroyable surprise, les harmonieux préludes d'une voix douce et perlée.

Ces sons paraissaient sortir d'une petite fenêtre haute et étroite, située vers le milieu d'une des tourelles, et extérieurement garnie d'un épais rideau de volubilis et de capucines.

Au prélude succéda un silence, et bientôt la voix chanta la romance du Saule de l'*Otello* de Rossini.

Cette voix, d'une remarquable étendue, révélait une excellente méthode. Son expression était pleine de charme et de mélancolie.

Ma surprise fut extrême; le chant avait cessé, et pourtant j'écoutais encore, lorsque je vis paraître sur le seuil de la petite porte cintrée une femme de cinquante ans environ, vêtue d'une robe noire et d'un bavolet blanc comme la neige.

Lorsque cette femme m'aperçut, elle me regarda d'un air à la fois inquiet et interrogatif.

Elle était de taille moyenne, robuste, brune et hâlée; sa physionomie avait une expression de franchise et de douceur remarquable.

— Qu'y a-t-il pour votre service, monsieur? — me demanda-t-elle avec une demi-révérence qu'elle crut devoir à mon pauvre vieux poney et à mon costume de *gentleman-farmer* (1), comme disent les Anglais.

— Il commence à pleuvoir, madame; voulez-vous me permettre de rester ici un moment à l'abri, et me dire si je suis bien loin du village de Blémur?

Cette interrogation n'était qu'un prétexte pour gagner du temps et tâcher d'apercevoir la Desdemona.

— Le village de Blémur, sainte Vierge! mais vous n'y arriverez pas avant la nuit noire, monsieur, quoique vous ayez là un fameux petit cheval, — dit la fermière en regardant Black d'un œil de connaisseuse.

— Ne faut-il pas suivre la route royale de la forêt pour aller à Blémur?

— Tout droit, monsieur; d'un bout elle va à Blémur, de l'autre au château de Serval, et elle a trois bonnes lieues de longueur, à ce qu'on dit du moins, car je ne suis pas très ancienne dans le pays.

— Vous me permettez donc, madame, de rester sous ce hangar jusqu'à ce que l'averse soit passée?

— Mieux que cela, monsieur; entrez chez nous, vous y serez mieux.

— J'accepte, madame, quoiqu'à voir ce hangar si parfaitement bien arrangé, on puisse se croire dans un salon.

Ce compliment sembla fort du goût de madame Kerouët, qui me dit en se rengorgeant:

— Ah dame! monsieur, c'est que, dans notre Bretagne, voilà comme sont toujours tenues les métairies.

Tout en causant avec la fermière, je n'avais pas perdu de vue la petite fenêtre de la tourelle; plusieurs fois même je crus voir une main blanche écarter discrètement quelques brins du rideau de verdure qui voilait la croisée.

Madame de Kerouët me précéda dans la ferme. J'attachai Black, et je suivis la bonne dame dans l'intérieur de la maison.

A gauche de la porte était une vaste cuisine ornée de tous ses accessoires de cuivre et d'étain, que deux robustes paysannes étaient occupées à fourbir, et qui brillaient comme de l'or et comme de l'argent.

(1) Gentilhomme fermier.

A droite, on entrait dans une grande chambre à deux lits à colonnes torses, garnis de leurs draperies de serge verte festonnée de rouge; ces deux lits étaient séparés par une haute cheminée où flambait un bon feu de pommes de pin, et sur laquelle on voyait, pour tout ornement, une petite glace dans sa vieille bordure de laqué rouge, et deux groupes de figures en cire, sous verre: un saint Jean avec son mouton, et une sainte Geneviève, je crois, avec sa biche.

Entre deux croisées à petits carreaux était accrochée au mur une antique pendule dite *coucou;* de sa boîte grise peinte de fleurs roses et bleues pendaient deux plombs attachés à des cordes de grandeur inégale. Enfin, un rouet, un grand fauteuil de tapisserie réservé sans doute à la fermière, une chaise pour la Desdemona, deux escabeaux pour les paysannes, un dressoir chargé de faïence et une table ronde de bois de noyer, bien cirée, complétaient l'ameublement de cette pièce, qui servait à la fois de salon, de salle à manger et de chambre à coucher.

Depuis le plancher jusqu'aux carreaux des fenêtres, tout étincelait de propreté. Aux solives brunes et apparentes étaient suspendues de longues guirlandes de raisins conservés pour l'hiver, et les murs, blanchis à la chaux, étaient ornés de quelques cadres de bois noir, renfermant une suite de gravures coloriées empruntées à l'histoire de l'Enfant Prodigue.

La fermière recevait mes complimens sur la tenue de sa maison avec un certain orgueil, lorsque la porte s'ouvrit, et la jeune fille ou la jeune femme qui chantait si bien parut...

Lorsqu'elle me vit, elle rougit beaucoup, et fit un mouvement pour se retirer.

— Mais reste donc, Marie, — lui dit madame de Kerouët avec affection.

Je ne pus voir cette figure d'une beauté enchanteresse sans me rappeler le divin caractère des vierges de Raphaël (1).

Mon admiration fut si significative, mon étonnement de rencontrer tant de perfections au fond d'une ferme fut si grand, et je le cachai sans doute si peu ces impressions, que *Marie* parut très interdite.

— C'est ma nièce, monsieur, — me dit la fermière, qui ne s'aperçut ni de ma surprise ni du trouble de Desdemona. — C'est la fille de mon pauvre frère, tué à Waterloo, lieutenant de la vieille garde... Nous avons pu, grâce à la protection de monseigneur l'évêque de Nantes, faire entrer Marie à Saint-Denis, où elle a été élevée comme une demoiselle; elle est restée là jusqu'à l'époque de son mariage, qui a eu lieu à Nantes, il y a bientôt un an, — dit madame Kerouët avec un soupir. Puis elle reprit: — Mais asseyez-vous donc, monsieur, et toi, Marie, va donc chercher une bouteille de vin et un morceau de galette chaude.

— Mille grâces, madame, — lui dis-je, — je ne prendrai rien... Une fois la pluie passée, je me remettrai en route.

Sans doute embarrassée de sa contenance, Marie prit le rouet de sa tante.

— Vous allez peut-être au château de Serval? — me dit la fermière.

— Non, madame; je vous ai dit que j'allais à Blémur.

— Ah! oui, à Blémur... pardon, monsieur... cela vaut mieux pour vous...

— Comment, madame? le maître du château de Serval est-il donc inhospitalier?

— Je ne sais pas, monsieur; mais on dit qu'il n'a pas plus envie de voir des figures humaines que les figures humaines n'ont envie de le voir, — reprit madame Kerouët.

— Et pourquoi cela? il vit donc bien solitaire?

— Hum, hum! — fit la fermière en secouant la tête, — j'arrive dans le pays, et je ne puis pas savoir si les vilai-

(1) Voir le chapitre intitulé *le Cottage*, page 4.

nes histoires qu'on débite sur lui sont vraies; et puis d'ailleurs, monsieur, le comte est notre maître, et un bon maître, dit-on; aussi je ne dois pas parler de ce qui ne me regarde pas. Mais, Marie, tu me mêles encore tout mon lin, — s'écria-t-elle en s'adressant à la jeune femme. — Tu ne sauras jamais te servir d'un rouet : donne-moi ma quenouille.

— Et vous, madame, — demandai-je à Marie, — avez-vous des renseignemens plus certains que ceux de madame votre tante sur ce redoutable habitant de Serval?

— Non, monsieur; j'ai seulement entendu dire que monsieur le comte vivait très retiré; et comme j'aime aussi beaucoup la solitude, je comprends parfaitement ce goût-là chez les autres.

— Vous avez tant de moyens de charmer votre retraite, madame, que je conçois sans peine qu'elle vous paraisse agréable : d'abord, vous êtes excellente musicienne... je puis le dire, car j'ai été assez heureux pour vous entendre.

— Et elle dessine, et elle peint aussi, — ajouta madame Kerouët avec fierté.

— Alors, madame, — dis-je à Marie, — j'ose vous prier, au nom d'une occupation qui nous est chère et commune, de m'appuyer auprès de madame votre tante pour qu'elle m'accorde la permission de prendre quelques vues de cette ferme, dont je trouve la position charmante.

— Vous n'avez pas besoin de la protection de Marie pour cela, — dit madame Kerouët; — vous pouvez faire tous les dessins que vous voudrez, ça ne peut nuire à personne.

Je remerciai la fermière; et, ne voulant pas trop prolonger cette première visite, je remontai à cheval et je partis.

Par bizarrerie, je voulus conserver l'incognito, d'ailleurs très facile à garder pendant quelque temps; car la ferme des Prés était fort éloignée de Serval, et les habitans ou les laboureurs de cette métairie n'y venaient que fort rarement.

Le lendemain de ma première entrevue avec Marie, je me munis d'un complet attirail de peinture, car depuis mon retour à Serval j'avais aussi cherché quelques distractions dans les arts, et, monté sur le bon vieux Black, je me rendis à la ferme des Prés.

Grâces à mes fréquentes visites, la confiance s'établit peu à peu entre Marie, sa tante et moi.

Comme je ne voyais jamais monsieur Belmont, que je supposais en voyage, je m'abstins de toute question à son sujet. Je dessinai la ferme sous tous ses aspects, et j'en offris deux ou trois vues à madame Kerouët, qui en fut enchantée. Souvent Marie peignait avec moi : son talent était fort remarquable.

Contre l'habitude des jeunes filles, Marie avait pris très au sérieux l'excellente éducation qu'on donne ordinairement dans les établissemens tels que celui de Saint-Denis. Avide de savoir, elle n'avait négligé aucun des enseignemens, aucun des arts utiles ou agréables qu'on professait dans cette institution : aussi, cette heureuse nature ainsi cultivée s'était-elle admirablement développée.

A une instruction solide, étendue, variée, elle joignait une vocation très heureuse pour les arts. Mais Marie semblait ignorer ce qu'il y avait de charmant dans le rare assemblage de ces dons si divers; elle n'en ressentait pas d'orgueil, mais une naïve satisfaction de pensionnaire, et me parlait quelquefois de ses succès passés en histoire, en peinture ou en musique, comme d'autres femmes de leurs triomphes de coquetterie.

Marie avait dix-huit ans, et l'heureuse et mobile imagination d'un enfant. Quand elle fut en confiance avec moi, je la trouvai simple, bonne et gaie, de cette gaieté naïve et douce qui naît de la sérénité de l'âme et des habitudes d'une vie calme, intelligente et noblement occupée. Plus j'étudiais ce caractère ingénu, plus je m'y attachais. Je n'éprouvais pas pour Marie un amour violent et agité; mais lorsque j'étais près d'elle, je ressentais un bien-être

si profond, si suave, que je regrettais peu les émotions tumultueuses de la passion.

Chose étrange! quoique Marie fût de la plus angélique beauté, quoique sa taille fût charmante, j'étais beaucoup plus occupé de son esprit, de sa candeur, des mille aspirations de sa jeune âme, que de la perfection de ses traits. Jamais je ne lui avais fait le moindre compliment sur sa figure, tandis que je ne lui cachais pas l'intérêt infini que m'inspiraient ses talens et son naturel exquis.

Quoiqu'elle fût mariée, il régnait en elle un charme mystérieux et virginal qui m'imposait tellement, que j'étais auprès d'elle d'une timidité singulière.

Madame Kerouët, tante de Marie, était une femme d'un rare bon sens, d'un esprit droit et d'un cœur parfait. Sa piété à la fois douce et fervente lui inspirait les œuvres les plus charitables; jamais un pauvre ne sortait de la ferme sans un léger secours et sans quelques paroles encourageantes, plus précieuses encore peut-être que l'aumône. Peu à peu je découvrais dans cette femme excellente des trésors de sensibilité et de vertu pratique. Sa conversation m'intéressait toujours, parce qu'elle m'instruisait de mille faits curieux relatifs à l'agriculture. Quelquefois son esprit juste s'élevait très haut par le seul ascendant d'une foi profonde; et, je l'avoue, je me demandais en vain le secret d'une religion qui jetait parfois de si vives clartés sur une intelligence naïve et simple.

Je venais assidûment à la ferme depuis deux mois, lorsque, un jour, madame de Kerouët me dit :

— Vous devez vous étonner, n'est-ce pas, de voir Marie presque veuve?... Comme vous êtes notre ami, je vais vous raconter cette triste histoire. Figurez-vous, monsieur, que mon mari et moi nous tenions à bail une ferme à Thouars, près de Nantes. Cette ferme appartenait à monsieur Duvallon, très riche armateur de la ville, qui avait commencé sa fortune en faisant la course comme corsaire pendant la guerre avec les Anglais. Quoiqu'il fût bourru, monsieur Duvallon était bon; il aimait beaucoup mon mari. Un jour, Kerouët lui parla de notre nièce, qui allait bientôt sortir de Saint-Denis. Avec sa belle éducation, cette chère enfant ne pouvait épouser un paysan, et nous n'étions pas assez riches pour la marier à un monsieur. Voyant notre embarras, monsieur Duvallon dit à Kerouët : « Si votre nièce est raisonnable, moi je me charge de l'établir. — Avec qui? — demanda mon mari. — Avec un vieux camarade à moi, un capitaine au long cours, qui veut se retirer du commerce et vivre désormais en bourgeois. Il vient d'arriver ici. Il est riche. Ce n'est pas un muscadin, mais il est pur comme l'or, franc comme l'osier, et il fera, j'en suis sûr, le bonheur de votre nièce. » Kerouët revint me dire cela, c'était un vrai bonheur pour nous, et surtout pour Marie, la pauvre orpheline. C'était au mois d'octobre de l'année passée. Marie, ayant dix-huit ans, ne pouvait plus rester à Saint-Denis. Nous la faisons donc venir à la ferme, et nous convenons d'un jour pour que monsieur Duvallon nous amenât monsieur Belmont, son ami, qui voulait voir notre nièce avant de rien conclure, bien entendu. Ce jour-là, c'était un dimanche. Notre ferme était bien proprette, Kerouët, Marie et moi bien attifés, lorsque monsieur Duvallon arrive en cabriolet avec son ami. Que voulez-vous, monsieur! Sans doute, son ami n'était pas, comme on dit, un joli garçon, mais il avait la croix d'honneur, la figure d'un brave homme, et il semblait encore très vert pour son âge, qui pouvait être de quarante-cinq à cinquante ans. Avec cela, C monsieur fut très aimable pour nous. De temps à autre je regardais Marie; elle n'avait pas l'air de s'affoler beaucoup de monsieur Belmont, mais je savais qu'elle était raisonnable; et puis, monsieur, avec son éducation, je pensais qu'il lui fallait, avant tout, une certaine aisance, et qu'elle nous devions sacrifier bien des choses à cela. C'était un malheur, sans doute, mais il n'y avait pas à balancer. Ces messieurs partis, nous disons franchement à Marie tout ce qui en est. Dame! monsieur, il y a bien eu des larmes de versées, et par elle et par moi, et par mon pauvre Kerouët; car notre chère enfant était bien jeune, et monsieur Belmont bien vieux pour elle... mais au moins le sort de Marie était assuré, et nous pouvions mourir tranquilles. Elle comprit cela, se résigna, et le lendemain, quand monsieur Duvallon revint, notre parole fut donnée. Pendant une quinzaine, monsieur Belmont vint nous voir tous les jours. Quoiqu'on dise les marins rudes et bourrus, lui était très doux, très bon, très complaisant, et Marie finit par le voir sans répugnance, et par être touchée des preuves de tendresse qu'il lui donnait. Et puis nous ne devions pas nous quitter, il devait acheter un petit bien de campagne près Thouars, et ainsi nous verrions tous les jours Marie. Enfin, elle s'habitua si bien à monsieur Belmont, qu'elle consentit à faire son portrait. Elle l'a en haut, dans son cabinet de la tourelle, où elle ne veut permettre à personne d'entrer... Il est d'une ressemblance extraordinaire. A la fin de décembre, monsieur Belmont nous dit qu'il allait aller à Paris pour acheter la corbeille, le mariage devant avoir lieu à Nantes dans le courant de janvier. Après une quinzaine de jours, monsieur Belmont revint de Paris avec des choses superbes pour Marie.

» Depuis le triste événement qui nous a séparés, je me suis rappelé qu'à son retour de Paris monsieur Belmont me parut souvent soucieux; mais il se montra toujours bon et aimable pour nous; seulement, au lieu d'attendre le commencement de février, époque fixée d'abord pour le mariage, il insista pour que son mariage avec Marie fût avancé. Nous consentîmes à ce qu'il demandait, et le mariage eut lieu le 17 janvier... un vendredi. On signa le contrat le matin. Monsieur Belmont reconnaissait six mille livres de rente à ma nièce. Pour des gens comme nous, c'était bien beau, n'est-ce pas, monsieur? Après le contrat, nous allons à la mairie, puis à l'église, puis nous revenons dîner à la maison de campagne de monsieur Duvallon, témoin de monsieur Belmont. Nous nous mettions à table; au moment du dessert, voilà monsieur Belmont qui commence à chanter des couplets qu'il avait justement composés sur son mariage, le pauvre cher homme ! lorsque tout à coup arrive de Nantes un domestique de monsieur Duvallon. Il remet une lettre à son maître. Monsieur Duvallon pâlit, se lève de table, et s'écrie : « Belmont, écoute!... » Je me rappelle que ce cher monsieur Belmont chantait à ce moment-là un couplet qui commençait par : L'Hyménée secoue son flambeau. Monsieur Belmont se lève, mais à peine a-t-il lu la lettre que lui montre monsieur Duvallon, qu'il fait une figure... ah ! monsieur, une figure si terrible... que je suis encore à comprendre comment un homme qui avait l'air si bon ordinairement pouvait avoir parfois une physionomie si farouche. Puis se remettant, il s'approche de Marie, l'embrasse, et lui dit : « Ne t'inquiète pas de moi, ma petite femme, tu auras bientôt de mes nouvelles; » puis il disparaît avec monsieur Belmont, qui deux fois en s'en allant : « Belmont est compromis dans une affaire politique comme... carbonaro... » oui, c'est bien cela, carbonaro, — ajouta madame Kerouët en rappelant ses souvenirs. — « Il faut qu'il s'échappe... sa vie en dépend. Si on vient pour l'arrêter, tâchez de retenir le commissaire le plus longtemps possible. »

» Il y avait à peine un quart d'heure qu'ils étaient partis tous deux, qu'un officier de gendarmerie arrive en voiture avec un commissaire de police, comme l'avait prévu monsieur Duvallon. On demande où est monsieur Belmont, capitaine au long cours. Vous pensez bien que nous ne disons mot. On cherche, on cherche, on ne trouve rien, et ça dure au moins deux heures. Le commissaire allait s'en aller, lorsque quelqu'un de la noce ayant parlé par hasard du trois-mâts la Belle Alexandrine, qui avait dû partir de Nantes dans la journée, le brigadier de gendarmerie s'écria : « Et la marée est pour trois heures ! Il en est cinq ! Avant que nous soyons de retour à Nantes, il sera sept... Si notre homme a profité de ce bâtiment, à sept heures du soir il sera hors de la rivière et à l'abri de nos recherches !... » Et là-dessus, ils remontent en voiture avec

le commissaire, et retournent à Nantes bride abattue; mais ils arrivèrent trop tard. Ce cher Belmont avait heureusement pu s'embarquer sur la Belle Alexandrine, qui partait pour la Havane. C'est monsieur Duvallon qui est venu le lendemain nous donner ces détails. Hélas! monsieur, un malheur n'arrive jamais seul. Deux mois après cet événement, mon pauvre Kerouët est mort d'une fluxion de poitrine; monsieur Duvallon a vendu sa ferme de Thouars, et je me serais trouvée sans ressources si le régisseur du château de Serval, qui connaissait Kerouët, et qui savait que j'étais en état de bien tenir une métairie, ne m'avait proposé cette petite ferme, où je me plais assez, quoique je regrette, hélas ! tous les jours mon pauvre Kerouët, et que je sois bien inquiète du sort de monsieur Belmont, qui ne nous a écrit qu'une fois, par un vaisseau nantais que la Belle Alexandrine a rencontré en pleine mer. Dans cette lettre, monsieur Belmont nous dit de nous tranquilliser, et qu'un jour ou l'autre il reviendra nous surprendre... Quant à Marie, je ne peux pas dire, la chère enfant, qu'elle regrette beaucoup monsieur Belmont; elle ne le connaissait pas assez pour cela ; mais, moi, monsieur, je le regrette pour elle; car, que demain je meure, que fera-t-elle ? Ajoutez à cela qu'elle est si scrupuleuse, qu'il est impossible de la décider à toucher un sou des six mille francs que monsieur Belmont lui a reconnus, et que monsieur Duvallon nous envoie tous les trois mois. Nous reportons l'argent chez un notaire de Nantes, où il restera jusqu'à l'arrivée de monsieur Belmont, qui reviendra maintenant Dieu sait quand. »

Tel fut à peu près le récit de madame Kerouët. En effet, à l'époque du départ de monsieur Belmont, on avait découvert plusieurs conspirations libérales, à ce moment les sociétés secrètes s'organisaient d'une manière formidable; il était donc probable que monsieur Belmont avait été gravement compromis dans quelque complot contre l'État.

Depuis cette confidence de sa tante, Marie me parut plus charmante encore...

Je continuai d'aller chaque jour à la ferme; quelquefois même, lorsque la neige tombait ou que le froid était trop vif, la bonne madame Kerouët m'invitait instamment à passer la nuit à la métairie, et se fâchait très sérieusement lorsque je parlais de me mettre en route pour la nuit et par les mauvais chemins de la forêt pour regagner Blémur, où j'étais censé demeurer.

Si je me décidais à rester, Marie ne cachait pas sa joie naïve : c'était alors presque fête à la ferme. Madame de Kerouët s'occupait des préparatifs et des détails du dîner, et Marie, qui partageait la chambre de sa tante, veillait avec une grâce attentive et charmante à ce que rien ne manquât dans la petite pièce qui m'était destinée dans une des tourelles.

Cette hospitalité si bonne, si prévenante, me touchait profondément; et puis ce qui me prouvait la pureté des sentiments de ces deux femmes et leur généreuse confiance en moi, c'est que jamais il ne leur était venu à l'esprit que la fréquence de mes visites pourrait les compromettre. Ma venue leur plaisait; j'animais, j'égayais leur solitude; et si je les remerciais avec effusion de toutes leurs bontés pour moi, madame Kerouët me disait naïvement :

— N'est-ce pas à nous, pauvres fermières, d'être reconnaissantes de ce que vous venez, vous, monsieur, un artiste (je passais pour un peintre), nous aider à passer nos longues soirées d'hiver, en faisant pour cela presque tous les jours trois lieues pour venir et trois lieues pour vous en aller... et encore par des temps affreux? Tenez, monsieur Arthur, — ajoutait cette excellente femme, — je ne sais pas comme cela s'est fait, mais maintenant vous êtes comme de notre famille, et s'il fallait renoncer à vous voir, nous en serions bien malheureuses et bien tristes, n'est-ce pas, Marie?

— Oh! certainement, ma tante, — disait Marie avec une adorable candeur.

J'avais su que Marie manquait de livres : elle parlait à merveille italien et anglais; je fis acheter à Paris une bi-

bliothèque complète, en donnant ordre de l'envoyer d'a-
bord à Nantes, et de Nantes de l'adresser à la ferme.

Ainsi que je l'espérais, l'envoi de ces livres fut attribué
à un souvenir de monsieur Belmont, ou de son ami monsieur Duvallon. Par ce moyen, je parvins à entourer Marie
et sa tante d'un certain bien-être intérieur qui leur manquait, et, peu à peu, quelques meubles précieux, des tapis,
arrivèrent à la ferme, et furent reçus avec joie, toujours
comme une attention du proscrit et de son ami.

Dans sa reconnaissance, Marie écrivit une charmante
lettre de remercîmens à monsieur Duvallon, qui répondit ne pas comprendre un mot à la gratitude de madame
Belmont.

Craignant les éclaircissemens, j'engageai madame Kerouët à ne plus parler de ces bienfaits, lui faisant entendre que sans doute monsieur Belmont avait des raisons sérieuses pour en dissimuler la source.

L'anniversaire de la naissance de Marie approchait. Ce
jour-là elle devait seulement me permettre l'entrée de la
petite chambre mystérieuse dont elle avait fait son cabinet de travail, ce qu'elle m'avait refusé jusqu'alors.

Sachant que cette pièce était absolument semblable à
celle que j'habitais dans la tourelle opposée quand je restais à la ferme, je pris les mesures nécessaires, et je fis
venir de Paris, toujours par Nantes, ce qu'il fallait pour
la meubler avec beaucoup d'élégance. Un des plus grands
regrets de Marie était de n'avoir ni piano ni harpe. Je demandai aussi deux de ces instrumens, qui devaient également arriver à la ferme pour l'anniversaire de la naissance
de Marie.

Tous ces détails me causaient un plaisir infini.

Chaque jour, bien enveloppé, je partais de Serval sur
mon poney, bravant la pluie et la neige ; j'arrivais à la
ferme, où je trouvais *chez moi* un bon feu pétillant. Je
m'habillais avec quelque recherche, malgré les éternelles
moqueries de la digne fermière, qui me reprochait d'être
trop *coquet*, puis je descendais dans la grande chambre.

Si le temps n'était pas trop mauvais, Marie prenait mon
bras, et nous allions courageusement affronter la bise et
le froid, gravir nos âpres montagnes, y cueillir des plantes pour l'herbier de Marie, ou parcourir la forêt en nous
amusant à surprendre au milieu de ces solitudes la biche
et son faon.

Pendant ces longues promenades, Marie, toujours vive,
rieuse et folâtre, toujours pensionnaire, me traitait comme
un frère. Dans sa chaste ignorance, elle me mettait souvent à de rudes épreuves : tantôt c'était sa collerette à rat-
tacher, tantôt ses longs cheveux à renouer sous son chapeau, où quelque lacet de son brodequin à repasser dans
son œillet.

Aussi, dans ces excursions lointaines, en contemplant
avec adoration la délicieuse figure de Marie, qui, sous sa
chevelure couverte d'un givre brillant, ressemblait à une
rose épanouie sous la neige, que de fois un aveu me vint
aux lèvres !... Mais Marie, croisant ses deux bras sur le
mien, s'appuyait sur moi avec tant de confiance, elle me
regardait avec tant de candeur et tant de sérénité, que
chaque jour je remettais cet aveu au lendemain.

Je craignais qu'un mot hasardé ou prématuré ne vînt
détruire ce bonheur calme et pur.

J'attendais patiemment... Je ne m'abusais pas sur le
sentiment que j'inspirais à Marie : sans prétention sotte,
sans fatuité ridicule, je ne pouvais me refuser à l'évidence.
Depuis plus de deux mois je la voyais presque chaque
jour ; mes soins pour elle, si jeune, si naïve, si peu habituée aux séductions du monde, l'avaient sensiblement
touchée ; mais j'avais aussi reconnu en elle des principes
si arrêtés, des sentimens religieux si prononcés, un instinct de devoir si profond, que je devais m'attendre à une
lutte longue et douloureuse peut-être, et pourtant mille
riens très significatifs me donnaient la mesure d'une affection que Marie ignorait peut-être encore elle-même.

Le soir, lorsque j'avais dîné à la ferme, madame Kerouët, assise au coin du feu dans son grand fauteuil de
tapisserie, filait sa quenouille, tandis que Marie et moi,
réunis à la même table, nous mettions en ordre les ré-
coltes de nos herborisations d'hiver.

Lorsqu'il fallait fixer sur le papier les légers filamens
des plantes, souvent nos mains s'effleuraient ; souvent
lorsque, tous les deux courbés sur la table, nous semblions
très attentifs à nos importans travaux, mes cheveux touchaient les cheveux de Marie, ou bien son souffle jeune et
frais venait caresser ma joue.

Alors Marie rougissait, son sein s'agitait rapidement,
son regard devenait distrait, et quelquefois sa main s'af-
faissait sur le papier...

Puis, semblant sortir d'un rêve, elle me disait d'un ton
de reproche affecté :

— Mais voyez donc comme cette plante est mal placée...

— C'est votre faute, — répondais-je en riant : — vous
ne voulez ni m'aider, ni tenir le papier.

— Du tout : c'est vous qui n'avez pas la moindre patience, et qui craignez toujours de vous mettre de la gomme aux doigts en collant les bandelettes.

— Ah ! les vilains disputeurs ! — disait madame Kerouët, — ils ne valent pas mieux l'un que l'autre.

D'autres fois, nous lisions tour à tour et à haute voix
les romans de Walter Scott, auxquels madame Kerouët
prenait un vif intérêt. La voix de Marie était suave et
douce : un de mes plus grands bonheurs était de l'entendre lire.

Mais j'éprouvais un bonheur plus grand encore peut-être
à la contempler. Aussi, lorsque je prenais le roman à mon
tour, si je trouvais quelque allusion à mon amour, je lisais d'abord la phrase des yeux, puis je la disais tout haut
de mémoire, en attachant sur Marie un regard passionné.

Quelquefois Marie baissait les yeux et prenait une physionomie sévère, d'autres fois elle rougissait, et, du bout
de son joli doigt, elle me faisait impérieusement signe de
regarder mon livre.

J'imaginai autre chose ; j'ajoutai, en les improvisant,
des passages entiers au livre que je lisais, afin d'y peindre plus clairement encore à Marie tout ce qu'elle m'inspirait, lorsque la situation que peignait le roman pouvait
s'y prêter.

Ainsi, un soir, dans cette scène si chaste et si passionnée où Ivanhoé déclare son amour à la belle Saxonne, je
substituai à tout ce que disait le croisé un long monolo-
gue dans lequel je fis les rapprochemens les plus directs
entre Marie et moi, en lui rappelant avec tendresse mille
souvenirs de nos promenades et de nos entretiens.

Marie, émue... troublée, me regarda d'un air mécontent.

Je m'arrêtai...

— Je ne voulais pas vous interrompre, monsieur Arthur, — me dit madame Kerouët, — car je trouve que
vous n'avez jamais mieux lu qu'aujourd'hui. — Puis, posant sa quenouille, elle dit naïvement : — Ah ! j'avoue
qu'il faudrait qu'une femme fût de rocher pour ne pas
avoir pitié d'un amoureux qui parle ainsi. Je ne m'y connais pas, mais il me semble qu'on ne pouvait pas dire
autre chose que ce qu'Ivanhoé dit là... tant c'est vrai et
naturel.

— Oh ! c'est très beau, en effet, — dit Marie ; — mais
monsieur Arthur doit être fatigué. — Et prenant, presque malgré moi, le livre que j'a-
vais sur les genoux, elle chercha le passage improvisé, et
ne l'y trouva pas. — Les pages que vous venez de nous
lire sont si belles que je voudrais les relire, — me dit méchamment Marie.

— Tu as raison, Marie, — dit sa tante ; — moi aussi, je
les entendrais avec plaisir encore une fois.

— Ah ! mon Dieu ! déjà dix heures ! — m'écriai-je pour
sortir d'embarras. — Il faut que je parte...

— C'est vrai... déjà ! — dit madame Kerouët en regardant sa pendule.

Ordinairement, au moment de mon départ, Marie allait

à la fenêtre pour voir quel temps il faisait : cette fois elle resta immobile.

Sa tante lui dit :

— Mais vois donc s'il neige, mon enfant.

Marie se leva et revint dire :

— Il neige beaucoup.

— Il neige beaucoup... comme tu dis, cela avec indifférence !... Pense donc que monsieur Arthur a trois lieues à faire en pleine nuit, en pleine forêt.

Je cherchai le regard de Marie. Elle détourna la vue ; je lui dis tristement :

— Bonsoir, madame.

— Bonsoir, monsieur Arthur, — me répondit-elle sans jeter les yeux sur moi.

J'entendis le hennissement d'impatience de mon vieux Black, que m'amenait un garçon de ferme.

J'allais sortir de la chambre, lorsque Marie, profitant d'un moment où sa tante ne pouvait la voir, s'approcha de moi et, me prenant la main, me dit avec une émotion profonde :

— Je vous en veux beaucoup... vous ne savez pas tout le mal que vous me faites !

Ces mots n'étaient pas un aveu... et pourtant, malgré la nuit, malgré la neige, je rentrai à Serval la joie dans le cœur.

. . . .

De cette soirée data mon premier espoir.

Il y a huit jours de cela.

Demain est le jour anniversaire de la naissance de Marie, jour solennel où nous devons inaugurer le mystérieux cabinet de la tourelle.

LVIII

LE PORTRAIT.

Serval, 10 décembre 18...

Je puis à peine croire ce que j'ai vu aujourd'hui...

Bizarre destinée que la mienne !

Ce matin, ainsi que nous en étions convenus, je me suis rendu à la ferme.

C'était l'anniversaire de la naissance de Marie ; elle devait me permettre l'entrée du cabinet mystérieux qu'elle occupe dans une des tourelles. C'est là qu'elle a fait placer la harpe et le piano récemment arrivés de Nantes.

— Venez voir ma retraite, — me dit Marie après déjeuner.

Nous montons dans la tourelle avec madame Kerouët.

Nous entrons ; que vois-je ?...

En face de moi... dans un large cadre doré... le portrait du pirate de Porquerolles !... du pilote de Malte !...

— Comment avez-vous ce portrait ?... Savez-vous quel est cet homme ? — m'écriai-je en m'adressant aux deux femmes qui me regardaient avec le plus grand étonnement.

— C'est moi qui ai peint ce portrait... et cet homme est monsieur Belmont, — me dit naïvement Marie.

— Monsieur Belmont !!!

— Sans doute, c'est mon mari... Mais qu'avez-vous donc, monsieur Arthur ?... Pourquoi cette surprise, cette stupeur ?

— Avez-vous rencontré monsieur Belmont quelque part ? — me demanda madame Kerouët.

Je croyais rêver ou être la dupe d'une ressemblance extraordinaire.

— En effet, — dis-je à madame Kerouët, — j'ai déjà rencontré monsieur Belmont en voyage... ou plutôt quel-

qu'un qui lui ressemblait beaucoup... Car certaines circonstances ne me permettent pas de croire que la personne dont je veux parler soit effectivement le monsieur Belmont dont voici le portrait.

— Il y a un moyen bien simple pour savoir si votre Belmont est le nôtre, c'est-à-dire celui du portrait... Comment a-t-il tes dents, votre monsieur Belmont ? — me dit la tante de Marie.

— Plus de doute... c'était lui !... — pensai-je. — Il a les dents comme personne ne les a, — lui dis-je, — très aiguës et très séparées...

— C'est cela même, — dit madame Kerouët en riant.

— Aussi, en plaisantant nous l'appelions l'ogre...

C'était bien lui ! ! !

Tout s'expliquait clairement.

Au bal du château, l'ambassadeur d'Angleterre m'avait averti qu'on était sur ses traces du pirate et qu'on espérait de l'atteindre ; ce bal avait lieu vers le milieu de janvier, époque à laquelle Belmont était revenu à Nantes pour presser son union avec Marie.

Notre rencontre aux Variétés à la crainte d'être découvert avaient sans doute causé l'inquiétude que madame de Kerouët avait remarquée en lui depuis cette époque.

Aussi, sans l'avis qui le prévint de l'arrivée du commissaire et de l'officier de gendarmerie, ce misérable aurait été arrêté le même jour de son mariage. Enfin je comprenais parfaitement que monsieur Duvallon, témoin du pirate, l'eût montré aux yeux de Marie et de sa tante comme une victime politique, afin de leur cacher la véritable cause des poursuites qu'on exerçait contre lui.

Ce Duvallon savait-il le métier infâme de Belmont ? ou avait-il aussi été abusé par lui ?

Toutes ces pensées se heurtèrent confuses dans ma tête, et me préoccupèrent tellement que je quittai la ferme beaucoup plus tôt qu'à l'ordinaire, prétextant une migraine, et laissant Marie et sa tante inquiètes et chagrines de mon brusque départ.

Ce jour, qui devait être une sorte de petite fête pour nous, finit ainsi bien tristement.

Que dois-je faire ?

J'aime Marie de toutes les forces de mon âme. Ce n'est plus un crime de l'enlever à Belmont, à ce brigand, à cet assassin ; c'est une noble, c'est une généreuse action.

Marie a été indignement trompée. Sa famille a cru l'unir à un brave et honnête marin, et non pas à un homme infâme... Ce mariage est nul devant la raison et devant l'honneur, il doit être nul aussi devant les hommes ! Aujourd'hui même j'apprendrai tout à ces malheureuses femmes...

Mais me croiront-elles ? quelles preuves leur donnerai-je de ce que j'avance ?

Et puis il y a dans cette dénonciation de ma part quelque chose de bas qui me répugne.

Après tout, Marie est légitimement la femme de Belmont, j'aime Marie... cet amour met presque cet homme à mon niveau.

Maintenant c'est une lutte ouverte entre lui et moi. J'ai déjà l'avantage puisqu'il est absent ; il n'est pas loyal d'augmenter encore mes chances par une délation.

Enfin, si Marie m'aime assez pour vaincre ses scrupules, pour oublier ses devoirs envers un homme qu'elle croit honnête et bon, ne serai-je pas plus orgueilleux de mon bonheur que si elle croyait ne me sacrifier qu'un homme indigne d'elle, qu'un homme que la justice peut chaque jour réclamer comme sa proie ?

Décidément je ne dirai rien.

Mais si cet homme revient ?... Mon Dieu, quelle affreuse idée !

Marie est sa femme, après tout, et c'est le hasard seul qui l'a préservée de la souillure de cet homme infâme.

Mes scrupules sont fous, sont stupides... Je ne sais pourquoi j'hésite à tout dire à Marie.

Mais à quoi bon ? Cette confiance préviendra-t-elle... empêchera-t-elle le retour de cet homme ?

D'un moment à l'autre il peut arriver.
Que faire... que faire ?...

Serval, 12 décembre 18...

Mon incognito est découvert, Marie sait qui je suis.
Hier je suis allé à la ferme.
J'étais toujours dans l'irrésolution sur ce que je devais dire relativement au pirate.
Nous causions avc Marie et sa tante, lorsque mon régisseur est entré.
Je suis devenu très rouge, très embarrassé : le bourreau ne s'en est pas aperçu; il m'a fait un respectueux et profond salut.
— Tiens, vous connaissez monsieur Arthur ? — lui a demandé madame Kerouët.
— Si j'ai l'honneur de connaître monsieur le comte !... — a répété le régisseur avec étonnement.
— Monsieur le comte !! — s'écrièrent à la fois madame Kerouët et Marie en se levant d'un air interdit.
Craignant que cet homme interprétât mal le motif qui m'avait engagé à cacher mon nom, je lui dis :
— Vous êtes très maladroit, mon cher monsieur Rivière. Je désirais avoir par moi-même quelques renseignemens sur cette métairie, dont je pense augmenter le bail, et vous venez tout gâter... Veuillez, je vous prie, aller m'attendre à Serval : j'ai à causer avec vous à ce sujet.
Le régisseur sortit.
— Vous nous avez trompées... monsieur le comte !... — me dit madame Kerouët avec beaucoup de dignité. — C'est mal à vous...
Marie ne dit pas un mot, et disparut sans me regarder.
— Et pourquoi cela est-il mal ? — dis-je à cette excellente femme. — Si je m'étais nommé, je ne sais quels scrupules vous auraient peut-être empêchée de me témoigner cette franche et cordiale affection que vous m'avez toujours montrée... j'aurais été pour vous le maître de cette ferme et non pas votre ami...
— L'amitié n'est sûre, n'est possible, qu'entre pareils, monsieur le comte, — dit madame Kerouët d'un air froid.
— Mais en quoi nos positions sont-elles dépareillées à cette heure ? Si mon amitié vous a plu jusqu'ici... pourquoi changer nos relations? pourquoi oublier quatre ou cinq mois d'intimité charmante?
— Je ne les oublierai pas, monsieur le comte; mais elles feront place à des sentimens plus convenables à la modeste position de Marie et de moi.
Une fille de ferme vint chercher madame Kerouët pour la prier de se rendre auprès de Marie.
Elle me salua respectueusement et sortit.
Je quittai la métairie dans un violent accès de colère contre mon régisseur...
Puis je réfléchis qu'après tout cet incognito ne pouvait toujours durer, et que cette découverte, en choquant d'abord Marie, ne pouvait en rien altérer son amour pour moi.

Serval, 14 décembre 18...

J'ai revu Marie.
Pendant quelques jours, je l'ai trouvée triste et affligée de ma dissimulation, qu'elle ne s'explique pas.
Elle m'a demandé pourquoi j'avais ainsi caché mon nom; je lui ai répondu que sachant que des bruits, aussi faux que fâcheux, étaient parvenus jusqu'à elle, et me peignaient sous les couleurs les moins favorables, j'avais préféré garder l'incognito.
Elle m'a cru difficilement; mais enfin je suis parvenu à chasser de son esprit ces impressions malheureuses.
Quoique madame Kerouët me boude encore quelquefois, nos relations, d'abord un peu refroidies, ont repris tout leur charme.

Serval, 20 décembre 18...

Marie m'aime... elle m'aime !... je n'en puis plus douter... Que cette date vive à jamais dans mon cœur !

. . . .
. . . .

Serval, 30 décembre 18...

Quel événement!... Non, non, mille fois non; elle ne quittera pas ce pays... Maintenant j'ai le droit de veiller sur son avenir... jamais je ne l'abandonnerai.
Ce matin, un valet de ferme est arrivé au château.
Il m'apportait un billet de Marie.
Elle me priait de venir à l'instant même.
Une heure après j'étais à la métairie.
Je trouvai Marie en larmes, ainsi que sa tante
— Qu'avez-vous ?... — m'écriai-je.
— Dans cette lettre, — dit madame Kerouët, — monsieur Duvallon nous écrit qu'il arrive aujourd'hui pour chercher Marie... par ordre de monsieur Belmont.
— Et vous le laisserez partir ?... m'écriai-je. — Et vous consentirez à partir, Marie...
Marie, pâle comme une morte, passa les mains sur ses yeux, et s'écria :
—Quel réveil... mon Dieu... quel réveil !... je suis perdue !!...
Je fis un signe expressif à Marie... Sa tante, toute préoccupée de ses regrets, ne l'avait pas entendue.
— Ah! mon Dieu ! disait madame Kerouët, — quitter mon enfant !... je n'en aurai jamais la force.
— Vous ne la quitterez pas, vous ne pouvez pas la quitter, bonne mère !... et surtout pour la remettre entre les mains d'un homme comme ce Duvallon.
— Hélas ! monsieur, quelle objection pouvons-nous faire ?... Monsieur Duvallon n'est-il pas l'ami intime de monsieur Belmont? n'a-t-il pas ses ordres?
— C'est justement parce qu'il est l'ami intime de monsieur Belmont qu'il faut vous défier de cet homme. — Marie et madame Kerouët me regardèrent avec étonnement... Je continuai : — Écoutez-moi, vous, madame Kerouët... vous, Marie... Laissez-moi moi recevoir monsieur Duvallon; je me charge de lui parler et de lui faire entendre raison... Quand doit-il arriver?
— S'il arrive, comme il l'annonce, par la diligence de Bourges, il sera ici aujourd'hui à trois heures, — me dit madame Kerouët.
— Ne promettez rien; envoyez-le moi... espérez et espérons...
Et, répondant à un signe muet de Marie, je sortis.
Tantôt, à cinq heures, j'ai entendu le bruit d'une cariole dans la cour du château. Je n'ai pu réprimer un mouvement de colère; j'ai senti mes tempes battre violemment.
On a annoncé monsieur Duvallon.
J'ai vu entrer un homme robuste, de haute taille, paraissant cinquante ans environ; son teint était coloré, son air dur, son maintien vulgaire mais assuré; sa mise celle d'un Français en voyage, c'est-à-dire sordide.
Je lui ai fait signe de s'asseoir : il s'est assis.
— Monsieur, — lui dis-je, — je vous demande pardon de vous avoir dérangé; mais je suis chargé par madame Kerouët, qui tient à bail une de mes métairies, et qui a quelque confiance en moi...
— Parbleu !! sa nièce a aussi confiance en vous... et beaucoup ! — s'écria cet homme en m'interrompant grossièrement...
— C'est vrai, monsieur, — dis-je en me contenant; — car j'ai l'honneur d'être des amis de madame Belmont...
— Et moi des amis de monsieur Belmont ! monsieur... et, comme tel, je suis chargé par lui de ramener sa femme

à Nantes, où elle restera sous la surveillance de *mon épouse*, jusqu'au retour de mon ami Belmont, qui ne peut tarder beaucoup.

— Vous êtes l'ami intime de monsieur Belmont ? — dis-je à monsieur Duvallon en le regardant fixement. — Savez-vous bien quel est cet homme ?

— Cet homme... cet homme en vaut un autre, mordieu ! — s'écria Duvallon en se levant avec vivacité.

Je restai assis.

— Cet homme est un brigand, monsieur !... cet homme est un assassin... monsieur !... — et j'accentuai d'un regard impérieux et résolu chacune de ces inculpations.

— Si vous n'étiez pas chez vous !!... — me dit Duvallon en fermant ses poings.

— Je ne suis pas un enfant, monsieur, et vos menaces sont ridicules. Parlons net, et finissons: la preuve que votre ami est un assassin, c'est que j'ai été blessé par lui à bord d'un yacht qu'il a attaqué dans la Méditerranée : est-ce clair ? La preuve que votre ami est un brigand, c'est que j'étais à bord du même yacht, lorsqu'il l'a fait lâchement naufrager sur les côtes de l'île de Malte : est-ce clair ? Enfin, les preuves que ces accusations sont fondées, c'est que l'ambassadeur d'Angleterre en France, c'est que le ministre des affaires étrangères, instruits par moi de la présence de ce misérable à Paris, ont provoqué les mesures qui eussent amené son arrestation, si vous ne l'aviez dérobé à la justice le jour de son mariage... est-ce clair, monsieur ? Duvallon me regardait d'un air stupéfait; il se mordait les lèvres avec rage... Je continuai : — Ni madame Belmont ni sa tante ne savent un mot de tout ceci, monsieur; mais je vous déclare que si vous insistez désormais pour enlever madame Belmont et sa tante, je leur apprendrai tout, et en même temps je leur donnerai le conseil à toutes deux de mettre cette discussion entre les mains de la justice.

— Mille tonnerres ! — s'écria Duvallon en frappant du pied, — tout cela n'est pas vrai... j'emmènerai cette péronnelle sous votre nez, mordieu !... ou vous verrez beau jeu.

— Si vous n'étiez pas l'ami intime de Belmont, vous payeriez cher votre démenti et votre menace... — Sortez d'ici, monsieur.

— Osez donc... osez donc de me faire sortir... — dit l'ancien corsaire en faisant un pas vers moi d'un air menaçant. Mais, comparant sans doute son âge au mien et sa force à la mienne, il se contint, et me dit avec une fureur concentrée : — Vous voulez donc vous opposer à ce que j'emmène *votre maîtresse* ? je conçois ça... mais moi, j'ai dit que je l'emmènerais et je l'emmènerai, mordieu !... Est-ce que je ne sais pas tout ce qui se passe ? est-ce que je ne sais pas les cadeaux que vous lui avez faits ? est-ce que ça ne m'explique pas les lettres de remercîmens de ces deux sottes, auxquelles je ne comprenais rien, et que je recevais à propos de toutes sortes de choses de luxe ?... Mais ça va finir, entendez-vous ? Belmont arrive, et, en attendant, j'emmène la donzelle... de gré ou de force.

Ne voulant pas répondre à cet homme, je sonnai.

— Pierre, — dis-je à un domestique, — vous allez faire seller deux chevaux, un pour moi et un pour Georges, qui me suivra ; vous direz aussi à Lefort de monter tout de suite à cheval avec son fils, et d'aller m'attendre à la ferme des Prés. — Le domestique sortit. — Maintenant, monsieur, — dis-je à Duvallon, — réfléchissez bien à ce que vous allez faire... Si vous ne quittez à l'instant le pays, j'apprends tout à madame Belmont et à sa tante, et, par mon avis, elles se mettent sous la protection de la justice... De ce pas je vais à la ferme des Prés... je vous y attendrai, monsieur; et je verrai si vous avez l'audace d'y venir. — Puis, sonnant de nouveau, je dis à un domestique : — Reconduisez monsieur.

Sans attendre la réponse de Duvallon, je sortis, et je montai aussitôt à cheval pour me rendre à la ferme.

Lefort et son fils m'avaient déjà précédé.

Serval, 31 décembre 18...

Hier, Duvallon n'a pas osé venir à la ferme.

En lui apprenant qu'il repartait pour Nantes, il a écrit une lettre à Marie remplie des injures les plus grossières... il la menaçait du retour de Belmont.

Marie est plongée dans un morne désespoir... Aujourd'hui je n'ai pu la voir...

Il ne me reste plus qu'un parti à prendre... il faut décider Marie à me suivre...

Quelle sera désormais sa vie ?

Si Belmont revient... lors même que je ne dénoncerais pas son retour, il sera tôt ou tard arrêté...

S'il parvient à se disculper, il est le maître de Marie : elle est sa femme, elle est obligée de le suivre...

S'il est reconnu coupable, s'il est condamné, quel horrible sort que celui de Marie !... et puis moi je risque toujours de la perdre !.. Sa vie est à moi comme ma vie est à elle.

Si elle ne me suit pas... que faire ?...

Les crimes passés de cet homme ne peuvent entraîner la rupture de son mariage... ou, s'ils l'entraînent, que de temps, que de tristes débats, que de dégoûts !

Il le faut, il le faut, Marie me suivra...

Qui pourra-t-elle regretter, la pauvre orpheline !

Sa tante... pauvre et excellente femme.

Mais elle nous suivra peut-être... non... non... Si elle soupçonnait jamais la vérité !! si elle savait qu'un autre lien que celui de l'amitié m'unit pour toujours à Marie !... si elle savait...

Non, non, il n'y faut pas songer... Mais Marie consentira-t-elle à l'abandonner ?

Pourtant il le faut.

Si Marie me suivait, quel avenir !... Retiré dans quelque solitude, je passerais ma vie près d'elle.

Quoique jeune, j'ai déjà tant vécu... j'ai déjà tant souffert... j'ai déjà tant éprouvé les hommes et les choses... que ce serait avec délices que je me reposerais pour toujours dans un amour solitaire et tranquille...

Et puis en elle il y a tant de ressources pour vivre dans l'isolement de tout et de tous !!! cœur, âme, esprit, talens, caractère angélique, candeur adorable... imagination de jeune fille, qu'un rien distrait, occupe ou amuse...

Il faut qu'elle me suive... elle me suivra.

LIX

LE DÉPART.

Serval, 10 mars 18...

Je rouvre ce journal interrompu depuis près de trois mois.

Je veux écrire une date, une dernière page ici à Serval... dans ce pauvre vieux château paternel que je quitte peut-être pour jamais.

Rapprochement bizarre ! Ici mon amour pour Hélène a commencé ma vie mondaine...

Ici ma vie mondaine se terminera par mon amour pour Marie...

Désormais, elle et moi nous devons vivre dans la plus entière solitude... Oh ! sans doute, s'il se réalise, cet avenir sera bien enchanteur !...

Mais par combien de chagrins cruels il aura été acheté !...

Depuis trois mois, que de larmes Marie a versées on socret! mais peu à peu mon influence a vaincu sa résistance. Elle consent enfin à me suivre.

Et puis elle n'ose, elle ne peut rester ici... elle est mère...

Et puis mon fidèle Georges, que j'avais envoyé secrètement à Nantes épier Duvallon, m'écrit ce matin qu'un homme que je ne puis méconnaître, que Belmont est arrivé à la nuit chez l'ancien corsaire.

Je n'ai pas caché son retour à Marie... elle est décidée.

Comment oserait-t-elle paraître aux yeux de son époux ?... Comment plus tard... supporterait-elle les regards de sa tante ?...

Demain dans la nuit nous partons en secret.

Pour ne rien oublier, mettons en note les principales dispositions.

Envoyer des relais de chevaux à moi pour aller jusqu'à *** par la traverse, afin de ne pas laisser prendre nos traces : c'est vingt-cinq lieues de gagnées.

Prendre la poste à ***; en trente heures nous sommes sur la frontière.

Une fois là, le premier bruit de cet enlèvement apaisé..... nous attendrons les événemens..... peut-être reviendrons-nous en France..... peut-être Belmont sera-t-il arrêté.

. . . .

Doux-Repos, septembre 18... (1).

Vous m'avez demandé, Marie, de vous raconter ma vie tout entière.

Pour toujours nous avons rompu avec le monde. Retirés ici, dans ce paisible et charmant séjour, avec notre enfant, depuis deux ans nous y vivons au sein d'un bonheur ineffable.

Vous êtes mon ange, mon sauveur, mon Dieu, mon amour, mon seul bien, parce que vous renfermez en vous tous les trésors de l'âme, du cœur et de l'esprit.

Au sein de notre profonde solitude, chaque jour amène une joie nouvelle qui vous rend plus chère à mon cœur.

Ainsi les perles des mers doivent, dit-t-on, leur éclat impérissable et de plus en plus splendide aux précieuses nuances que chaque vague leur apporte.

Vous me dites souvent, Marie, que mon caractère est noble, généreux, mais surtout bon à l'excès.

Quand vous saurez ma vie, Marie, ma belle et douce Marie, vous verrez qu'hélas ! j'ai été souvent... dur et méchant.

Cette bonté dont vous me louez... c'est donc à vous que je la dois !

Sous votre sainte influence, mon bel ange gardien, tous mes mauvais instincts ont disparu, tous mes sentiments élevés se sont exaltés... en un mot, je vous ai aimée.... je vous aime comme vous méritez d'être aimée.

Vous aimer ainsi, et être aimé de vous ainsi que vous m'aimez, Marie... c'est se sentir le premier d'entre les hommes, c'est avoir le droit de dédaigner toutes les gloires, toutes les ambitions, toutes les fortunes.

C'est avoir dépassé la limite du bonheur possible...

Ce bonheur surhumain m'effrayerait, si nous ne l'avions

(1) On voit par cette date que le journal est interrompu depuis trois ans, et que ces dernières lignes ne sont qu'une note écrite par le comte en confiant son manuscrit à Marie, habitant alors avec lui le cottage tué dans le Midi.

pas acheté par vos terreurs, par vos remords, pauvre femme !...

Ces remords ont été, sont encore parfois votre seul chagrin : l'heure est venue de vous en délivrer.

Vous saurez quel est celui que vous avez épousé, et que, depuis deux ans, vous croyez condamné à une prison perpétuelle pour attentat politique.

Plus tard, vous saurez aussi pourquoi jusqu'ici je vous ai caché ce secret.

Ces lignes que j'écris sur ce journal, qui retrace presque tous les événemens de ma vie jusqu'au moment où nous avons quitté Serval, seront les dernières que j'y tracerai...

A quoi bon désormais ces froides confidences !...

C'est dans votre cœur angélique, Marie, que j'épancherai désormais toutes mes impresssions... ou plutôt l'unique et adorable impression de bonheur enivrant que je vous dois.

Vous lirez donc ce journal, Marie; vous verrez que si j'ai été bien coupable, j'ai bien souffert...

Vous verrez racontées les premières émotions de notre amour...

Depuis notre départ de Serval, j'ai interrompu ce journal... Qu'aurais-je pu écrire ? Ce que je vous ai dit pour l'avenir, Marie, doit aussi s'appliquer aux années passées près de vous.

Vous n'y trouverez ni la date de la naissance de notre Arthur... de notre enfant... la plus grande félicité que j'aie encore ressentie!... ni la date de ce jour affreux où je faillis vous perdre... ici... la plus terrible douleur qui m'ait encore torturé!...

Tant que dura l'exaltation, le paroxysme de cette joie inconnue, de ce chagrin inconnu... je ne pensai pas, je ne réfléchis pas, je n'agis pas, je n'existai pas...

Lorsqu'on se voit souffrir, lorsqu'on se voit être heureux, le malheur ni le bonheur ne sont arrivés à leur dernier terme...

Jusqu'alors j'avais atrocement souffert, j'avais eu des joies bien vives... mais je n'avais pas été tellement absorbé que la réflexion ne me restât.

J'ai parlé de bonheur inconnu... Marie, et pourtant la date du jour charmant où je ne doutai plus de votre amour est sur ce journal,.. tandis que la date du jour de la naissance de notre Arthur ne s'y trouve pas.

Votre âme si délicate comprendra, appréciera, n'est-ce pas ! cette différence si profonde.

Quant à notre enfant, Marie, à notre bel et adorable enfant, nous songerons à son avenir, et...

. . . .
. . . . »

Ces mots sont les derniers du *Journal d'un inconnu.*

Par les rapprochements de la date et des renseignemens donnés par le curé du village de ***, dans notre introduction à ce livre, on voit que ce dernier passage dut être écrit le jour ou la veille du triple assassinat commis sur le comte, sur Marie et sur leur enfant, par Belmont, le pirate de Porquerolles, qui, étant parvenu à s'évader de sa prison et à connaître la retraite du comte, voulut tirer de celui-ci une terrible vengeance avant de quitter à tout jamais la France.

FIN D'ARTHUR.

TABLE

DES CHAPITRES CONTENUS DANS ARTHUR.

FIN DE LA TABLE D'ARTHUR.

Paris. — Imprimerie J. Voisvenel, rue Chauchat, 14.

www.ingramcontent.com/pod-product-compliance
Lightning Source LLC
Chambersburg PA
CBHW072108090426
42739CB00012B/2888